KB261684

갈무리 신서 2

동유럽에서의 계급투쟁 : 1945~1983

크리스 하먼 지음

김형주 옮김

갈무리

1994

● 갈무리 신서 2

동유럽에서의 계급투쟁 : 1945~1983

● 초판인쇄 : 1994. 11. 21.
● 초판발행 : 1994. 11. 30.
● 지 은 이 : 크리스 하먼
● 옮 긴 이 : 김형주
● 펴 낸 이 : 서창현
● 펴 낸 곳 : 도서출판 **갈무리**
● 주　　소 : 서울 영등포구 당산동 3가 327번지
● 전　　화 : 635 - 6851 / 팩스 : 635 - 6851
● 등　　록 : 1994. 3. 3. 제13 - 505호
● 　값　 : 12,000원

ISBN 89-86114-02-X 03920

★ 잘못 만들어진 책은 바꾸어 드립니다.

제 1 부　억 압

제2부　반란과 혁명

차례 / 동유럽에서의 계급투쟁 : 1945~1983

제 3 부 전 망

역자 서문

　이 책은 크리스 하먼의 역작 *Class Struggles in Eastern Europe:
1945~83*(Bookmarks, 1988)의 제3차 개정판 전권을 번역한 것이다. 제
목이 말해 주고 있듯이 이 책은 1945년에서 1983년까지 동유럽에서 전
개되어 온 계급투쟁을 역사적 순서에 따라 서술하고 있다. 이런 점에서
이 책은 동유럽 현대사에 대한 매우 충실한 개괄이다. 하지만 이 책은
동유럽 근대사를 단순하고 평면적인 학술적인 탐구 대상으로 분석하고
있는 책들과는 달리 동유럽 근대사가 제기하는 문제를 현대의 인류가
직면한 실천적 문제인 사회 혁명이라는 문제의 일부로서 취급한다.

　'현대의 동유럽에서 계급투쟁은 어떻게 전개되어 왔는가'라는 주제는
우리에게 매우 친숙한 듯이 보이지만 실제로는 매우 새로운 질문이다.
이 질문 속에는 우리가 반드시 풀어야 할, 그러나 아직 충분히 풀지 못
하고 있는 하나의 중요한 쟁점이 담겨 있다. '동유럽은 어떤 사회였는가,
과연 그것은 사회주의 사회였는가' 하는 문제가 바로 그것이다.

　이제는 붕괴되어 버린 동유럽 사회의 정권들은 지난 수십 년 동안 자
신들이 지배하는 사회가 자본주의 사회의 모순을 혁명적으로 해결하고
인류의 원대한 이상을 실현한 사회주의 사회라고 주장해 왔다. 동유럽
장막 외부의 자본주의 사회들에서 벌어지는 온갖 비인간적 착취와 정치
적 억압들, 그리고 그것에 대항하여 전개된 서방 노동자들과 제3세계 인
민들의 부단한 투쟁은 동유럽 정권들의 이러한 주장을 간접적으로 뒷받
침해 주는 것으로 보였다.

서방 자본주의와 제3세계의 지배계급들에게 이 주장은 자국의 인민들을 탄압하는 데 필요한 이데올로기적 장치로 그대로 수용되었다. 냉전기의 서방 세계와 제3세계에서 반공 이데올로기가 주요한 정치적 탄압무기로 작용하고 CIA와 같은 정보경찰조직들이 반공의 물질적 기제로서 사회생활 전반을 억누르게 되었던 것은 이러한 사정과 결부되어 있다.

이러한 억압에 대항하여 그리고 자본주의 사회 그 자체의 착취적 성격에 대항하여 싸워 왔던 좌익의 대부분도 위의 **주장**을 있는 그대로의 **사실**로서 받아들였다. 지난 수십 년간 서구와 제3세계의 혁명운동이 겪은 숱한 우여곡절들은, 동유럽 사회들이 노동자와 인민이 나아가야 할 미래상이라는 환상적 인식과 떼어서 생각하기 힘들다. 그것은 오늘날까지 좌익들에게 심각한 그림자를 드리우고 있다. 지난날 사회운동의 일선에 서서 싸웠던 사람들 중의 상당수가 동유럽 '사회주의' 사회들의 붕괴를 목도한 후에, 그리고 그 '이상 사회'내에 은폐되어 있었던 숱한 비리와 모순들에 대해 알고 난 후에 반공적이고 반(反)마르크스주의적인 포스트마르크스주의로 전향하거나 마르크스주의와 노동운동을 학술적 담론의 대상으로 유폐시켜 버리거나 혹은 심각한 방향 상실에 빠져 지난날에 대한 향수와 회한 사이에서 방황하고 있기 때문이다.

만약 동유럽 사회들이 마르크스나 엥겔스의 이론에서 필연적으로 도출되는 바의 사회주의 사회였다면 위와 같은 전향이나 위축 혹은 동요의 태도들은 어떤 의미에서는 정직한 반응들이라고 볼 수 있을 것이다. 만약 그랬다면 동유럽의 현실이 마르크스와 엥겔스가 제시한 이론과는 달리 모순과 비리에 가득차 있었다는 사실 자체만으로 이들의 이론은 틀렸거나 아니면 매우 제한적인 것으로 될 수밖에 없었을 것이기 때문이다. 그러나 크리스 하먼의 이 책은 철의 장막으로 가려졌던 동유럽 사회를 실증적으로 해부함으로써 그 사회들이 사회주의 사회라는 주장이 발붙일 수 있는 논리적 여지를 없애 버린다. 동유럽의 노동자들은 '사회주의' 이데올로기와 '인민의' 군대, 그리고 빈틈없는 관료조직을 장악하고 이를 통해 자신들을 지배한 공산당들에 대항해 지난 수십 년 동안 끊임없이 투쟁해 왔다는 것이, 이 책이 그려내는 가장 중심적인 메시지이다. 사회주의를 직접생산자들에 의한 생산과 분배의 계획과 통제로 규정할 때, 바로 다름 아닌 노동자들이 지배질서에 반기를 들고 투쟁해 왔다는 사실보다 더 분명히 동유럽 사회의 반(反)사회주의적 성격을 드러내 보여줄 수 있는 것이 또 있겠는가?

토니 클리프는 마르크스의 가치론을 소련 사회에 적용하여 그 사회가 자본주의의 일종인 국가자본주의라는 사실을 규명한 바 있다(『소련 국가자본주의』, 책갈피, 1993 참조). 크리스 하먼이 쓴 이 책은 클리프의 성과를 이어 받으면서 여기에서 더 나아가 마르크스의 계급론과 혁명론을 동유럽 사회의 해부에 적용한다.

제1부의 3개의 장은 제2차 세계대전 이후 동유럽이 소련의 이해관계를 중심으로 하여 재편되고 여기에 억압적 질서가 형성되는 과정을 묘사한다. "그것의 최종 결과물은, 경직되고 관료적으로 조직된 그리고 그 속에서 획일화된 관료 체제와 경찰기구가 지속적으로 다른 사회 세력을 파편으로 만드는 사회집단들의 탄생이었다." 제2부 '항쟁과 혁명'에서 하먼은 동독, 헝가리, 폴란드, 체코슬로바키아 등에서 소련과 자국의 관료지배계급에 대항하는 노동자들의 투쟁이 어떻게 성장하고 발전하였으며 투쟁에서 패배한 후에 또다시 어떻게 강화되는가를 서사시적으로 그려낸다. 이 과정에서 관료지배계급이 지배의 방법을 둘러싸고 어떻게 분열되는가, 위기에 대처해 분열된 지배계급 분파들이 또 서로 어떻게 결합되는가, 이 과정에서 소련과 그 군대는 어떤 역할을 하는가에 대해서도 매우 생생하게 그려낸다. 제3부의 두 개의 장에서 하먼은 2부에서 서술한 계급적 모순과 갈등이 어디에서 연유하며 그것이 어디로 향해 나아가는지를 이론적으로 조망한다. 한 사회내 제(諸)사회 세력들간의 첨예하고도 적대적인 투쟁의 발전은 오직 그 사회 내부의 사회관계, 보다 엄밀히 말해 **생산을 둘러싼 사회적 관계 자체의 적대**를 떠나서는 올바르게 이해될 수 없다는 마르크스의 규정이 하먼의 기본 관점이다. 소련을 비롯한 동유럽 사회를 사회주의 사회로 바라보는 일체의 관점이나 혹은

이들을 새로운 이행기 사회 — 예컨대 관료적 집산주의 사회 — 로 바라보는 관점에서는 이들 사회에서 어떻게 노동자들이 공산당과 관료지배계급에 대립하는 하나의 집단적 사회 세력, 즉 하나의 계급으로 스스로를 형성하고 또 정치적으로 결속되어 나가는지를 설명할 방법이 없다. 그러므로 동유럽에서 전후(戰後)에 나타난 일련의 노동자들의 저항투쟁은 '제국주의 첩자들의 공작'으로 보이거나 아니면 '잔존한 — 혹은 자체 내에서 재생산된 — 소부르주아지 세력의 책동'으로 평가되게 된다('인민에게 총을 겨눈 공산당'이라는 그림이 주는 충격 때문에 많은 사람들의 시선을 끌었던 1989년 4월 천안문 사태를 두고 남한의 사회운동 세력들 사이에 전개되었던 당시 논쟁의 주된 기류도 전체적으로는 이러한 이데올로기적 분위기를 거의 한치도 넘어서지 못했던 것을 기억해 둘 필요가 있다). 즉 오늘날 동유럽이 사회주의 사회라는 주장이나 그에 대한 동조는 이곳에서 부단히 아래로부터의 자기 해방을 모색하며 투쟁하고 있는 동유럽 노동자들과 그들의 투쟁에 대한 왜곡이 없이는 더 이상 유지될 수 없는 반(反)노동자적 입장 — 설령 그것이 노동자계급의 해방을 도모하려는 **의도**에서 나왔다 할지라도 — 으로 되고 만다.

크리스 하먼은 이 책에서 이러한 어처구니없는 논리적 자가당착을 넘어 설 수 있는 해법을 제시하고 있다. 그것은 제10장에서 자세히 설명되고 있듯이 동유럽 노동자들의 투쟁을 제국주의 첩자들의 공작의 산물로 이해하는 것이 아니라 관료적 국가자본주의 발전의 필연적 산물로 이해하는 것이다. 국가자본주의 사회도 여타의 자본주의 사회와 마찬가지로 생산수단의 사적 소유 — 관료적 국가소유나 관료통제 하의 집단소유는 이 사적 소유의 한 형태이다 — 에 기초하며 이 기초 위에서 계급 적대를 재생산한다. 그것은 자신을 매장할 매장자인 노동자계급을 형성할 뿐만 아니라 이들을 투쟁으로 이끈다. 보수파와 개혁파의 분열, 끊임없는 숙청은 국가자본주의를 둘러싼 세계시장에 대한 대응 방법의 차이에서 연유하기도 하지만, 이와 더불어 성장하는 노동자투쟁에 대한 지배계급 내부의 대응 전술의 차이를 반영하는 것이기도 하다.

동유럽 사회에 대해 하먼이 제시한 이러한 인식은 하나의 총체적 이론으로서의 마르크스주의에 새로운 활력을 부여해 주며 우리 시대 노동자계급 운동의 목표와 과제를 **명확히** 할 수 있도록 도와준다. 또 이 책은, 이후의 노동자투쟁은 동유럽 노동자투쟁의 성과를 계승하고 그것의 한계를 극복하는 방향에서만 자신의 사명을 충실히 다할 수 있다는 것을 암시해 준다.

그러나 이 책은 폴란드 연대노조 운동이 패배한 해인 1983년까지만을 대상으로 삼고 있다. 그 사이 벌써 10년 이상이 지났고 동유럽에서는 누구도 짐작하지 못했던 정도의 격변이 휩쓸고 지나갔다. 동유럽의 구정권들은 완전히 붕괴되었고 새로운 정권들이 들어섰다. 폴란드나 체코슬로바키아 같은 경우에는 정권과 저항했던 인물들, 예컨대 바웬사나 하벨 같은 사람들이 정권을 장악하기도 했었다. 그리고 지금은 소련을 포함한 전 동유럽이 살얼음판 같은 위기의 시대를 지나가고 있다. 1974년 『동유럽에서의 관료제와 혁명』(*Bureaucracy and Revolution in Eastern Europe*)이라는 제목으로 처음 출간되어 많은 개작을 거듭한 이 책이 최근의 동유럽에 대해서까지도 통찰력 있는 이론적 시사를 하고 있긴 하지만 그것이 최근 10년여의 격변을 구체적으로 이해함에 있어 충분하다고는 할 수 없을 것이다. 이 책 이후에 크리스 하먼이 동유럽, 특히 소련에서 전개된 사태들을 상세히 분석한 두 편의 논문 「기로에 선 글라스노스트」(『뻬레스트로이카란 무엇인가』, 신평론, 1989에 수록)와 「폭풍이 몰아친다」('The Storm breaks', *International Socialism*, vol. 46, 1990)를 비롯하여, 마이크 헤인즈(Mike Haynes)가 소련 해체 이후 동유럽 사회를 추동하고 있는 사회적 모순과 현재의 위기의 성격을 분석한 논문, 「계급과 위기 : 동유럽 사회의 이행」('Class and crisis-the transition in Eastern Europe', *International Socialism*, vol. 54, 1992)은 이 책의 취급 대상에서 제외된 동유럽의 동시대에 대한, 나아가 현대의 전 세계 인류가 직면한 위기에 대한 중요한 시사를 줄 수 있을 것이며 이 책의 내용을 보다 깊이 이해하는 데에도 도움을 줄 수 있을 것이다. [크리스 하먼의 장편 논문 「폭풍이 몰아친다」와 마이크 헤인즈의 위 논문은 『소련의 해체와 그 이후의 동유럽』(크리스 하먼·마이크 헤인즈 공저, 갈무리, 근간)에 수록하여 출간할 예정이다]

　예정보다 한참 늦게 책이 출간되게 되어 독자들에게 송구스럽다. 좀 더 시간이 걸리더라도 가급적 오역이나 졸역을 줄여 보자는 것이 역자의 바램이었다. 그럼에도 불구하고 개인적으로 촉박해진 러시아 유학 일정 때문에 작업을 서두른 감이 없지 않다. 아직도 서투르게 번역된 부분이 남아 있을 것을 생각하니 두려움이 앞선다. 그런 부분에 대해서는 기회를 잡아 반드시 고쳐 나가도록 하겠다. 동유럽 각국을 다루다 보니 특히 인명이나 지명의 한국어 표기에 많은 애를 먹었다(인명과 지명의 경우 알파벳 표기를 병기하는 것이 관례이지만 이 책에서는 꼭 필요한 경우에만 병기했다. 너무나 많이 등장하는 괄호 속의 알파벳이 오히려 본문의 이해를 가로막는다는 느낌이 들었기 때문이다). 이 과정에서 동유럽 어문학을 전공하거나 동유럽 지역학을 전공으로 하는 후배들이 상당히 많은 도움을 주었다. 최은정 양에게 감사드린다. 그리고 김신규 군을 비롯해 이 책의 번역에 도움을 준 외대 동구지역학과의 많은 후배들에게도 감사드린다.

제3차 개정판 서문

이 책의 초판은 『동유럽에서의 관료제와 혁명』(*Bureaucracy and Revolution in Eastern Europe*)이라는 제목으로 14년 전에 출간되었다. 이 책은 제2차 세계대전 후 동유럽 국가들이 성립되는 과정과, 1953년, 1956년 그리고 1968년에 이 나라들을 뒤흔든 격변에 대해 설명하였다. 내가 동유럽에 관한 연구를 시작하게 된 계기는, 1956년 헝가리혁명 10주년을 기념하는 강연을 준비하면서였다. 이후 1968~69년 체코슬로바키아 사태의 충격으로 증폭된 나의 동유럽에 대한 관심은 나로 하여금 이 책을 쓰게 만들었다.

초판이 간행된 것은 1956년이나 1968년에 울려 퍼졌던 함성이 잠잠해진 지 오래되어서였다. 서방의 좌파 가운데 많은 사람들은 여전히 헝가리혁명을 '반혁명'으로 치부해 버리는 데 만족하고 있었다. 또 프라하의 봄은 일시적인 궤도 이탈로 여겨졌다. 브레즈네프 시대에 소련은, 대부분의 사람들이 영원히 빠져 나오지 못할 것이라고 생각한 정치적 침체의 늪에서 허우적거렸다. 초판에서 다루었던 많은 문제들 —— 바르샤바 민중봉기, 1953년 동독의 봉기, 1956년 폴란드의 10월, 헝가리혁명 —— 은 그러한 사건에 연루되었던 사람들이나 극소수의 역사가 또는 혁명적 사회주의자들을 제외한 모든 사람들의 기억에서 사라져 버렸다. 이 책을 쓴 목적은 그러한 몰각(沒覺)을 바로잡기 위한 것이었다. 나는 동유럽에서뿐 아니라 소련 내부에서도 새로운 격동이 일어날 것이라는 강한 확신을 갖고 있었기 때문에, 영국의 좌파에게만이라도 이에 관한 자각을 주고 싶었다. 만약 새로운 격동이 일기 시작한다면, 1956년 그리고 1968년의 교훈은 동서를 망라한 신세대의 활동가들에게 막대한 공헌을 할 것이기 때문이었다.

1980년 8월이 되자 새로운 국면이 전개되었다. 노동자들이 그단스크에 있는 조선소를 점거하면서, 폴란드는 1956년 이후로 최대의 위기를 맞게 되었다. 무려 16개월에 걸친 독립 노동조합 연대노조(**솔리다르노스치**;Solidarnosc)와 정부 사이의 충돌로 인해, 동구에서 가장 큰 국가인 폴란드는 그 기능을 완전히 멈추었다.

필자가 1983년에 내용을 대폭 보강한 2판을 펴내게 된 이유는 폴란드 연대노조의 등장과 그 패배를 지켜보았기 때문이다. 2판에서는 체코슬로바키아의 개혁운동을 다룬 장을 상당 부분 수정해서 내놓았으며, 새로 폴란드의 경험을 다룬 장을 추가했다. 또한 결론 부분에서 내용을 보강하여 이른바 "공산주의" 국가들의 성격과 개혁의 가능성에 대한 분석을 위해 많은 지면을 할애했다. 이 주제는 초판에서는 단지 개략적으로만 다루어졌었다.

1981년 12월 정권을 인수한 폴란드 군부는 노동자계급 운동을 억눌렀다. 하지만 폴란드에서 시작된 그 충격의 여파는 이미 다른 곳에까지 미치고 있었다. 바로 그런 중대한 요인이 작용했기 때문에, 그 이후 채 일년이 못 돼 브레즈네프가 사망하고 안드로포프가 직위를 계승했을 때, ── 주저하며 또 조심스럽게 ── 제한적 개혁정책이 시행될 수 있었다. 또 안드로포프가 사망하고 일 년 남짓 지나, 그의 보수적 후계자인 체르넨코 역시 사망하고 미하일 고르바쵸프가 그 뒤를 이었을 때 개혁의 슬로건이 채택된 것도 바로 그런 요인이 작용했기 때문이었다.

지금 소련에서 고르바쵸프의 지도노선은 당시에 우리 중 몇몇이 주장했던 견해를 공식적으로 받아들이고 있다. 그 견해란 브레즈네프 정권의 외견상의 견고성은, 날이 갈수록 취약해지고 있는 경제에 의존하고 있다는 것이다. 최근 소련에서 유행하는 공식 용어를 빌면 '경기침체의 시대'가 '공황 직전의 상황'을 발생시키고 있는 것이다. 이 상황에서 고르바쵸

프가 이끌어 내고 있는 결론에 대해 여기서 상세한 설명을 할 수는 없
다. 다만 분명한 것은 고르바쵸프가 1956년의 폴란드와 헝가리 그리고
1968년의 체코슬로바키아가 밟았던 것과 아주 유사한 길을 답습하려 한
다는 것이다.

고르바쵸프는 제한적인 정치개혁과 매체의 개방(**글라스노스트**)으로서
경제개혁(**뻬레스트로이카**; 개편)을 위한 기반을 닦으려 했다. 하지만 그
는 그 자신이 인정하지 않았던 사례[폴란드, 헝가리 및 체코슬로바키아
의 지도노선을 의미 - 역자]들이 봉착했던 바로 그러한 문제들에 직면하
게 되었다. 여러 사회 세력들이 명확한 목소리로 요구사항을 부르짖게
했으며, 그 세력들이 실력 행사에 의존하게 만들었다.

소련에서 개혁의 진행 속도는 1956년이나 1968년과는 다를 것이다.
소련은 덩치가 훨씬 큰 국가이며, 지배관료는 더욱 깊은 역사적 뿌리를
내리고 있다. 또 민족주의 이데올로기로 인하여 전체 인구의 반 정도를
차지하는 러시아어 사용 인민들은 자신들의 지배자들의 제국적 이익에
반대하기보다는 오히려 그것을 자신의 이익과 동일시하고 있다. 그리고
소련의 경제문제는 아마도 더욱 치유하기 어려울 것이다. 하지만 그런
상이점들이 존재함에도 불구하고, 1956년과 1968년의 경험은 러시아가
앞으로 어떤 선택들에 직면할 수 있을 것인가를 이해하기 위해 매우 중
요하다. 그 경험들을 통해 우리는, 고르바쵸프의 지도노선이 —— 서방의
언론방송들이 암시하고 있는 것처럼 —— 더욱 개방된 사회, 더욱 풍요한
미래를 향해 자신있게 나아가는 것이 결코 아니라는 사실을 미루어 짐
작할 수 있다. 실제로 그것은, 한편에서는 경제적 위기를 치유하려는 몸
부림으로 개혁을 추구하면서 다른 한편으로는 개혁에 동반되는 사회적
격동을 두려워하여 개혁을 포기하는 서로 상반되는 두 갈래의 길 사이
에서 동요하게 될 것이다. 그로 인해 소련 내부에서도, 그리고 서방 세
계에 인접해 있는 여러 국가들에서도, 이 책에서 설명하고 있는 사건들
만큼 중요하고 또 규모가 큰 격변들이 잇따르게 될 것이다.

이 판의 기본 내용은 1983년의 2판과 동일하다. 다만 체코슬로바키아

에 관한 장이 원래의 길이대로 복원된 것만이 다를 뿐이다. 이 장은 1983년 2판에서 지면관계상 희생시켰던 것인데 이번 판에서 다시 결합시켰다. 체코슬로바키아의 경험이 오늘날 소련에서 벌어지고 있는 사건들을 이해하는 데 중요한 시사(示唆)를 주기 때문이다. 이 경험은 위로부터의 개혁 시도에 내재된 폭발적 잠재력을 보여주고 있으며, 개혁가들이 그러한 잠재력을 어떻게 억제시키려 하며 그리고 지식인, 학생, 소수민족 그리고 노동자들의 운동들이 어떻게 상호작용할 수 있는지를 잘 보여준다.

1988년 8월 12일
크리스 하먼

서문

사회주의 국가들이 이미 존재하고 있다는 관념이 전 세계에 걸쳐 거의 반세기 동안 좌파의 사고를 지배해 왔다. 그것은 더 나은 사회를 위해 투쟁하려 한 사람들을 점차 무력하게 만든 관념이다. 그들은 자신들이 대체하려 한 자본주의 사회의 온갖 폐해들이, 이른바 사회주의 국가들에서도 재생산되는 것을 목격해 왔던 것이다.

폴란드에서는 수백만의 노동자들을 절망에 몰아 넣은 경제적 위기가 있었다. 유고슬라비아와 중국에서는 노동자들의 대량 해직으로 인해 산업 '예비군'이 형성되었다. 헝가리와 체코슬로바키아, 아프카니스탄에서는 다른 민족을 정복하기 위해 탱크가 동원되었다. 소련과 중국 그리고 중국과 베트남간에는 국경 분쟁에 '사회주의 군대'가 투입되었다. 폴란드에서는 국가가 반(反)유태주의를 부추겼다. 스딸린 시대의 소련에서는 노예노동이 대대적으로 전개되기도 했다. 심지어 캄푸치아에서는 추방자 수용소까지 설치된 적도 있다. 부의 축적은 빈곤의 심화를, 막대한 특권은 엄청난 고역을, 그리고 자유의 약속은 억압적 현실을 동반했다.

무려 한 세대 동안이나 서방과 제3세계의 대다수 사회주의자들은 이러한 현실을 애써 외면하였다. 그들은 도저히 변명의 여지가 없는 사실을 변호하려 했으며, 남들도 속일 수 없는 사실로 바로 자신들을 속이려 했고, 껍데기뿐인 논리로 자신들의 불확실성을 감추려 했다.

1960년대에 들어 소련에 대한 환상이 사라졌을 때조차도 새로운 세대는 중국, 쿠바, 베트남 또는 캄푸치아에 대한 환상에 매달렸다. 하지만 소용없는 일이었다. 거듭해서 현실의 역사 발전은 그러한 환상을 순식간에 부수어 갔다. 대를 잇는 통치자들이 선임 통치자들의 범죄를 지적함에 따라, 또한 각 '사회주의' 국가의 지도자들이 다른 사회주의 국가의 지도자들에게 비난을 퍼부음에 따라 그러한 환상은 설득력을 잃고 말았다.

환상에서 깨어나는 속도는 오히려 '사회주의' 국가들에 살고 있던 인민들이 더욱 빨랐다. 1945~48년에 관료제적 통치구조의 성립에 열광했던 지식인들은 1956년과 1968년 폴란드, 헝가리 그리고 체코슬로바키아에서 반(反)관료제 운동에 앞장섰다. 1950년대 초반에는 '사회주의 건설'에 모든 것을 헌신할 준비가 되어 있던 노동자들은—마치 안드레이 바이다(Andrzej Wajda)의 영화 「무정한 사나이」(Man of Marble)에 등장했던 영웅처럼—1970년이 되자 거리에서 총탄세례를 받아야 하는 신세가 되었다.

환상의 상실은 너무도 자주 의지의 상실을 야기시켰다. 기존 사회의 비인간성에 대항하는 투쟁이 두려워지게 되면 또 하나의 관료제적 괴물이 들어서게 된다. 서방에서는 자신을 혁명가라고 믿었던 적이 있던 많은 사람들이 현상태에 대해 비관적으로 인내하는 위치로 후퇴해 버렸다. 동유럽에서, 국가가 진보적인 역할을 담당한다고 생각했던 연륜있는 활동가들은 이제 아무 것도 믿지 않는다. 그리고 젊은 세대의 반대파 중에 '마르크스주의'나 '사회주의'에 관심을 갖는 이는 거의 없다. 그들은 바로 그들이 증오하는 정권을 마르크스주의나 사회주의와 동일하게 생각하는 것이다. 그들은 '자본주의에서는 인간이 인간을 착취한다. 사회주의에서는 전자와 후자가 뒤바뀐다'고 비꼰다.

그러나 개혁에 대한 요구는 전에 없이 커졌다. 1950년대와 1960년대 그리고 70년대 초반에 동서 양 진영을 지배하던 체제들은 폭압적이며 착취적이고 때로는 야만적이었다. 하지만 그들은 최소한의 생활수준의 향상은 가져다 주었고, 아마겟돈[세계의 종말에 있을 선과 악의 대결장을 의미한다. 요한계시록 16장 16절 - 역자]의 악몽을 화해의 희망으로 대체시킬 능력이 있는 듯이 보였다. 오늘날 동서 양 진영에서는, 경제적 위기로 수백만 인민의 생활이 유린되고 있으며, 신무기의 배치로 핵에 의한 인류 전멸의 위험은 몇 배나 증가되었다.

사회를 변혁시킬 수 있는 세력은 존재한다. 1953년의 동독, 1956년의 헝가리, 그리고 1956년, 1970년, 1980~81년의 폴란드에서 기존의 통치자들은 총파업, 공장점거, 노동자평의회 선거 등의 고전적 노동운동이 벌어지는 것을 보고 깜짝 놀랐다. 분명 그들은 1968년의 프랑스, 1972~73년의 칠레, 1974~75년의 포르투갈에서 동일한 경험을 했던 자신들의 경쟁자들만큼이나 당혹스러워 했다.

지금까지 동유럽 정권들이 내세워 왔던 공식 이념은 '마르크스·레닌주의'라고 할 수 있다. 그런데 '노동자계급의 해방투쟁은 바로 노동자계급 자신의 자주적 행동이다'라는 마르크스의 근본적인 대전제와 레닌이 제시한 '모든 권력을 노동자 소비에트로'라는 슬로건에 기초해서 행동하고 있는 것은 그 정권들이 아니라 오히려 체제에 도전하고 있는 사람들이었다.

이 책에서 필자는 동유럽 체제들 자체와 그것들에 대항하는 노동자계급의 투쟁에 관해 다룸으로써 학살자, 노예 감시자, 그리고 근대적 경영 기법의 광신자들을 만들어 낸 것은, 마르크스나 레닌의 가르침이 아니라 서방 자본주의를 움직이는 것과 동일한 동력들(forces)이라는 사실을 보여주려 했다. 또한 필자는, 그러한 동력들이 학살과 노예적 굴종 그리고 근대적 경영 기법을 영원히 없애 버릴 하나의 계급을 산출한다는 것도 보여줄 것이다.

우선 우리는 두 가지 문제를 살펴볼 필요가 있다. 노동자평의회를 통한 노동자계급의 자주적 해방이라는 슬로건을 내건 운동으로부터 어떻게 해서 스딸린주의라는 괴물이 등장하게 되었는가? 그리고, 그 결과 만들어진 사회의 정확한 정체는 무엇인가?

스딸린주의의 기원

1917년의 러시아혁명이 노동자계급의 혁명이었다는 점은 분명하다. 멘셰비키였던 마르토프는 비록 오랜 기간에 걸쳐 볼셰비키에 대한 비난을 퍼부었지만, 그도 '우리는 프롤레타리아 계급이 봉기하여 승리하는 것을 지켜보았으며, 거의 모든 프롤레타리아 계급이 레닌을 지지하였고, 봉기로 사회적 해방을 성취하길 기대했다'는 사실만큼은 인정해야 했다.

하지만 노동자계급은 인구의 소수에 불과해서, 마치 광대한 농민의 바다에 둘러싸인 작은 섬과 같았다. 그런데도 노동자계급이 권력을 장악할 수 있었던 이유는, 그들이 통신과 행정부의 요지가 있는 도시지역에 집중돼 있었기 때문이었다. 그렇지만 그러한 기반만으로 무한정의 지배를 수행해 나갈 수는 없었다. 러시아는 국토 전역이 미개발된 농업국으로서 그 자신의 단독의 힘만으로 사회주의적인 무계급사회의 기반을 구축할 수 있을 만큼의 물질적 부를 갖추고 있지는 못했던 것이다.

혁명의 지도자들은 바로 이러한 사실에서 유래하는 여러 문제들을 날카롭게 인식하고 있었다. 그들은 서방 선진국의 노동자계급이 혁명에 참여하게 되면서 장기적인 세력관계는 노동자계급에 유리한 편으로 기울어질 것이라고 주장했다. 레닌은 1918년 3월에 이렇게 말했다. '절대적 진리는, 만일 독일에서 혁명이 발생하지 않는다면 우리는 멸망할 것이라는 사실이다.'

그 이후 몇년 동안, 오스트리아·헝가리 이중 제국과 독일 제국이 붕괴했고, 유럽 도처에선 혁명적 격동이 일었다. 하지만 러시아를 제외한 어떤 나라에서도 노동자계급의 지배가 구축되지는 못했다. 사회주의 혁명이 러시아에서 서방으로 파급되는 대신에, 서방 국가들이 국제적 간섭과 경제봉쇄 등의 수단을 써서 러시아혁명을 저지시키기 위해 총력을 기울이게 되었다.

독일의 지도적 혁명가였던 로자 룩셈부르크는, 혁명의 고립과 러시아 노동자계급이 맞고 있는 어려움과의 관계를 강조했다. 룩셈부르크는

1918년초에 「러시아혁명」(The Russian Revolution)이라는 팜플렛을 통해 이렇게 주장했다.

> 러시아에서 일어나는 모든 일은 포괄적인 것이다. 그것은 원인과 결과의 필연적인 인과관계를 보여준다. 독일 프롤레타리아트의 실패가 출발점이고 그것의 결과는 독일 제국주의의 러시아 점령이 될 것이다. 이러한 상황에서 가장 순수한 민주주의, 모범적인 프롤레타리아 독재, 그리고 풍요한 사회주의 경제 등을 이끌어 낼 수 있으려면 레닌과 그의 동지들에게는 초인적인 힘이 필요하다. 그들이 지금까지 보여준 강건한 혁명적 태도, 실천에 임하는 모범적 정력, 그리고 국제사회주의에 대한 굳건한 충성심 등은, 극도로 어려운 상황에서 큰 힘이 되어 줄 것이다.

그 이후 3년에 걸친 외국의 간섭전과 내전은 소련의 경제를 황폐화시켰다. 원료가 부족해서 공장은 문을 닫아야 했다. 1920년에 이르자 산업노동자의 수는 1917년의 절반 수준으로 감소했다. 투사들이 전선에서 혁명을 수호하다 쓰러졌다. 살아남은 투사들도 땀흘리며 함께 부(富)를 생산하는 집단의 일원으로 더 이상 남아 있을 수 없었다. 그 대신에 이들은 국가 당국에 자리잡고 거대한 농민군을 훈련시켜야 했다. 도시에 남은 노동자들이 생산할 수 있는 것은 거의 없었다. 거의 굶어 죽을 지경에 이른 그들이 얻을 수 있었던 음식은, 고작해야 국가가 농민에게 총부리를 들이대고 빼앗아 준 것이 전부였다.

마르크스주의자들은 국가의 사멸에 대해 이야기한다. 하지만 러시아에서, 혁명을 지키는 싸움에서 얻은 부산물은 노동자계급의 사멸이었다. 그리고 실제적이며 활동적인 노동자계급이 없이는 1917년에 수립된 노동자계급의 권력 — 특히, 진정한 노동자평의회 — 은 거의 살아남을 수 없었다.

혁명의 시기에 볼셰비키당은 노동대중과 유리되어 있지 않았다. 정확하게 표현하면, 볼셰비키당은 가장 전투적인 조직으로서 공장 내에서 사회주의 운동을 이끌었다. 1917년 여름까지 10명 중 1명의 노동자가 볼셰비키에 입당했다. 사람들은 종종 1902년에 씌어진 레닌의 저서 『무엇을 할 것인가?』를 대충 읽어보고는 볼셰비키가 지식인과 직업혁명가들의 당이었다고 주장한다. 하지만 존 리드(John Reed)나 알렉산더 쉴야쁘니꼬프(Alexander Shliapnikov)의 증언이 말해 주듯이, 볼셰비키당에는 지식인들이 극히 드물었다. 그들 대부분은 '온건한' 정당을 선호했던 것이다.

하지만 내전으로 인해 많은 노동자들이 희생당하면서 사태는 결정적으로 변했다. 볼셰비키들은 계속해서 러시아를 통치했지만, 이제는 거의 존재하지도 않는 계급의 이름을 빌고 있을 따름이었다. 자신들에게 남겨진 진공 상태에서 어떻게 해서든 그들은, 길게 뻗은 광활한 국토를 지키고 수천만 농민의 동요를 막고 도시에서 경제적 활기를 되찾기 위한 기반을 마련하며, 또한 수백만 병사의 움직임을 지도할 수 있는 구조물을 세워야만 했다. 하지만 활용할 수 있는 인적 자원은 턱없이 모자랐다. 그렇지 않아도 적은 수의 노동자계급이 많은 희생을 당했다는 것은 곧, 일상적 작업을 할 수 있게끔 훈련받은 읽고 쓸 수 있는 인적 자원이라곤 단지 짜르 시대의 관료 잔당뿐이라는 것을 의미했다. 레닌은 1922년 코민테른 제4차 대회에서 다음과 같이 말했다.

> 우리는 낡은 국가기구를 양도받았다. 그것은 우리의 불행이다. …… 정부는 방대한 규모의 직원을 고용하고 있지만, 그들을 실제적으로 통제할 수 있는 전문 인력이 부족하다. …… 조직의 말단에는, 우리가 짜르와 부르주아 사회로부터 물려받은 수십만의 옛 관리들이 있는 것이다.

레닌은 '책임있는 공산당원'이 '관료집단'을 '이끌고' 있는 것이 아니라 상황이 '그와 반대로' 진전되고 있다는 점을 인정했다. 그 말은, '당의 프롤레타리아적 정책이, 평당원들에 의해서가 아니라 당내 "구파(舊派)"라 불려질 수 있는 아주 작은 분파의 거대하고 집중적인 권위에 의해 결정된다는 것을 의미한다.'

이러한 행정기구에 압력을 가할 만큼 강대한 노동자계급은 존재하지 않았다. 하지만 관료들은 각 사회집단들의 상충하는 요구들을 최대한 이용할 수 있는 위치에 있었다. 관료들은 각기 다른 사회계층의 압력을 중재하면서 마침내 그들의 위에 군림할 수 있는 권력을 축적한 것이다.

하지만 당내 구파를 형성하는 '작은 분파'가, 그들 여러 집단들에게 압력을 가하면서 영원히 탈이 없을 수는 없었다. 인간은 역사를 만든다. 그렇지만 그 과정에서 변화하는 것은 바로 인간 자신인 것이다. 각 사회 세력간의 상충과 알력 사이에서 속임수를 피우려 한 볼셰비키들이 부패한 것은 필연적인 결과였다. 당의 하급 관료에게 '현실주의'란 노동자계급적 요소가 아닌 것을 용인함을 의미했다. 그리고 당의 몇몇 지도자에게 '현실주의'는 그런 관료들을 눈감아 주는 것을 의미했다. 형식적으로 보면 명령이 위에서 밑으로 하달되는 것처럼 보였지만, 사실은 반대 방향에서 비공식적인 압력이 강하게 작용했던 것이다.

레닌의 발병과 그로 인한 죽음(1924년초)은 각각의 사회 세력들이 당 지도부의 여러 분파를 통해 자신들의 요구를 공개적으로 표현할 수 있는 기회를 만들어 주었다. 스딸린과 지노비예프(나중에 스딸린은 부하린과 손을 잡고, 지노비예프는 반대파에 합세했다)에게 '현실주의'는 뜨로츠키를 배격하는 캠페인에 관료계층을 동원하는 것을 의미했으며, 그리고 그것은 또다시 스딸린이 그들의 편견에 영합함을 의미했던 것이다.

10월혁명의 원칙은 하나씩 내팽개쳐졌다. 그 원칙에 충실하고자 하는 사람들은, 먼저 지도부에서 밀려나고 그 다음에는 당에서 밀려났으며, 마침내는 유형을 당하거나 감옥으로 끌려갔다. 그 자리는 혁명에서 아무런 역할도 하지 않았던 자들로 채워졌다. 관료의 권력은 줄곧 강화되어서, 1928년에 이르자, 그 힘은 농민과 노동자들의 생활수준을 침해할 지경에 달했다. 누구든 이 두 계급을 편들고자 하는 사람은 당과 국가로부터 축출되었다. 1919년 당시의 볼셰비키 중 90퍼센트가 1938년까지 자진해서 당을 떠났거나 축출되었다. 혁명의 지도자들은 거의 모두 고문당하고 처형되었다. 스딸린이 이끄는 체제는 진정한 볼셰비키 전통의 모든 요소를 남김없이 뿌리뽑아야 했던 것이다.

당시의 상황은 일종의 반(反)혁명이었다. 하지만 그곳에는 전형적인 혁명에서 볼 수 있는 격렬함은 없었다. 그 이유는 노동자계급이 내전에서 많은 희생을 당했고, 잇따른 혹독한 경제 상황 속에서 낙담해 있었으며, 점증하는 관료들의 힘에 대항해서 함께 손을 잡고 저항할 이렇다 할 사회 세력이 없었기 때문이었다. 그러나 이 반혁명에는 유혈이 낭자했다. 이 일방적인 내전은 노동자와 농민 양쪽을 대상으로 치러졌다. 이 과정에서 노동자들의 실질임금은 대폭 삭감되었고 파업권이 박탈당했으며, 농민들은 경작지를 떠나 국영농장이나 '집단농장'으로 쫓겨가야 했다.

국가자본주의

스딸린과 함께 새로운 관료적 통치집단이 권력을 장악했다. 하지만 이 사실만으로는 스딸린주의의 끔찍한 해악이나 관료적으로 통제되어 온 사회가 발전한 방식을 설명하지 못한다. 그러므로 스딸린이나 그의 후계자들로 하여금 그렇게 행동하도록 강제한 힘이 과연 무엇이었나를 더욱 깊이 살펴볼 필요가 있다.

그들의 행동을 이해하는 열쇠는 노동자와 농민의 저항을 분쇄하고 난 후 그들이 직면하게 된 세계의 특성을 이해하는 것이다. 당시 그들은 러시아의 내부에서 그리고 옛 제정 러시아의 거의 모든 영토에서 무제한의 통제권을 행사했다. 하지만 그런 권한은 기존의 서방 자본주의 열강으로부터 계속해서 위협당했다. 1917년의 혁명가들은 그런 위협을 장기적으로 극복할 수 있는 유일한 방법은 혁명을 확산시키는 것뿐이라고 생각했다. 스딸린은 그러한 세계혁명적 시각을 거부하고 '일국 사회주의'에 집착했는데, 그 이유는 모든 곳으로 혁명이 확산되는 것은 새로운 관료 혈통의 파문을 의미하기 때문이었다. 따라서 소련에 대한 통제를 계속하기 위해서는 서방세계에 필적할 만한 군사조직을 만드는 것 외에 그들에게는 달리 다른 방법이 없었다.

서방의 군사력은 대중에 대한 자본주의적 착취에 의해 건설된 중공업의 부산물이었다. 고립에 처한 소련 관료들 역시 그런 군사력을 보유하길 갈망했으므로, 독자적인 중공업을 건설해야만 했다. 그런 목적을 위해서는—소련에서도—해외의 자본주의가 사용한 착취의 메커니즘을 그대로 흉내내는 방법밖에는 없었다. 이 점과 관련된 스딸린의 말을 들어보자.

> (산업화의) 속도를 늦추는 것은 뒤쳐진다는 의미이고, 뒤진 자는 거꾸러진다. 우리는 거꾸러질 수 없다. …… 우리는 선진국들에 비해 50년에서 100년 정도 뒤져 있다. 그 간격을 우리는 10년 안에 없애야 한다. 우리가 그 과업을 성취하지 못한다면, 그들이 우리를 짓밟을 것이다.

서방의 자본주의 국가들은, 마르크스가 '시초축적'이라 부른 방식을 통해 가장 먼저 산업화에 성공했다. 그 과정에서 농민은 농토에서 쫓겨났고, 카리브해와 북미에서 노예노동이 행해졌으며, 인도와 아일랜드는 강탈당했고, 작업 진행을 노동자 스스로 통제하던 전통적 방식은 파괴되었다. 노동자의 안전과 건강 따위가 완전히 무시되었던 것은 물론이고 아이들까지 노동에 동원되었다. 스딸린도 이와 똑같은 방법을 사용했다. 스딸린주의에 대한 공포가 서방의 산업혁명에 대한 공포보다 더 크다고 한다면, 그것은 스딸린이 영국과 같은 국가에서 2~3세기에 걸쳐 진행된 과정을 20~30년의 기간 안에 해치우려 했기 때문일 것이다.

그런데 그러한 경로는 스딸린의 관료집단만이 선택한 것은 아니었다. 다른 모든 비(非)자본주의 국가의 지배집단은 1825년경 이래 스딸린과 똑같은 선택에 직면했다. 다시 말해 그들은 기존의 산업화된 자본주의에 **종속되든가 아니면** 그들의 사회를 자본주의적 착취에 적합하도록 '위로부터의 혁명'을 통해 재편성해야만 했다.

하지만 새로운 자본주의적 지배계급은 **단순히** 기존의 열강들을 흉내내는 것만으로는 그들과 대적할 수 없었다. 그들은 국가권력을 이용해

산업 발전의 속도를 높이고, 소규모의 경쟁 기업이 활동하는 '시장' 자본주의를 **국가자본주의**로 대체하는 등 기존의 자본주의 국가들과는 뭔가 다른 방식을 취해야만 그들을 '뒤쫓을' 수 있었다. 이러한 방식은 지배집단이 자국의 독립을 지키려 하거나 혹은 '사적 자본'이 약해졌을 때 채택하는 전형적인 유형이었다. 이러한 점을 생각할 때 그러한 경향이 소련에서 특히 두드러졌다는 것은 그다지 놀라운 일이 못된다. 소련에서는 그렇지 않아도 취약한 사적 자본이 1917년 혁명의 여파로 큰 타격을 받았던 것이다.

국가자본주의와 고전적인 정치경제학 저서에서 볼 수 있는 19세기의 자본주의 모델간에는 많은 표면적 차이점이 존재한다. 무엇보다도 국가자본주의는 국민경제 내부에서의 경쟁을 최소화시킨다. 그리고 지배계급의 개별 구성원들은 관료의 지위를 유지하고 있는 한에서만 타인 노동의 과실에 접근할 권리를 가질 수 있다. 하지만 이들 중 어느 것도 지배계급의 본질적으로 **자본주의적인** 성격을 변화시키지는 못한다.

마르크스는 『공산주의자 선언』에서 자본주의 사회의 근본적이며 독특한 특징을 이렇게 지적했다.

부르주아 사회에서 노동은 단지 노동의 축적을 증대하기 위한 수단일 뿐이다. 그러나 사회주의 사회에서 축적된 노동은 노동자의 생활을 돕고 확대시키며 풍부하게 하기 위한 수단으로서만 사용된다.

『자본론』을 통해 마르크스는 자본주의의 내적 동력을 더욱 상세하게 설명한다.

자본주의적 생산이 발전하면 할수록 하나의 산업에 투하되는 자본의 양은 점차 증대될 수밖에 없다. 그리고, 경쟁은 각 자본가로 하여금 자본주의적 생산에 내재된 법칙을 외부적이며 강제적인 법칙으로 느끼게 한다. 따라서 그들이 자본을 보전하기 위해서는 끊임없이 자본을 확대시켜야만 한다. 하지만 그들이 자본을 확대시킬 수 있는 유일한 방법은 축적을 누진시키는 길뿐이다. 그들은 광적으로 오직 가치의 증식에만 매달리면서, 모든 인류를 생산을 위한 생산의 길로 무자비하게 몰고 간다. ……
그런 까닭에 축적하라, 축적하라가 자본주의의 지상 명령이 된다. 즉 잉여가치나 잉여생산물의 가능한 한 가장 큰 몫을 자본으로 전환해야 하는 것이다. 이것은 축적을 위한 축적, 생산을 위한 생산일 뿐이다.

19세기 초반의 자본가들에게 동기를 유발한 요인에 관한 마르크스의 설명은, 또한 스딸린이나 흐루시쵸프, 브레즈네프 그리고 안드로포프 시대의 소련 지배자들에 대한 설명에도 그대로 적용된다.

사실, 마르크스는 각 기업으로 하여금 상품 판매와 축적을 추구하게 만드는 요인은 경쟁이라고 분석했다. 하지만 러시아의 경우 그것의 가장 중대한 요인은 국제적인 **군비** 경쟁이다. 그 양자간의 메커니즘은 서로 다르지만 결과는 똑같이 나타난다. 노동자들은 자신들의 노동력을 구매하는 자들의 경쟁상의 필요 때문에 생활수준을 희생해야 하고 생산성을 증대시켜야 한다는 판에 박힌 소리를 계속 들어야 하는 것이다.

사실 금세기에 들어 모든 주요한 자본주의 국가들은 때때로 시장의 경쟁을 보충하기 위해 군사적 경쟁을 이용해 왔다. 제1차 세계대전을 치르는 동안 레닌이나 부하린 같은 마르크스주의 사상가들은 남보다 많이 팔기 위한 '평화스러운' 자본주의적 경쟁이 점차 군사적 경쟁에 자리를 내주고 있다고 말하고 그 이유는 자본가들이 국가를 이용해 경쟁자를 곤경에 빠뜨리고 앞서려는 경향을 보이기 때문이라고 논평했다. 그 사실은 이 두 사상가의 제국주의에 대한 저작의 핵심적 주제였다. 제2차 세계대전이 발발할 즈음, 모든 열강들은 계속 자본주의 체제를 고수했지만 이제 군사력이 모든 판도를 결정했다. 전후 기간 동안 군사비 지출은 미국 노동자들로부터 착취한 잉여가치 가운데 민간 부문 축적이 시장 경쟁을 위해 흡수한 양에 못지 않을 만큼을 흡수했다.

이러한 변화들에도 불구하고 자본주의 체제의 역학(力學)은 원래 모습 그대로 남아 있다. 군사적 경쟁은 시장 경쟁과 마찬가지로 끝없는 착취와 축적에 의존한다. 그것은 각각의 지배계급으로 하여금 대중을 ——

노동을 계속하는 데 필요한 것 이상의 대가라곤 지불받지 못하는—— 단순한 노동력의 원천 정도로 취급하게 만들었다. 증대하는 잉여는 계속해서 새로운 축적을 위해 투입되었다. 그런데 그것이 전부는 아니었다. 지배계급은 자신들이 구입한 노동을 경쟁자보다 효율적으로 이용하려 들지 않는다면 살아남을 수 없다. 그들은 각각의 구체적인 노동행위를 전 세계의 노동행위와 비교해야만 하는 것이다(즉 마르크스가 설명한 것처럼, 구체적인 노동을 추상적인 노동으로 환원시켜야 하는 것이다. 다시 말하면 사용가치의 생산을 교환가치의 생산으로 환원해야 하는 것이다). 한 지배집단이 착취와 축적의 정도를 높인다면, 다른 지배집단도 똑같은 행동을 취해야 한다. 한 국가에서 기술혁신을 통해 생산성을 높인다면, 다른 국가들 역시 그 뒤를 쫓아가려 발버둥친다. 모든 지배집단은 끊임없는 향상이라는 소용돌이에 휘말려 있으며, 그것에서의 탈출은 불가능하다. 따라서 각국의 노동자계급은 그들의 통치자들이 경쟁자들에 뒤떨어지지 않도록 더욱 고된 노동을 강요하는 혹독한 압력에 시달려야 하는 것이다.

스딸린이 처음으로 러시아를 서방의 통치계급과의 경쟁이라는 궤도에 올려놓은 지 40여 년이 지난 후에도, 브레즈네프는 계속해서 '양극의 세계 체제에서의 경제적 경쟁'이라는 문제를 강조했다. 그는, '근본적인 문제는 얼마만큼의 양을 생산하는가 하는 것뿐만이 아니라 얼마의 노동을 들여 어떤 비용으로 생산하는가 하는 것이다. 바로 거기에 우리에게 닥친 문제의 핵심이 있다'(『프라우다』, 1970년 4월 24일자)고 말했다.

축적은 관료집단에게 외부적 압력으로만 작용하는 것은 아니다. 지금까지 관료제 자체가 바로 축적에 의존하여 움직여 왔다. 각각의 관료는 특정한 산업 영역을 자신들의 통제 하에 두고 매끄럽게 잘 운영하는 데에서 개인적인 입신의 길을 발견한다. 그러한 확장은 축적에 의존하는데, 바로 그것이 서방의 자본가들에게 그러했던 것과 마찬가지로 그들에게도 제2의 천성이 되었다.

소련이 단지 국제적인 축적의 압력으로 인해 고통당하기만 한 것은 아니다. 소련 역시도 그러한 압력의 한 몫을 차지하고 있었다. 소련의 지도자들은 산업 건설을 위한 자원을 찾기 위해 국경을 넘어 팽창해 왔다. 소련의 군대는 동유럽을 점령했었고 중국을 위협해 왔다. 또한 지금은 아프카니스탄을 점령하고 있으며, 에리트레아[아프리카 북동부 홍해에 연한 이디오피아 자치령 – 역자] 자치령을 억압하는 데 원조를 해 주고 있다. 이 모든 것들은 군사비 지출과 축적에 대한 노력을 가중시킨다. 축적은 제국주의적 확장에 의해 심화되고 있으며, 이번에는 제국주의적 확장이 더 높은 수준의 축적을 요구하는 것이다.

마르크스에게서 사회계급은 단지 특정한 소비양식이나 생활양식 또는 소득수준 등을 가진 인간집단으로 파악되지 않았다. 그에게서 계급은 근본적으로, 생산수단과의 관계로 인해 다른 사회적 집단의 이해관계와 충돌하는 행동을 하는 사회적 집단을 의미하였다. 그런 의미에서 소련의 관료집단은 분명히 하나의 계급이다. 그들은 생산수단을 통제하며, 국제적인 경쟁자들보다 빠른 속도로 생산수단을 확대시키려는 노력을 기울인다. 그런 목적을 위해 그들은 국내적으로나 국제적으로 노동자들의 생활수준을 후퇴시키고, 노동자계급의 이해관계에 반대되는 행동을 취할 수밖에 없다.

그러나 이것이 전부인 것은 아니다. 왜냐하면 바로 그러한 동력이 그들의 영원한 통치를 불가능하게 만들기 때문이다. 국가자본주의의 축적은 그들이 통치하는 노동자의 수를 대규모로 늘려 놓았다. 그들은 자신들에 반대하는 매우 강대한 역사적 세력을 만들어 놓은 것이다. 국가자본주의는 자본주의의 한 형태로서 사회 전체를 그 지도자들의 맹목적인 경쟁에 종속시키기만 하는 것이 아니라, 그 과정에서 체제의 무덤을 팔 수 있는 노동자계급을 형성시킨다.

하지만 우선 노동자계급은 자신들의 가능성을 인식해야만 한다. 노동자계급은 처절한 투쟁을 통해서 스스로가 통치할 수 있는 능력과 힘이 있음을 깨달아야 한다. 또 노동자계급은 스스로를, 세계 체제 속에서 경쟁하는 어떤 단위들과도 결코 동일시하지 **않는** 법을 배워야 한다. 그리고 비록 한 국가에서의 생활이 다른 국가에서의 생활보다 윤택하다고 할지라도, 우리 모두는 기본적으로 동일한 메커니즘에 의해 위기로 치닫고 있으며 핵의 위협에 노출되어 있다는 사실을 알아야 한다. 이 책의 목적은 이러한 과정을 분명히 밝히는 데 조금이나마 보탬이 되고자 하는 것이다.

감사의 글

나는 이 책을 쓰는 과정에서 많은 분들로부터 도움을 얻었다. 국가자본주의에 대한 기초 이론은 1948년에 토니 클리프에 의해 최초로 구성되었고 그 내용은 그의 저서 『소련 국가자본주의』(*State Capitalism in Russia*, London, 1974)에 담겨졌다. 또 1950년에 「인민민주주의의 계급적 성격」(On the Class Nature of the People's Democracies)이라는 논문에서 동유럽 정권들의 성립 과정에 대한 마르크스주의적 설명을 최초로 제시한 것 —— 이 글은 그의 저서 『워싱턴도 모스크바도 아니다』(*Neither Washington nor Moscow*, London, 1982)에 재수록되었다 —— 도 그였다.

세계 체제로서의 국가자본주의 이론은 1960년대에 씌어진 마이크 키드론의 저서 『전쟁 후의 서방 자본주의』(*Western Capitalism since the War*, London, 1968)와 『자본주의와 이론』(*Capitalism and Theory*, London, 1974) 및 비교적 최근에 출간된 나이젤 해리스의 『빵과 군비에 관하여』(*Of Bread and Guns*, Harmondsworth, 1982)에 의해 더욱 상세하게 발전되었다. 폴란드의 사회주의자인 야첵 쿠론(Jacek Kuron)과 카롤 모젤레프스키(Karol Modzelewski)도 각각 나름대로의 방식을 통해 이와 비슷한 분석에 도달했다. 『당에 보내는 공개 서한』(*An Open Letter to the Party*)이 그것인데 여기에서 그들은 자국 폴란드의 내적 동력에 대한 매우 중요한 설명을 제시했다. 그들의 글은 『연대노조 : 실종된 고리?』(*Solidarnosc : The Missing Link?*, London, 1982)라는 제목으로 재출간되었다. 하지만 이후 그들은 혁명적 입장에서 후퇴했다. 비록 이들 업적들이 나의 책 속에서 항상 긍정되는 것만은 아니지만 이들 모두는 이 책의 여러 부분들을 작성하는 데 상당한 도움을 주었다.

1980~81년의 폴란드에 관한 장을 집필함에 있어 나는, 폴란드에서 군사 쿠데타가 있은 후 한달 뒤에 씌어진, 콜린 바커와 카라 웨버가 함께 쓴 「연대노조 : 그단스크에서 무력진압까지」(Solidarnosc : From Gdansk to Military Repression, *International Socialism* 2:15, London, 1982)에 실려 있는, 연대노조에 관한 훌륭한 설명에서 이와 마찬가지로 큰 도움을 받았다.

마지막으로, 다음 분들은 필자의 원고를 읽고 조언을 아끼지 않았으며, 여러 귀중한 자료와 정보를 제공하는 등 무척 소중한 도움을 주었다. 콜린 바커, 셀리 빌드, 피트 클락, 수 콕커릴, 린지 저먼, 피트 굿윈, 카라 웨버. 이들 모두에게 다시 한번 감사드린다.

크리스 하먼

용어에 관하여

나는 편의상 동유럽이나 소련, 중국 등의 국가들을 '공산주의 국가'라고 불렀다. 왜냐하면 이것이 영국에서 일반적으로 통용되는 방식이기 때문이다. 그러므로 이들 나라들이 '공산주의 국가'로 불려진다고 해서 이 국가들이, 마르크스나 엥겔스, 레닌 그리고 뜨로츠키가 제시한 공산주의 전통과 관계가 있다는 것을 의미하지도 않으며 또 이 나라들의 지배정당들을 서방의 공산당들과 동일한 것으로 간주하는 것도 아니다.

나는 또한 그 국가들에서 다양한 위치를 차지하고 있는 지배계층을 '관료계층'(bureaucracy)이라고 불렀다. 그렇다고 해서 내가, 정부 기관에서 일하는 모든 공무원들을 대중과 적대관계에 있는 어떤 계급의 구성원이라고 말하고 있는 것은 아니다. 내가 말하는 '관료계층'은, 산업과 국가기구에서 권력의 핵심 지위를 차지하고 있으면서 다른 지배계급들과의 경쟁을 통해, 그리고 노동자계급의 이익을 억압함으로써 축적을 촉진시키고 이로부터 막대한 물질적 특혜를 얻는 매우 소규모의 집단을 일컫는다.

제1부

억 압

제1장 제2차 세계대전 이후의 동유럽
제2장 소련의 이해관계
제3장 통제에서 정복으로

제1장
제2차 세계대전 이후의 동유럽

동유럽의 운명은 1944년과 1945년에 독일군이 패배하면서 결정되었다. 연합국의 각 지도자들은 전리품의 분할과 전후 영향력의 재조정문제에 관한 우호적인 합의점에 도달하기 위해 몇 차례의 회담을 열었다.

하지만 그들 중 어느 누구도 유럽 인민의 열망 따위는 염두에 두지 않았다. 이후 서방의 지도자들은 동유럽 국가 인민들의 고통에 대한 수사학적 이야기를 꾸며내느라 분주했을 따름이었다. 하지만 당시에는 가장 냉소적인 **현실 정치**(Realpolitik)가 바로 그 시대의 질서였다. 1944년, 처칠과 스딸린이 나눴던 대화는 그 전형적인 예라고 할 수 있다.

당시는 일을 진행시키기에 아주 적절한 시기였다. 내[처칠 - 역자]는 입을 열었다. "우리, 발칸반도에 관한 문제를 해결하도록 합시다. 우리는 그곳에 이해관계를 가지고 있고, 공관도 공작원도 그곳에 있습니다. 우리 서로는 비열한 행동으로 상대방의 오해를 사는 일이 없도록 해야겠습니다. 러시아와 영국 양국은 이렇게 정하면 어떻겠습니까? 여기 루마니아는 러시아가 90퍼센트, 우리는 그리스의 90퍼센트, 그리고 유고슬라비아는 50 대 50의 통치권을 가지자는 제안에 대해 어떻게 생각합니까?" 내 말이 통역되는 동안, 나는 그것을 종이쪽지에 적어 내려갔다.

루마니아 : 러시아 90퍼센트 ── 기타 국 10퍼센트
그리스 : 영국 90퍼센트 ── 러시아 10퍼센트
유고슬라비아 : 50퍼센트 ── 50퍼센트
불가리아 : 러시아 75퍼센트 ── 기타 국 25퍼센트

나는 그 쪽지를 통역을 듣고 있던 스딸린에게 건네주었다. 잠깐 침묵이 흘렀다. 그는 연필을 들어 그 위에 커다란 꺾쇠 표시를 한 다음, 그 쪽지를 우리에게 돌려주었다. 모든 문제가 해결되기까지는 쪽지를 적는 시간만큼도 걸리지 않았던 것이다. …… 그후 오랫동안 정적이 감돌았다. 연필로 표시가 된 쪽지는 탁자의 중앙에 놓여 있었다. 마침내, 나는 말했다. "우리가 수백만 인민의 운명이 걸린 중대한 문제를 그렇게 즉흥적인 방식으로 처리했다는 것을 알면, 사람들이 비웃지 않을까요? 그 쪽지를 태워 버립시다." 스딸린이 대답했다. "아니오, 그 쪽지는 당신이 가지시오."[1]

비록 처음에는 유럽의 분할에 관한 문제를 두고 각 강대국간에 심각한 의견 차이가 있었지만, 결국 그런 식의 회합을 통해 유럽 분할의 기본적인 양상이 결정되었다. 특히 미국은 세력 판도에 대한 공식적인 경계 설정을 피하려 했는데, 그들은 그러한 협약이 없다면 우세한 경제력으로 전 유럽을 지배할 수 있다고 생각했기 때문이었다. 하지만 소련은 ── 그에는 못 미치지만 영국도── 영향력을 발휘하여 미국이 결국 그 분할안을 받아들이게 만들 수 있었다.[2]

열강들이 설정한 경계선은, 냉전기의 온갖 시련과 고난에도 불구하고, 서방이나 소련측 모두가 당연한 것으로 받아들였다. 경계선의 주요 지점 ── 예를 들면, 한국이나 베를린── 에서는 물론 격렬한 충돌도 있었다. 하지만 아무도 그러한 분할을 근본적으로 변화시키려는 어떠한 노력도 보이지 않았다.

예를 들어, 1944~45년 그리스에서는 그리스 인민의 압도적 대다수가 전시의 저항 단체였던 EAM-ELAS를 지지하는 명확한 태도를 보였음에

---

1) Winston Churchill, *The Second World War*(London, 1954), Vol. VI, p. 198.
2) 거대 권력들의 다양한 이해관계에 대한 상세한 논의에 대해서는 Gabriel Kolko, *The Politics of War*(London, 1969)를 보라. 콜코는, 처칠과 스딸린 사이의 회담이, 처칠이 생각한 것보다는 훨씬 덜 중요한 것이라고 주장한다. 그것에서 궁극적으로 결정된 영향력의 범위는 '새로운 관계의 창출이라기보다 오히려 현상(現狀)의 공식화였다.' 실제로 나타난 영향력의 범위 역시 스딸린-처칠 회담에서 정리된 것과 다를 바가 없었다.

도 불구하고, EAM에 속해 있던 공산당 지도자들은 그리스에 대한 영국의 지배를 방해하지 말라는 모스크바의 명령을 충실히 따랐다.

> EAM에 속한 모든 단체들 중 공산당은 사회적 목표들을 통일전선의 필요에 종속시키려는 가장 뚜렷한 입장을 보였으며, 전쟁 후에 그리스를 특별히 영국의 세력권에 포함시키려 했던 유일한 단체였다.3)

1945년 2월의 얄타 회담에서, 스딸린은 "그곳[그리스 – 역자]에서 이루어지는 영국의 행동을 비판할 의사가 없으며 그리스에 개입하지도 않겠다"4)는 분명한 입장을 밝혔다. 이후 처칠은, "스딸린 원수는 그리스 문제에 대해 그다지 큰 관심을 보이지 않았는데 이것은 그가 나에게 베푼 매우 큰 호의였다"5)고 진술했다.

이탈리아와 프랑스에서도 소련이 지도하는 각 공산당은 급격한 변화를 방해하는 데서 주요한 역할을 했다. 1943년 중반 이후, 연합군 통치 지역의 이탈리아에서는 뭇솔리니를 대신하여 파시즘 경향의 그랜드 위원회가 지명한 바도글리오가 명목상의 통치권을 넘겨받게 되었다. 하지만 그 정권은 이탈리아의 어느 지역에서도 대중적 지지를 얻지 못했다. 일단의 저항 세력들도 이 정권에 대한 강력한 반대 의사를 표명했다. 사회당이나 공산당뿐 아니라 자유주의를 표방하던 행동당 역시 바도글리오와는 어떠한 관계도 맺으려 하지 않았다. 그러자, 1944년 3월 26일 톨리아티는 모스크바에서 이탈리아로 날아왔다. "문제가 결정적으로 해결되는 방향으로 움직이고, 바도글리오 정권의 생명이 얼마 남지 않았을 때, 신(新)파시스트 정권과 처칠은 새로운 동맹자들을 발견했다. 그들은 다름 아닌 소련과 이탈리아의 공산당이었다."6)

---

3) Kolko, 앞의 책, p. 174.
4) US Department of State, *Foreign Relations of US, the Conferences at Malta and Yalta 1945*, p. 783. Kolko, 앞의 책, p. 359에서 다시 인용.
5) 같은 책.
6) Kolko, 앞의 책, p. 50.

　서유럽에서 스딸린이 한 행동은 동유럽에서 서방이 한 행동과 상응하는 것이었다. 소련 군대가 1953년과 1956년의 민중봉기를 억눌렀을 때, 서방의 정치인들은 굉장한 소란을 피우며 열변을 토해 댔지만, 그러한 봉기에 아무런 물질적 도움도 주지 않았다. 비교적 최근인 1968년에 미국은 경제적 난관의 극복을 위한 체코슬로바키아의 차관 요청을 거절했다. 미국이 내세운 이유는, 그러한 차관 증여가 "모스크바에 의해 동유럽에 대한 대규모의 경제적, 정치적 간섭으로 받아들여질 우려가 있다"는 것이었다.[7]

　서유럽에서 나치의 통치를 대신하게 된 체제들이 미국과 영국 자본주의의 통제 하에 구축되었듯이, 동유럽 체제들의 성격은 소련의 통치자들에 의해 결정되어진 것이다

전쟁 이전의 체제들

　소련의 군대들은 자신들이 점령한 영토들이, 그들 사회의 낡은 형식으로는 결코 살아남을 수 없다는 사실을 발견했다. 원래의 지배계급들은 이미 파산한 것으로 판명되었고, 전후 재건을 위한 대중의 지원을 전혀 동원할 수 없었다.

　이미 전쟁 전부터 그러한 사태의 결과는 나타나고 있었는데 그것은 사회적 지도 방향과 응집력의 상실이었다. 폴란드, 체코슬로바키아 그리고 헝가리는 1919년에야 비로소 독립된 국가들로 등장했을 뿐이었다. 이 모든 곳에 감도는 극단적인 긴장은 이들 다양한 국가구조들의 통일성을 위협했 — 폴란드인과 체코인 대 독일인, 슬로바키아인 대 체코인, 우크라이나인 대 폴란드인, 루마니아인 대 헝가리인, 크로아티아인 대 세르비아인간의 긴장을 어디서나 볼 수 있었던 것이다.

---

7) Economist Intelligence Unit, *Quarterly Economic Review, East Europe North*(1968), No. 3.

동유럽 전체가 1930년대의 대규모 경기침체로 인해 빈곤의 구렁텅이에 빠졌다. 특히 후진 농업지역은 심각한 타격을 입었다. 각 국가에 존재하던 민족적 긴장은 가속화되었으며, 많은 민족주의 정권들이 파시즘에 물들기 시작했다. 이러한 사정을 배경으로, 동유럽에서는 갈수록 불안정해지는 우익정권이 그 지배적 양상으로 자리잡았다.

동유럽에서는 산업자본가들이 자리잡을 만한 토대가 좀처럼 만들어지지 못했다. 산업이 존재하는 곳에는 어디서나 외국자본이 주요 역할을 담당했다. 1937년 폴란드에서는 합작회사들이 소유한 40.1퍼센트의 자본을 외국 투자가들이 소유하고 있었으며, 외국자본이 지배적 역할을 담당했던 회사들은 전체 합작회사의 63.1퍼센트에 달했다.[8]

다른 국가들의 경우도 비슷했다. 루마니아에서는 고작해야 자본의 15~20퍼센트 정도가 토착자본가의 소유였고[9], 유고슬라비아와 불가리아에서 외국자본이 차지한 비중은 각각 49.5퍼센트[10]와 42.6퍼센트였다.[11]

사적 산업의 취약성은 각 산업이 유지되기 위해서는 국가의 간섭이 꼭 필요했다는 사실에서 반영된다. 폴란드, 체코슬로바키아 그리고 유고슬라비아는, 전 유럽에 걸쳐 국가의 사전 간섭의 정도가 어떠했는가를 실증적으로 보여주고 있다.

폴란드에서 "국가는 경제의 많은 분야에서 개척자 및 기업가의 역할을 맡았다. …… 은행 신용의 반 정도는 정부 은행과 정부 기관으로부

---

8) F. Zweig, *Poland Between Two Wars*(London, 1944), p. 121. 또 L. Wellisz, *Foreign Capital in Poland*(London, 1938), p. 145도 참조하라..

9) Royal Institute of International Affairs, *Agrarian Problems from the Baltic to the Aegean*(London, 1944), p. 81. Y. Gluckstein, *Stalin's Satellites in Europe* (London, 1952), p. 26에서 다시 인용.

10) B. Kidric, *On the Construction of Social Economy in FPRY*. Gluckstein, 앞의 책에서 다시 인용.

11) Royal Institute of International Affairs, *South Eastern Europe, A Political and Economic Survey*(London, 1939), p. 173. Gluckstein, 앞의 책에서 다시 인용.

터 충당되었다. 몇몇 선도적 경제 부문은 거의 완전하게 정부의 소유이거나 정부에 의해 운영되었다."[12] 전쟁 전의 체코슬로바키아 정부 역시, 폴란드 정도는 되지 못했지만, 직접 산업자본의 10퍼센트 가량을 소유하고서 "기업의 발기인, 지원자, 통제자의 역할을 활발히 수행하는 전통을 보여주었다."[13] 유고슬라비아의 경우에도 국가는 철도와 전화뿐 아니라 석탄 산업의 25퍼센트와 철광석 산업의 90퍼센트를 소유하였다. 또한 중앙 정부와 지방 행정부는 중요한 목재 산업의 기반이 되는 산림지의 60퍼센트를 소유하였다. 마지막으로, 유고슬라비아 정부는 철강 산업과 군수품 생산을 통제했고, 설탕과 셀룰로이즈 생산의 많은 부분을 담당했다.

체코슬로바키아는 근대의 자본주의적 조건 속에서도 성공을 거둔 동유럽 유일의 국가였다. 경기침체의 충격에도 불구하고 양 대전 사이의 기간에 체코슬로바키아의 산업은 성장을 기록했으며, 그 덕분에 1937년에는 지난 25년 동안 세 번째로 높은 산업생산고를 기록했다.[14] 따라서 체코슬로바키아는 유일하게 일종의 부르주아 민주주의를 존속시킬 수 있었다. 하지만 그것마저도 1938년 뮌헨협정이 체결되면서 파괴되고 말았는데, 그것은 영국의 묵인 하에 독일의 탱크가 국경을 넘어 몰려 들어왔기 때문이었다.

전쟁은 가뜩이나 취약하던 사회구조마저 산산이 부수어 놓았다. 전쟁 전의 지배집단들은 루마니아나 헝가리, 불가리아처럼 나치와 제휴하거나 체코나 폴란드 정부처럼 일종의 저항의 길을 택해야 했는데, 폴란드나 체코의 경우 1945년이 되어서는 그들의 세력은 약해져 해체되었다.

폴란드는 전쟁으로 가장 심각한 타격을 입은 국가이다. 전쟁으로 폴란드 인구의 20퍼센트 가량이 희생된 것으로 추산된다.[15] 전쟁 전에 정

---

12) A. Zauberman, *Industrial Progress in Poland, Czechoslovakia and East Germany, 1937~1962*(London, 1964), p. 1.

13) 같은 책.

14) Zauberman, 앞의 책, p. 106.

치의 핵심을 차지했던 군부 엘리트들은 사실상 없어져 버렸다. 본래 취약했던 토착 부르주아지들에게 부를 제공했던 공장들은 폐허가 됐다. 전쟁 전의 폴란드 영토 가운데 45퍼센트가 소련에 합병되었다.

루마니아, 불가리아 그리고 헝가리의 구지배집단은 완전히 불신받았다. 그들이 히틀러와 제휴한 까닭에 이 지역들의 인민들은 러시아 전선과 국내 테러에서 희생되는 끔찍한 대가를 치렀던 것이다.

체코슬로바키아는 전쟁으로 인한 직접적인 피해를 가장 적게 받았고 연합군의 점령 기간도 비교적 짧았다. 하지만 이곳의 부르주아지는 전쟁으로 인해 상처투성이가 되었다. 베네스(Benes) 같은 구시대의 정치가는 서방과 연계를 꾀하던 전쟁 전의 정책 따위로는 뮌헨조약 같은 재난스런 결과밖에 얻을 수 없다고 여기고, 소련의 영향 밑으로 들어가야 한다고 결심을 굳혔다.

전쟁은 기존 정치구조를 결정적으로 약화시키는 한편 각종 국민경제들을 더욱더 국가화시켰다. 1945년까지 체코슬로바키아 산업의 60퍼센트, 그리고 사실상 금융 체제의 전부가 독일인의 수중에 있었다. 독일인이 떠나갔을 때 오직 국가만이 그것들을 접수할 수 있는 능력을 갖고 있었다. 다음은 체코슬로바키아의 부르주아 대통령이었던 베네스의 말이다.

> 독일인들은 모든 주요 산업과 은행들을 장악했다. …… 그들이 그것들을 직접 국유화하지는 않았다고 해도, 그것들은 적어도 독일 대재벌의 손아귀에 들어갔다. …… 이런 식으로 그들은 우리의 경제와 금융자본을 국유화하려는 준비를 했다. …… 막대한 국가 보조나 새로운 금융 보증 없이 그 자산과 은행들을 체코인 개인들에게 넘겨주거나 이들을 합병하는 것은 실제로 불가능했다. 국가가 개입하지 않을 수 없었다.16)

독일의 패배는 체코슬로바키아 정부가 지방 자본의 대대적인 국유화

---

15) N. Bethell, *Gomulka*(London, 1972), p. 118에 실려 있는 추산치.
16) *Manchester Guardian*, 1945년 12월 15일자에 실린 베네스의 기사.

과정을 거치지 **않고도** 산업의 4분의 3 정도를 직접 통제하게 되는 것을 의미했다.

폴란드에서도 국가가 전쟁 전의 폴란드 영토('구폴란드')와 독일에서 합병한 '새' 영토에서 기존의 독일인 자산을 전유(專有)함으로써 비슷한 상황이 전개되었다.

한편, 독일과 제휴했던 국가들(헝가리, 불가리아 그리고 루마니아)에서는 전쟁으로 인해 더욱 많은 독일 자본의 침투가 이루어졌다.17)

그 결과, 전쟁이 끝날 즈음에는 누구든 국가기구를 통제하고 있는 사람이 산업 역시 마음대로 통제하면서 처분할 수 있었다. 그들은 스스로 산업을 장악하거나 전쟁 전의 소유자에게 그것을 돌려줬다. 그 소유자들은 실제로 국가권력을 통제하고 있던 자들에게 아부함으로써만 이전의 권력이나 소유권을 되찾을 수 있었다. 그리고 소련 군대는 그러한 권력을 휘두르는 데서 가장 중요한 요소로 작용했다.

이전의 지배계급들은 소련의 요구에 저항할 만한 위치에 있지 못했다. 그후 2~3년 동안의 온갖 항변과 책략은 그들에게 아무런 도움도 되지 못했다. 또 그들의 뒤를 받쳐 주면서 러시아에 대항하려 한 신념있는 대중들도 전혀 없었다. 점령군과 공산당은 전후의 혼란 속에서 사회의 윤곽을 아주 손쉽게 새로 결정할 수 있었던 것이다.

전쟁이 임박한 시기의 각국 공산당

거의 모든 동유럽의 공산당은 독일 군대가 철수할 당시 극도로 약해져 있었다.

헝가리 공산당은 1920년 이후의 독재 기간 동안 이름뿐인 존재에 불과했다. 그 기간에 당의 지도자들은 감옥에서 생활하거나 모스크바로 망

---

17) 이 단락에 개괄된 사태 전개에 대한 보다 상세한 기록으로는 Gluckstein, 앞의 책, pp. 26~29를 보라.

명을 떠났다. 그런데 모스크바 재판은 스딸린의 권위에 의심을 품는 기미가 있으면 누구든지 — 헝가리 공산당의 창시자인 벨라 쿤(Bela Kun)을 포함해서 — 가차없이 숙청했다.

폴란드 공산당은 폴란드 사회당(Polish Socialist Party)에 비해 노동조합이나 전체 노동자계급 사이에서 항상 소수였다. 1938년 스딸린이 적어도 12인의 폴란드 공산당 중앙위원들을 처형했을 때 당은 사실상 붕괴되고 만다. 당이 다시 구성된 것은 1941년말이었지만, 그것이 실제적인 정치적 자생력을 얻은 것은 독일 군대가 스딸린그라드에서 패배한 이후였다. 1942년 중반에 당원의 수는 4000여 명 정도에 불과했다. 당 지도부가 안정적이거나 독립적인가 하면 그렇지도 않았다. 1942년의 공산당 당수는 독자적인 힘을 지니고 있지도 않았다. 1942년 공산당 당수가 그의 '제3의 심복'이었던 몰레예크(Molejec)에 의해 뭔가 미심쩍은 상황에서 살해당했으며, 몰레예크 역시 당 간부회의 심의 이후 처형됐다. 1943년에는 추가로 두 명의 지도자가 의혹스런 사건에 연루되어 게슈타포에 의해 처형당했다.[18]

루마니아에서는 1944년 중반까지 당원은 1천 명에도 미치지 못했던 것으로 추산된다. 여기서도 당 지도부는 '적자생존'의 과정을 치렀다. 러시아 독재에 대해 충분한 충성심을 증명해 보이지 못하는 자는 모두 일련의 숙청 과정에 의해 제거당했다(그리고 종종 망명지에서 살해당하기도 했다). 당의 중요한 지도자 가운데 한 사람인 안나 파우커(Anna Pauker)는 자신의 남편과 연인을 희생시키면서까지 살아남기도 했다.[19]

체코슬로바키아 공산당은 다른 나라 공산당에 비해 강력한 편이었다. 당원 수가 최소에 머물렀던 1930년에도 그 수가 2만 4천여에 달했다.[20]

---

18) 폴란드 공산당의 발전 과정에 대한 상세한 설명으로는 Bethell, 앞의 책, pp. 15 ~72와 A. Korbonski, *The Politics of Socialist Agriculture in Poland, 1945~ 1960*(New York, 1965), pp. 50~66을 보라.

19) 전전(戰前) 시기의 루마니아 공산당에 대한 설명으로는 G. Ionescu, *Communism in Rumania, 1944~1962*(London, 1964)의 서론을 보라.

선거에서도 항상 75만 표 이상을 득표했다. 하지만 조직된 노동자들 사이에서는, 공산당은 다수당이 아니었다. 공산당은, 비교적 대규모인 공장에서 약세를 보였으며, 노동조합 운동의 12퍼센트 이상을 통제한 적이 한번도 없었다.[21] 당 지도부는 통상의 기준 — 스딸린의 정책을 기꺼이 받아들일 준비가 되어 있는가 어떤가 — 에 의해 선발되었다. 그럼에도 불구하고 체코슬로바키아 공산당은 독일의 점령기에도 비교적 성공적으로 당조직을 운영할 수 있었다. 그 결과 나치가 패배하면서 철수했던 1945년에는 당원의 수가 체코 지역에만도 2만 7천여 명에 이를 수 있었다.[22]

이전의 약세에도 불구하고 공산당들은 전후에 강력한 전략적 지위를 차지할 수 있었다. 그것은 낡은 사회 체제가 붕괴한 탓도 있었지만 여기에서는 러시아의 존재가 결정적 역할을 했다. 그런데 그러한 강점이 어떻게 활용되었는가?

마르크스가 사회주의 혁명을 말할 때 그는 그 말을 '절대 다수가 절대 다수의 이익을 위한' 행동을 한다는 뜻으로 썼다. 그것은, 대중이 — 역사상 처음으로 — 소수가 그들에게 제시하는 바에 따라서가 아니라 스스로의 이익에 따라 행동하게 되는 결정적인 사회 변화를 의미했던 것이다.

레닌 역시 사회주의 혁명을 이야기할 때 대중의 목적 의식적 행동의 역할을 강조했다. 레닌은 1917년 자신의 저서(특히, 종종 잘못 이해되고 있는 『국가와 혁명』)에서, 사회주의 혁명은 계급과 권위주의에 바탕을 둔 낡은 국가기구를 파괴하지 않고서는 절대 성취될 수 없다고 강조한 바 있다. 또한 '우리 혁명에서 프롤레타리아트의 임무'에서 그는 이렇게 말했다. "부르주아 의회주의 공화국에서는 …… 모든 억압기구 — 군대,

---

20) P. L. Zinner, *Communist Strategy and Tactics in Czechoslovakia*(London, 1963), p. 30에 제시된 수치들.
21) 같은 책, p. 63.
22) 같은 책, p. 75.

경찰, 관료기구 — 가 그대로 보존된다. 하지만 꼬뮌과 소비에트는 그러한 기구들을 **분쇄**하여 없애 버린다."(강조는 레닌)[23]

　만약 동유럽 공산당들이 마르크스와 레닌의 전통을 지켜야 한다는 그들 자신의 요구에 충실했더라면, 그들의 전략은 아마도 명확할 수 있었을 것이다. 만약 그랬다면 그들은 노동대중 사이에서 낡은 사회 형식에 반대하는 선동활동을 이끌 수 있었을 것이며, 자신들이 일관되면서도 멀리 내다볼 수 있는 시야를 가진 노동자들의 선진 부분임을 입증할 수 있었을 것이고 또 이로써 자신들의 영향력을 확대할 수 있었을 것이다. 또 그들은 노동자들의 대중적 투쟁을 지도할 수 있었을 것이고, 그 투쟁의 결과로써 직접적인 노동자권력기관(1917년의 소비에트와 같은 노동자평의회)을 건설할 수 있었을 것이다. 또 그 투쟁은 낡은 국가기구를 분쇄하고 그 자리를 평의회의 권력으로 대체시키는 데 집중될 수 있었을 것이다.

　사실상, 유럽 공산당들의 정책은 그와는 정반대의 방향으로 나아갔다. 독일이 패배하자마자 그들은 반(半)파시스트 부르주아 정당인 농민당이나 사회민주당과 손을 잡고 연립내각을 구성했다. 그들이 그러한 내각을 구성하면서 내세운 변명은 어떤 종류의 사회 혁명을 수행하겠다는 것이 아니라, '인민 민주주의' 정부로 봉건주의의 마지막 잔재를 뿌리뽑고 정상적인 '부르주아 민주주의' 정권을 수립하겠다는 것이었다. 연립내각에서 공산당에게 돌아간 의석 수는 대중적 지지의 정도에 의해서 결정되지 않았다. 그것은 러시아 점령군의 영향력에 의해 주어진 일종의 뇌물이었다. 그런 방식으로, 대중의 지지가 미약한 폴란드나 헝가리에서도 공산당이 정부에서, 어느 정도의 대중적 기반이 있었던 체코슬로바키아나 불가리아의 공산당에 못지 않는 중요한 위치를 차지할 수 있었다.

혁명의 파도 그리고 '인민의 정부들'

---

23) V. I. Lenin, *Collected Works*(Moscow, 1964), Vol. 24, p. 69.

독일과 제휴했던 동유럽의 세 국가에서는, 군사적 패배와 함께 혁명의 파도가 솟구쳤다. 그런 경향은 불가리아에서 가장 두드러졌고 헝가리와 루마니아에서는 이보다는 약간 덜했다. 하지만 그곳의 공산당들은 그러한 대중적 폭동의 파고를 사회의 낡은 질서에 대한 공격으로 전환시키려는 아무런 시도도 하려 들지 않았다. 대신에 그들은 낡은 질서의 대표자들과 결탁하여 아래로부터의 자발적인 움직임을 분쇄했다.

불가리아에서의 사태는 그 전형적인 예이다.

불가리아 군대가 서(西)트라키아와 마케도니아 지방을 점령한 기사는 1917년 소련 군대의 모습을 생생하게 기억나도록 한다(고 한 서방측 관측자는 썼다). 병사소비에트가 건설되고 장교들은 자리에서 끌어 내려졌으며, 붉은 깃발이 높게 세워졌다. 그리고 거수경례 따위는 폐지되었다.[24]

러시아의 지도자들은 즉각 그 사태에 개입하고 나섰고, 이어 몰로토프의 포고령이 발표되었다.

만약 어떤 공산당원이라도 현재의 행위를 계속한다면, 우리가 그들을 정신차리게 할 것이다. 불가리아는 현재의 질서 및 민주적 정부를 지속시켜야 한다. …… 쿠데타를 피하려면 유용한 군 장교들을 모두 확보하고 있어야 한다. 여러 가지 이유로 해고된 모든 장교들을 제자리에 복직시켜야 한다.[25]

공산당 지도자들은 "국가의 소비에트화를 선동하는 당 내부의 극렬론자들을 저지"[26]하기 위해 온 힘을 기울였다. 소련 군대 역시 현상유지를 위한 행동에 착수했다.

몇 번이나, 지방 공산당원들이 도시의 관리를 면직하고 자체적으로 문제를 해결

---

24) *Economist*, 1944년 10월 7일. Gluckstein, 앞의 책, pp. 132~133에서 재인용.
25) *New York Times*, 1954년 1월 16일. 같은 책에서 재인용.
26) *New York Times*, 1944년 9월 21일. 같은 책에서 재인용.

하려 했을 때마다, 그들은 소련군 당국으로부터 소피아의 조국전선정부의 명령이 도착할 때까지 옛 관리들에게 그 자리를 되돌려 주라는 명령을 받았다.[27]

불가리아 군대의 '질서'는 급속도로 회복되었다. 국방장관은, "부대는 즉각 정상적인 규율을 회복할 것, 병사 평의회를 해체하고 더 이상 붉은 깃발을 게양하지 말 것을 단호한 어조로 명령했다." 그리고 군의 최고 명령권은, "발칸반도에서 1917년의 경험이 되풀이되는 것을 참을 수 없다"[28]고 한 톨부긴 원수가 맡게 되었다.

불가리아 공산당 지도자들은 그러한 혁명적 운동을 억제하는 동시에 현상을 유지시키겠으며 사유재산을 존속시키겠다는 성명을 매우 강한 어조로 발표했다. 공산당 소속 내무장관인 유고프는 1944년 중반에 이렇게 말했다. "우리 정부는 …… 불가리아에 공산주의 정권을 세우려는 의도를 갖고 있지 않다. …… 정부가 사적 기업을 모두 국유화하려 한다는 소문은 아무런 근거도 없는 말이다."[29] 1946년초, 디미뜨로프는 이런 성명을 발표했다. "지금 우리에게 닥친 임무는 사회주의를 실현하거나 소련의 체제를 도입하는 것이 아니라 진실된 민주주의와 의회제도를 정착시키는 일이다."[30]

당시 —— 1944년 9월부터 1946년 10월까지 —— 조국전선연립정부의 수뇌는 키몬 게오르기예프 장군이었다. 그는 1923년 수십만의 노동자와 농민을 학살한 반(半)파시스트 **쿠데타**에서 군부를 이끌었으며, 또한 즉각 정부를 해산시키면서 공산당과 사회당, 농민당 등에 끔찍한 박해를 가하고 불가리아 역사상 처음으로 노동조합을 해산시킨 1934년 군사 쿠데타의 주모자였다.[31] 그의 지지자들은 조국전선정부에서 실로 막대한 영향력을 휘둘렀기 때문에 서방의 한 관측통은 진지한 어조로 "현정부의 구

---

27) *New York Times*, 1944년 9월 21일. 같은 책에서 재인용.
28) *Economist*, 1944년 10월 7일. 같은 책, p. 133에서 재인용.
29) *New York Times*, 1944년 9월 22일. 같은 책, p. 134에서 재인용.
30) 같은 책, p. 134에서 재인용.
31) 같은 책, pp. 134~135에 인용된 설명.

성을 살펴보면, 소피아에서 권력을 잡은 집단은 1934년 쿠데타로 정권을 잡았던 그 유명한 군사동맹과 일치한다"고 말했다.[32]

불가리아 공산당은 바로 그런 정부에 가담했던 것이다. 한편으로는 혁명의 물결이 점점 퇴조하고 있는데도, 공산당과 소련은 그 정부에 무제한의 지지를 보냈다. 그들이 나중에 그 정부에서 한 일이라고는 친서방적인 요소에 반대한 것뿐이었다.

루마니아에서도 비슷한 상황이 벌어졌다. 1945년 3월 이후부터 구성된 루마니아 정부에는 공산당과 '자유'당이라는 어울리지 않는 이름을 가진 당, 그리고 그 밖의 여러 개인들이 동수로 참여했다. 부통령인 '자유'당의 타타레스쿠는 1927년 유태인 학살 계획을 수립했던 바 있다. 히틀러의 등장 이후에, 영국 공산당의 주간 기관지인 『월드 뉴스 앤드 뷰』(*World News and View*)는 그를 "민족해방당(National Liberal Party)의 친(親)히틀러파 중 우익"[33]이라고 소개했었다. 문화성 장관인 미하일 렐리아는 캐롤 국왕 시절에 대신을 지냈었고, 종교성 장관인 부르드치아 신부는 파시스트 철위단(Iron Front:鐵衛團)의 악명높은 일원이었다. 노동성장관인 로타르 라다키아누 역시 캐롤 국왕의 전체주의적인 '르네상스 전선(Renaissance Front)'에 참여한 바 있다.[34]

정부에 적용되던 방식은 그 밖의 조직에도 그대로 적용되었다. 루마니아군을 이끌고 스딸린그라드에서 러시아군과 싸웠던 캄브리아는 육군의 부참모장으로 승진되었다. 비밀경찰의 새 수뇌인 포페스쿠-아르제토이아 소령은 한때 활동적인 파시스트였다. 사법부는 사실상 그대로 남아 있었는데, 2천 명 중 20명의 판사가 새로 임명되었을 뿐이다.[35] 1947년

---

32) *Observer*, 1944년 9월 10일. 같은 책, p. 135에서 재인용.

33) 1938년 11월 19일. 노동자와 농민에 대한 억압을 조직함에 있어 그가 보인 행동들에 대한 상세한 설명으로는 *Inprecor*, 1933년 12월 8일을 보라. 같은 책, pp. 136~137에서 재인용.

34) 같은 책, p. 137.

35) *Christian Science Monitor*, 1945년 12월 12일자에 실려 있는 파트라스카누의 진술. 같은 책, p. 140에서 재인용.

농민당의 지도자인 마니우가 법정에 서게 되었을 때의 법원장은 1936년 공산당의 지도자 안나 파우커를 심문할 때 검사 자리에 있었던 인물이었다. 그리고 그는 전시에 모든 감옥과 수용소를 관장했던 바 있다.[36]

공산당 자체도 그다지 다를 바는 없었다. 루마니아 공산당 지도자들은 이후 파시스트 철위단 출신의 모든 인물이 당에 참여하는 것을 인정했다.[37] 불가리아와 마찬가지로, 루마니아 공산당과 정부의 지도자들은 국유화나 소련식 체제 도입을 반대한다는 취지의 수많은 성명을 발표했다. '인민 민주주의 정부'의 초기 3년 동안 나치에 협력했던 자본가들은 아무 탈없이 지낼 수 있었다. 그리고 법무장관인 공산당의 파트라스카누는 '전쟁 당시의 실업가, 사업가, 은행업자들의 범죄를 사면'하는 법안을 마련했다.[38]

공산당 지도자들은 그러한 상황을 통탄하기는커녕 그런 상황을 반기며 옹호하기에 바빴다. 1946년 11월 3일, 수상 그로자는 성명을 발표했다. "왕과 교회, 군대, 인민 그리고 정부는 모두 하나이다." 국왕 탄신일에 공산당의 일간지 『신시대』(*Era Noua*)에는 이런 기사가 실렸다. "루마니아 인민은 국왕을 신뢰하고 있다."[39] 공산당 지도자들이, 농민당의 지도자인 마니우 및 그 추종자들이 의회에서 철수한 사건을 두고 반(反) 군주적이라고 공격한 것도 군주주의에 대한 열정에서였다. 『신시대』 지는 "사실상 마니우의 비의회적인 행동은 단지 군주에 반대하는 태도를 보였을 뿐이다"[40]라고 썼다.

---

36) *New York Herald Tribune*, 1947년 11월 7일. 같은 책, p. 140에서 재인용 ; 또한 Ionescu, 앞의 책, p. 131도 참조하라.

37) 1961년 11월에서 12월 사이에 개최된 루마니아 노동자당의 중앙위원회 총회에서 게오르규 데이 등의 연설.

38) *New York Times*, 1945년 3월 17일. Gluckstein, 앞의 책, p. 138에서 재인용.

39) *Era Noua*, 1946년 11월 8일. *East Europe*(London), 1946년 11월 20일에 인용된 것을 Gluckstein, 앞의 책, p. 141에서 다시 인용.

40) *Era Noua*, 1946년 12월 3일. *East Europe*(London), 1946년 12월 18일에 인용된 것을 Gluckstein, 앞의 책, p. 141에서 다시 인용.

헝가리에서도 매우 흡사한 사태가 전개되었다.

1945년 공산당 지도자들이 대대적인 사유재산의 국유화 정책을 실행했더라도 심각한 반대는 없었을 것이다. 하지만 그들은 가장 큰 규모의 공장들과 광산을 제외한 모든 재산을 원래의 소유주에게 되돌려 주는 데 힘썼다.[41]

바르샤바 민중봉기

폴란드에서는 독일군의 최후 철수가 있기도 전에 혁명의 파도가 밀려왔다. 1944년 8월 1일 바르샤바의 대중은, 소련군 전위 부대가 시의 15마일 이내로 다가서자 독일 점령군에 맞서 일어섰다. 사제 폭탄과 급조된 무기 등으로 빈약하게 무장한 시민들은 영웅적으로 싸웠다. 심지어 여자와 어린아이들까지도 남자들과 함께 전투에 참가했다. 봉기가 시작된 지 불과 이틀 만에 독일군은 시 전역에 대한 통제권을 잃고 말았다.

비록 그 봉기에서 작전권은 전쟁 이전의 폴란드 군대 소속이었던 보르코모로프스키 장군 같은 인물들이 쥐고 있었지만, 대중적 조직 특히 폴란드 사회당(PPS)과 농민당 등은 각자의 군사조직을 통해 주요 저항운동에서 중요한 역할을 해냈다. 그리고 국내군(Home Army)이 독자성을 지니고 있었듯이, 극우파의 군대 역시 NSZ라는 소규모의 독자 조직을 보유하고 있었다. 그 봉기를 두고 나중에 모스크바 지도노선의 추종자들은 '반동적'이라느니 너무 조급한 행동이었다느니 평했다. 하지만 당시 공산주의 조직이던 폴란드 애국자 동맹(Union of Polish Patriots)은 그 봉기에 찬사를 보냈다.[42] 공산주의 신문이던 『아르미아 루도바』

---

41) P. E. Zinner, *Revolution in Hungary*(New York, 1962), p. 52.

42) 1944년 7월 29일, 모스크바 라디오에서 방송된 폴란드 애국자 연합의 호소. Gluckstein, 앞의 책, p. 144에서 재인용. 봉기가 일어나기 바로 전날 UPP 라디오와 코슈스코 라디오에서 방송했던 호소도 참조하라. "바르샤바 인민들이여 무기를 들라. 독일인들을 공격하라. …… 비스툴라를 횡단하고 있는 적군을 도우

(*Armia Ludowa*)는 당시를 이렇게 기록했다. "그 무장봉기는 그것을 시작한 사람들이나 그들의 목적과는 무관하게 바르샤바 인민의 폭넓은 지지를 획득했다. 그리고 바로 그것이 이번 봉기의 강점이다."[43]

1944년 8월 15일 폴란드 민족통일평의회는 봉기가 한창 진행 중인 시기에 "50 헥타르가 넘는 토지를 포함하는 토지개혁 …… 주요 기간 산업의 사회화 …… 노동자의 기업 경영 참여와 생산 통제"[44] 등의 내용을 담은 프로그램을 발표하였다. 분명한 사실은, 바르샤바 봉기의 지도부가, 러시아의 후원 하에 각종의 군주주의자와 전(前)파시스트 분자들이 그 내부에 창궐했던 당시의 루마니아나 불가리아 그리고 폴란드의 정부들보다 '반동적'이지는 않았다는 것이다.

그런데, 소련군은 당시 바르샤바에 아주 근접해 있으면서도 그 봉기에 아무런 도움도 주지 않았다. 당시에 소련군이 바르샤바에 진입하는 것이 군사적으로 가능했는지 여부는 아직 확실히 말할 수 없는 문제이다. 독일군의 공세는 소련군을 전선 전체에 걸쳐 50마일까지 일시적으로 후퇴하게 만들었다. 하지만 보급품을 공수하는 식의 공중 지원은 분명히 가능했다. 만약 그랬다면 봉기군에게 폭탄과 기총소사를 퍼붓는 독일 공군에 맞선 저항은 더 거세질 수 있었을 것이다.

사실 소련군은 독일군이 봉기를 완전 진압할 때까지 뒤에 물러서 있었다. 63일 후에야 바르샤바는 탈환됐다. 하지만 도시의 건물들은 철저하게 파괴되어 있었다. 24만 명의 주민이 살해당했으며 63만 명은 다른 지역으로 이송되었다. 폴란드 인민의 혁명적 봉기는 그렇게, 1945년 초반 소련군이 실제로 도시를 장악하기 **이전**에 파괴당했던 것이다.

위로부터의 혁명

라." *Manchester Guardian*, 1944년 8월 22일에서 재인용.

43) *Armia Ludowa*, 1944년 8월 15일. Gluckstein, 앞의 책, p. 148에서 재인용.

44) Zaremba, *La Commune de Varsovie*(Paris, 1947), pp. 39~40에서 재인용.

게다가 동유럽 국가들에서 결정적인 사회변혁이 일어난 것은 전쟁 이후의 시기를 거치면서였다. 공산당들이 마르크스나 레닌이 말한 바대로 혁명을 수행한 것은 아니었다. 하지만 '인민 민주주의' 정부에 속한 사람들이 그들의 부르주아 협력자들의 이해관계를 위해 헌신한 것도 아니었다. 그들은 아래로부터의 독자적 반대운동을 저지하기 위해 부르주아지와 협력했다. 하지만 다른 한편으로 그들은, 소련 점령군과 동맹하여 그 협력자들을 '위로부터' 파괴하기 위한 기반을 마련하고 있었다.

각국 정부에서 공산당은 단지 소수의 장관직만을 보유했다. 하지만 소련의 존재 덕분에 그들은 전반적인 정치적 통제를 행사할 수 있는 요직들을 장악할 수 있었다. 모든 나라들에서, 국가 기관 중 억압적 기능과 관계된 장관직들 —— 특히 내무장관과 국무장관 —— 이 당원들에게 인수되었다. 헝가리의 지도자인 라코시(Rakosi)는 나중에 이렇게 털어놓았다.

> 처음부터 우리 당이 소유권을 주장한 하나의 직위가 있었다. 연립 과정에서 여러 직위들은 각 당의 세력에 따라 분배되었지만 우리 당은, 단 하나의 직위만은 그 과정에서 빼놓았다. 그것은 바로 국가안전부였다. …… 우리는 그 기구를 설립 첫날부터 장악하고 있었다.[45]

낡은 국가기구는 파괴된 것이 아니라, 스탈린의 신임을 받던 당의 지도자들에게 온전하게 넘겨졌다. 그리하여 그 폭압기구는 사회의 나머지 부분들에 대한 통제를 위한 열쇠 노릇을 했던 것이다.

체코슬로바키아는 훌륭한 예를 보여준다. 공산당원이던 내무장관은 산하의 모든 중요 직위를 당원들에게 나눠주었다. 낡은 경찰기구 또한 공산당 간부들의 주도로 재조직되었다. 예컨대 비밀경찰 본부의 주요 간부 5명 중 4명이 당원이었으며, 각 지구대의 대장 17명 중 12명이 당원이었다. 그리고 비밀경찰 지휘 본부 13개소 중 9개소가 당 내부에 있었

---

45) 1952년 2월 29일자 연설. *Problems of Communism*(1952), No. 4, p. 35에서 발췌.

다.46)

낡은 폭압기구를 장악하였던 덕분에 공산당 지도자들은, 자신들의 통치를 조금이라도 거부하는 사람들을 국가기구와 여러 정치적·대중적 조직에서 제거할 수 있었다.

국가기구나 대중조직들에서 숙청이 이루어진 속도는 국가마다 다르다. 하지만 그 결과는 어디서나 비슷했다. 관료제적 통치기구가 만들어지면서 그 밑에 모든 사회 세력이 종속되었던 것이다. 그 기구를 움직일 수 있는 자들은 점차 정부 내부의 '협력자'들과 외부의 대중조직들에 대한 지배를 강화할 수 있었다. 날조된 죄목으로 지도적 인물들을 체포하고 고문하는 것은 여러 분야의 활동가들을 겁주기 위해 사용되었다. 그 기구 밖의 사람들은 당 지도부에 굴복하든지 아니면 예기치 못한 테러를 당하든지 둘 중 하나를 택해야만 했다.

농민당과 사회당들의 운명

공산당이 국가를 접수하는 데에는 두 가지 유형의 대중조직이 방해물이 된다. 그것은 농민의 정당들과 비공산주의 계열의 사회당들이었다.

동유럽에서 농민 정당들은 무척 다양한 형태로 존재했다. 그 이유는 농촌을 구성하는 인구의 이질성에 있었다. 농촌은 실질적으로 땅을 보유하지 못한 소작농에서 노동력을 고용하는 자본가적 농민에 이르기까지 다양한 구성원들로 이루어져 있었다. 또 다른 이유로는 농민 정당들의 실제 지도자들이 도시의 중산계급 출신일 경우가 많았다는 점을 들 수 있다. 그래서 동일한 정당도 진보적 요소와 반동적 요소를 동시에 가질 수 있었다. 또한 그 정당들은 나라마다 달랐다.

공산당 지도부가 다양한 농민 정당들에 대해 취한 태도는 그들의

---

46) H. Ripka, *Czechoslovakia Enslaved*(London, 1950), p. 195에 제시된 사실들. 리프카는 1948년 쿠데타 이전 연립정부 당시의 외무장관이었다.

‘진보성’ 여부에 의해 결정되는 것은 아니었다. 그것은 이와는 정반대의 기준에 의해 결정됐다. 즉, 그것들이 어느 정도나 독자적 정책을 제시할 수 있는지, 그리고 얼마 만큼 독자적 추종자를 획득할 수 있는지가 기준이 되었다. 만일 그들이 어느 정도의 독자성을 획득하고 있다고 판단되면 공산당은 그들에 대한 적대노선을 채택하고 국가기구를 활용하여 그들을 약화시키고 분쇄하려 들었다.

루마니아 공산당은 우파의 교활한 타타르스쿠와 연립내각을 구성하면서 다른 한편으로는 마니우가 이끌던 야당을 박해했다. 즉 야당의 출판 활동을 검열하고 끝내는 그 지도자를 법정에 세웠던 것이다. 폴란드 공산당은, 전쟁 당시 반동적 ‘대령 체제’(colonels’ regime)를 지지한 바 있는 안드르제이 비토스를 농민당의 당수 자리에 앉힘으로써 꼭두각시 지도부의 창설을 도왔다. 농민당의 실질적 지도자이던 부르주아 민주주의자 미코라직크는 따로 PSL이라는 정당을 만들어야 했다. 미코라직크가 연립내각의 일원이었음에도 불구하고 바긴스키나 미에르즈바 같은 좌파를 포함하여 수만 명의 PSL 당원들이 검거되었다.47) 헝가리에서 공산당 지도부는 소지주당(Smallholder’s Party) —— 이들은 정부 내에서 2분의 1의 자리를 차지하고 있었다 —— 에 노골적으로 반공산당적인 몇몇 당원을 추방하도록 요구했다. 소지주당이 이를 거부하자 부다페스트의 소련군 사령부는 배상금 수준을 높이겠다고 위협하며 사태에 직접 개입했다. 소지주당은 묵묵히 요구에 응할 수밖에 없었다.48)

농민정당들에 적용된 수단은 사회당들에도 그대로 적용됐다. 특히 가장 중요한 정당이었던 폴란드 사회당(PPS)에 적용된 방법은 주목할 만하다. 전쟁 전에 공산당이 미약했던(1938년 이후 4년간은 그 존재조차 없었다) 폴란드에서 사회당은 노동운동을 이끌었고, 또한 급격하게 좌익으로 선회하여 ‘사회 혁명’과 ‘근로대중의 독재’라는 슬로건을 외칠 정도였다.49) 사회당은 지하운동의 경험을 쌓으면서 독일 점령기를 견디어

---

47) Korbonski, 앞의 책, p. 106, 또한 Gluckstein, 앞의 책, p. 168도 참조하라.
48) P. E. Zinner, 앞의 책, pp. 43~44.

냈고, 각 지역과 공장에서 당의 의용군을 창설하여 바르샤바 봉기에서 큰 역할을 담당한 바 있다.[50]

전쟁 이후에도 PPS는 계속해서 산업노동자 다수의 지지를 얻었다. 1945년 폴란드 최대 산업지역의 63개 공장에서 실시된 공장위원회 선거에서 공산당이 193석(21퍼센트)을 차지한 데 비해 PPS는 556석(64퍼센트)을 차지했다. 또한 PPS는 1945년 11월 폴란드 의회인 TUC에서 의원 3분의 2의 지지를 획득했다.

소련과 공산당 지도부는 사회당의 독립성을 분쇄하려고 애썼다. 폴란드의 대부분이 아직 독일군의 수중에 있던 1944년 9월, 루블린에서 열린 대표성 없는 당대회는 PPS에 새 지도부를 강요했다. 그 새 '지도자들' 중 두 명인 오스부카-모라브스키와 드로브너는 전쟁 당시 PPS의 당원도 아니었다.

PPS의 실질적인 지도자들이 지하에서 나오거나 혹은 독일의 감방에서 풀려났을 때 그들은 위협당했으며 심지어는 경찰과 소련군에 구속되기도 했다. 푸쟉, 즈다노프스키, 콘, 파이닥, 디지기엘레프스키, 크라프칙, 빌친스키, 소볼레프스키, 오베르스키, 갈라이 그리고 그 밖의 많은 인물들이 감옥으로 보내졌다.[51]

새로운 '공식' 지도자들은 공산당과 통합을 꾀했다. 하지만 그들은 대중의 끊임없는 저항에 직면했다. 1946년 합당문제가 크라코프, 카토비체 그리고 다른 도시들의 지역 회의에서 거론되었을 때, 그 안건은 거의 만장일치의 반대에 부딪혔다. 당시 노동조합 의장직에 선출됐던 아담 쿠릴로비치는 『로보트니크』(*Robotnik*) 지에 이렇게 썼다.

국가의 모든 지역에서 부당하게 고통당하는 노동자들에 대한 생생한 보고가 쏟

---

49) Gluckstein, 앞의 책, p. 175.
50) A. Ciolkosz, *The Expropriation of the Socialist Party*(New York, 1946), p. 3. Gluckstein, 앞의 책, p. 176에서 재인용.
51) Gluckstein, 앞의 책, pp. 177~181에 이 탄압에 대해 서술되어 있다.

아져 들어오고 있다. 노동자계급에게는 낯설기 짝이 없는 분자들이 독단적으로 행동하며, 마치 '두목들'인 양 행세한다. 그들은 노동자의 성취물이요 사회적 권리인 법을 비웃으면서 공장에서 노동자들을 고용하고 또 해고한다. 제멋대로인 정치 도당이 형성되고 있는 것이다.[52]

1947년 12월에 열렸던 사회당 대회에서 합당 제의는 거부되었다. 하지만 석 달 후 당 지도자 가운데 한 사람인 키란키비치는 합당이 진행될 것이라고 발표했다. 이후 8만 2천여 명의 당원이 축출됐으며, 중앙행정위원회에서는 12명의 임원이 교체되었고, 최고위원회에서도 12명이 교체되었다. 앞서 말한 쿠릴로비치도 노동조합에서 제거되었다.

동유럽의 다른 국가들에서도 그 유형은 비슷했다. 즉 기존 노동운동의 사회민주주의적 지도자들이 위협받는 한편에서 공산당과 소련 점령군에 협력하고자 하는 자들에게는 급속하게 비대해지는 새로운 관료제에서의 지위들이 제안되었던 것이다. 1945년의 동독을 그 예로 들어보자.

소련군 지역 사령관에게 잘 보인 자들에게는, 명백한 국가사회당이 아닌 한, 그들의 전력(前歷)과는 관계없이 그 지역의 책임있는 지위가 주어졌다. 그런 식으로 시장이나 군수, 경찰간부 같은 새 간부진이 임명되었다. …… 비교적 죄질이 가벼운 전범이나 나치 전력자들은 서독보다는 동독에서 비교적 쉽게 생활할 수 있었다.[53]

1946년, 사회민주당의 몇몇 지도자들은 소련군 점령지역에서 공산당

---

52) *Robotnik*, 1947년 5월 5일. Gluckstein, 앞의 책, p. 179에서 재인용.

53) P. Nettl, *The Eastern Zone and Soviet Policy in Germany*(London, 1950). pp. 56, 58 ; 또한 W. Leonhard, *Child of the Revolution*(London, 1957)도 참조하라. 로베르트 하베만은, 1960년대 중반에 자신이 스딸린주의적 실천을 비판했다는 이유로 대학에서 해직되었을 때 '자신을 해고시킨 대학의 총장과 대학에 근무하는 국가서기는 이전에 나치당의 당원이었다'고 말했다. *An Alienated Man* (London, 1973), pp. 60~61.

과 합당하기로 결정했다. 그러한 방침을 추진하는 데 힘을 가장 많이 기울인 인물은 그로테볼이었는데, 그는 합당이 결정되기 불과 4일 전까지만 하더라도 그러한 방침에 반대했었다. 그는 새 체제에서 가장 높은 지위를 얻음으로써 그에 상응하는 대가를 받았다.[54]

그럼에도 불구하고 많은 노동자들이 새로운 스딸린주의 정당인 SED보다는 사회민주당에 충성을 보냈다. 1946년에 실시된 선거에서 SED는 다수를 획득하는 데 실패했으며, 베를린에서는 사회민주당의 절반만을 득표했을 뿐이었다.

소련 점령군과 SED 지도자들은 자신들의 약점을 극복하기 위한 작업에 착수했다. 그 작업은 계급운동을 통해서가 아니라 — 1946년에 산업은 아직 사적 부문의 소유였음에도 불구하고 그들은 파업이나 임금인상 투쟁을 반대했다 — 뇌물과 위협을 통해서 이루어졌다. SED에 참가하는 자들에게는 당 사령부에서 특별 배급권이 지급되었다.

> SED에 정치적으로 반대하는 사람들이 거의 매일같이 비방당하는 와중에도 때로는 SED로부터 선물을 받는 경우가 적지 않았는데 이 경우에는 예외 없이 SED 내의 좋은 자리를 주겠다는 제안이 뒤따랐다.[55]

때를 같이 하여 이전에 사회민주당원이었던 사람들이 '사회민주주의적 선동'을 일삼았다는 혐의로 구속되었다. 거기에는 이전에 SED 당원이었던 사람들도 일부 포함되어 있었다. 그들이 감옥에서 받은 대우는 나치 전력자들에 비해 나을 바가 없었다. 그리고 1948년 일반사면 때 죄가 가벼운 나치 전력자들은 풀려났지만 사회민주당 소속의 노동자들은 계속 감옥에 남아 쇠약해져 가야 했다.[56]

3년에 걸쳐 그런 정책을 실행한 뒤에 공산당들은 동유럽 국가들에서 이루어지는 정치생활의 모든 측면을 효과적으로 통제할 수 있었다. 이제

---

54) Nettl, 앞의 책, p. 88.
55) 같은 책, p. 70.
56) 같은 책, p. 71.

'연립'정부는 공산당 지도부와 그들의 추종자만의 연립일 뿐이었다. 공산당의 지배를 반대하던 자들은, 구부르주아계급 출신이건 노동자계급 출신이건, 직위라는 뇌물로 매수되거나 그렇지 않으면 제거당했다.

각국 공산당들의 성장

뇌물과 협박 그리고 테러만으로는 사회를 통치하기에 충분하지 못했다. 버섯처럼 계속 확대되는 기관들에 충당할 인적 자원이 필요했다. 그들이 통치를 위한 확고한 기반을 보장받기 위해서는 대중 가운데 견실한 부분이 공산당 지도부와 일체감을 가져야 했다. 그러려면 하나의 새로운 사회계층이 형성되어야 했다. 그리고 이 계층에게 필요한 것은 공통된 이해관계와 열망으로 새 지배자들의 정책들과 결합되고, 사회의 상층계급과 몇 가지 특권을 나누며, 하층민과 자신들 사이의 심연(深淵)을 인식할 수 있어야 한다는 것이었다.

당 지도부는 대중을 조직하고, 소련의 스딸린주의 정당과 비슷하게 관료적으로 집중화된 정당들을 건설하며, 국가·사회생활 전 부문을 감시하고 통제할 수 있는 조직들을 만드는 작업에 착수했다. 그 작업에 사용된 방법은 간단했다. 당 지도부는 공산당에 참여하기를 원하는 모든 자들을 채용해서 상당한 이익을 제공했던 것이다.

당으로 통하는 문은 입당을 원하는 모든 자들에게 무제한적으로 개방되어 있었다.

그들은 입당을 거부하는 사람들에게 압력을 가했다. 농민들은 당에 참여함으로써 그들에게 필요한 농기구나 비료를 훨씬 쉽게 얻어낼 수 있음을 곧 깨달았다. 좀 더 많은 토지를 갈구하는 자들은, 당원증이 지겨운 행정절차를 불필요한 것으로 만드는 마술 같은 처방임을 알아차렸다. 공산당원이나 그 동조자가 우두머리로 앉아 있는 관공서나 사무실의 종업원들은, 입당 원서의 공란을 메울 때까지 승진의 기회가 자신들을 비껴 가는 것을 경험했다. …… 그런 경험은 국유화된 공장

에서 좀더 쉽고 나은 직업을 원하던 자들도 맛볼 수 있었다.57)

공산당에 입당하는 자들에게 요구되는 유일한 조건은 위로부터의 명령에 복종할 준비가 되어 있어야 한다는 것이었다. 상대적 특권이라는 끈에 묶여 자신들의 미래를 당의 미래와 동일시하게 된 유례없이 많은 사람들이 공산당에 몰려들어 공산당은 빠른 속도로 성장했다. 폴란드 공산당원의 수는 1945년 1월과 4월 사이에 3만에서 30만으로 급증했다.58) 체코슬로바키아에서도 그 수는 1945년 5월부터 1946년초 사이에 2만 7천에서 115만 9,164명으로 불어났다.59) 루마니아에서도 1944년 중반에서 1945년 10월까지 당원이 천여 명에서 80만 명으로 늘었다.60)

출세주의와 기회주의만이 대중이 공산당으로 폭주해 들어가게 만드는 동기는 아니었다. 거기에는 다른 이유들도 있었다. 많은 수는 아니라 할지라도 분명히 신입당원 중 일부는 다양한 수준의 이상주의나 노동자계급의 보편적 연대라는 감정에 입각하여 입당하기도 했다. 하지만 더욱 중요한 사실은 모든 계층의 대중들이, 당시에 공산당이 선동하고 있었던 온건하고 계층적인 경제·사회 체제—— 예를 들면, 조직된 종교의 완전한 자유(심지어는 특권)나 사적 기업 부문에 대한 적극적 장려, 농민의 토지 소유 등을 보장하는 체제—— 가 국가발전을 위한 유일한 길이라고 생각했던 점이었다. 그러한 프로그램은, 전쟁 전이나 전쟁 당시에 강한 신분 상승의 욕구를 가지고 있었지만 국가의 후진성과 지배계급의 파멸적 정책으로 인해 자신들의 상황을 개선시킬 수 없었던 사람들, 즉 '출세'를 원하던 사람들에게 특별히 호소력이 있었다.

오늘날 많은 후진국에서 그렇듯이, 그러한 전망에 대해 모든 사회계급들은 민감하게 반응했다. 전쟁 전에는, 도시의 교육받은 하층 중간계

---

57) Taborski, *Communism in Czechoslovakia 1948~1960*(New Jersey, 1961), p. 18
   : Zinner, *Communist Strategy and Tactics in Czechoslovakia*, p. 123도 보라.
58) Bethell, 앞의 책, p. 93.
59) Zinner, 앞의 책, p. 124.
60) Ionescu, 앞의 책, p. 114.

급들이 절망에 휩싸여 파시스트 정당으로 선회하곤 했다. 이제는 그들이 개인적 지위 상승과 국가발전이라는 희망을 동시에 안고서 스딸린주의 정당들로 몰려든 것이다. 하지만 공산당이 출세의 길을 열어 놓고 있었던 것은 비단 이들 기존의 중간계급만이 아니었다. 비슷한 기회는 수천 명의 육체 노동자들에게도 마찬가지로 주어졌다. 그들은 당에 가입하여 자신들의 계급에서 신속히 빠져나올 수 있었다. 체코슬로바키아에서는 30만 명이 그런 방식으로 승진되어, 작업대에서 관료의 직위로 옮겨갈 수 있었다.

요약하면 이렇다. 소련의 지배자들은 사회생활 전반에 걸쳐 총체적 통제를 수행할 대중적 지역정당들을 모색하고 있었던 것이다. 이 목적을 달성하기 위해 각국의 공산당들은 사회적 이동을 조장하는 거대한 기구로 변해 갔다. 수십만 명에 달하는 사람들이 사회생활의 모든 영역과 모든 차원에 걸쳐 있는 당국의 각급 지위로 승진되었다. 그리고 그 직위들은 공산당 지도부의 의지에 완전히 종속되어 있었다.

튜튼족에 슬라브족을 대립시키다

체코슬로바키아와 폴란드에서는 이러한 과정에 또 하나의 정책이 추가되었다. 공산당과 그들의 동맹자들이 아무런 주저도 없이 수행한 정책은 바로 '인종 정화(淨化)' 정책이었다.

체코슬로바키아에는 700여 년이 넘는 기간 동안 독일어를 사용하는 인구가 존재해 왔으며, 20세기 초반 그 수는 약 3백만 정도에 달했다. 대체로 그들은 체코인들보다 약간 더 프롤레타리아화되어 있었다. 1930년에 그들의 61퍼센트가 노동자였다. 이 수데텐(Sudeten)인들은 1920년에서 1930년 사이에 실시된 선거에서 사회민주당이나 공산당에 압도적으로 표를 던졌다.[61] '공산당' 계열 노동조합에는 독일계나 헝가리계 민족의 비율이 체코나 슬라브 민족의 비율보다 훨씬 높았다.[62]

하지만, 독일의 사회민주당과 공산당이 나치즘의 기세를 제압하지 못하고, 독일 노동자들에게 실업과 파시즘에 대한 사회주의적 대안을 제공하는 데 실패하자, 그 여파는 체코슬로바키아에까지 미쳤다. 체코슬로바키아의 산업은 1930년대의 공황과 실업(그중 독일어 사용 인구는 전국 평균의 2배 가량이었다)에 의해 심한 타격을 받았는데, 그 정도는 수데텐 지역이 특히 심했다. 수데텐 민족 사이에서는 친나치적인 독일 민족주의의 분위기가 점차 무르익었으며, 1935년이 되자 친나치 정당이 수데텐 민족의 62~63퍼센트를 득표하게 되었다. 그렇지만 사회민주당과 공산당에 계속해서 표를 던진 수데텐 민족도 각각 30만 명과 12만 명에 달했다. 뮌헨조약이 체결된 후, 그들 중 4만여 명은 그들이 보인 국제주의적 행동으로 인해 나치의 수용소에서 영웅적 고통을 당해야 했다. 또 그들의 절반 가량은 처형당했다.63)

1935년 코민테른의 공식 기관지는, 선거에서 나치가 거둔 승리를 집중적으로 비난했다. '이들이 승리한 것은 체코 부르주아지의 정책에 기인한다. 이 정책은 끔찍한 빈곤, 비참 그리고 독일인 거주지역에 대한 민족적 탄압으로 귀결되었다.'64) 최근 체코슬로바키아의 한 역사가는 이렇게 지적했다. '1944년까지 체코슬로바키아 공산당 지도부는 인구 이전(移轉)의 요구를 반대했다.'65)

하지만 전쟁이 끝나자 그들의 태도는 완전히 돌변한다. 그들은 체코인, 슬로바키아인 그리고 독일인 노동자계급의 화합을 부르짖는 대신에, 분명한 목소리로 이렇게 주장했다.

---

61) Gluckstein, 앞의 책, p. 186.

62) Zinner, 앞의 책, p. 62.

63) Gluckstein, 앞의 책, p. 187.

64) *Inprecor,* 1935년 6월 1일.

65) Huebl in the Czechoslovakia Writers' Union monthly. *Host do Domu*(1968), p. 189. 어떤 마을에서 있었던 추방들에 대한 서술로는 L. Vaculik, *The Axe* (London, 1973)를 참조하라.

새로운 공화국은 슬라브인의 국가, 즉 체코인 및 슬로바키아인의 공화국이 될 것이다. 그리고 우리는 지금까지 우리 민족에게 너무도 큰 죄를 지어 온 독일인과 형가리인 들의 시민권을 박탈하여 혹독한 처벌을 내릴 것이다.[66]

공산당의 교육부장관 역시도 이렇게 잘라 말했다.

우리는 어떤 진보적인 독일인도 알지 못한다. …… 우리는 프라하와 국경 지역을 정화(淨化)할 것이다. 그리고 우리는 지금 그 일을 수행할 위치에 서 있다. 왜냐하면 우리에게는 그 작업에 도움을 줄 훌륭한 동반자인 적군(赤軍)이 있기 때문이다.[67]

공산당의 배외주의가 부르주아 정당들을 압도하면서 그 '정화 작업'은 빠른 속도로 진행되었다. 그 정책을 **승인하였던** 체코의 한 부르주아 정치인은 이렇게 말했다.

5월 17일, 독일인들에게는 적은 양의 식량이 주어졌다. [5월 17일 정부는, '그들에게 점령기간 유태인에게 주어졌던 것과 똑같은 양의 기초 식량을 배급'하라고 명령했다.] 그들은 흰색 완장을 둘러야 했으며, 공공통신수단을 사용할 수 없었다. …… 6월에는 모든 독일인 학교가 폐쇄되었다. 그리고 강제노동징발 제도가 도입되었다. …… 실제적으로 독일인들의 모든 동산과 부동산이 몰수되었다. …… 그것은, 체코 민족이 독립을 잃은 1620년 이래 체코인들에게 가해진 악행에 대한 보상을 받으려는 것이었다. 공산당은 특히 민족운동을 강조했으며, 가장 민족주의적인 정당이 되었다.[68]

물론 수데텐 민족에 대한 그러한 반감은 자연발생적인 것이었다고 설명할 수도 있다(물론 이러한 설명 방식은, 왜 체코인들이 슬로바키아인들 ── 그들 중 많은 사람들이 친나치 티쏘 정권에 협력했다 ── 에 대해

---

66) Gottwald 선언. 1945년 5월 12일.
67) Zdenek Nejedly의 말. 1945년 5월 29일.
68) R. Luza, *The Transfer of the Sudeten Germans*(London, 1964).

‘자연발생적’인 반감을 표출하지 않았는지 혹은 왜 유고슬라비아인들이 독일어 사용 민족에 대해 반감을 표출하지 않았는지 하는 점을 해명해 주지는 못한다). 그러나 그러한 설명이 타당한 것이라 할지라도, 진정한 마르크스주의 정당이라면 배외주의나 인종주의를 반대하여 싸웠을 것이며, 독일어 사용 민족 중에 나치 동조자가 많았던 이유를 체코인 노동자들에게 설명해 주었을 것이다(1930년대만 해도 체코슬로바키아 공산당은 그런 태도를 보여주었다). 그런데 당은 이렇게 하기는커녕 오히려 의도적으로 배외주의의 불꽃을 부채질하는 행동을 보이면서, 체코인 노동자들을 부추겨 독일인 노동자들을 배척하도록 했다 — 그리고 슬로바키아인 노동자들은 마쟈르인 노동자들을 배척했다.

독일어 사용 민족은 토지에서 그리고 공장에서 쫓겨났다. 당시의 상황을 한 스딸린주의 작가는 이렇게 묘사했다.

> 무엇보다도 두 가지 문제가 두드러진다. 말하자면 몰수한 독일인의 토지와 재산을 체코인 농민과 농업 노동자에게 분배하는 것이 첫번째 문제이고, 산업에서 독일인을 체코인으로 교체하는 것이 두 번째 문제이다.[69]

스딸린주의자들은 몇몇의 수데텐인(人) 노동자들이 나치즘에 항거했으며 그로 인해 고통받기도 했다는 점을 인정하기도 하였다.

> 체코슬로바키아 사회민주당과 공산당은 기존의 독일계 자매당의 당원들의 자발적인[voluntary ; 원문대로이다] 이주를 돕기 위해 특별 사무소를 설치하였다. …… 1945~46년, 10만이 넘는 파시스트 반대자들이 소련과 미국 지역으로 이주하였다.[70]

이렇게, 사회주의를 위해 나치에 대항하여 목숨을 걸고 투쟁한 사람들이, 권좌에 오른 ‘사회주의’ 정당들로부터 얻은 보상은 …… 남들보다

---

69) G. Beuer, *The New Czechoslovakia*(London, 1947), p. 193.
70) R. Luza, 앞의 책.

는 좀 더 편안하게 이주할 수 있게 된 것이었다!

체코슬로바키아 전역에서 노동자계급의 약 반은 독일어 사용 민족이었다. 예를 들면, 독일어 사용 노동자의 비율은 유리 산업에서 60퍼센트, 제지 산업에서 58퍼센트, 방직 산업에서 56퍼센트, 그리고 광업에서 45퍼센트를 각각 차지했다.[71] 앞에서 언급한 바 있는 스딸린주의 작가는 그 문제를 이렇게 기술했다. '베네스 대통령은 …… 독일인들의 이주가 백만의 노동자를 잃는다는 것을 의미한다고 강조했다.'[72]

체코슬로바키아의 수데텐 지역에서는 몰수와 추방을 통해 사회적 이동을 보장할 수 있는 넓은 통로가 마련되었다. 땅이 없던 농민들의 농토는 확대되었다. 노동력의 반이 사라져 버린 공장들에서는, 거의 모든 노동자가 승진할 수 있었다. 하룻밤 사이에 미숙련 노동자가 '숙련' 노동자가 되었던 것이다. 그와 동시에 집과 가구 그리고 다른 재산들이 갑자기 '생겨났다.' 또 노동자계급의 한 부문이 차지했던 직위와 재산을 다른 부문의 노동자들에게 재분배했던 자들은 공산당과 노동조합의 관료들이었다. 그런 혜택의 수혜자들이 선뜻 당에 참여하고, 일시적으로 당에 대한 충성을 보였다는 것은 그다지 놀라운 일이 못된다. 또한 당이 매우 빨리 성장하여, '인종적으로 순결한' 노동운동에서 큰 영향력을 행사했다는 사실 역시 크게 놀라운 일이 아니다.

독일어 (그리고 헝가리어) 사용 민족에 대한 히스테리칼하고 배외주의적인 캠페인은 스딸린주의 지도자들에게 상당한 득이 되는 것이었다. 그것은 부르주아 정당들이 전적으로 찬성을 보낼 수 있는 그러한 정책이었다. 또 그것은 스딸린주의자들로 하여금 미래에 어떤 계급이 국가를 통제하는가 하는 핵심적 문제를 회피하면서, '민족적 통일'의 문제를 선두에 서서 끌 수 있도록 도와주었다. 무엇보다도 그 정책이 해 준 역할은 노동자계급을 둘로 갈라놓고, 노동자계급의 조직들을 노동자계급의 이익과 대립시킨 것이었다.

---

71) Zinner, 앞의 책, p. 79.
72) G. Beuer, 앞의 책, p. 194.

노동조합의 역할은 단일한 노동자계급의 목표를 더욱더 진전시키는 것으로 되기보다는 독일인의 자리를 체코 노동자들로 메우게 하는 것으로 되었다. '작업을 조직하고 노동자를 공급하는 것이 노동조합원들의 주된 일이었다.'73) 단지 독일어 사용 노동자들만이 그들의 노동조합을 '잃었던' 것은 아니었다. 체코나 슬로바키아인 노동자들도 역시 마찬가지였다. 그들의 노동조합은 계급적 목표들을 바꾸고 말았다.

> 오늘날 노동쟁의 문제는 더 이상 노동조합원들의 주된 관심사가 아니다. …… 이제 그들은 생산의 기준이나 각 산업체의 상태 그리고 산업생산고를 증대시키기 위한 정책과 방법들에 대해 말하고 있다.74)

체코의 수데텐 민족에 대한 정책은, 1945년 이후 독일의 손에서 폴란드의 손으로 넘어온 영토들에서도 동일하게 취해졌다. 폴란드에서 공산당은 그런 상황을 이용하여 폴란드 이주민에 대한 통제권을 강화시키려 했다 — 당은 고무우카를 새로운 영토의 수반으로 내세워 토지와 재산, 직업 등을 분배함으로써 지지를 획득했던 것이다.

국유화

1947년말이 되자, 동유럽에서는 누구든 공산당을 통제하는 자가 사실상 사회의 주요 기관을 통제하게끔 되었다. 공산당은 비밀경찰을 동원하여 부르주아 정당들과 노동운동 내부의 반대자들에 대한 조직적인 위협을 가할 수 있었다. 그들이 사용했던 방법은 재판, 공판없는 투옥, 고문과 검열 등이었다. 그와 동시에 그들은, 기대하지도 않던 빠른 승진을 제공하는 방법으로, 정부 관료들과 사회 전반으로부터 충성스러우며 훈

---

73) 같은 책, p. 214.
74) 같은 책, p. 214.

련된 신입당원을 모집하여 조직을 성장시킬 수 있었다. 이리하여 대규모 정당이 건설되었지만 그 당의 당원들 대부분은 자신들의 상대적으로 특권적인 지위를 유지하기 위해 윗사람들에게 의존해야 했다.

1947년말, 불가리아와 헝가리 그리고 루마니아의 정권은 통제의 지렛대를 굳게 움켜쥐고서 광범위한 국유화를 진행시켰다. 그들은 동유럽의 다른 국가들과 함께 스딸린의 러시아가 보여준 모범을 따라 국내경제를 재구성했던 것이다.

단 하나의 예외가 가능했을 뿐 국가경제의 그러한 변형은 대중동원이나 대중선동 없이 진행되었다. 그런 국유화는—— 이미 모든 사람들이 알고 있던 바와 같이—— 공산당이 일괴암적 사회 통제를 확립시키는 데 성공한 것을 합리화하는 것에 지나지 않았다. 오직 체코슬로바키아에서만이, 경제를 재조직하는 과정에서 진정한 노동자들의 봉기가 일어날 만한 요소가 잠재되어 있는 듯했다.

프라하의 쿠데타 – 노동자들의 봉기?

지금까지는 스딸린주의에 적대적인 태도를 보이는 논자들마저도, 1948년 프라하에서 공산당에 완전한 권력을 넘겨 준 것은 노동자들의 운동이었다고 주장해 왔다.

유럽에서 있었던 다른 격동들과는 달리, (프라하의) 그것은 비록 스딸린의 편의에 맞추어진 것이라 할지라도 아래로부터의 혁명이라는 특색을 띠고 있었다. 공산당은 그 혁명을 절대 다수 노동자들의 지원을 얻어 스스로의 힘으로 완수했다. 그들은 자신들에 반대하는 행동을 저지하기 위해 자신들의 무장한 시민군을 가두행진시키기만 하면 되었다. …… 베네스와 마사리크는 그 혁명에 대한 대중의 열렬한 지지에 압도되고 위축되어—— 프라하의 거리는 정부청사를 향해 행진하는 무장한 노동자들로 가득했다—— 그 승리자들에게 고개를 숙였다.[75]

아이작 도이처가, 부르주아 지도자들이 비관적이고 체념적이었다고 설명한 것은 정확한 표현일지 모르나, 프라하의 격동들을 '아래로부터의 혁명'이라 부른 것은 착오이다. 도이처는 이 사태를 관찰함에 있어 '무장한 노동자'보다 더욱 중요한 측면을 간과했다. 즉 그는 무장경찰의 역할을 무시했다. 프라하 쿠데타의 의미는 그 사태를 막바지에 이르게 한 쟁점 속에서 드러난다. 그 사태는 경찰에 대한 공산당의 통제가 강화되는 것을 막아 보려 한 비공산당 계열 각료들의 행동으로 빚어진 내각의 위기에 뒤따른 것이었다.[76] 하지만 결국 그 각료들은 공산당 지도자들 앞에서 무력함을 드러냈다. 공산당은 이미 국가기구를 효과적으로 통제하고 있었고 그것을 자신들의 이익을 위해 이용하고 있었다.

내무성장관은 경찰 병력을 주요한 지역들로 이동시켰다. 비공산당 계열 정당들의 사무실에는 경비 병력이 세워졌다. 6천여 명의 강력한 국경수비 경찰── 국경수비 경찰은 1946년 수데텐 지방에서 창설되었다 ──은 순식간에 프라하와 브라티슬라바 지역의 요지들을 점령할 수 있었다.

공산당은 선전국을 통해 이미 언론 기관을 효과적으로 통제할 수 있는 위치에 있었다. 사회민주당의 지도자를 포함한 비공산당 계열 정치인들은 라디오에는 접근조차 할 수 없었다. 그것은 이미 쿠데타를 지지하는 방송을 끊임없이 해대고 있었다. 비공산당 계열 신문에는 신문용지의 공급이 중지되었다. 그리고 추가적인 예방 조치도 있었다. 쿠데타에 반대하는 사람들에 대한 경고로서, 만약 필요하다면 즉각 개입하겠다는 분명한 입장을 보이며, 소련 군대가 체코슬로바키아 국경에 집결하고 있었던 것이다.

만약 혁명이 국가기구를 완전히 뒤엎는 것이라면, 1948년 2월 체코슬로바키아에 혁명이란 전혀 없었다. 도리어 국가기구는 정부의 비공산당

---

75) I. Deutscher, *Stalin*(London, 1966), p. 576.

76) 프라하 쿠데타 사건에 대한 설명으로는 Zinner, 앞의 책, pp. 202~206 ; Korbel, *Communist Subversion in Czechoslovakia* ; H. Ripka, *Le Coup de Prague* (Paris, 1949), pp. 53 이하를 보라.

부문으로부터 공식적 권력의 상징을 제거하는 데 사용되어졌다. 더욱이 주요한 소유관계의 변화도 전혀 없었다. 쿠데타 이전에는 산업의 80퍼센트가 국유화된 상태였지만, 그 이후에는 95퍼센트가 국유화되었다.

겉으로 보기에 노동자들의 활동이 존재했지만, '봉기'라고 할 만한 것은 없었다. 공장위원회 대회가 소집되었지만 단 하루뿐이었고, 그것도 정복 경찰관이 안내를 맡았다. 대표자들은 그 쿠데타에 찬성하는 투표를 하고는 집으로 돌려보내졌다. 그들은 스스로 국가를 운영하도록 되어 있지 않았다. 총파업이 한 차례 있었지만, 불과 1시간 만에 끝났기 때문에 그 위기에서 결정적 요소로 작용하지는 못했다. 대대적인 노동자들의 시위도 몇 차례 있었다. 하지만 그 시위는 위에서 조직한 것으로서, 노동자들뿐만 아니라 경찰도 참여했다. 그것은 단지 그 쿠데타에 참여하기를 반대하는 사람들을 향한 시위였을 뿐이다.

그 쿠데타에서 더욱 중요한 것은 이른바 노동자 민병대가 수행한 역할이다. 노동자 민병대의 비무장 대원들은 결정적인 며칠 동안 프라하의 거리를 순찰했으며 전략적 요지를 경계했다.

하지만 노동자 민병대는 결코 노동대중에 속하거나 또는 노동대중이 자발적으로 결성한 조직으로 볼 수 없었다. 민병대는 비교적 특권적인 지위에 매달려 공산당의 지도노선을 따르는, 공장의 소수 공산당원들이 통제하고 있었다. 쿠데타 당시에도 민병대는 아래로부터 조직된 것이 아니라 비밀경찰에 의해 조직됐던 것이다.

내무성의 고위직 관리이자 당원인 요셉 파벨은 민병대를 지휘했다. 비밀경찰의 간부이던 마이어스 두다와 파두차는 민병대에 관여하면서 경찰과의 협력을 도왔다. 또한 비밀경찰은 6,550명의 민병대원을 (그 숫자는 전체 체코슬로바키아 노동자의 0.2퍼센트에 불과했다) 무장시키기도 했다. 공산당이 30만 명에 달하는 노동자들을 국가기구의 특권적 지위로 승진시켰다는 점을 기억한다면, 많은 노동자들이 그 쿠데타에 적극적 지지를 보냈다는 점을 이해하는 것은 그다지 어렵지 않다. 하지만 그 어느 것도 전체 노동자계급이 스스로의 운명을 통제하는 정도만큼은 되지 못했다.

사실, 그 쿠데타가 발생하기 이전에 점점 많은 수의 노동자들이 공산당 지도자들에 적대감을 갖기 시작했다는 징후들이 보인다. 1947년 4월 공산당 소속의 노동조합 총서기는, 첫 공장위원회 선거에서 공산당이 공식적으로 지명한 단일 후보 — 다른 입후보는 허용되지도 않았다 — 중 35퍼센트의 당선이 부결되자 불평을 늘어놓았다. 노동조합의 위원장들은 이런 상황에 간단히 응답했다. 그것은 기존 위원들의 임기를 1년간 연장시킨다는 것이었다.[77]

1948년 1월의 선거에서는 관리들에 대해 이전과 같은 불만이 표출되지 못하도록 예방 조처가 취해졌다. 사회민주당 기관지인 『프라보 리두』(*Pravo Lidu*)는 이후 이렇게 불평했다.

특히 대규모 산업지역에서는 온갖 종류의 미심쩍은 조처들이 취해진 것이 분명하다. 그것은 민주적인 선거를 해치려는 음모였다. …… 보통, 집회는 대다수의 노동자들이 작업장을 떠나고 있거나 떠나 버린 작업시간 이후에 소집되었다.[78]

공산당의 노동조합 담당자들은 쿠데타 **이전**에 산업의 80퍼센트를 국유화시킴으로써 당원인 공장 경영자에 의존하여 노동조합에 대한 엄격한 통제를 가할 수 있었다. 노동조합 담당관들과 경영자들은 함께 힘을 합쳐 대중을 동원하여 시위를 조직하였다. 그리고 2월에 이들은 1시간짜리 파업을 일으킬 수도 있었다.

그러한 시위에 참여하기를 거부했던 노동자들은 극히 드물었다. 아마도 대다수의 노동자들이 공산당의 목표에 공명했던 것 같다. 이것은, 노동당이 자신들의 이익을 위해 아무런 투쟁도 하지 않았음에도 불구하고 영국의 많은 노동자들이 노동당을 지지했던 것과 같다고 할 수 있겠다. 하지만 그들이 대중적인 열망에 의해 행동을 취한 것은 아니었다. 그 쿠

---

77) Gluckstein, 앞의 책, p. 84.
78) *Pravo Lidu*, 1948년 1월 9일.

데타가 끝났을 때에도, 노동자들은 전과 다름없이 시간을 맞춰 작업장으로 달려가야 했다. 그곳에서 그들은 감독관의 명령에 순종해야 했고 보다 많이 노동하라는 무자비한 압력에 시달려야 했다. 바로 이런 한에서 쿠데타가 변화시킨 것은 아무것도 없었다.

프라하의 쿠데타는 '아래로부터의 혁명'이 아니라, 대중적 지지를 조심스럽게 조작한 경찰의 책략이었다. 이 연출된 행동에서 국가기구는 핵심 역할을 맡았고, 노동자들은 단역(端役)을 맡았을 뿐이다.

제2장
소련의 이해관계

소련은 미국, 영국과 함께 유럽을 분할했으며, 그곳에 자신들의 국익을 지켜줄 정권들을 수립하는 작업에 착수했다. 그런데 과연 그들의 국익이란 무엇일까? 어쩌면 소련이 택한 방법은 그다지 유쾌한 것이 못되었지만 그들의 의도는 좋은 것이었다고 생각될 수 있을지 모른다. 이를 판단하기 위해서는 전후(戰後) 초기 단계에 소련과 그 '위성국들'이 취한 경제정책들을 간단히 비교해 보는 것이 필요하다.

1945년에서 1954년경 사이에 소련과 그 위성국들간의 경제관계는 세 가지 항목 — 배상금, 합작회사, 무역 — 으로 살펴볼 수 있다.

배상금

양차 대전 사이에 공산당이 유럽에서 행한 선전과 선동의 주요 특징은 베르사이유 조약이 패전국인 독일에 부과한 배상금에 반대하는 것이었다. 공산당의 주장은 명확했다. 즉, 독일 인민은 그들의 주인이던 자본가들의 범죄에 대한 책임 추궁을 당하고 있다는 것이었다. 제2차 세계대전이 끝난 이후에도 그런 주장은 완전한 타당성을 지니고 있었다. 다시 말해서, 독일 노동자들은 나치즘의 첫번째 희생자였던 것이다. 히틀러가 해외로 관심을 돌리기 전에 노동자들의 노동조합과 사회주의 정당들은 파괴되었고, 공장의 조직들은 붕괴되었다. 80만 명이 넘는 사회주의자와 공산주의자 그리고 노동조합원 및 그 밖의 사람들이 수용소에서 고통당해야 했다. 그 사람들이 독일이 동유럽에서 저지른 군국주의적 강탈로 인해 득을 보았다고 말할 수는 절대 없을 것이다.

그런데 전쟁이 끝날 무렵 모스크바의 지도 밑에 있던 공산당의 노선은 완전히 선회(旋回)한다. 배상금은 정당한 것으로 옹호되었을 뿐 아니라, 더욱 많은 액수의 배상금이 주장되었다. 소련의 관료들이 이득을 보려고 나섰기 때문이었다. 소련 정부는 독일에 대해 백억 달러 상당의 배상을 요구했다. 배상은 두 가지 형태로 이루어졌다. 그 하나는 1946년 중반까지는 산업설비를 해체하여 소련으로 이동시킨 것이다. 그 이후로는 산업설비를 독일의 소련 점령지에서 소련의 기술로── 소련은 그런 목적을 위해 SAGs로 알려진 특별 회사들을 설립했다── 운영했다. 약 3분의 1 가량의 동독 산업(그것은 사실상 중공업의 전부에 해당된다)을 SAGs가 운영했는데, 그러한 관계는 SAGs가 해체되던 1954년까지 계속되었다.

루마니아에 대한 소련의 점령은 처음부터 대대적이며 직접적인 약탈을 위한 것이었다. 1944년 8월 23일부터 9월 12일까지 점령군이 약탈한 여러 가지 설비의 총액은 약 20억 달러[1])에 달하는 것이었고, 그 안에는 군함 전체, 대부분의 상선, 철도 비축품의 절반 그리고 각종 차량과 석유 산업설비의 상당 부문이 포함되어 있었다. 1944년의 휴전협정에서 루마니아가 치르기로 한 배상금의 실제적 가격에 대해서는 여러 가지 추산이 나돌고 있다. 니콜라에 차우셰스쿠는 그것이 "1억 달러가 넘을 것"이라고 말하지만, 1944년에서 48년 사이에 치러진 배상금이 10억 5천만 달러에서 17억 8천5백만 달러 가량일 것이라는 다양한 추측이 있다.[2]) 그 수치가 만약 후자일 경우라면, 그 금액은 당시 루마니아 국민소득의

---

1) G. Ionescu, *Communism in Rumania 1944~1962*(London, 1964), p. 137.
2) S. Newens (편), *Nicolae Ceausescu*, Nottingham 1972, 그리고 R. R. Betts (편), *Central and South East Europe*(London, 1950), pp. 20~21.

84퍼센트 정도에 달하는 것이다.

헝가리가 치른 배상금은 1945년에는 금속 세공업 및 금속기계 공업 작업용량의 90퍼센트 가량이었고[3], 1948년에는 예산의 25.4퍼센트 그리고 1949년에는 예산의 9.8퍼센트에 해당되었다.[4]

전쟁 당시에 독일과 제휴하지 않았던 국가들조차도 소련의 대대적인 약탈로부터 무사할 수는 없었다. 따라서 체코슬로바키아에서는 수데텐 지역의 60여 개 대기업과 다른 지역의 다수 기업의 산업설비가 해체되어 소련군의 수중에 넘어갔다. 또한 폴란드에 합병되었던 독일 영토의 산업 역시 25~30퍼센트 가량 소련으로 옮겨졌고, 구폴란드의 우츠와 비아위스토크 지역의 직물 공장도 똑같이 비참한 숙명을 맞아야 했다.[5]

헝가리와 루마니아 그리고 동독의 인구는 전쟁의 참화와 배상금 지불로 인해 처량할 정도로 줄어들었다. 적십자사 국제위원회는 다음과 같이 보고하고 있다.

> 1947년 루마니아 국민들이 처한 비참한 상황은 말로 형언하기 힘들 지경이었다. 기근이 국토 전역에 만연해서, 몇몇 지역 사람들은 풀과 나무껍질을 먹고 있었으며 심지어는 진흙까지 먹기도 했다. …… 유아 사망률은 사실상 80퍼센트에 달했다.[6]

헝가리에서도 식량부족은 극도로 심각한 정도에 달해서, 개인이 하루에 배급받는 식량은 850칼로리에도 못 미쳤다.

배상금의 징수는 여러 가지 점에서 각 지역 공산당의 정책들과 관련되어 있었다. 소련이 계속해서 대규모의 배상금을 요구했지만, 각 지역 공산당은 국유화를 추진하지 않았다. 소련의 지도자들은, '인민에게 속

---

3) UNRRA. Y. Gluckstein, *Stalin's Satellites in Europe*(London, 1952), p. 60에서 재인용.
4) Gero. Gluckstein, 앞의 책, p. 61에서 재인용.
5) 같은 책, p. 62.
6) 같은 책, p. 139.

한' 재산을 빼앗게 되면 자신들의 약탈이 너무나 분명히 드러날 것이라고 생각했던 것이다. 따라서 배상금을 지불하던 국가들에서는 제일 늦게 국유화가 이루어졌다. 가장 오랜 기간에 걸쳐 배상금을 지불했던 동독은 1950년대 초반까지 명백한 사적 부문이 존속했던 동유럽 유일의 국가였다. 더욱이 배상금을 지불해야 한다는 사실, 그리고 또 소련이 마음만 먹으면 배상금을 더 올릴 수도 있다는 사실은 공산당의 정책에 강한 의심을 품기 시작한 비공산당계 각료들을 기죽이는 무기로서 사용될 수 있었다.

합작회사들

배상금 외에도, 소련은 지역 자본가들 혹은 국가들과 통제권을 나눠 갖는 회사들을 설립하여 위성국의 자원을 뽑아 내어 소련 경제에 공급하는 도구로 사용하였다.

그러한 '합작회사들'의 운영 방식은, 티토가 모스크바와 결별한 후 명확하게 드러났다. 1947년 유고슬라비아에서는 '유스파드'(Juspad)와 '유스따'(Justa)라는 두 개의 운송 '합작회사'가 설립되었다. 이론상으로 두 참여국이 똑같은 액수의 자본을 출연하게 되어 있었지만, 실제로는 유고슬로비아가 15개월에 걸쳐 자본할당량의 76.25퍼센트를 지출한 데 반해 소련은 단지 9.83퍼센트만을 지불했을 뿐이었다. 하지만 유고슬로비아는 그 회사들로부터 오직 40퍼센트의 서비스만을 받을 수 있었다. 게다가 유스파드 사(社)는 유고슬라비아에는 톤당 1km의 운송비용으로 0.40디나르를 부과한 데 비해 소련에는 0.19디나르를 부과했다.7)

동유럽의 다른 지역에서 소련은 단 한푼도 들이지 않고 그러한 회사들을 설립했다. 헝가리, 루마니아 그리고 불가리아에서 독일 소유이던

---

7) 유고슬라비아의 UN 대표, Vilfan의 말. Gluckstein, 앞의 책, p. 32에서 재인용.

자본이 곧바로 소련의 수중으로 넘어갔다. 이들 자본 중의 상당 부분이, 이전의 독일 군국주의가 지역주민으로부터 약탈한 것이라는 사실은 논외의 문제가 되었다. 실질적으로는 독일의 노획물이 소련의 노획물로 변한 것이다. 예를 들면 루마니아 석유 산업 부문의 알짜배기를 소유했던 소쁘롬 정유회사도 그런 방식으로 설립됐다. 비슷한 회사들이 헝가리와 루마니아 산업의 전 영역에 걸쳐 형성되었다. 특히 이들은 폴란드보다는 루마니아에서 더욱 활발한 활동을 했다.

무역

소련의 통치자들이 동유럽에서 자원을 뽑아내기 위해 사용한 마지막 무기는 무역이었다. 그러한 양상은 전후의 초반(50년대 중반까지)에 특히 두드러졌다. 무역을 통한 착취의 방법은 아주 간단했다. 소련은 동유럽에서 세계시장 가격 이하로 때로는 원가에도 못 미치는 가격으로 상품을 사들이고, 동유럽에는 세계시장 가격 이상으로 상품을 판매했던 것이다. 가장 명백하면서 가장 중요한 것으로 생각되는 그러한 무역 사례로는, 소련이 전후 초기에 폴란드의 석탄을 사들였던 과정을 들 수 있다. 폴란드는 7년에 걸쳐 6천5백만 톤의 석탄을 단지 운송비용 정도의 가격으로 소련에 판매하기로 합의했다. 그 반면에 덴마크와 스웨덴은 똑같은 석탄을 톤당 12~16달러에 구매하겠다고 제의하고 있었다.8) 그 협정을 통해 소련 정부는 약 9억 달러 상당의 이익을 보았을 것으로 추산된다. 하지만 1956년 폴란드에서 소요가, 그리고 헝가리에서 폭동이 발생하자 소련은 편의상 그러한 초과 수입의 반이 넘는 5억 2천5백만 달러의 폴란드 부채를 변제함으로써 초과 수입을 '보상'했다.9)

그 밖에도 중대한 사례는 많이 있다. 티토가 스딸린과 결별한 이후,

---

8) M. Kaser, *Comecon*(London, 1967), p. 78.
9) 같은 책, p. 78.

유고슬라비아의 공산당 기관지 『보르바』(*Borba*)는 몰리브덴을 톤당 4만 5천 디나르를 받고 소련에 판매해 왔다고 보도했다 — 몰리브덴의 톤당 생산가격은 50만 디나르였다.10) 또한 소련은 1948년 불가리아산(産) 담배의 5분의 4를 구입했는데, 그 가격이 너무 낮아서 소련은 불가리아보다 35퍼센트 싼 가격으로 세계시장에 수입 담배의 일부를 재판매할 수 있었다.

1956년 소련은 폴란드와의 석탄 교역조건을 약간 수정하고 다음과 같은 성명을 발표함으로써 위성국들과의 관계가 공정하지 못했다는 점을 간접적으로 시인했다.

> 지금까지 많은 어려움들, 즉 해결되지 않은 문제점들이나 명백한 오류 등이 있었다. 그 오류에는 사회주의 국가들간의 관계도 포함된다. 예컨대 사회주의 국가들간의 평등 원칙의 위배가 그것이다. …… 소련 정부는 토론에 임할 준비가 되어 있다. …… 토론에서는 사회주의 국가들간의 경제적 연계를 강화하고 발전시킬 수 있는 확실한 조처를 강구함으로써 국가적 존엄성의 원칙을 침해할 가능성을 제거하고 서로의 이익과 평등을 추구해야 한다.11)

그같은 교역조건을 부과하기 위해, 소련의 통치자들이 구태여 일체의 무역 거래의 내용에 대해 직접적인 정치적 통제를 가할 필요까지는 없었다. 이를 위해서는, 일반적인 무역양식에 관한 전반적 통제만으로도 충분했다. 이러한 조건은 1948년초에 '공산주의적' 규율의 강화와 공식화를 통해 이미 갖추어졌다.

독일이 패배한 직후의 몇년 동안, 유럽 전역에 미친 참화는 전통적인 무역양식의 즉각적인 재확립을 불가능하게 만들었다. 초기에는 동유럽과 소련간에 교역이 급격히 증대했다. 하지만 1946년과 1947년이 지나면서 이들간의 교역이 감소되기 시작했는데 이것은 전쟁 이전의 교역 양식이 다시 나타나기 시작한 것과 때를 같이하는 것이었다. 그러나 각 지역에

---

10) *Borba*, 1949년 3월 31일.
11) *Pravda*, 1956년 10월 31일.

서 스딸린주의자들이 정치적 통제권을 완전히 장악한 이후인 1948년에 그 양상은 급격하게 변화하였다. 즉, 그들이 소련과의 일련의 장기 무역 협정서에 서명했던 것이다. 아래의 도표는 당시의 전반적인 무역양식을 보여주고 있다.12)

도표 1 : 동유럽에서의 무역
(단위 : 백만 달러, 기준 연도 : 1938년)

구 분	수 입			수 출		
연 도	1938	1947	1948	1938	1947	1948
소련 대 동구	7	97	169	14	75	128
동구 국가간	147	87	186	147	87	186

이 도표에서 매우 중대한 사실을 하나 발견할 수 있다. 다시 말해 1947년 이후 동유럽 국가들간의 교역은 전쟁 이전 수준을 약간 웃도는 데 비해 이들과 소련과의 교역은 역사상 유례가 없을 만큼 엄청나게 증대되었다는 것이다. 1954년이 되자 그 비율은 전체 동유럽 교역량의 42 퍼센트를 차지하게 되었다(동유럽 국가들간의 교역량이 31퍼센트인 것과 비교하기 바란다).13) 말하자면 동유럽 정권들에 대한 정치적 통제가 소련으로 하여금 스스로를 주요한 교역대상국으로 떠오르게 하였으며, 따라서 어떤 특정한 무역 계약에서도 소련이 주도권을 갖도록 만들었던 것이다. 소련은 특정 상품의 구입처를 여러 교역대상국에서 선택할 수 있었던 반면에 각 위성국의 생산업자는 상품 구매자를 마음대로 선택할 수 없었다.

그 당연한 결과로서, 1950년대까지는 동유럽의 각 경제를 통합하려는 어떠한 진지한 시도도 없었다. 소련은 어떤 유형의 통합도 무역에서 소

---

12) Gluckstein, 앞의 책, p. 64에 실린 수치.
13) Kaser, 앞의 책, p. 144.

련이 차지하는 지배적 지위를 침해할 것이라고 생각했던 것이다. 예컨 대, 티토가 '불가리아 – 유고슬라비아 – 알바니아 동맹'을 구상했을 때 소 련은 매우 적대적인 반응을 나타냈다.

결론

1954년까지 동유럽에 대한 스딸린주의 정책은 무엇보다도 그 지역에 서 되도록 많은 양의 자원을 빨아들여 소련 경제에 공급하는 것에 초점 이 맞춰졌다. 소련 점령군 그리고 이후의 무역협상인들의 행동은 '국제 사회주의'적 관심이나 각 지역주민들의 복지에 관한 관심 등에 의해서가 아니라 가장 악랄한 형태의 물리적 착취를 목적으로 취해졌다.

하지만 1950년대 중반에 이르자 동유럽에 대한 소련의 직접적인 착취 는 줄어들었고, 소련의 지도자들은 스딸린의 사망 후에 풀려난 세력들에 의해 동요되었다. 그들이 두려워한 것은, 만약 너무 심한 압력이 가해진 다면 동유럽 전역에서 혁명적인 격변이 유발될 것이고 또한 그것은 그 들의 전반적인 통치를 위협하게 되리라는 사실이었다. 그들은 또한 대폭 적인 일련의 양보를 감수함으로써 각 지역의 지배집단을 — 그리고 또 한 그들의 소련에 대한 밀착의 정도도 역시 — 강화하려 했다. 합작회사 들은 해산되었고, 교역에도 좀더 실제적인 가격을 적용시켰다.

하지만 그것으로 경제적 종속이 끝난 것은 아니었다. 동유럽 국가들 이 계속해서 전체적인 소련 블록의 요구에 부응하여 경제를 전개시키도 록 요구받았던 것이다. 예컨대, 소련은 루마니아에 산업화의 속도를 늦 추는 한편 블록의 다른 국가들에 제공할 원자재 생산에 힘을 쏟아야 한 다고 주장했다. 1960년대 초반, 바로 이런 점이 1960년대초에 루마니아 의 통치자들로 하여금 블록의 여타 부분으로부터의 독립을 부르짖게 만 든 주된 요인 중의 하나였다.

1960년대 후반 체코슬로바키아의 통치자들은 서방과의 경제적 유대를 강화시켜야 하는 중대한 상황에 직면하였다. 그들에게 근대적 산업설비가 필요했지만, 다른 곳에서는 그 필요를 충족시킬 수 없었던 것이다. 하지만 1968년 8월 소련의 침공이 있은 후, 그런 경향은 완전히 뒤집어져 버렸다. "그다지 표나지도 않고 잘 알려지지도 않고 있지만, 지금 체코 경제는 소련에 통합되고 있으며 점차로 소련의 원자재 생산단지로 변화고 있다."[14]

비슷한 예를 들어보자.

소련의 외교 압력으로 인해 헝가리 정부는 작년(1971년) 일본 정부의 혼다 자동차 조립공장 건설 제의를 거절했다. 자동차 산업에서의 협력을 위한 소련·헝가리 특별위원회(1972년말 설립)는 헝가리가 소련산 피아트의 생산에 참여할 것을 결정했다. 협정에 따르면 헝가리는 앞으로 4년 동안 18종의 피아트 부품을 공급할 것이라고 한다.[15]

소련의 통치자들이 서방과의 교역 자체에 어떤 특별한 적의를 품고 있는 것은 아니다. 사실, 최근에 그들은 서방과의 교역을 강화시키려는 대대적인 노력을 보이고 있다. 그들이 강조하고 있는 바는 자신들이 그 문제에서 주도권을 잡겠다는 것이다. 그들이 염려하는 것은, 만약 그렇지 못할 경우, 스스로의 필요에 따라 동유럽 경제를 마음대로 주무를 수 있는 전반적인 능력이 손상될지 모른다는 것이다.

동시에 그들은, 동유럽의 통치자들이 하나의 경제적 부담, 즉 서방과의 군사적 경쟁을 위한 무장[16]이라는 부담을 함께 나누어 져야 한다고 계속 주장한다.

---

14) Economist Intelligence Unit, *Quarterly Economic Review, East Europe North* (London, 1970), No. 3.

15) Economist Intelligence Unit, *Motor Business*(London), 1972년 7월호.

16) 동유럽의 군비 규모는 소련만큼 크지는 않고 서유럽의 군비 수준과 비슷한 것으로 보인다. 하지만 이것은, 바르샤바 조약기구를 통제하는 자들이 동유럽 노동자들이 생산한 가치를 유용한다는 것을 의미한다.

1940년대말, 소련 제국주의는 동유럽에서 노골적인 약탈을 자행했다. 오늘날 그것은 그 형태를 바꾸었다. 하지만 지금도 소련의 통치자들은 동유럽의 산업을 자신들의 이익을 추구하는 데 이용할 수 있는 것, 즉 자신들의 재산의 일부로 간주한다. 각 지역의 주민들 — 한때 반기를 들었던 지역 공산당의 통치자를 포함하여 — 이 항거를 할 때면 언제나, 그들은 '질서'를 회복하기 위해 무력을 사용했다.

제3장
통제에서 정복으로

1948년까지 동유럽 각국의 공산당은 기존의 국가기구를 차례차례 장악해 갔다. 그들은 초기의 허약한 기반으로 인해 필요할 때마다 소련군의 도움을 받으면서 사회생활의 전 영역에 걸친 통제력을 확보했다. 이 과정에서 그들은 반대자들을 매수하거나 탄압하는 방법을 사용했다. 1947년과 1948년초에 걸쳐 비공산당 계열의 정치인들을 공직에서 추방한 것은 그러한 탄압의 정점이었다 할 수 있겠다.

우리는 (1장에서) 동유럽의 공산당이 결코 혁명적 활동에 의해서 권력을 넘겨받은 것이 아님을 강조했다. 다른 한편으로, 공산당의 권력장악은 조직된 노동자들로부터 어떠한 저항도 받지 않았다. 사실, 적어도 몇몇의 경우에는 공장 노동자의 많은 부분이 그 새로운 통치자들에게 소극적인 지지를 보내기까지 했던 것이다.

그들이 그러한 소극적인 지지를 보냈던 이유를 찾는 것은 그다지 어렵지 않은 일이다. 새로운 공산당 관료들이 동유럽에서 세도를 떨치기 시작했던 것은 전후 혼란으로 야기된 막대한 물리적 고통이 서서히 극복되어 가던 시기였다. 생활수준과 생산은 다시금 전쟁 전의 수준을 회복하였다. 농민들의 상태는 토지개혁과 독일어 사용 민족이 소유했던 토지의 재분배에 힘입어 개선되었다. 많은 노동자와 농민들은 새로운 관료체제 하에서 더 많은 임금과 높은 지위를 보장받는 등 사회적인 지위가 향상되었다. 더욱이 성장하는 관료집단의 정책들 —— 특히 '국유화' 정책

—— 은 노동운동의 전통적 요구와 일치하는 것처럼 생각되었다. 1947년과 1948년에, **위로부터의** 통제를 강화하려는 관료들의 '국유화'와 **아래로부터의** 통제를 강화하려는 노동대중의 '국유화'의 커다란 차이를 명확하게 인식한 노동자는 극소수에 불과했다.

끝으로, 1948년 이전에 새로운 국가의 통제기구들 —— 엄격한 재판, 팽창하는 경찰권력과 협박 및 테러조직 —— 에 의해 첫번째 맛을 본 사람들은 대부분 전통적으로 노동자들의 요구에 대립되는 사회적 지위에 있던 사람들이다. 그리고 그들의 운명을 동정하는 노동자들은 거의 없었다.

하지만 1948년초 이후 관료제의 정체가 명확히 드러나게 되자 대중들이 스딸린주의자들의 통치를 묵인하던 양상은 급격히 변화했으며, 그것은 이후 동유럽 전체의 발전에 영향을 미쳤다.

숙청

1948년 여름, 사회의 다른 부분을 향했던 테러조직의 활동은 공산당 자체의 지배층으로 돌려졌다.

그해 6월 티토는 스딸린과 결별했고, 유고슬라비아는 스딸린주의 국제조직인 코민포름에서 추방되었다. 곧이어 티토에 동조할 가능성이 있는 모든 사람들을 유력한 지위에서 제거하기 위한 숙청의 파도가 동유럽 전체를 휩쓸기 시작했다. 그런 공산당원들은 실제적 권력만을 빼앗긴 것이 아니었다. 그들은 불과 몇 달 만에 '파시스트의 첩자'라거나 서방 정보기관의 첩보원이라는 비난을 들어야 했다.

폴란드에서는 공산당 총서기이자 부수상인 고무우카가 클리츠코, 슈피칼스키 그리고 적어도 4명의 다른 장관들과 함께 체포되어 투옥당했다.

불가리아에서는 30년 동안 당원이었고 그중 10년을 감옥에서 보냈던 국무총리 대행 코스토프가 재판에 회부되어 '1942년 이후 불가리아 경찰의 첩자 노릇을 한' 죄목으로 처형되었다. 또한 16명의 공산당 계열 장관 중 10명이, 그리고 9명의 정치국원 중 6명이 대부분 '파시스트의 첩자'라는 죄목으로 면직당했다.

헝가리에서는 전쟁 전부터 평생을 공산당에 헌신한 전직 내무장관이자 당시 외무장관이었던 라슬로 러이크가 다른 주요 공산당원과 함께 재판에 회부되어 '파시스트의 첩자'라는 죄목으로 처형되었다. 그후 러이크의 후임으로 내무장관이 된 카다르 역시 투옥되어 고문을 당했지만 처형은 면할 수 있었다. 체코슬로바키아에서는 숙청이 다른 국가들보다 1년 정도 늦게 시작되었지만, 그것은 광범위하게 진행되었다.[1] 1952년 11월, 10명의 장관과 체코 공산당 총서기인 슬란스키가 사형선고를 받았다. 검찰관은 최후 논고에서 그 죄목을 이렇게 요약했다.

당과 노동대중의 경계 덕분에 우리는 헝가리의 라슬로 러이크, 불가리아의 트라이코 코스토프, 알바니아의 코쉬 호훼, 루마니아의 파트라스카누 그리고 폴란드의 고무우카와 같은 반역도당의 가면을 완전히 벗겼으며, 이제는 그들이 아무런 해도 끼칠 수 없게 되었다.

그러한 숙청은 공개 재판에 회부되었던 주요 공산당원들에게만 영향을 미친 것은 아니었다. 그 밖에도 수백 수천 명의 사람들이 비밀리에 처형되었고, 또한 수만 명의 사람들이 재판도 없이 투옥되었다. 그와 동시에, 수십만 명의 사람들이 당에서 추방되고 직업을 잃는 고통을 맛보아야 했다. 1948년 9월에서 12월 사이, 폴란드 공산당에서는 3만 명의 당원이 제명되었다. 1948년 8월 체코 공산당은 1만 명을 추방하고 50만 명을 당원에서 후보 당원으로 좌천시켰다. 1949년에서 1950년 사이에 불

---

1) 이것에 대한 설명으로는 Piller등이 작성한 보고서를 보라 ; 1968년의 체코슬로바키아 공산당에 대해서는 Jiri Pelikan (편), *The Czechoslovak Political Trials 1950~54*(London, 1971)를 보라.

가리아 공산당에서는 9만 2천5백 명이 추방되었다.

이제 막 권력을 잡은 관료집단의 광범위한 부분은, 잘해야 비천한 직업으로 되돌아가고, 최악의 경우에는 강제노동수용소 혹은 감옥으로 가거나 고문 혹은 죽임을 당해야 한다는 사실을 깨달았다. 이들 갖가지 형벌로 향하는 행렬에는 관료들뿐 아니라 수십만 명의 각계 각층의 사람들 — 구지배계급의 일원들, 이러저러하게 정권과 충돌했던 수많은 농민이나 기술자들, 혹은 더욱 많아진 생산할당량이나 낮아진 임금을 거부했던 노동자들 — 이 합류했다.

숙청과 테러기구의 칼날이 관료계층 자신에게 겨누어질 때 그것의 주요 표적이 된 것은 지역 사회 내에서 독립적 기반을 가지고 있던 사람들이었다. 각각의 나라에서, 투옥되거나 처형당한 사람들은 대부분이 나치에 대항하여 투쟁한 지하운동의 지도자들이었다. 그 반면에 당에 남아 독점적 권력을 장악하게 된 사람들은 전쟁 기간이나 또는 이미 그 몇년 전에 모스크바에 머물렀던 인물들뿐이었다. 폴란드에서 고무우카는 감옥으로 갔지만 비에루트는 권좌에 남아 있었다. 헝가리에서 러이크는 처형되었지만 라코시는 계속 통제권을 휘둘렀다. 똑같은 일이 모든 곳에서 벌어졌다. 더 정확히 표현하자면, 자신들의 권력을 모스크바에 완전히 의존하지 않았던 공산당 지도자들은 제거되었던 것이다. 스딸린의 논리는 단순했다. 티토는 동유럽에서 유일하게 소련의 지원 없이 권력을 장악한 공산당 지도자였다. 그는 모스크바와 결별할 수 있는 힘을 갖고 있었다. 티토가 어느 방향으로 이끌든지간에 지역적 기반이 있는 다른 지도자들도 그를 따를 가능성이 있었다. 스딸린이 판단하기에 그런 류의 지도자들은 모조리 제거되어야만 했다. 그리고 동유럽의 관료들은 그들의 지위를 보전하려면 소련에 절대로 복종해야 했고 소련의 명령에 절대 저항할 수 없게 되어야 했다.

그러한 숙청과 조작된 재판은 전쟁 이전 시기에 노동자계급을 위해 투쟁해 온 — 비록 왜곡된 방식이었지만 — 당들의 연속성을 완전히 단절시켜 버렸다. 그 결과 1953년이 되자, 전쟁 전까지는 가장 규모가 컸던 체코슬로바키아 공산당의 당원 중 전쟁 전부터 당원증을 갖고 있던 사람들은 단지 1.5퍼센트에 불과하게 되었다.[2]

당내에서의 권력은 체코 당 기관지의 말마따나 공공연하게 위에서 아래로 휘둘러졌다.

> 당내에서 위에서 아래로의 통제 —— 중앙기관에서, 지방의 보조 지역위원회에서, 그리고 초급 단위들에서 —— 는 그것이 인민위원회에서, 국가기구에서, 그리고 대중조직에서 행사되는 것과 마찬가지로 중요하다.[3]

당원의 50퍼센트 이상의 '출신 성분이나 직업이 노동자'라고 주장되었지만, 사실 1947년 5월 이후로는 노동자 중 오직 특별한 계층만이 입당할 수 있었다. "할당된 책임생산량을 적어도 연속 3개월 이상 초과 달성한 특별 작업대 노동자를 제외하고는 그 누구에게도 입당이 허락되지 않을 것이다."[4]

그리고 이들 탁월한 기록 보유자들조차도 당에 대해 아래로부터 아무런 통제권도 행사하지 못하게 하기 위한 조치로서 1952년에는 당의 비밀투표제가 폐지되었다. 그 이유는 "경험에 비추어 보건대 그와 같은 비밀투표제를 실시함으로써 몇몇 조직에서는 당의 올바른 정책을 위해 투쟁할 것이라는 보증도 없는 후보자가 선출되기도 하는 폐해가 있었다"[5]는 것이었다.

경제의 변화

---

2) Taborsky, *Communism in Czechoslovakia 1948~1960*(New Jersey, 1961), p. 27 에 인용된 수치.
3) *Rude Pravo*, 1951년 11월 9일. Taborsky, 앞의 책, p. 71에서 재인용.
4) 같은 책, p. 27에서 재인용.
5) *News from Behind the Iron Curtain*(1956), No. 5, p. 21에서 재인용.

공산당의 숙청은 국민대중에게 더욱 심각한 영향을 미친 다른 변화들을 동반했다. 경제발전의 전반적인 방향과 속도가 대중의 생활수준을 현저히 떨어뜨리는 방식으로 진행되었던 것이다.

1948년까지 동유럽은 전쟁으로 인한 황폐로부터 전반적인 경제회복과 생활수준의 향상을 이룰 수 있었다. 산업생산의 증가는 전반적인 생활수준을 희생시킴으로써 얻어진 것이 아니었다. 오히려 그와는 반대로 생산의 증가가 생활수준의 향상을 이끄는 경향을 보여주었다.

하지만 소련의 통치자들은 오랫동안 산업의 모든 영역이 아니라 군사적으로 중요한 영역—특히 중공업 부문—에서 서방을 '따라잡고 추월하는 것'을 주된 관심사로 삼아 왔다. 소련은 1929년 이후 중공업과 군수산업 부문에서 놀랄 만한 성장을 이룩했지만, 그 성장은 소련의 노동자, 농민 그리고 수용된 강제 노동자들의 엄청난 희생으로 이루어진 것이었다. 그들의 생활수준은 식량과 소비재의 생산이 산업화 정책에 무자비하게 종속되면서 급격히 떨어지게 되었다.

일단 스딸린식의 통제가 동유럽에 정착되면서, 이들 국가에도 '계획 성장'이 그대로 강요되었다. 1968년 체코슬로바키아 공산당의 평론지 『노바 므이슬』(*Nova Mysl*)의 한 필자는 당시의 과정을 이렇게 적고 있다.

> 1949년 11월 코민포름 회의가 소집되었다. …… (회의에서는) 사회주의 진영이 자본주의 진영에서 완전히 이탈해야 하며 …… 사회주의 진영의 통일을 위해서는 각국의 정치·경제·사상적 활동이 전적으로 진영 전체의 필요에 복속되어야 한다고 요구되었다. …… 냉전기간 중 군대와 보안대는 성장하여 중요한 위치를 차지하게 되었다. 그들은 당시의 정치적 태도에 영향을 미쳤다. …… 군대는 아무도 감히 거부하지 말 것을 사람들에게 요구했다.[6]

총생산량을 대폭 증대시키기 위해 5개년 계획이 도입되었다. 헝가리

---

6) Kural Kaplan in *Nova Mysl*(1968), No. 6~7.

에서는 1950년 1월부터 5년간, 85퍼센트의 생산증대와 35퍼센트의 노동자 생활수준 향상을 목표로 하는 계획이 입안되었다. 1951년, 국제적 긴장이 고조되고 그 결과 소련 관료 체제의 자원 활용에 대한 군사적 압력이 증대하자 그 목표는 각각 200퍼센트와 50~55퍼센트로 상향 조정되었다.[7]

당시에 총생산량이 증가했다는 것은 동서 양 진영의 통계 중 어떤 것을 참고하더라도 분명한 사실이다.

도표 2 : 동구에서 주장되는 산업성장률

(1937년을 100으로 한 비교 수치)[8]

	1948	1950	1953	1955
체 코 슬 로 바 키 아	107	143	210	243
동 독	–	111	117	210
폴 란 드	148	231	–	478

1949에서 1953년까지 5년 동안 헝가리의 산업생산 증가율은 210퍼센트로 발표되었고 폴란드는 158퍼센트, 불가리아는 120퍼센트,[9] 체코슬로바키아와 동독은 각각 98퍼센트, 그리고 루마니아는 144퍼센트였다고 발표되었다. 어떤 국가에서든 형성된 총자본에 대한 GNP의 비율은 증가되었는데, 특히 서유럽의 20퍼센트와 비교할 때 폴란드와 체코슬로바키아[10]는 40퍼센트를 상회하는 높은 수치를 보여주었다.

그런데, '계획 성장'이라는 틀 안에서 대부분의 계획 목표는 무시되었

---

7) Zoltan Sztarany in *The Review*(Brussels), Vol. III, No. 2, p. 16에 실려 있는 수치.
8) A. Zauberman, *Industrial Progress in Poland, Czechoslovakia and East Germany 1937~1962*(London, 1964), p. 107. 서방 추산치와 비교해 보려면 Zauberman, pp. 119~120을 보라.
9) Imre Nagy, *On Communism*(New York, 1957), p. 185.
10) Zauberman, 앞의 책, p. 40. Peter Kende, *The Review*(Brussels, 1960), No. 4, p. 102에는 1952년도 헝가리의 축적률이 33.4퍼센트라고 씌어 있다.

다. 다만 중공업 부문만이 팽창했을 뿐 대중적 소비재 부문의 성장 목표는 방기된 채로 있었던 것이다. 또한 자본의 팽창은 일반 대중의 생활수준을 직접 희생시킴으로써 이루어진 것이었다.

생활수준의 변화를 측정하는 것은 항상 어려운 작업이다. 하지만 한 가지 분명한 사실은, 1949년에서 1953년 사이에 동유럽 전반에 걸쳐서 생활수준이 떨어졌다는 점이다. 자우베르만[11]은 산업노동자의 실질소득을 다음과 같이 산정한 바 있다.

도표 3 : 실질소득 지표

	전쟁 전	1950	1953	1955
체 코 슬 로 바 키 아	100	96	84	108
동 독	100	46	89	109
폴 란 드	100	85	72	80

1956년까지 헝가리 공산당 일간지에서 일한 바 있는 피터 켄드는 1949년과 1953년 사이에 헝가리 노동자들의 총실질소득(연금 등을 포함한 소득)이 10퍼센트 감소했을 것으로 추산했다.[12] 헝가리 과학 아카데미의 이반 베렌트는 최근의 저서에서 "헝가리의 제1차 장기 계획에서 노동자 임금의 실질 가치는 20퍼센트 가량 떨어졌다"[13]고 주장했다. 그와 동시에 노동자들은 작업 속도를 높이라는 계속적인 압력을 받아야 했다. 실제 생활수준은 계속 떨어지는 반면에 작업할당량은 끊임없이 증가되었던 것이다.[14] 예컨대 1949년 2월에 체코슬로바키아의 국무총리는 1947년에 노동자들에게 주어졌던 5주간의 연례 휴가는 "시대착오적인

---

11) Zauberman, 앞의 책, p. 95.

12) P. Kende, *The Review*(Brussels, 1960). No. 5, p. 34.

13) *Eastern European Quarterly*, Vol. 2, No. 1.

14) P. Zinner, *Revolution in Hungary*(New York, 1962), p. 116에 따르면, 3~4년에 50~60퍼센트 정도 된다.

불합리한 조치"였다고 말했다. 한 달 뒤 노동자들의 휴가는 반으로 줄었고, 비슷한 방식으로 주당 5일 근무를 규정한 법령이 폐지되었다(그 법령은 1968년이 되어서야 부활됐다).

하지만 노동자계급에 대한 그러한 압력은 생산성을 증가시키지는 못했다. 노동자들은 체제에 점점 더 불만을 터뜨렸으며, 여러 가지 비공식적인 방법으로 그리고 다소간 개인적인 방법으로 능률 향상 요구에 저항했던 것이다.

그러한 사실을 보여주는 확실한 지표는 점점 증가했던 결근율이었다. 이에 대해 체코의 한 지도자는 1949년 10월 이렇게 말했다.

우리가 갖고 있는 큰 결점 중의 하나는 장기 결근이 많다는 것이다. …… 작업 불참 시간에 대한 급여의 지급 여부에 상관없이 손실되는 작업시간은 계속 증가하고 있다. 지난해 총노동시간은 2.7퍼센트 증가했지만, 장기 결근은 21퍼센트나 증가했다. …… 1947년과 비교할 때 1948년의 장기 결근율은 26퍼센트가 증가했으며, 올해에는 37.3퍼센트나 증가했다.[15]

헝가리의 지도자인 라코시도 병가로 인한 작업시간 손실이 전쟁 전과 비교할 때 1949년에는 두세 배 늘었다고 비슷한 불평을 늘어놓았다.[16] 그와 동시에 생산품의 실제적인 질 역시 떨어졌다. 예컨대 라코시는 헝가리에서 두 번째로 큰 제철공장인 만프레드 바이스에서 발생하는 자재의 낭비율이 10.3퍼센트에서 23.5퍼센트로 증가했다고 불만을 터뜨렸다.[17]

그러한 종류의 노동자들의 저항에 대처하기 위한 처벌 장치들—— 체

---

15) Zapotocky in *Hotspador*, 1949년 10월 15일. V. Chulpa, *The Rise and Development of a Totalitarian State*(London, 1959), p. 202에서 재인용.

16) *Neue Zuricher Zeitung*, 1949년 9월 6일. Y. Gluckstein, *Stalin's Satellites in Europe*(London, 1952), p. 106에서 재인용.

17) 같은 책. 이 수치는, 『이즈베스챠』(*Izvestia*) 1969년 12월 18일자에 실려 있는 최근 소련 금속 산업에서의 낭비율 30퍼센트와 비교가 된다는 것을 주목하라.

코슬로바키아에서는 장기 결근으로 인한 노동손실을 연례 휴가에서 공제, 폴란드에서는 10~25퍼센트의 임금삭감, 헝가리에서는 강제노동수용소로 보내겠다는 협박들18) —— 이 꾸준히 증가했음에도 결국 관료들은 생산성 향상을 위한 싸움에서 성공을 거두지 못하였다.

당시에 실현되었던 총생산량의 증가는 완전히 다른 요소 덕분이었다. 즉 전체 노동인구가 증가하면서 생산의 증가가 이루어졌던 것이다. 관료들은 노동자계급의 규모를 확대시키기 위해 여러 가지 수단을 동원하였다. 몇몇 수단은 아주 직선적인 것이었다. 예컨대 체코슬로바키아에서는 3만 명의 공무원이 산업 부문으로 강제 이동되었다. 하지만 새로운 노동자의 압도적인 다수를 충원할 수 있는 곳은 오직 한 곳, 즉 농촌밖에 없었다.

많은 농민들은 (전후 토지개혁으로 이제 막 손에 넣은) 토지를 떠나 도시로 이주하라는 강요를 받아야 했으며, 농촌에 남게 된 농민들도 늘어나는 도시주민을 부양하기 위해 더 많은 식량을 팔라는 독촉에 시달려야만 했다. 하지만 산업 부문은 농민이 식량과 교환해서 구매할 수 있는 소비재를 생산하지 않았기 때문에 '자율적인' 시장 법칙에 의존해서는 기대하는 결과를 얻을 수 없었다. 따라서 각국 정부는 '집산화' 캠페인을 통해 자신의 목표를 달성하려 했다. 그들은 세금을 인상하고, 국가에 판매해야 하는 생산량을 할당하여 낮은 가격으로 구입했으며, 농민들에게 개인 경작을 중지하고 '협동농장'에 들어가도록 압력을 가했다.

이렇게 '일부는 설득으로, 일부는 경제적인 압력으로, 그리고 또 다른 일부는 강압적인 경찰력으로' '협동농장'의 가구 수는 증가되었는데, 헝가리의 경우 1949년 12월에는 2만 1천 가구였던 것이 1953년 6월말에는 3만 가구로 늘어났다. 최근에는 개인 경작지가 44.5퍼센트인 것에 비해, 전체 농업 용지의 55.5퍼센트는 국가나 지방 자치 단위 또는 협동농장에 속해 있다. 전후의 토지개혁은 '대지주의 땅'을 '소지주의 땅'으로 바꾸어 놓았었다. 그런데, 그것이 다시 '대지주인 국가'의 수중으로 환수되어 버

---

18) 상세한 것은 Gluckstein, 앞의 책, pp. 107~109를 보라.

린 것이다.[19] 그리고 그 땅을 극소수의 대지주나 카톨릭 교회가 소유한 것이 아니라 국가관료들이 통제하게 된 것이다.

여기서 강조할 점은, 그 '집산화'가 농산물 생산을 증대시키지 못했다는 사실이다. 어느 곳에서든지 집산화의 결과는 침체나 심지어 농업 총생산량 감소로 나타났다. 하지만 '집산화'는 도시의 산업 부문에 많은 인력을 넘겨주었으며, 또한 많은 잉여농산물을 국가가 획득할 수 있도록 해 주었다.

경제발전의 유형

이러한 모든 조치들, 즉 도시 생활수준의 강제적인 저하, 토지로부터 농민을 몰아낸 것, 과거의 대중적 투쟁과 관계 있던 사람들을 당에서 쫓아낸 일 등은 하나의 중심적인 목적을 갖고 있었다. 그것은, 자신들의 경제발전 방식을 그대로 동유럽에 강요하려 한 소련 통치자들의 필요와 요구에 따라, 강제적인 산업화를 실행하는 것이었다. 즉 "국민적 생산수단의 생산에 최우선 순위를 두고, 국민경제의 주도 부문으로서의 사회주의 산업을 최대한으로 발전시키는 것"[20]에 강조점이 두어졌다.

그것이 실제로 의미하는 바는, 동유럽 각국이 이른바 '중추 연관' 산업으로 불리우는 소수의 기간 산업 — 에너지, 철강, 토목, 화학, 건축자재 등을 생산하는 산업 — 을 육성하려 했다는 점이다. 하지만 초국가적인 규모에서 상이한 국가들의 경제를 통합하려는 실제적인 시도는 없었다.[21] 각국의 경제는 크레믈린의 필요에 종속되어, 각기 그들의 요구를

---

19) P. Kende, *The Review*, No. 4(Brussels, 1960), pp. 58~61.
20) 'Basic Principles of International Socialist Division of Labour', *New Times* (Moscow, 1962), No. 27. M. Kaser, *Comecon*(London, 1967), p. 40에서 재인용.
21) 이 '자급자족적' 발전은 소련 경제의 서로 다른 단위들에서 보이는 널리 알려진 자급자족적 발전과 여러 면에서 유사하다.

만족시키기 위한 존재였을 뿐이다.

각각의 나라에서 진행된 중공업의 이러한 독립적 발전양식은 모든 계층의 지역 관료들의 커다란 관심을 끌었다. 그런 체계 안에서 각국의 중요성 또한 증대될 것으로 기대했던 것이다. 하지만 산업화 추진의 진정한 원인은 다른 곳에 있었다. 소련의 스딸린주의 통치자들은 서방과 경쟁하기 위해서는 더욱 많은 자본을 축적해야 했고 이 때문에 자신들의 제국 전체의 경제활동을 나날이 가중되어 가는 이 경쟁의 필요에 종속시키지 않을 수 없었던 것이다. 그런 목표는 독일에 대항하기 위해 결성됐던 전쟁 당시의 동맹이 붕괴하자 소련 지도자들에게 더욱 큰 압박 요인으로 작용했다. 그들은 유럽의 절반이 마샬 플랜을 통해 서방 자본주의로 통합되자 유럽의 다른 절반을 그들 나름대로 통합함으로써 그것에 대응했다.

냉전 체제의 격화된 경쟁이라는 새로운 조건에서 축적을 위한 자원을 획득하기 위해 그들은 옛 노동자계급 정당들의 모든 잔재를 파괴했다. 또 그들은 노동자들의 생활수준을 떨어뜨리고 농민의 토지를 몰수하기 시작했다. 그리고 그들은 저항이 이루어질 수 있는 모든 잠재적인 소지들을 없애기 위해서 노동자, 농민, 구지배계급의 잔존 세력, 심지어는 새로운 관료집단 등을 가리지 않고 이들에게 살인이나 고문, 투옥 그리고 강제노동수용소라는 방법들을 사용했다.

1952년인가 1984년인가?

그것의 최종 결과물은 경직되고 관료적으로 조직된, 그리고 그 속에서 획일화된 관료 체제와 경찰기구가 지속적으로 다른 사회 세력을 파편으로 만드는 사회집단들의 탄생이었다. 그러한 사회에서 정치적 토론이란, 거짓임이 명백한 상투어가 되풀이되는 것에 불과했으며, 문화활동도 그러한 상투어를 정당화하기 위한 수단일 뿐이었다. 관료 체제 밑에서의 생활은 비굴한 공포, 그리고 늘어난 특권의 냉소적인 향유라는 이중적 특징을 지니고 있었다. 공장에서는 축적을 위한 고된 노동이 강화되기만 했다. 노동자들은 선진 서방 제국에서라면 노동조합을 통해 얻을 수도 있었을 최소한의 보호조차도 받지 못했다. 사회의 모든 영역에는, 작은 앙심이나 물질적 이득에 대한 갈망 때문에 첩자나 밀고자가 된 사람들이 가득 차서 아래로부터의 집단적인 조직으로 체제에 저항하려는 사람들을 배반했다.

역사상 관료 체제가 생산수단과 함께 국가에 대한 통제권을 장악한 사회는 전에도 존재한 적이 있다. 그와 같은 사회의 통치자들은 사회의 모든 반대 세력을 해체하고 파편화하기 위해 테러를 사용했으며, 바로 그런 방식으로 수백년은 아니더라도 수십년 동안은 어떠한 도전도 받지 않고 자신들의 지배를 보전할 수 있었다. 많은 관찰자들은 1950년대초의 소련 제국이—더군다나 근대 과학이 가져다 준 효율적 기술을 보유한 —영원할 것으로 생각했다.22)

대부분의 관찰자들은 국가기구가 정치생활 전반에 관한 통제를 가하고 있다는 사실에서 광범위한 사회적 변화가 불가능하다고 결론지었다. 하지만 그들은, 이미 100년 전에 마르크스와 엥겔스가 부르주아 사회에 언명해 놓은 진리를 무시한 것이다.

부르주아지는 생산수단들을, 따라서 일련의 생산관계와 사회관계 전체를 혁신하지 않고는 살아남을 수 없다. 반대로 낡은 생산양식을 변화시키지 않고 그대로 고수하는 것은 초기의 산업계급이 존재하기 위한 첫번째 조건이었다. 부단한 생산의 혁신, 모든 사회적 조건의 끊임없는 혼란, 끝이 보이지 않는 불확실성과 동요, 이러한 것들은 부르주아 시대를 이전의 모든 시대와 구분해 주는 요소이다. 모든 고정되고 단단히 정착되었던 관계들은 유서깊고 고색창연한 편견과 주장들의 행렬과 함께 일거에 사라져 버리고, 새롭게 형성되는 모든 관계는 그것들이 굳어지기도 전에 이미 낡은 것으로 되어 버린다. 굳어진 것은 모두 대기 속으로

---

22) 이것은 오웰의 『1984년』이나 카알 비트포겔의 『동양의 전제정치』(*Oriental Despotism*)에 나타나는 비관적인 관점이었다.

사라져 버리고, 결국 인간은 자신의 삶의 조건들과 인류와의 관계를 냉정하게 대면하지 않으면 안된다.23)

동유럽의 정치구조는 수세기 동안 커다란 사회변동 없이 지속되어 온 사회들과 비슷한 것처럼 보였다. 하지만 동유럽의 국가들은 무엇보다도 마르크스 시대의 부르주아 사회와 한 가지 특징을 공유하고 있었는데, 그 특징은 지금까지 존재했던 모든 사회들과 구별되는 것이며 또한 진정한 사회주의 사회와도 구별되는 것이기도 했다. 그 특징은 바로 지속적인 자본축적의 필연성이며 그로 인해 '끊임없이 생산수단을 혁신'해야 할 필연성이다. 바로 이 필연성이야말로, 궁극적으로 경직되고 획일적이며 관료적인 정치구조를 폭파시키게 될 수밖에 없는 내적 동력을 가지고 있다. 그리고 그러한 폭발이 일어날 때에는 낡은 구조의 바로 그 억압적 성격이 거대한 사회적 격변을 필연적인 것으로 만들어 놓는다.

---

23) K. Marx · F. Engels, 'Manifesto of the Communist Party', *Selected Works* Vol. 1(Moscow, 1962), p. 37.

제2부

반란과 혁명

제 4 장
1953년 독일 노동자들의 항쟁

1953년 3월 5일, 요젭 스딸린이 사망했다. 25년간 그를 추종했던 사람들은 그를 두고 '레닌과 힘을 합쳐 투쟁한 동지이며 레닌 정신의 진정한 계승자이자 현명한 **지도자**이며 또한 공산당과 소비에트 인민의 교사'[1]였다고 열렬한 찬사로 경의를 표했다. 니키타 흐루시쵸프는 대대적인 국가장을 조직하는 의장의 역할을 맡았고, 말렌코프와 베리아 그리고 몰로토프는 죽은 지도자의 공적을 기리는 연설을 했다.

스딸린의 죽음은 서방과 제3세계의 노동자 전사들에게 깊은 슬픔을 안겨 주었다. 영국의 『노동 월보』(*Labour Monthly*)에 실린, 스딸린의 죽음에 관한 팜 더트의 기사는 당시 '공산주의' 운동 진영의 전형적인 반응으로 볼 수 있겠다.

> 스딸린은 전 세계 피압박 인민과 피착취자의 상징이자 옹호자였으며, 제국주의 압박자들과 착취자에게는 증오의 대상이었고, 평화를 위한 지칠 줄 모르는 투사였으며, 3차 세계대전의 공포로부터 인류를 지켜주는 보호자이자 보루였다.[2]

팜 더트 자신은, 스딸린 지배 하의 소련이 처했던 상태에 관한 어느 정도의 진실을 알고 있었다. 하지만 수백만의 평범한 사회주의 전사들은

---

1) *Pravda*, 1953년 3월 6일. L. Pastrak, *The Grand Tactician*(London, 1961), p. 243 에서 재인용.
2) *Labour Monthly*, 1953년 4월.

그러한 말들을 단지 읽을 수 있을 뿐이었고 이에 기초하여 다음과 같은 주장을 받아들이게 되었다.

전 세계가—한줌의 사악한 미치광이들을 제외하고는—스딸린을 잃은 것을 애도했다. …… 자유로운 인간 세상의 건설자였던 스딸린의 정신과 천재성은 영원히 살아 있을 것이다.

하지만 동유럽 노동자들의 감정은 조금 달랐다. 6월초 체코의 산업 중심지인 필젠에서는 화폐개혁에 반대하는 시위가 발생했고, 이를 진압하기 위해 프라하로부터 군대가 파견되어야 했다. 그리고 그로부터 며칠 후, 동독에서는 무르익은 봉기가 발발했다.

봉기

그것은 동베를린의 프리드리히샤인 병원건축 부지에서 아주 조용히 시작되었다. 6월 15일, 약 60여 명의 건축 노동자들은 일을 중단하고 임시 회의를 개최했다. 그들은 약간의 토론을 거친 후 참가자 전원이 서명한 편지를 작성했다. 편지의 내용은 책임생산량을 10퍼센트 이상 증가시키지 못할 경우 임금의 3분의 1 이상이 감소되어야 하는 작업 조건에 대해 항의하는 것이었다.[3] 한편 프리드리히샤인 경찰숙소 부지와 스딸린알레 건축 부지의 제40블록에서 일하던 노동자들도 비슷한 결정을 내렸다.[4]

새로운 작업할당량을 부과하려는 압력은 수개월 동안 계속해서 증대된 바 있었다. 동독의 스딸린주의 정당인 사회주의통일당(SED) 중앙위

---

3) Arnulf Baring, *Der 7 Juni 1953*(Cologne, 1965), p. 55. 그리고 Heinz Brandt in *The Review*(Brussels), No. 2, 1959년 10월, pp. 95, 102.
4) Baring, 앞의 책, p. 51.

원회는 이미 한달 전 '경제 체제를 엄격하게 운용할 것과 축적의 목표와 관련하여 법적으로 할 수 있는 모든 수단을 철저히 시행할 것'을 요구한 바 있었다. 중앙위원회는 '축적은 오직 지속적인 노동생산성의 향상에 의해서만 이루어질 수 있기 때문에' 생산할당량을 증대시켜야 한다고 주장했다.[5]

그러한 취지의 법령에 대한 분노는 광범위하게 확산되었는데, 특히 맑은 날이 많고 일조 시간이 긴 여름에는 더 많은 임금을 받을 것으로 기대했던 건축 노동자들 사이에서는 더 심했다. 다음날 아침인 6월 16일, 그들은 프리드리히샤인의 스딸린알레 제40블록과 병원건축 부지 외곽에 모였다. 그리고 그들은 만약 대표자를 파견할 경우 그 대표자가 치를 희생을 염려하여 모두 함께 정부청사까지 행진하기로 결의했다.

스딸린알레 건축 부지에서,

'한 노동자가 이제 행동할 시간이 되었음을 알렸다. 다른 한 노동자가, 이에 동의하는 사람은 모두 오른쪽으로 모이라고 외치자, 전체 노동자가 오른쪽으로 움직였다. 잠시 후 300여 명의 노동자가 제40블록으로부터 움직이기 시작했다.'[6]

두 행진 대열은 발 가(街)에 있는 노동조합 회관과 라이프찌히 가(街)에 있는 노동부 청사로 가기 전에 행진에 동참할 것을 호소하며 다른 작업장들을 돌았다. 그때는 이미 스딸린알레 건축 단지 전체가 폐쇄당했으며 시위자의 수는 어림잡아 1만여 명을 헤아렸다.[7]

당시 대학교의 학생처 부처장이었던 하베만 교수는 그 시위의 시작을 이렇게 적고 있다.

1953년 6월 16일 아침, 나는 슈트라우스베르거플라츠 9가(街)에 있는 공동주택 7층의 내 집에서 막 아침식사를 하려던 참이었는데 갑자기 광장 쪽에서 이상한

---

5) 같은 책, p. 143에 실린 기록.
6) 같은 책, p. 59.
7) 같은 책, p. 59.

소리가 들려 왔다. 당시 광장 전체는 하나의 건축 부지였다. 대부분의 건물은 미완성인 상태였고 두 개의 고층건물 중 하나——그곳은 후에 내가 이사한 건물이다——는 아예 착공되지도 않은 상태였고 한 건물만이 공사 중이었다. 그렇게 넓은 공사장——그곳도 스딸린알레 공사 구간의 한 공구에 불과했지만——에서는 수많은 종류의 소리가 날 수 있었다. 하지만 그때의 소리는 기중기의 소음이나 건물 승강기의 삐거덕대는 소리 또는 어떤 기계소리가 아니었다. 그것은 사람들의 목소리였다. 나는 창가로 다가서서 광장에 세워진 아무렇게나 칠한 깃발 뒤에 건축 노동자들의 조그마한 대열이 형성되는 과정과 그 대열이 움직이기 시작하는 과정을 지켜보았다. 나는 '책임생산량의 10퍼센트 증가 조치를 철회하라!'라는 글을 볼 수 있었다. 조그마한 대열이 순식간에 거대한 시위대로 변화하는 광경은 감동적인 것이었다. 그들은 작업복 차림으로 사방에서 달려나와 마치 쇳가루가 자석에 달라붙는 것처럼 시위대에 합류했다. 내가 학교를 가기 위해 집을 나섰을 때, 그 행렬은 이미 슈트라우스베르거플라츠를 떠나 스딸린알레의 다른 보다 큰 규모의 공사장이 있는 동쪽을 향해 나아가고 있었다.

나는 학생처 부처장으로서의 임무를 수행하기 위해 잠시 대학 본관으로 갔다. 나의 임무란 서류를 검토하고 서명하는 것, 그리고 동료들로부터 구두 보고를 듣는 것이었다. 내가 다시 시위 현장으로 돌아가려 했을 때는 이미 노동자의 행렬이 대학교 앞에 있는 운터 덴 린덴에 도착해 있었다. 그 대열은 거대해져 있었다. 그 행렬 안에는 작업복을 입지 않은 청년들을 많이 볼 수 있었는데, 그들은 건축 노동자들이 아니었다. 그들은 열성적으로 항의 행진에 참여했다. 그들은 한 목소리로 소리쳤다. '우리는 노동자이지 노예가 아니다! 착취적인 책임할당제를 중지하라. 우리는 자유선거를 원한다!' 그리고 그 구호 중에서 항상 가장 큰 소리는 '우리는 노예가 아니다!'였다.[8]

당시 SED의 베를린 시 당서기였던 또 다른 목격자인 하인츠 브란트는 시위의 발전 상황을 다음과 같이 설명했다.

내가 시위 현장에 도착했을 때 그들은 이미 동베를린의 중심지인 알렉산더 광장을 향하고 있었으며, 그 숫자도 수천 명으로 불어나 있었다. 시위대는 노동자, 사무원, 공무원 그리고 행인들의 물결이 합쳐져 계속 불어나고 있었다. 이 때문에

---

8) Robert Havemann, *An Alienated Man*(London, 1973), pp. 93~94.

시위대는 매우 천천히 전진했지만, 그 웅대함이나 의지는 한치의 흔들림도 없었다. 행렬은 자연스럽게 내적인 규율을 지키고 있었다. 그것은 강제된 행렬의 맥빠진 질서가 아니었다. 성난 목소리가 울려나오며 착취적인 책임할당과 정부를 규탄했으며, 자유선거를 외쳐 댔다. 당, 특히 울브리히트를 성토하는 목소리가 높았다. '우리는 노예가 아니라 자유인이고 싶다'는 외침이 계속 들려 왔다.

시위 노동자들과 주민들의 의지는 자발적이고 폭발적인 통일체를 이루며 분출되었다. 사람들은 사무실과 공동주택의 창가에서 용기를 내라고 외치며 손을 흔들어 보였다. 거리에서 위대한 형제애가 싹트기 시작했던 것이다. '정부로, 라이프찌히 거리로!'라는 외침이 사방에서 들불처럼 퍼져 나갔다.

교통을 통제하는 '민중의 경찰'은 그때까지 무슨 일이 일어났는지 이해하지도 실감하지도 못한 채 사람의 바다에 묻혀서 무기력한 상태로 당혹해 하고 있었다. 명백한 사실은, 시위가 빠른 속도로 총봉기로 발전되어 가고 있었다는 점이다.

건축 노동자들은 대중에게 불씨를 던졌고, 그 불씨는 커다란 불꽃으로 타올랐다. 대중의 행동은, 스스로를 레닌 정신의 계승자로 자처하는 사람들과 레닌의 이름으로 지배되는 전체주의 정권에 대항하는 것이었다. 그 상황은 마치 레닌의 진정한 이상이 실현되는 과정처럼 보였다.

당과 국가의 관료들은 사태의 진전에 압도되어 점차 무력해졌다. 그들의 눈 앞에서 뭔가 가공할 만한 것이 지나가고 있었다. **다름 아닌 노동자들이 이른바 '노동자 농민의 국가'에 대항해서 일어섰던 것이다.** 그들이 망연자실했던 이유는 ── 그들 역시도 대중적 조작의 희생자였다 ── 환상을 현실로 생각했었기 때문이었다. 그들은 기가 질려 아무 것도 할 수 없었다. 아주 적은, 수적으로 보잘것없는 관료 부문이 즉시 노동자의 편에 섰다. 하지만 압도적 다수의 관료들은 그때까지 올바르다고 믿었던 원칙들이 어이없이 무너지자 갈팡질팡하며 분노에 휩싸였고, 인민의 진정한 감정과 웅대함에 잔뜩 겁을 집어먹은 채 깊은 무력감 속으로 빠져들었다.

다른 한편으로, 그 대중운동은 중심적인 지도부나 조직이 없는 전적으로 자발적인 것이었다. 대중은 현상태를 휩쓸어 버리려는 공통된 희망을 갖고 있었지만, 자유선거에 대한 강렬한 소망을 제외하고는 뒤따라야 할 후속 조치에 대해서는 불투명하고 모호한 제각각의 생각을 내놓고 있을 뿐이었다. 그렇더라도 그 운동은 처음부터 당(SED)과 정부에 반대하는 자발적인 규율에 의해 통제되었으며, 점령군[소련군 ─ 역자]과의 직접적인 충돌은 피했다. ……

시위 행렬은 계속 불어났으며 마침내 라이프찌히 거리 전체와 정부청사 앞의 광장까지 뒤덮었다.

'노동자 정부'는 허둥대며 노동자를 향해 바리케이드를 설치했다. 철문은 시위대의 진입에 대비해 굳게 잠겨졌다. 노동자들은 그로테볼과 울브리히트에게 나와서 대화할 것을 요구했지만, 아무런 응답도 없었다. 창과 발코니에는 끝내 아무도 나타나지 않았다.[9]

정부청사 앞에서 열린 집회에 대한 하베만의 설명은 당시 군중들의 감정을 잘 묘사하고 있다. 한 건축 노동자가 탁자 위에 올라서서 말없이 시위대의 구호 제창을 지휘하고 있었다. 시위대는 '우리는 정부와 대화하길 원한다. 피에크와 그로테볼은 나오라!'라고 외쳤다. 하인츠 브란트는 탁자 위로 올라섰고, 마침내 그에게 발언권이 주어졌다.

"저는 여러분에게 정치국의 중요한 결정 사항을 알려 드리려 합니다." 하인츠는 힘껏 소리쳤다.
"10퍼센트의 책임생산량 증가 조치는 취소되었습니다."
군중은 대단한 승리의 환호성을 질러 댔는데, 그 속에는 기쁨과 노여움 그리고 조소가 뒤범벅되어 있었다. 하지만 얼마 지나지 않아 그 환호성은 공격적인 어조로 변했다.
"정부는 어디에 있는가?"
"현정부는 물러가라!"
"우리는 자유선거를, 자유를 원한다!"
그때 나는 탁자 위에 올라갈 수 있었다. 그러자 탁자 위에 있던 인정 많게 생기고 어깨가 넓은 초로의 건축 노동자가 나를 위해 질서를 잡아 주었고 또한 발언권을 얻어 주었다.
"우리 모두는 평화와 자유 그리고 더 나은 삶을 원합니다." 나는 소리쳤다. 주위는 더욱 조용해졌는데, 그 이유는 내가 누구 편에 서서 발언하고 있는지를 명확히 알지 못했기 때문이었다. "우리는 독일 전체의 정부를 위한 자유 비밀선거를 원합니다. 그렇습니다. 자유·평등·비밀선거를 말입니다." 내 말은 박수갈채를 받았다. 그 다음, 나는 설명을 덧붙이지 않으면 안되었다.
"하지만 여러분도 알고 계시다시피, 우리 정부는 그러한 모든 것을 서독 정부에 제안한 바 있습니다. 그로테볼은 독일 전체의 자유선거를 원합니다. 우리가 이곳

---

9) Brandt, 앞의 책, pp. 105~106.

에서 원할 것이 무엇입니까? 우리는 서독으로 가야만 합니다. 그곳은 독일을 분할한 사람들이 있는 곳입니다. 그곳이야말로 우리가 자유선거를 요구해야 할 곳입니다. ……" 내 발언은 더 이상 박수를 받지 못했다. 대신에 아무리 큰 소리라도 잠기게 할 만한 군중의 노여움 소리가 다시금 울려 퍼졌다.

내 뒤를 이어 로베르크 나우만 동지가 탁자 위에 올라섰다. 그는 '훔볼트 대학의 교수'로 소개되었다. 하지만 그가 너무 낮은 목소리로 말하자, 군중은 크게 웅성대기 시작했다.

'그렇습니다. 저는 대학교수입니다. ……' 웃음이 터져 나왔다. '하지만 저도 여러분과 같은 노동자입니다! 저도 여러분의 일원이니까 제 말을 들어주십시오.' 군중의 분노에 찬 함성이 그의 목소리를 잠기게 했고, 일부는 '교수님!'이라 부르며 비아냥거렸다.

이때 쇠창살이 달린 국회의사당의 문이 열렸다. 그로테볼 정부의 각료이자 정치국원인 프리츠 젤프만 동지가 탁자로 걸어와 그 위로 올라섰다. 순간 침묵이 감돌았다. 여기저기서 큰소리로 '조용히 하십시오! 장관이 여기 왔소! 프리츠 젤프만이 나왔소. ……'라고 외쳤다.

프리츠는 노동자들 사이에서 매우 인기가 높았다. 그는 항상 스스럼없는 태도와 서투른 말투로, 마치 나들이 옷을 차려입은 프롤레타리아처럼 보였다 — 이런 점들은 '일부러 꾸민' 태도와는 다른 것이었다. 그의 연설에는 투박하고 거친 말투가 섞여 있었고, 많은 농담에는 진지함이 담겨 있었다. 그런 모든 것은, 그가 높은 관직에 있지만 여전히 프롤레타리아로 남아 있음을 보여주었다.

그의 힘있는 목소리가 광장을 가득 메웠다.

'여러분들은 책임생산량 증가 조치가 지금 막 철회되었다는 소식을 들었을 것입니다. 그 조치는 너무 심한 것이었습니다. 하지만 우리는 모두 함께 그 문제를 토론해 봐야 합니다. 생산할당량이 증가되어야 한다는 점은 명백합니다. 그렇지만 우리는 일방적으로 여러분들의 희생을 강요하지는 않습니다. 우리는 새로운 기술을 획득하게 될 것이고 그 기술은, 여러분들이 오늘 두 손으로 해야 하는 작업을 몇 개의 손가락만으로도 할 수 있게 도와줄 것입니다. ……' 다시금 군중은 웅성거렸다. '우리는 여러분의 정부입니다. 우리는 서방의 자본가들이 아닙니다.'

'정부는 어디에 있는가?' 누군가가 외쳤다. 또 다른 사람들이 소리쳤다. '겁쟁이들아! 비겁한 놈들아! 그들이 노동자라면 왜 이곳에 나오지 않는가?'

또다시 위협적인 함성만이 광장을 뒤덮었다. 젤프만은 절망감에서 양손을 움켜쥐었다. 결국 그는 포기하고 말았다. 아무도 탁자 위에 오르지 않았다. 우리는 기다렸다. 이따금 정부를 부르는 소리와 '우리는 노동자이지 노예가 아니다!'라는 외

침만이 들려 왔다.10)

그때 한 노동자가 총파업을 제안했다. 노동자들은 만약 울브리히트와 그로테볼이 반시간 안에 모습을 드러내지 않는다면 계속 행진하여 파업을 확산시키기로 결정했다. 결국 그들이 나타나지 않자 노동자들은 결의를 행동으로 옮겼다. 확성기를 매단 차량들이 나타나서 당 지도부의 입장을 설명하려 했다. 베를린의 노동자들은 다음날 총파업에 돌입할 예정이었다. 하베만은 다시 한번 당의 입장을 설명하기 위해 방송차를 타고 나섰다. 하지만 그의 연설은 오래 지속될 수 없었다.

시위대가 다가오자 나는 차 지붕에 달린 두 개의 확성기를 통해 힘있는 목소리로 다정스런 인사말을 건넸다. 우리는 스피커의 울림소리 때문에 어쩔 수 없이 차창을 꽉 닫고 있었다. 그래서 우리는 바깥의 소리는 전혀 들을 수 없었고 다만 확성기를 통해 나오는 내 목소리만 간간이 들을 수 있었으며 때로는 그 소리마저 들리지 않았다. 나는 단지, 시위대가 내 말에 어떤 반응을 나타내는지를 관찰할 수 있었을 뿐이었다. 일단의 건장한 청년들이 순식간에 내 차를 둘러쌌다. 공교롭게도 내가 탔던 방송차 부근에 벽돌이 날아와 확성기를 맞췄다. 날카로운 쇳소리와 함께 우당탕거리는 소리가 들렸다. 그때 다시 벽돌 하나가 차의 앞 유리를 부쳤다. 나는 사람들이 큰소리로 떠들어 고함치는 소리를 들었다. 사람들은 방송차 양쪽에서 사슬을 형성하더니 차를 흔들어 대기 시작했다. 흔들림이 점차 심해졌다. 방송차는 차체가 땅에서 많이 떨어진 우편차였기 때문에 곧 전복될 것이 분명했다. 나는 차와 함께 넘어가지 않으려고 문을 열고 놀란 군중들 사이로 뛰어 들었다. 그들은 웃기만 했을 뿐 나의 머리칼 하나도 건드리지 않았다. 그들은 차를 버려두고 빌헬름 피에크 가(街)를 따라 끊임없이 형성된 행렬에 합류하기 위해 달려갔다. 잠시 후 길거리에는 우리와 부서진 차만이 덩그마니 남게 되었다.11)

동독의 통치자들은 사태의 진전에 매우 당황해 했다. 사회주의통일당

---

10) Havemann, 앞의 책, pp. 95~96.
11) 같은 책, p. 98.

(SED) 정치국은 사태를 수습할 방안을 짜내느라 몇 시간을 소모했지만, 결국 아무런 방안도 마련하지 못했다. 정치국은 누구에게나 뻔한 내용의 성명을 발표했다. 성명서는 생활수준이 향상되기 위해서는 우선 생산량과 책임생산량이 더 높아져야 한다고 강조하면서 책임생산량의 증가를 받아들이는 노동자는 더욱 높은 임금을 받게 될 것이지만 '그 생산 기준은 행정적인 수단에 의해 강요되는 것이 아니라 각 개인의 자유의사에 달려 있다'[12]고 결론짓는 내용을 담고 있었다.

다음날 아침, 동베를린뿐만이 아니라 동독의 산업 도시 대부분이 총파업에 참여했다. 파업은 250군데 이상의 산업 중심지에 영향을 미쳤다. 동독의 대통령이었던 그로테볼은 후일 파업에 참여했던 노동자가 30만 명에 달했다고 시인했다.[13]

파업과—— 그에 잇따른—— 시위의 중심지는 전통적인 산업 지대였다. 이들 지역 중 중부 독일 산업 지구인 비테르펠트, 할레, 라이프찌히, 그리고 메르제부르크 등지에서는 3만 8천여 명이 파업에 참가했으며, 예나에서는 2만 4천여 명, 브란덴부르크에서는 1만 3천여 명, 그리고 고에리츠에서는 1만여 명이 파업에 참여했다.[14] 파업에 돌입했던 이들 지역은 이미 바이마르 공화국 당시부터 '적색' 지대로 분류됐었다.[15]

각각의 경우에 파업의 물결은 대규모 공장에서부터 파급되었다. 2만 8천 명의 노동자를 고용하고 있는 레우나 공장, 1만 8천 명을 고용하고 있는 부나 공장, 1만 2천 명을 고용하고 있는 파르벤파브릭 볼펜 공장, 역시 1만 2천 명을 고용하고 있는 헤링스도르프 공장 등이 파업의 중심지였다.

---

12) Baring, 앞의 책, p. 168.
13) SED 중앙위원회 15차 총회에서의 연설. Baring, 앞의 책, p. 67과 M. Jaenicker, *Der Dritte Weg: Die Anti-Stalinistische Opposition gegan Ulbrichtseit 1953* (Cologne, 1964), p. 43에서 재인용.
14) Baring, 앞의 책, p. 69.
15) Jaenicker, 앞의 책, p. 43.

오직 한 군데 파업에 참여하지 않았던 지역은 프랑크푸르트 암 오데르 근교의 주요한 중공업 중심지인 스딸린슈타트 지역뿐이었다. 그 지역은 다른 지역과는 달리 나치 이전 시대부터 투쟁 전통이 없는 신흥산업 지구였다. 더욱이 그 지역의 노동자들은 비교적 특권을 누리고 있었다.

그 밖의 지역에서는, 예를 들어 드레즈덴에서는, 시위가 초기에 진압되었든가 아니면 지방관료들의 설득으로 시위자들이 작업장에 복귀했다.

파업과 시위가 발생했던 모든 지역에서는 하나의 특징이 있었다. 그것은, '중간층, 부르주아지, 그리고 지식인들 등이 대부분 사태들에서 완전히 거리를 두고 있었다'[16]는 점이다.

베를린 한 곳에서만도 6만여 명이 넘는 노동자가 파업에 참여했다. 하인츠 브란트는 한 공장에서의 경험을 이렇게 적고 있다.

그날 아침 내가 베르그만 보르지히 공장에 도착했을 때 일하고 있는 노동자는 아무도 없었다. 그들은 빙 둘러서서 이번 사태에 관해 토론을 벌이거나 소모임을 조직하고 있었다. 각 작업장에서 가장 강경한 입장을 보이는 노동자들은 공장에서 모든 노동자들의 연대를 조직하기 위해 접촉을 시도했다. 나는 공장의 당서기에게—그는 그때까지도 그 공장이 '조용'하다고 생각하고 있었다—확성기로 노동자들을 문화회관 대강당에 소집해 줄 것을 지시했다. 즉시 공장위원회를 선출하자는 나의 제안이 받아들여졌다. 연륜 있는 사회민주당원인 한 초로의 노동자가 위원장에 선출되었다. 약 20여 명의 노동자가 회의에서 발언했다. 그 발언들은 사회주의통일당 정부에 관한 본질적 문제들을 지적했으며, 특히 법률상의 불안정성과 노동자의 지위를 구속하는 많은 사례들을 언급했다. 노동자들은 선출된 공장위원회에 정치·경제적 이해를 대표하는 권한을 주기로 결의했으며, 독일의 재통일과 자유·민주 선거를 준비해야 한다는 원칙을 다짐했다. 회의가 거의 끝나갈 무렵, 한 노동자가 연단에 뛰어 올라, 모든 노동자들은 정오에 공장 정문에 모여 시내로 진출할 것을 호소했다. 이미 다른 지역에서도 비슷한 시위가 시작되고 있었다. 새로 선출된 위원회는 다음 회기에 회칙을 정하기로 결정하고 폐회하면서, 가장 중요한 지역적·일반적 요구를 공식화했으며 파업 시위에서 선봉에 서기로 결의했다. 하지만 그 파업 시위는 오래 지속되지 못했다. …… 시위대

---

16) Baring, 앞의 책, p. 68.

는 강제 해산되었고, 사회민주당 계열의 위원회 의장을 포함한 '주동자'들은 체포되어 구타당했다.[17]

6월 17일 아침에도 동독의 대부분 공장에서 비슷한 양상이 되풀이되었다. 노동자들은 파업에 돌입해 파업위원회를 구성했으며 '책임생산량을 없애라', '빵과 고기를 더 배급하라'는 요구를 외치며 시내 중심부를 향해 행진했다. 시위대가 시내 중심에 도착하면서 '우리는 인간답게 살고 싶다', '우리는 노예가 되고 싶지 않다', '뾰족 수염(울브리히트)은 물러가라', '구속자를 석방하라', '자유선거를 실시하라'는 등의 더욱 정치적인 구호가 울려나오는 경향을 보였다. 이렇게 되자 주민의 다른 부분인 청년과 주부들까지 시위에 합세했다. 시위대는 감옥을 습격하여 수감자들을 석방시키고 당사에 불을 지르기 시작했으며 어떤 곳에서는 경찰에게 린치를 가하기도 했다.[18]

거대한 규모의 로이나 공장에서 뛰쳐나온 1만여 명의 노동자들은 혁명가를 부르며 메르제부르크를 향해 행진했다. 그곳에서 그들은 부나 공장의 수천 명의 노동자들과 함께, 수감자를 석방시키기 위해 교도소를 습격했다. 할레에서는 8천여 명의 철도 공장의 노동자들이 사회주의통일당 본부와 평의회 사무소, 그리고 교도소를 점거했다. 막데부르크에서는 시위대가 경찰서에 있던 수감자들을 풀어 주는 한편, 브란덴부르크에서는 시위대가 '인민의 재판관'과 검사들을 공격했다. 또한 라테노브에서는 한 밀고자가 너무 심하게 얻어맞았고, 결국 그는 나중에 그때의 상해로 죽고 말았다.[19]

정오가 되자, 이제 상황은 동독 정부의 힘만으로는 해결할 수 없음이 명백해졌다. 관료들은 공장에서 더 이상 통제력을 행사할 수 없었다. 경찰 또한 거리에서 시위대를 통제할 수 있는 상황이 아니었다. 오히려 경

---

17) Brandt, 앞의 책, p. 108.
18) 같은 책, p. 87 ; Jaenicker, 앞의 책, p. 45.
19) Stefan Brant, *The East German Rising*(New York, 1957), pp. 79~97.

찰의 일부는 시위대와 토론을 벌였고, 다른 일부는 시위에 합류할 정도
였다. 오직 특별 훈련된 정예 병력인 인민 경찰만이 정권의 편에 서 있
었다.

이미 전날 밤에 약 2만 5천 명의 소련군과 300대의 탱크가 베를린으
로 이동했다. 이제 계엄령이 선포되었다. 시위 금지령이 포고되었고 길
거리에 3명 이상만 모여 있으면 체포되어 재판에 회부되기 일쑤였으며
심지어 야간에는 통행조차 금지되었다. 탱크와 병력이 투입되어 시위를
파괴하고 노동자들의 지도자들을 검거했다.

노동자들은 위대한 영웅적 투쟁으로 저항했다. 그들은 화염병과 쇠파
이프 그리고 몽둥이만을 들고서 탱크를 저지하려 했다. 하지만 압도적
우위의 군사력에 대한 그와 같은 식의 저항의 결과는 이미 정해져 있었
다. 봉기는 짓뭉개졌으며 지도자들은 투옥되거나 처형되었다.

소련군의 총탄에, 혹은 그에 잇따른 탄압에서 얼마나 많은 인명이 희
생됐는지는 아무도 모른다. 동독 당국은 19명이 희생됐다고 발표했다.
하지만 서독 정부는 그 숫자를 267명 정도로 추정하고 있다. 어쨌든 '법
과 질서'가 가장 야만스런 방법으로 회복되었다는 것은 명백한 사실이
다. 1,300명이 재판에 회부되었다. 그중 4명은 종신형을, 그리고 6명은
사형을 선고받았다.[20]

그렇지만 거리에서 행해진 비무장 상태의 노동자들에 대한 발포가 모
든 저항을 즉시 사그라지게 만들지는 못했다. 3주 후까지도 동베를린에
서는 구속된 파업 지도자들의 석방과 임금인상, 가격인하, 자유선거 등
을 요구하는 연좌파업에 대한 보고가 계속 들어왔다.

『노이에스 도이치란트』(*Neues Deutschland*)는 7월 8일, '불순분자들
이, 공장에서, 건축 부지에서, 전차에서, 버스에서 그리고 공공 장소에서
연좌파업이 확산되고 있다는 거짓말로 사회 불안을 확산시키려 한 것이
목격되었다'는 불평조의 글을 실었다.

정부는 봉기 기간 동안 분명히 제시되었던 정치적 요구들을 묵살했

---

20) Baring, 앞의 책, p. 113.

다. 하지만 그들이 — 비록 당분간이지만 — 많은 수의 경제적 요구들에 머리 숙인 것을 보면 봉기를 보고 무척 놀랐음이 분명하다. 이미 추진 중에 있던 개혁정책이 가속화되었다. 창고에 쌓여 있던 많은 양의 식료품과 의류가 상점에 등장했다. 7월초에는 최저임금이 인상되었고, 1953년 1월부터 시행됐던 임금삭감 조치가 철회되었다. 또한 소비재 산업을 희생시켜 중공업을 건설하려 했던 정책은 실책이었으므로 바로 잡겠다고 공포되었다. 정부는 노동조합에게, '지금' 자신들의 주된 과제는 더 나은 삶을 위한 투쟁에서 '진실되고 성실하게 노동자들의 이익'을 대표하는 것이라고 말했다.

그러나 일단 질서가 확립되자 그러한 양보 조치들은 많은 부분이 취소되었다. 최초에 시위를 발생시켰던 책임생산량의 증가 조치는 결국 다시 등장하고 만다. 석 달 후, 조합원들을 옹호하라는 지시를 진지하게 받아들였던 노동조합 관료들은 울브리히트로부터 심한 질책을 받았다. 사회민주당 출신의 법무장관이던 페히네르는 — 너무 성급하게 — 헌법에는 파업할 권리가 명시되어 있다고 발언했다가 '국가에 적대적인 행동'을 했다는 이유로 공직에서 추방되었다.[21] 그리고 소비재 산업에 대한 강조 역시도 결국은 노동자들의 희생을 요구하는 것임이 드러났다. 다시 말해서, 소비재 산업에서는 2교대제가 3교대제로 대체되었던 것이다.

반란의 실제 원인

반란의 원인에 대한 공식적 설명은 간단하다. 그것은 '계획적인 쿠데타이며 파시스트의 음모'였다는 것이다. 울브리히트는 '본과 뉴욕'의 도발자들이 7월 17일을 음모일로 잡았었다고 주장했다.[22]

---

21) 법무장관 막스 페히너와 그의 후임자인 힐다 벤야민의 해직과 구속에 대한 성명서. Baring, 앞의 책, p. 113에서 재인용.

서독 정부도 **사태가 끝난 후에,** 봉기의 목표는 친서방적인 것이었다
는 거짓말을 꾸며대기에 바빴다. 서독 연방공화국은 7월 17일을 국경일
로 지정하고 서베를린으로 넘어오는 동베를린 주민에게는 무료 음식을
제공했다.

하지만 봉기가 **진행 중일 당시,** 서방의 열강과 서독 정부는 봉기에
아무런 지원도 하지 않았다. 7월 16일의 첫번째 파업이 일어난 후, 서독
국무총리는 정부의 명확한 입장을 밝힌 바 있다. 그는, 동독에서 누구든
지 '섣부른 행동을 하지 말 것'이며 사람들은 '위험한 행동을 멀리해야
한다'는 성명을 발표했던 것이다.23) 이런 접근 방식과 맥락을 같이하면
서 서베를린으로부터 동베를린으로의 어떠한 움직임이라도 봉쇄하기 위
해 서독 경찰이 국경선에 배치되었다. 영국과 프랑스의 군사당국도 비슷
한 행동을 취했다. 예를 들어, 동베를린 외곽 공장의 노동자들은 시내
중심부로 통하는 프랑스 구역의 지름길을 사용할 수 없었다.24)

소련의 탱크가 베를린의 파업 시위대를 공격하기 시작하자, '파업 지
도자들은 영국과 미 당국 그리고 서베를린 경찰이나 노동조합 본부 등
지로 달려가 무기 지원을 호소했다. 하지만 그들은 그 어느 곳에서도 단
호히 거절당할 뿐이었다.'25)

봉기 기간 중 서방측에서 그래도 긍정적인 역할을 해 준 곳은 서베를
린의 라디오 방송국인 RIAS뿐이었다. 그 방송국은 뉴스를 통해 6월 16
일의 파업 소식과 그 다음날의 총파업에 대한 호소를 전했다. 그래서 동
독의 다른 산업 중심지들은 베를린의 상황을 알 수 있었다. 하지만 그
방송국은, 서방측의 공식 정책에 부응하여, 봉기를 고무하지는 않았다.
뉴스 프로그램 편성자는 파업자들에게 '합리적인 것을 요구하라'고 말했
다. 그리고 그는, '시위대가 내보내는 방송은 반(反)공산주의 정책을 너

---

22) Brandt, 앞의 책, pp. 105~106에서 재인용.
23) Baring, 앞의 책, p. 99.
24) 같은 책, p. 100 ; 또 Brandt, 앞의 책, p. 70도 참조하라.
25) Brandt, 앞의 책, p. 79.

무 과도하게 추진하는 것이 분명하다'고 말했다.26)

사회주의통일당 지도자들도, 봉기가 있은 후 몇 주가 지나자, 그것이 단지 '서방 첩자들'의 소행에 지나지 않는다는 설명은 부족한 것이라는 점을 시인했다. 동독 정부는 민중들 사이의 '불만'이 '서방측 첩자들이 불붙이기 쉬운 재료' 역할을 했다고 말했고, 그로테볼은 '지난 며칠간의 사태의 책임'이 상당 부분 정부측에 있다고 시인했다.27)

사회주의통일당이 자기 반성을 했다는 이 이상의 증거는 사태 발생 후 치러진 당내 숙청 작업을 보면 알 수 있다. SED 당원들은 주요 공장에서 시위에 참여했을 뿐 아니라 심지어 시위를 조직하는 데 주요한 역할을 맡기도 했었다.28) 당 지도부는, 이러한 현상의 원인이 전후에 강제로 진행됐던 공산당과 사회민주당의 합당 과정에서 SED에 영입했던 '사회민주당 계열 분자들' 때문이라고 몰아치며 숙청 작업을 진행시켰다. 하지만 실제로 숙청된 당원의 3분의 1은 23년 전인 1933년에 히틀러가 집권하기 이전부터 구독일 공산당의 일원이었다! 동베를린에서는 숙청당한 당원의 68퍼센트가 공산당 출신이었고, 할레에서는 68퍼센트, 라이프찌히에서는 59퍼센트, 막데부르그에서는 52퍼센트가 구공산당원이었다.29) 한마디로 말해서, 동독의 주요 중심지에서 봉기를 지원했던 SED 당원들의 많은 부분은, 울브리히트 정권에 대항하는 투쟁이 바이마르 공화국이나 히틀러에 대항하여 노동자계급의 권력을 위해 싸웠던 전통의 연장이라고 생각했던, 옛부터의 혁명가들과 노동자들이었던 것이다.

불만이 뿌리내리게 된 실제 원인은 '서방 첩자들'의 소행이 아니라 노동대중의 비참한 생활수준 때문이었다. 1950년의 실질임금은 1936년 수준의 절반을 밑돌았다.30) 1951년과 1952년의 생활수준은 더더욱 궁핍해

---

26) 같은 책, p. 68.
27) 같은 책에 인용된 1953년 6월 24일의 성명서, pp. 68~79.
28) 대(大)로이나 공장의 상황에 대한 설명으로는 Jaenicker, 앞의 책, p. 49를 보라.
29) 같은 책, p. 51.
30) A. Zauberman, *Industrial Progress in Poland, Czechoslovakia and East Germany 1937~1962*(London, 1964), p. 95에 제시된 추산치.

졌다. 정부는 축적이라는 목적을 위해 철강과 중공업 기기의 생산에 박차를 가했다. 하지만 그러기 위해서는 소비재의 생산을 감소시켜야 했으며, 수공업이나 농업 그리고 다른 사적 산업에는 가혹한 조치를 취해야만 했다. 그것이, 이번에는 다시, 식량과 소비재 생산을 더욱 감소시켰다. 농민들은 땅을 버리고 서독으로 도망쳤고, 이 때문에 우유나 기본 농산물, 감자 등의 생산량은 목표에 훨씬 못 미쳤다.

당 지도부는 엄청난 경제적 문제들을 안고 있었다. 수출은 수입을 따라잡지 못했다. 1952년의 경제계획은, 당초 책정한 것보다 더 많은 투자를 했음에도 불구하고 달성되지 못했다. 1953년의 1/4분기 경제계획 또한 달성이 불가능하다는 것이 명확해지자 당 지도부가 소련에 도움을 요청했지만 거절당하고 만다.[31] 책임생산량의 상향조정이 경제문제를 해결하는 데 필요한 자원을 충당하기 위한 수단으로 채택되었다. 즉, 노동자들에 대한 착취의 강도를 높였던 것이다.

동독의 봉기는 떨어지는 생활수준과 계속되는 작업 독촉에 대한 반작용일 뿐이었다. 하지만 그것만으로 그 봉기의 발생 원인을 충분히 설명할 수는 없다. 사실 그러한 경제 상황은 수년간 지속되어 온 것이었다. 여기서 또 다른 요소가 작용하여 불만을 폭동이라는 형태로 나타내게 했는데, 그 요소란 바로 1953년 6월 동안 공공연히 나타났던 독일 사회 상층부의 분열상이었다.

관료계급의 분열

스딸린이 죽자 지난 25년 동안 그의 바로 밑에서 심복 노릇을 하던 자들간에 치열한 싸움이 벌어졌다. 그 싸움은 부분적으로는 사적인 것이었다. 다시 말해서 그들은, 그들 중의 누군가가 모든 권력을 가로채 스

---

31) 독일 통치자들이 부딪힌 경제문제들에 대해서는 Baring, 앞의 책, pp. 23 이하를
참조하라

딸린이 그랬던 것처럼 경쟁자들을 제거하지 않을까 두려워했던 것이다. 그들 각각은 스탈린의 명령으로 살인과 테러를 자행했던 경험을 갖고 있었다. 또한 그들 각각은 자신의 목적을 위해 똑같은 수단을 사용할 수 있었다. 특히 위험했던 것은, 소련 사회생활 전 영역에 침투해 있는 막대한 조직인 비밀경찰을 지휘하고 있는 음흉한 인물, 즉 라브렌티 베리아였다.

하지만 그 싸움에는 깊이 뿌리내린 사회·정치적 문제 역시도 포함되어 있었다. 소련의 통치자들은, 소련 사회의 상층부와 하층부 사이에 깊은 균열이 있다는 점을 너무도 잘 인식하고 있었다. 관료계층 내부의 계속된 숙청은, 숙청에서 살아남은 사람들이 윗사람을 두려워하고 증오하게 만들었다. 한편 관료계층의 외부에는 막대한 규모의 대중이 있었는데, 그들의 감정은 아무도 예측할 수 없었다. 지속적인 경찰의 활동으로 그들은 원자화되어 있었지만 그래도 그들이 폭발적 힘을 지닌 세력임은 분명했다.

스탈린은 모든 힘을 거머쥐고서 이들 갖가지 압력들을 억누를 수 있었다. 그는 아래로부터의 공포와 증오를 개의치 않는 듯이 행동했으며, 절대적 통제권을 강화시키기 위해 무자비한 테러를 사용하길 즐겼다.

하지만 그의 후계자들은 스탈린과 같은 방법을 계속 사용할 수는 없었다. 그들은 스탈린이 자신의 통치를 위해 존속시켰던 막대한 경찰력이 바로 자신들에게 돌려질 것을 두려워했다. 그리고 그들은 일정하게 제한된 개혁이 허용되어야 하고 정권에 대한 지지 기반을 넓혀야 한다는 것을 알고 있었다. 하지만 그들 중 누구도 그 방법에 대한 명확한 생각을 갖고 있지는 못했다. 변화에 대한 그들의 서로 다른 처방들은 상호간의 불신과 맞물려 지배계급내에서 끊임없는 정치적 분규를 만들어 냈으며, 그 분규가 해결되기 위해서는 많은 사람들이 권력의 자리에서 계속 추방되어야 했다.

그 결과 당의 정책은 계속 갈팡질팡거렸으며 인물들도 계속 교체되었다. 그리하여 스탈린주의 사회는 그 기반까지 흔들렸다. 소련에서도 스딸린이 사망한 후 몇 주일 안에, 일련의 개혁이 시행되었다. 얼마 전에 적발되었던 '모반 사건'(병원 의사의 음모)은 조작극이었다고 발표되었고, 조작에 관련있는 것으로 알려진 사람들은 구속되었다. 강제노동수용소에 억류되어 있던 사람들은 계급을 불문하고 풀려났다. 식료품 가격은 10퍼센트에서 그 이하까지 인하되었다. 마침내, 여름이 되자 전지전능한 경찰의 우두머리였던 베리아가 국가기구에 '반사회주의적인 첩자들의 범죄집단'을 침투시킨 두목이었다는 죄목으로 권좌에서 쫓겨나 처형되었다는 발표가 있었다.

상부의 그와 같은 변화는 사회의 맨 밑바닥에서 오랜 기간을 억압당해 왔던 희망들이 다시금 활력을 찾도록 했다. 소련에서는 1953년 7월에 거대한 보르쿠타 노예수용소에 억류되어 있던 50만에 달하는 수감자들이 반란을 일으켰다.

7월 20일, 제1채굴장에서 7,000명의 수감자들이 작업을 거부했다. 7월 25일에 그들은 모두 50개소(채굴장)에서 태업을 벌였다. 끝이 보이지 않을 정도로 탄광을 드나들던 석탄수송열차는 이제 사라져 버렸다. 2만 5천여 명의 수감자 —— 활동적인 광부들 전원과 보르쿠타 주민의 절반 —— 들이 파업에 참여했다. …… 8월 1일에 120명의 파업 지도자가 총살당했다. 하지만 파업은 계속 진행되었다.[32]

동유럽의 정권들은 소련에 비해 아주 얕은 뿌리를 갖고 있었다. 그들이 등장한 지는 불과 5~6년에 지나지 않았다. 위성국으로서의 그들의 처지에서, 소련 지도부의 분열의 효과는 크게 증폭되었다. 스딸린이 죽은 뒤 3년 동안 크레믈린에서는 경쟁적 그룹이 난립했고, 그런 양상은 동유럽의 많은 국가들에서도 그대로 재현되었는데 그 결과는 실로 파괴적이었다. 독일의 지도부는 그런 상층부의 분열에 휘말린 첫번째 사례였다. 1953년 7월 동안 독일 지도부가 여러 경쟁그룹으로 분열되자 민중은

---

32) 소련의 노동수용소에서 8년간을 보낸 베를린 저널리스트 가를란트(B. Garland)의 말. *Observer*, 1956년 6월 3일 : Cliff, *Russia : A Marxist Analysis*(London n. d., 1963), p. 286에서 재인용.

종종 모순되는 명령을 받아야 했다.

사회주의통일당의 지도자인 울브리히트는 처음에는 마치 아무 것도 변한 것이 없다는 듯이 행동했다. 그는 스딸린이 죽은 후에도 계속해서 전과 마찬가지로 중공업 건설에 소비재 산업을 종속시켰으며, 당에서 경쟁자들을 제거했다. 또한 그는 농민과 노동자들의 이익을 계속 희생시켜 축적을 기도했으며 그의 정적이던 프란츠 달렘을 당 정치국과 중앙위원회에서 숙청했다. 그리고 프란츠는 '슬란스키 모반 사건에 연루'되어 있다는 혐의로 재판에 회부될 것이라고 알려졌다.

그때, 소련의 독일 판무관이었던 세먀노프가 모스크바 방문을 마치고 돌아오자마자 그는 갑자기 독일 지도부에 정책을 급선회시키라고 명령했다. 그래서 그들은 대중에게 좀더 타협적인 정책을 쓰지 않으면 안되었다.[33] 7월초에는 전면적인 개혁정책이 시행되었는데 그것은 책임생산량 증가 조치가 포고된 지 불과 10일 만의 일이었다. 이제 그들은 '당과 정부는 몇몇의 오류를 범했고 …… 자영농과 소매업자, 예술가, 그리고 지식인 들의 이익을 해쳤다'고 시인했다. 그들은 세금 징수에서도 '깊은 과오'가 있었음을 인정했고, 특정한 농업정책과 소부르주아계급에게서 배급 카드를 박탈한 것도 잘못이었다고 말했다. 그런 '오류들'은 이제 거꾸로 뒤집혔다. 소규모의 사적 산업 부문이나 농민, 대학, 그리고 교회 등에 양보 조치가 취해졌다. 그리고 중공업 육성 계획은 대규모로 축소되었다.[34]

울브리히트의 개인적 지위 또한 더 이상 안전하지는 못했다. 6월 9일과 6월 30일 사이에 울브리히트에 대한 소련 지도부의 지원은 아주 엷어진 것으로 보였다. 나중에 흐루시쵸프는, 당시에 베리아와 말렌코프가 '사회주의통일당으로 하여금 사회주의 국가인 GDR(독일 민주공화국)을 해체시키도록 촉구했다'고 주장했다.[35]

---

33) Jaenicker, 앞의 책, pp. 28 이하 ; Baring, 앞의 책, p. 40 ; Brandt, 앞의 책, p. 96.
34) 1953년 6월 9일 SED 정치국 회합에서의 결의사항들. Jaenicker와 Baring 두 사람의 앞의 책에서 재인용.

분명히 SED 내부의 달렘 지지자들——국가안전국장이던 쟈이제르, 당의 일간 기관지인 『노이에스 도이치란트』 편집위원이던 헤른슈타트 등——은 자신들의 영광된 시간이 마침내 도래했다고 생각했다. 그래서 그들은 울브리히트의 노선을 다소간 공개적으로 비난하기 시작했다.

그런데 종합 개혁안에는 새로 책정된 책임작업 기준에 대해서는 아무런 언급도 없었다. 바로 이것이 노동자들의 불만을 불러 일으켰다. 노동자들은 자신들의 요구가 늘 무시당해 왔다고 생각했던 것이다. 하지만 당 지도부의 경쟁그룹들도 작업 기준 문제를 놓고 서로 다른 견해를 보이고 있음이 곧 분명해졌다. 6월 14일자 『노이에스 도이치란트』 지(誌)는, 스딸린알레 지방에 작업 기준을 부과하기 위해 당 관료들이 '철퇴로 내려치는 방식의 전술'을 사용하고 있다고 비난했다. 다음날에도 그 신문은, '작업 기준을 담당하는 부서가 만약, 건축 노동자들의 이익에 반하면서 오랫동안 무사히 활동할 수 있다고 믿는다면 그것은 매우 큰 과오이다'라고 주장했다.36) 이와는 대조적으로, 노동조합 신문인 『트리뷴』(*Tribune*) 지(誌)는 6월 16일자에서 작업 기준은 강행되어야 한다고 주장했다.

스딸린주의 사회에서 막대한 폭압기구인 경찰은 일반적으로, 파업이나 시위를 순식간에 진압할 수 있고 또 그것의 확산을 막을 수 있었다. 1953년초에 필젠 지방에서 벌어졌던 체코 노동자들의 시위가 고립된 채 끝났던 것은 그 적절한 예이다. 하지만 작업 기준 문제를 놓고 벌어졌던 동독 지도부 내부의 공공연한 분열상은 이러한 폭압기구의 작동을 어렵게 만들었다. 경찰은 작업 기준을 놓고 벌어지는 집회나 토론을 막아야 할지 또는 허용해야 할지 몰라 어리둥절해 했다. 상부에서의 분열은 어느 정도 정치적 공백을 만들어 주었고, 그 공백을 이용해 노동자들은 요구사항을 부르짖고 슬로건을 내걸 수 있었다. 일단 노동자들이 동원되자

---

35) 1953년 3월의 연설. K. London (편), *East Europe in Transition*(Baltimore, 1966), pp. 50~51에 크라우스(W. H. Kraus)가 인용한 것을 다시 인용.

36) Brant, 앞의 책, p. 57에서 재인용.

동독의 경찰과 군대는—— 소련군과는 반대로—— 무력함을 보여주었다.

6월 16일에, 분열된 사회주의통일당 지도부는 파업에 대처할 수 있는 아무런 정책도 끌어낼 수 없었다. 그들은 양보를 감수해야 할지 또는 경찰을 풀어놓아야 할지를 결정하지 못했던 것이다. 실제로, 지도부는 자정이 되어서야 지방관료들에게 지시를 하달할 수 있었다.

6월 17일에, 상부의 혼란은 동독 전 지방관료들 사이에서도 그대로 재현되었다. 사회주의통일당 지도부는 후일, 관료들이 '겁을 잔뜩 집어먹고, 당의 적들과 마주쳐 패배주의와 기회주의를 보였다'고 불만을 나타냈다.

하지만 관료들의 그러한 혼란은 우연한 것이 아니었다. 그것은 동독의 상층부와 소련 사회의 분열이 반영된 필연적인 결과였다. 그리고 그 분열 또한 우연이 아니었다. 그 분열은 국가자본주의 사회에 내재된 경제적 동력에 의해 발생한 것이었다. 이는, 그후 3년 뒤에 있게 되는 폴란드와 헝가리의 사례들이 더욱 극적으로 보여주는 바와 같다.

제5장
1953~56년 : 혁명의 서곡

비록 스딸린의 후계자들이 동독의 봉기와 그 밖의 다른 곳에서 발생한 시위들을 재빨리 그리고 야만스럽게 진압했지만, 그들은 그러한 봉기를 일어나게 하는 조건들을 무시할 수 없었다. 베를린에서 봉기가 있은 후 10일 뒤에 헝가리의 통치자들은 크레믈린에 불려 들어가 더욱 광범위한 개혁을 도입하라는 명령을 받아야 했다.

헝가리 공산당 지도자들은 그때까지 동유럽에서 모스크바 노선에 가장 충실한 추종자들이었다. 그들은 '반(反)티토주의 숙청'에서 합당한 수준보다 더 많은 희생자를 만들었고, 소비에트 블록의 무거워진 군사적 부담을 위해 그들의 산업 발전 '계획'을 수정하는 것도 주저하지 않았다. 그들은 어느 누구보다도 스딸린의 경로를 따라 중공업을 건설하는 데 총력을 기울였다. 그들은 1949년에서 1953년 사이에 210퍼센트의 산업발전율을 기록했다고 주장했는데, 참고로 이를 다른 국가들과 비교해 보면 체코슬로바키아는 98퍼센트(1949~1955년), 불가리아는 120퍼센트(1949~1955년), 루마니아는 144퍼센트(1951~55년), 그리고 폴란드는 158퍼센트(1949~1955년)였다.[1]

그런데 이제 갑자기 그들이 위험스러울 정도로 무책임하다는 힐책을 모스크바로부터 들어야 했다. 임레 나지(Imre Nagy)는 나중에 이렇게 말했다.

---

1) Imre Nagy, *On Communism*(London, 1967), p. 185에 제시된 수치.

소련 공산당의 주요 인물들은 …… 헝가리 당 지도부 4인방의 범죄와 과오를 성
토했고 …… 이들 4인방이 헝가리를 재난의 문턱에까지 끌고 가, 인민 민주주의
체제를 뿌리까지 흔들었다고 말했다.[2]

흐루시쵸프는 만약 그들이 변화를 강구하지 않는다면 '즉시 쫓아내
버리겠다'고 경고했다.[3]

동독과 체코슬로바키아 사태에 그리고 헝가리의 대평원에서 농민들의
불안이 점차 증대되는 것에 지레 겁먹은 소련의 통치자들은 헝가리에
대해, 즉각 정책을 변화시킬 것과 정부 수뇌부의 인물들을 교체할 것을
명령했다. 헝가리의 유력한 통치자이던 마티오스 라코시(Matyos Rako-
si)는 그가 맡아 오던 수상 자리에서 물러났고— 하지만 그는 계속해서
공산당을 지도했다— 새 수상으로는 임레 나지가 지명되었다.

헝가리의 '새로운 진로'

헝가리 당에서 나지의 위치는 좀 유별난 것이었는데, 그는 당 지도부
분파의 어디에 속한다고 쉽게 분류될 수 없었다. 라코시 주변에 모여 있
던 다른 지배 분파와 마찬가지로, 나지는 전쟁 전 모스크바에 망명을 떠
났던 바 있으며 계속되는 코민테른의 숙청 과정 속에서도 코민테른의
공식노선을 열성적으로 찬양하며 연신 머리를 조아리면서 그럭저럭 무
사할 수 있었다. 분명히 그는 당시 스딸린식 방식을 도입하는 것에 대해
조금도 우려를 표하지 않았다. 그의 충성심은 분명한 것으로 여겨져,
1945년 전후 연립내각 정부가 구성되었을 때 그에게는 농산부 장관직과
그리고— 비록 짧은 기간이었지만— 내무 장관직 등이 주어지기도 했
다.[4]

---

2) 같은 책, p. 66.
3) 같은 책, p. 66.

그 이후인 1949년 나지가 당의 지배그룹과 충돌했을 때에도, 그의 역할은 슬란스키나 카다르의 역할과는 전혀 다른 것이었다. 나지는 농업 집산화 정책의 정도와 성격에 대해 라코시와 다른 견해를 보였으며, 그로 인해 공직에서 제거되었다. 하지만 아무도 그가 지도부에게 실제적이거나 잠재적인 위협이 된다고 생각하지는 않았다. 러이크가 처형당하고 카다르가 투옥되어 고문당하는 동안 나지는 농학과 교수가 되어 있었다. 나아가 1951년초에 그는 다시금 당 지도부에 복권되었고, 스딸린이 죽은 다음날에는 헝가리 의회에서 스딸린이 '인류의 위대한 지도자'였다고 칭하며 그를 칭송하는 연설을 하기도 했다. 그때까지 나지와 라코시의 불화는 정책 자체의 근본적인 문제가 아니라 전반적으로 소련 중심적인 노선을 시행하는 방법상의 문제와 관련된 것으로, 순전히 전술적인 것이었다.[5]

이 모든 점들이, 스딸린의 후계자들이 헝가리에 개혁을 도입하는 데 필요한 인물이 바로 임레 나지라고 생각하게 만든 것 같다. 그렇더라도 그에게는 또 다른 매혹적인 '특성'이 있었는데, 그것은 바로 헝가리 고위 지도부에서는 그가 거의 유일하게 유태인이 아니라는 점이었다.

나지는 일 주일 동안 모스크바에 머물고 돌아와서는 새 정부의 프로그램을 발표하여 전 국토를 떠들썩하게 만들었다. 그는 선발된 사람들이 모인 유순한 의회에서 전임자들이 행했던 노선 전반에 걸친 정책들과의 단절을 암암리에 시사했다. 하지만 그때까지도 바로 그 전임자들이 전능한 공산당 기구의 중요 직책들을 모조리 차지하고 있었다.

나지는 우선 그의 청중들이 가졌던 환상, 즉 국가는 안정적이라는 모든 환상을 부수는 일부터 시작했다. 그는 '과거에 정부가 저질렀던 심각한 실책을 만회하고 법과 질서를 회복하며 완전한 법률 존중주의를 확

---

4) Miklos Molnor · Lazlo Nagy, *Imre Nagy, Reformateur ou Révolutionnaire* (Geneva, 1959), pp. 24~37.

5) T. Aczel · T. Meray, *The Revolt of the Mind*(London, 1960), pp. 151~154, 그리고 P. Kecskemeti, *The Unexpected Revolution*(Stanford, 1961), p. 39.

립해야 하는 엄중하고 책임있는 목표'에 관해 말했다. 그는 국민경제가 극도로 악화된 상태에 있다고 시인했다. "강화된 계획 목표는 여러 면에서 우리의 능력을 뛰어넘는 것이다. 그 계획을 강행시킨다면 우리의 에너지 자원은 고갈될 것이다." 더욱이 그는 모든 사람들이 알고 있었지만 말하기 꺼려했던 사실, 즉 '그들이 최근의 생활수준의 하락을 유도하였다'는 것을 인정했다.

그 다음, 나지는 여러 가지 개혁정책들을 발표했다. 정책들은 한편으로, 과거 수년간 저질러진 가장 불합리했던 부분들을 극복하는 일에 초점이 맞춰졌다. 비용이나 원자재의 가용성 또는 실제적 필요성 등이 고려되지 않고 수립되었던 그란디오스 투자계획이 취소되었다. 또 다른 한편으로 정책들은 생활수준을 향상시키고 경찰의 활동을 억제함으로써 각 계층 국민들의 정부에 대한 적대적 감정을 줄이려 했다. 농민들은 협동농장을 떠나 개인 경작을 할 수 있게 되었다. 소비재 산업에 더 많은 투자를 하겠다는 발표도 있었다. 산업노동자들의 경우 잔업이나 휴일 근무에 대한 부담이 줄어들게 되었다. 마지막으로 많은 강제수용소가 철폐되면서 10만여 명의 수감자가 풀려났다.

어느 사회에서든지 그렇게 갑작스럽고 급격한 정책의 변화는 적지 않은 반향을 일으킬 것이다. 그런데 정치적 문제에 관해 대중적 토론을 할 수 있는 합법적 기구가 없었던 사회에서 그 충격의 정도는 더더욱 심할 수밖에 없었다. 아무 군말 없이 지시에 순종하도록 길들여졌던 모든 관료들은 명령 — 위로부터의 — 자체에 문제가 있다는 사실을 갑자기 깨달았다. 명료한 행동 지침은 더 이상 존재하지 않았다. 혼란이 가중되었던 원인은 불과 1~2년 전까지만 하더라도 '파시스트의 첩자'로서 돌이킬 수 없는 범죄를 저질렀다고 생각되던 사람들이 감옥에서 풀려나와 거리를 활보하고 심지어는 국가나 당에 복직되는 일이 벌어졌기 때문이었다.

대부분의 헝가리 농민과 노동자들은 그러한 변화를 환영할 만한 개선이라 생각했다. 하지만 그들은 이 과정에는 근본적으로 자신들이 통제할 수 없는 영향력이 작용하고 있으며 따라서 자신들이 과도하게 관여할 일은 아니라고 생각했다. 그렇기 때문에 정부의 특정한 인물들, 특히 나지는 농민들 사이에서 주목할 만한 인기를 누렸지만, 상부의 그러한 변화가 아래로부터의 대중운동이 촉발될 만한 요인을 제공한 것은 아니었다.

그런데 사회의 한 계층이 개혁의 결과 스스로 가동되기 시작했다. 당의 공식 견해를 열렬히 칭송했던 많은 작가와 기자들이 이제는 진실이라 믿었던 것들에 대해 스스로에게 질문을 던져야만 했던 것이다. 느린 속도였지만 분명하게 그들은 그렇게 오랜 기간 동안 그릇되게 인도되었던 이유를 생각하기 시작했으며, 또한 독자적 판단을 표현할 수 있는 권리에 대한 요구를 공식화하기 시작했다. 그들은 직업적으로 기존의 사상을 정교화시키고 선전하는 일에 관여해 왔기 때문에, 바로 그 사상이 위기를 맞게 되자 사회의 다른 계층보다 더욱 민감한 반응을 보였다. 그들은 실제로 권력을 갖고 있던 사람들이 믿었던 신념의 위기를 곰곰이 생각하여, 그 위기를 사회의 다른 부문에 전파했다.6)

그 '새로운 진로'는 헝가리 사회의 여러 계급에게 깊은 영향을 미칠 수밖에 없었으며, 그 영향은 엄청나게 중요한 부가적 요인으로 인해 더욱 증폭되었다. 그 요인이란 바로 개혁이 오래 지속되지 못할 것이라는 생각이었다. 공산당 기구를 계속 통제하던 자들의 저항에도 불구하고 개혁은 진행되었다. 라코시의 지지자들도 새로운 조처에 잠자코 있을 수밖에는 없었는데, 그것은 모스크바의 직접적인 압력 때문이었다. 하지만 그들은 또한 크레믈린의 통치자들이 분열되어 있으며 스딸린의 진짜 후계자가 나타나지 않았다는 사실을 알고 있었다. 그래서 라코시의 심복들은 때를 기다리면서 너무 돌출되지 않게 개혁의 진행을 방해했다. 그들의 조심스런 저항은 옛날 방식이 적용될 때 영향력을 행사할 수 있던 사람들이나 변화를 두려워하는 수만 명의 관료들로부터 암묵적인 지지

---

6) 이것의 결과로서 공산주의 작가들 사이에 일어난 양심의 위기에 대한 설명으로는 Aczel · Meray, 앞의 책을 보라.

를 받았다.

그 '새로운 진로'는 결국 단지 20개월밖에는 지속될 수 없었다. 1954년말, 동유럽과 소련에서 개혁정책을 추진하기 위해 가장 적극적 태도를 보였던 소련의 지도자 말렌코프가 제거되었던 것이다. 결국 나지의 몰락도 그리 오래 걸리지 않았다.

개혁이 진행되는 기간 동안 정부와 당의 내부에서는 운명을 건 살인적인 투쟁이 계속되었다. 나지는 표면적인 다수의 힘으로 경제개혁을 추진하고, 개인 경작과 소비재 생산을 장려하며, 또한 수감자들을 풀어 주고 숙청되었던 당원들을 복직시킬 수 있었다. 다른 한편으로, 라코시와 그의 추종자들은 당의 간부들에게 '새로운 진로'는 곧 반전될 것이며 경제적 변화들이 어떤 문제도 해결하지 못한 채 국가를 약화시키고 있다고 주장했다. 이때 그들이 예로 든 것이 무역수지가 계속 악화되고 있고 중공업에서 경공업으로의 전환이 중도반단의 프로젝트의 수를 늘리고 있다는 점이었다.

여기서 주의해야 할 점은, 정책에 대한 당 내부의 분열이 과거 그런 논쟁이 벌어질 때면 그것을 가장 거친 방법으로 해결하던 집단들 사이에서 발생했다는 사실이다. 불과 3년 전만 해도 당내의 한 분파는 논쟁의 과정에서 반대파에게 처형과 고문을 가했었다. 정책을 놓고 싸울 때면 논쟁자들의 목숨이 위태로운 것도 당연했다. 하지만 감옥에 있던 사람들이 다시 등장하고 당내에서 이러저러한 역할을 맡으면서 — 그들은 주로 나지 편의 사람들이었다 — 격렬한 아픔을 맛보았던 증원 세력이 힘을 발휘했던 것이다.

그러나 그때까지도 논쟁의 쟁점은 헝가리 사회의 소규모의 특권층이 어떻게 나머지 사회 구성원들을 통치해야 하는가를 둘러싼 것이었다. 어느 누구도 공산당의 최고위 지도부가 권력을 쥐고 있어야 한다는 것이나 그들이 기본적으로 모스크바에서 하달되는 광범위한 지시에 따라 통치해야 한다는 점에 대해 의문을 제기하지 않았다. 당시의 논쟁 거리는 통치의 수단으로 채찍을 들어야 하는가 아니면 당근을 들어야 하는가에 집중되었다.

1955년 1월, 모스크바가 이러한 논쟁을 갑작스럽게 종결시킨 듯이 보였다. 크레믈린은 다시금 전격적으로 라코시의 뒤를 밀어 주었다. 나지는 견책당해 당의 중앙위원회에서 물러났으며, 4월에는 수상직에서도 쫓겨났다. 라코시는 심지어 그의 농학과 교수직마저도 박탈해 버렸다. 동시에 당기구에서 나지를 지지했던——그 경우에도 그 동기는 순전한 기회주의에서 비롯된 것이었다——사람들은 좌천당했으며, 그를 지지했던 기자들 역시도 직업을 잃어야 했다.

하지만 그래도 라코시에 대한 적대와 나지에 대한 충성의 잔재는 남아 있었다. 그런 경향은 특히 나지가 직접 직위의 임명과 승진에 영향력을 행사했던 정부의 부서에서 강하게 나타났다. 또한 카다르나 로손치, 하라즈티, 페렌 도나스, 유헬리 등과 같이 나지가 복권시켰던 숙청의 희생자들이 당의 특정 영역에서 어느 정도의 영향력을 행사하고 있기도 했다. 라코시의 지지자들이 '새로운 진로'의 채택을 방해할 수 있었던 것과 마찬가지로, 이제는 나지의 추종자들이 비록 그 정도는 덜했지만 그 진로의 폐기에 저항할 수 있었다.

거기에 덧붙여서 라코시가 모스크바의 지도부가 교체되면 자신의 분파에게 유리한 방향으로 상황이 호전될 것이라는 실제적 희망을 갖고 행동을 취할 수 있었던 것과 똑같이 이제 라코시의 반대자들이 비슷한 가정 아래 행동에 임했다. 그 이유는 그때까지 스딸린의 후계자들이 정책적 측면이나 고위층 인물의 면에서 단기적으로도 안정적 진로를 획득하지 못했기 때문이었다. 그 예를 들자면, 1955년 흐루시쵸프는 처음으로 티토와 화해를 시도했는데, 동유럽에서 티토주의에 대해 가장 격렬한 비난을 퍼붓던 라코시에게는 그런 식의 발전이 달가울 리 없었다.

하지만 약 12개월 동안, 스딸린식 방법의 복고에 대한 저항은 실패하고 과거로의 회귀가 완료된 것으로 보였다. 작가들의 정기간행물인 『이로달미 우첵』(*Irodalmi Ujsag*)이 새로운 정권에 대한 비판의 글을 싣자, 그 잡지는 압수당했으며 편집자는 해직당했다. 작가들 사이에서 불만이 팽배해지자 라코시는 본격적인 탄압을 준비했다. 1956년 2월 13일 그는 재야의 한 기자를 구속함으로써 탄압의 발걸음을 내딛기 시작했다.[7]

하지만 라코시가 탄압을 재개하자마자 그에게 불운이 따라왔는데, 그것은 — 그의 행운과 마찬가지로 — 모스크바에서 온 것이었다. 바로 그 다음 날 모스크바에서는 제20차 당대회가 개최되었다.

제20차 당대회

오늘날 우리가 제20차 소련 공산당 대회에서 시작된 격변을 이해하기는 어렵다. 왜냐하면 우리가 이에 앞선 시기의 이데올로기적인 획일주의를 이해하기가 어렵기 때문이다.

거의 30년 동안, 세계 각국의 공산당은 소련 공산당(CPSU) 지도노선의 무오류성을 믿도록 강요되었다. 누구든지 세계 정세의 모든 면을 이해하기 위해서는 단지 소련 공산당의 성명을 살펴보는 것으로 충분했다. 소련 공산당의 성명, 특히 '스딸린 동지'의 성명은 '마르크스·레닌주의' 노선의 정수라고 생각되었다. 물론, 이른바 사회주의 국가들의 상황과 자본주의 세계의 상황간에는 상이점이 존재했다. 이른바 사회주의 국가에서는 승진과 특권에 대한 갈망에서 또는 단순히 살아남기 위해 당의 노선에 따라야 했지만, 자본주의 세계에서는 수백만의 인민들이 소련의 실제 생활상이나 공산당 관행의 여러 측면에 대한 완전한 무지에서 자발적으로 소련 공산당의 노선을 추종했던 것이다. 하지만 경우야 어찌되었든 획일적이고 절대적인 당의 노선은 수백만 인민의 노력과 열망을 한데 묶어 단일한 목적을 향해 나아가게 했다.

스딸린 사후, 5년 동안의 변화도 수백만 인민의 무한한 믿음에 균열

---

7) Aczel · Meray, 앞의 책, p. 382에 의거함. 그러나 Kecskemeti, 앞의 책, p. 69에 따르면, 작가들이 발간하는 잡지를 폐간하려는 시도들은 있었지만 작가들에 대한 직접적인 경찰 조치는 없었다.

을 만들지는 못했다. 사람들은 전반적으로 스딸린주의적 시각을 유지한 채, 이 가운데에서 오류나 궤도 이탈 등이 일어날 수 있었음을 인정하는 정도였다. 하지만 그것도 체제의 주변부, 즉 역사적 우연 때문에 베리아 같은 인물이 권력을 일부 쥘 수 있었던 분야에 국한되었다.

하지만 1956년 2월, 니키타 흐루시쵸프는 비공개로 진행된 소련 공산당 제20차 당대회에서 대의원들을 향해 연설을 하기 시작했다. 그는 거의 한 세대 동안 인민들을 낡은 소련 공산당의 지도노선에 맹종하도록 이끌어 온 거짓과 신화의 체제를 신중하고 조심스럽게 분쇄하자고 말했다. 그는 스딸린을 단호하게 배척할 것을 주장했다. 당 지도자들이 오래 전부터 알고 있었지만 결코 인정한 적이 없는 사실들, 지난 날에 대한 쓰라린 회상, 그리고 공공연히 조소되고 오랫동안 매장되어 온 레닌으로부터의 인용구 등을 사용하면서 흐루시쵸프는, 스딸린의 신화와 그와 관련된 노골적인 테러 행위를 비난했던 것이다.

이 모든 것들을 통해 흐루시쵸프는 한가지 명확한 목적을 겨냥하고 있었다. 그는 조야한 스딸린식의 통치 방법으로 회귀하기를 갈망하는 스딸린주의 기구 내부의 수백만에 달하는 각계각층의 관료들을 효과적으로 축출하려 했던 것이다. 흐루시쵸프가 이런 행동에 나선 것은 스딸린의 방법에 대해 그가 어떤 도덕적 가책을 느꼈기 때문은 아니다. 오히려 그 자신은 바로 그런 방법을 사용하여, 1930년대에 무명의 지위에서 우크라이나 지방의 책임자가 될 수 있었다. 다만 문제는 그런 식의 방법이 한편으로는 점차 소련 산업 발전의 장애로 작용했고, 다른 한편으로는 국가기구와 사회의 특권 계층과의 괴리를 심화시킴으로써 지배질서를 점차 약화시켰기 때문이었다. 게다가 국가기구 내부의 권력투쟁에서, 흐루시쵸프의 반대자들이 스딸린의 망토를 걸치려 했다는 사실도 그 이유 중의 하나이다.

간단하게 말해서, 흐루시쵸프는 자신이 대변하고자 하는 계급의 이익에 더 이상 적합하지 않게 된 권력기구와 그와 결부되어 있는 이데올로기적 체계를 파괴하려 했던 것이다. 그리고 그는 일단 기초적인 산업화가 완료된 사회의 현실에 알맞도록 소련의 지배관료계층을 재구성하기를 열망했다. 하지만 그런 목적을 위해서는 우선 스딸린 숭배적인 모든 요소와 스딸린식의 방법을 파괴해야만 했다. 흐루시쵸프가 맞이했던 가장 심각한 어려움은, 그가 낡은 신화를 파괴해야만 하면서도 동시에 통치를 담당한 사람들의 권력을 손상시켜서는 안된다는 점이었다. 그 이유는, 무엇보다도 바로 자신들이 스딸린의 유산을 상속받았기 때문이었다.

각지의 공산당 하급 지도자들은 자신들이 짜 놓은 거미줄에 바로 자신들이 걸려들어 있음을 갑자기 깨닫게 되었다. 수십년 동안 당원들에게 진실이라고 말해 온 것들이 이제는 거짓이라고 밝혀진 것이다. 더 큰 문제는 새로운 진실이 그때까지도 명확히 규정되지 않고 있었다는 점이었다. 당 내부에서는 이단자를 다룰 수 있는 방법이 갑자기 없어져 버렸으며, 이단자를 가려내기도 힘들어졌다. 그도 그럴 것이, 오늘의 이단자가 내일이면 모스크바의 노선을 찬양할 수 있기 때문이었다. 그래서 공산당의 지도자들은 가장 안전한 방법, 즉 흐루시쵸프 연설에 뚜렷이 표현된 방침에 따라 토론을 장려하는 방법을 택할 수밖에 없었다.

이데올로기적 혼란은 몇 달간이나 지속되었다. 그리고 그 열병과 같은 몇 달 동안에 지구상의 모든 공산당은 — 권력을 잡고 있건 권력에서 멀리 있건간에 — 당내 규율을 유지하는 데 엄청난 어려움을 겪어야 했다.

동유럽에서는 두 개의 나라가 가장 큰 영향을 받았다. 그 하나는 2년 동안 두 번씩이나 지도노선의 급격한 변화를 겪은 바 있는 헝가리였으며 또 하나는 폴란드였다. 이 두 나라에서는, 당 내외로부터 반대파가 급성장하여 공산당에게 모스크바에 대해 보다 독립적인 입장을 취하라는 요구가 높아져 갔다.

제6장
1956년의 폴란드 : 유산된 혁명

1956년에 폴란드는 점점 어려워지는 경제 상황으로 고통당하고 있었다. 헝가리와 마찬가지로 폴란드에서도 강제된 경제발전은 —— 특히 한국전쟁 당시의 고조된 국제적 긴장의 시기에는 —— 지도부에 막대한 문제들을 안겨 주었다.

산업화 계획은 주로 몇몇의 중공업을 주요 개발 대상으로 선정해서 그것들에 여분의 가용 자원을 집중적으로 지원하는 것이었다. 그리고 개발 계획에 소요되는 노동자와 식량은 농촌의 '집산화'를 추진함으로써 충당되었다.[1]

1949년에서 1955년 사이에 위로부터 가해지는 그칠 새 없는 압력 때문에 폴란드 인민들은 최소한 이 계획의 일부라도 실행하지 않을 수 없었다. 집산화 정책에 영향받는 농민의 소유지는 약 6퍼센트 가량에 불과했지만, 백만 정도의 농민이 확장되어 가는 도시 산업지역으로 이주했다. 새로운 산업에 필요한 자원과 노동자들은 생활수준을 저하시킴으로써 얻어졌다. 당시 노동자들의 생활수준은 10퍼센트 가량 떨어졌다.[2] 그런 방식으로 국민생산의 약 40퍼센트가 총자본 형성을 위해 충당되었다

---

1) A. Korbonski, *Politics of Socialist Agriculture in Poland*(New York, 1965), pp. 208~209를 참조하라.
2) A. Zauberman, *Industrial Progress in Poland, Czechoslovakia and East Germany*(London, 1964), pp. 95~97에 실린 여러 가지 추산치들을 참조하라.

(이것은 서유럽의 평균 수치인 약 20퍼센트와 비교가 된다).3)

하지만 산업화 계획은 심각한 어려움에 직면하기 시작했다. 위로부터의 압력이 대규모 투자계획을 만들기는 했지만, 그런 압력으로는 계획을 완수하기 위한 원자재를 생산할 수는 없었던 것이다. 새로 건설된 공장에서의 생산은 종종 잔업과 휴일 근무까지 필요할 정도로 활발하게 진행되다가도 간단한 원자재가 없어서 장기간 동안 공장 가동을 절반으로 줄이는 사례가 발생하곤 했다. 그리고 필요한 원자재를 확보하지 못할 경우에는 그 조달비용을 다른 산업, 즉 소비재나 식량 등의 생산 산업이나 또는 무역수지에서 끌어왔다.

폴란드 공산당 지도자들은 결국, 경제가 혼란한 상태에 있음을 인정해야 했다. 그들은 무엇보다도 1949년과 1955년 사이에 광부 1인당 생산량이 12.4퍼센트 하락했다고 밝혔으며,4) 새로 설립된 제란(Zeran) 자동차공장에서 생산되는 차종이 완전히 구식임을 인정했다.5) 도시의 노동력에 새로 편입된 인원 중 총생산에 조금이라도 기여한 것은 약 절반밖에 되지 않았다.6) "오래 전에 경제계획에서 제외된 기계와 설비들이 …… 지금까지 계속 들어오고 있기 때문이다."7) 그런 설비들은 '해외 거래에서의 무역 역조(逆調)'의 대가로 지급받아 온 것들이었으며, 바로 그것이 '회생 불가능한 파산의 상황'을 만들고 있었다.

공업에서보다 더욱 심각한 것은 농업에서의 위기였다. 정부는 그때까지 농민을 도시로 내몰고 국가가 전유할 수 있는 잉여농산물을 증대시키려는 정책을 시행했는데, 결국 그것이 농민의 생산에 대한 유인을 없

---

3) 같은 책, p. 40.
4) 1956년 10월 20일 PUWP 중앙위원회에서 행한 고무우카의 연설. P. Zinner (편), *National Communism and Popular Revolt*(New York, 1956), p. 199에서 재인용.
5) 같은 책, p. 200.
6) *Economic Commission of Polish Council of Ministers.* Zauberman, 앞의 책, pp. 102~104에서 재인용.
7) 고무우카의 말. Zinner, 앞의 책, p. 199에서 재인용.

애 버림으로써 수확량이 줄어들게 만들었다. 국영농장과 집단농장의 생산성은 극히 낮았다. 국영농장과 집단농장에 대한 국가신용증의 배분상의 특혜에도 불구하고, 국영 및 집단농장의 단위 헥타르 당 생산량은 자영농의 각각 62.8퍼센트와 83.3퍼센트에 불과했다.[8] 농업 부문의 실패는 도시 노동자들의 생활수준이 더욱 낮아지고 또한 그들의 불만이 증대됨을 의미했으며, 농산물 수출이 감소됨으로 인해 무역수지에 더욱 큰 압박이 가해지는 것을 의미했다.

그러한 경제적 문제점들은 국가의 안정성에 의문을 갖게 만들었다. 폴란드의 스딸린주의 정권은 초기에 동유럽의 다른 공산당 정권에 비해 더 장기적이고도 격렬한 반대에 부딪혔다. 국내군 출신의 일부 세력과 우익의 지하 세력은 초기의 스딸린주의 정권을 군사적 수단을 통해 괴롭혔다. 사회당과 노동조합 그리고 단일 정당으로는 가장 많은 수의 당원을 보유했던 농민당의 일각에서는 스딸린주의를 반대하는 목소리를 높였다.

그러한 저항의 중심부를 제거하는 데 소련 점령군의 막대한 지원이 있었음은 물론이다. 그러나 새 정권의 안정에 있어서 이와 마찬가지로 중요한 것은 전후 초창기에 인민대중의 물질적 조건상의 실질적인 개선이 있었다는 점이다. 산업은 부흥되었고, 전(前)독일 영토문제가 해결되었으며, 수십만의 농민들은 대토지의 분할로 혜택을 얻게 되었다.

하지만 강제적 산업화와 집산화 정책은 대중의 묵종을 암암리에 반감으로 변하게 했다. 생활수준의 하락은 대중의 분노를 자아냈고, 또 그것이 불만을 쌓이게 만들었다. 소수의 특권 관료계층은 점차 대중과 단절되어 갔다.

공산당의 사회적 구성의 변화는 그러한 단절을 말해 주는 지표이다. 1945년에서 1955년 사이에, 노동자 당원은 전체 당원의 62.2퍼센트에서 45퍼센트로 감소했으며 농민 당원 역시 28퍼센트에서 13퍼센트로 감소했다. 하지만 관료와 화이트칼라 노동자는 오히려 10퍼센트에서 41퍼센

---

8) 같은 책, p. 202.

트로 증가했다.9) 그러한 단절의 과정이 극에 달하여, 일부 관료층이 이 상황의 위기를 감지하고 그 과정을 중단시킬 것을 요구하기에 이르렀다.

1947~48년 무렵에 이미 몇몇의 공산당 지도자들은 너무 성급한 산업화와 집산화 프로그램이 정권에 위협을 줄 수 있다는 점을 느끼고 있었다. 고무우카를 비롯한 소수의 당원들은 협소한 당의 대중적 기반을 확대하기 위해서는 초기에 실시했던 양보정책 특히 농민에 대한 양보정책을 지속시켜야 한다고 주장한 바 있었다. 그들은, 당의 민족적 뿌리가 허약하기 때문에 소련의 발전 과정을 그대로 흉내내기보다는 '폴란드식 사회주의의 길'을 밟는 것이 필요하다고 주장했다. 또 그들은 소규모 재산 소유자에 대해 거대한 공세를 퍼붓기 전에 관료층이 서서히 힘을 강화하고 응집되어야 한다고 주장했다.

스딸린 생전에는 그러한 주장을 한다는 사실 자체가 매우 위험스러운 것이었다. 그와 같은 주장들이 의미하는 바는, 동유럽은 스스로의 문제에 관심을 가져야 하며 소련에 휘몰려 서방측의 중공업 수준과 군사적 잠재력을 '따라잡고 추월'하는 일에 종속되어서는 안된다는 것이었다. 고무우카와 그의 동지들은 그러한 이단적 주장의 대가를 치러야 했다. 그들은 공직에서 추방되어 '반역자'란 죄목으로 수감당했던 것이다.

하지만 1950년대 중반이 되자, 그들의 견해가 좀더 존중되는 듯이 보였다. 모스크바 당국도 이제 공산당 통치에 대한 지역적 적대감을 감소시키기 위해 각 지역 지도자들이 일련의 제한적 개혁을 실시하기를 기대했다. 그러한 적대감은 소련 내부에서도 각종 개혁들의 짐으로 작용했다. 그리고 폴란드 지배관료계층 내부에서도 점차 많은 수가 모스크바측의 새로운 연주에 따라 춤출 의사가 있음을 나타내 보였다. 특히 경제적 혼란이 뚜렷이 드러나고 대중의 불만이 더욱 명백해짐에 따라 이러한 현상은 더욱 분명해졌다.

1954년 주요 비밀경찰 요원이었던 스위아틀로가 서방으로 탈주하여 경찰기구 내부의 실로 무시무시한 활동을 낱낱이 떠벌리게 되자 변화의

---

9) 폴란드의 자료에 기초하여 작성한 수치. Korbonski, 앞의 책, p. 194에서 재인용.

필요는 더욱 절실해졌다. 스위아틀로가 폭로한 테러기구의 책동에 대해서는 권력과 특권을 거머쥔 당 지도자들마저도 놀라지 않을 수 없었다. 그 기구에 대해서는 그들 대부분이 아무런 통제권도 없었으며, 또한 그 테러가 바로 자신들에게 향할 수도 있었기 때문이었다. 스위아틀로는 경찰이 당 지도자인 비에루트의 범죄 기록을 가지고 있으며, 정치국원으로서 비밀경찰을 담당하고 있던 야쿱 베르만 역시 피엘드 사건(슬란스키를 교수대로 보냈던 '모반' 사건)에 연루되어 협박당한 바 있다고 폭로했다.10)

비에루트는 여러 예하 관료들을 축출하고 투옥시키는 등 비밀경찰 (UB)에 대한 숙청을 감행하지 않으면 안되었다. 내무장관이던 라드키비치는 직위를 옮겨야 했다.

그후 18개월이 넘는 기간 동안 '자유화'와 '민주화'를 위한 추가 조치가 취해졌다. 이전의 숙청 기간에 구속되었던 많은 당원들은 풀려났으며, 언론에 대한 검열은 어느 정도 완화되었다.

반란과 지식인

경찰기구를 개혁하고 자유화하는 작업은 상당한 위험을 감내해야 하는 것이다. 왜냐하면 그 과정은 자기 자신의 관성에 따라 발전하는 경향이 있기 때문이다. 경찰 세력이란 완전히 붕괴될 가능성이 높은 집단이다. 보통의 경찰관은 주로 자신의 지위 —— 그 지위는 그가 통제하는 사람들의 지위에 비해서는 특권적이다 —— 를 유지하고 싶은 욕망에 의해 동기가 유발된다. 국가 주도의 테러가 극에 달한 경우, 경찰관이 살아남고 승진하기 위한 전제조건이 되는 것은 그가 테러에 전력을 다해 참여해야 한다는 점이다. 하지만 정치적으로 불확실한 상황, 즉 동료 경찰관

---

10) F. Lewis, *The Polish Volcano*(London, 1969), p. 31.

들이 법의 유지라는 임무를 등한시해 왔다는 이유로 갑작스럽게 해고되는 상황에서는 '정상적인' 경찰 활동마저도 개인의 출세 전망에 손상을 입힐 수 있다. 정치적 권력투쟁에서 누가 승리할지 알 수 없는 경찰관이 어느 쪽 편도 들지 않으려 하는 것은 당연할지도 모른다.

1955년과 1956년에 폴란드 경찰은 효율적인 업무 수행 능력을 점차 상실하고 있었다.

얼마 전의 헝가리에서와 마찬가지로 대다수 대중에게 미친 직접적 충격은 그리 크지 않았다. 그들은 그러한 '자유화'가 일시적 현상일 수 있으며 누구든 고개를 내미는 자는 곧 머리를 잃을 것이라는 두려움에 쌓여 있었던 것이다. 한 폴란드 언론인은 1956년초에 열린 공장 회합에 참가했던 대부분의 사람들이 가졌던 느낌을 이렇게 적고 있다. "사람들은 아직 현재의 개혁과 변화를 순수하게 받아들이지 않고 있다. 그들은 어느 청명한 날에 어떤 사람이 신호를 보내면 모든 것이 '원래 상태로 돌아갈 것'이라고 생각한다."11)

헝가리와 마찬가지로, 변화에 대해 가장 신속한 반응을 보인 사람들은 일반 대중이 아니라 대중과 관료지배계층 사이에 있던 계층, 그중에서도 특히 직업상 지배 이데올로기를 정교화시키고 설파해야 하는 위치에 있던 자들이었다. '자유화'는 헝가리의 '새로운 진로'의 채택에서와 마찬가지로 작가와 기자 등의 지식인층 사이에 큰 파문을 일으켰다. 학생과 식자층의 언론매체는 점차 강도를 높여 자유롭게 의견을 토로(吐露)하였다. 하지만 그들의 주장은 명쾌하지도 명확하지도 못했다. 또 작가나 기자들이 구태의연한 집권당의 노선을 비판하고자 하는 동기를 지녔던 것도 아니었다. 이들 중 일부는 집권당이 좀더 효율적으로 통치—— 그럼으로써 자신들의 특권이 옹호되길 원했다——하길 바랬다. 또 다른 일부는, 수년 동안이나 소련에 사회주의가 존재한다고 굳게 믿었다가 이제는 자신들이 힘을 보태서 세운 그 사회의 실체가 무엇인지를 깨닫기 시작한 진지한 사회주의자들이었다. 그러한 인식은 종종 깊은 죄의식과

---

11) *Po Prostu World Today*, 1956년 7월, p. 300에서 재인용.

강박관념에 사로잡힌 자기 반성을 불러 일으켰다. 그러나 또한 그것은 스딸린주의의 기원에 대한 탐구를 하도록 만들었고 마르크스의 저작에서 의미하는 진정한 사회주의의 기초가 무엇인지를 모색하도록 만들었다. 어떤 작가들은, 관료주의적 간섭에서 벗어나 '자신의' 공장에서 더 큰 자유를 누리고 싶어하는 공장 관리자들의 열망이나 자유롭게 자신의 땅을 경작하고자 하는 농민들의 열망을 작품에 반영했다.

1955년과 1956년의 분위기에서는, 이들 상이한 성향을 띤 열망이나 감정, 의견 등이 간추려져서 뚜렷하고 명확한 프로그램으로 등장할 수는 없었다. 그들의 다양한 반응을 하나로 통합한 것이 있다면 그것은, 스딸린주의의 가장 사악한 양상이 부활할지도 모른다는 하나의 보편적인 공포감이었다. 과학적 사회주의의 개념들이 극도로 오염된 상황이었기 때문에 다양한 조류들의 주창자들조차도 자신들 사이의 주장의 차이가 무엇인지를 항상 인식하고 있지는 못했다. 그들은 여러 사람들의 직접적 요구들을 단일한 목소리로 표현할 수 있을 뿐이었다.

작가들이 탐구를 계속함에 따라 그들은 사회 현실에 대한 생생한 묘사를 제공하기 시작했다. 그들은 폴란드 사회에 거울을 들이대고, 그때까지 공식적으로 무시되거나 압박당해 온 생활의 단면들을 비추었다. 시간이 지남에 따라 그들의 표현은 더더욱 과감해졌다. 이런 움직임 가운데 첫번째로 주목할 만한 것은 시인인 아담 바지크(Adam Ważyk)의 작품이다. 그는 전쟁 전의 공산당원으로서 당시 '(사회주의) 건설의 서정시'를 발표함으로써 당국으로부터 '계관 시인'이란 칭호를 들은 바 있었다. 그의 작품 「성인을 위한 시」는 1955년 『노바 쿨투라』(*Nowa Kultura*)에 발표되었다.12) 그의 작품은 관제(官制)의 신화와 실제의 현실을 생생한 표현으로 대비시키고 있다.

그들은 소리치며 달려왔네
사회주의 아래서는

---

12) 여기에 인용된 구절은 Zinner, 앞의 책, p. 40에서 번역한 것이다.

잘린 손가락도 아프지 않다고
손가락을 잘랐네
무척이나 아팠네
그리곤 신념도 잃었네

그의 시들은 '인민의 폴란드'에서의 생활을 매우 날카로운 필치로 그려냄으로써 독자들에게 다른 계관 시인들보다 훨씬 폭넓은 영향을 끼쳤다.

마을에서, 작은 도시에서, 그들은 트럭에 올랐다
공장을 건설하고 도시를 창조하고
새로운 황금 도시를 발굴하기 위해
각지에서 몰려든 개척군(軍)
막사에서 여인숙에서 오두막에서 북적거린다

그들은 진흙탕 길에 뛰어들어 휘파람을 분다
흩어진 야망의 엄청난 무리
목에는 작은 체스토코바의 십자가를 걸고
한아름의 맹세와 작은 깃털 베개를 들고
한 의심 많은 영혼이
반쯤 깨어 있고 반쯤 미친 채
술취한 광기로 작은 파이를 떠벌리며
갑자기 중세의 암흑에서 모습을 드러낸다
이동하는 군중, 발정한 폴란드는
10월의 저녁에 권태를 소리친다

엄청난 군중은 새 산업을 건설한다
폴란드는 이들을 모르지만 역사는 이들을 알고 있다
군중은 설교자들 따위는 아랑곳하지 않고 매일매일을
공허한 말과 황량한 삶으로 보낸다
석탄의 독기는 천천히
이 고문과도 같은 과정에 녹아들어 노동자계급에 스며든다

이런 종류의 작품은 철저히 '사회주의적 현실주의'를 담고 있었다. 그 작품들은 당 관료들을 난처하게 만드는 한편 점차 큰 인기를 누렸다.

1956년 초반을 지나면서 재야의 잡지가 다루는 토론의 영역이 확대되었다. 비록 사용되는 용어는 그때까지도 모호했지만, 폴란드 정권뿐 아니라 소련의 통제 자체도 공개적으로 비판되기 시작했다.

제20차 대회 이후 개울물 같던 비판과 토론은 큰 강줄기로 변했다. 이제는 당 지도자들마저 신중한 자아비판을 해야만 했다. 그들의 과거 오류에 대한 실토와 미래의 정책에 대한 자신들의 반(半)공개적인 견해 차이와 불일치는 재야 작가들에게 새로운 비판거리를 만들어 주었을 뿐만 아니라 새로운 행동 전략의 여지를 남겨 주었다.

느린 속도였지만 그러나 분명하게, 개혁은 위에서부터 도입되었다. 그리고 개혁의 과정에서 늙은 당 지도자인 비에루트의 죽음—— 제20차 당 대회 직후의 일이다 —— 은 하나의 중대한 계기가 되었다.

한 청년공산당원 그룹은 '직언(直言)'이라는 뜻의 소규모 학생 주간지 『포 프로스투』(*Po Prostu*)의 통제권을 장악했다. 그들은 그 잡지를 낡은 질서에 대해 가장 거리낌없는 비판을 가하는 인쇄 매체로 만들어 발행 부수를 9만 부까지 끌어 올렸다. 『포 프로스투』의 기고자들은 폴란드의 상황과 각기 다른 집단들의 경험을 생생하게 묘사했다. 그 예로 '사회주의적 산업화' 과정에서 실제로 벌어진 상황을 설명한 예르지 어반의 글을 살펴보자.

산업과 광산의 지원자를 모집하는 캠페인이 벌어지는 동안, 바르샤바 근교의 한 장소가 근처의 공장에 다니는 소녀들의 숙소로 지정되었다. 그곳에서는 끔찍한 일들이 벌어지고 있었다. 한마디로 그곳은 쓰레기, 기아, 빈곤, 질병, 매춘, 무관심, 집단 정신병의 발병, 자살 기도 등으로 뒤덮여 있었다. 그런데도 그들은 '좀더 높은 목표'를 내세우며 그 상황을 쓰지 말아 달라고 부탁했다. …… 나는 그후에 지에로나 고라 부근의 한 국영농장을 방문했다. 그곳의 젊은이들은 사람이라기보다는 짐승에 가까워 보였다. 한 나무침대에는 작은 소녀가 질병과 굶주림으로 죽어 가고 있었다. 그 소녀는 농장에서 해고되었는데, 그 이유는 그가 결핵을 퍼뜨렸다는 것이었다. 그곳의 사람들 역시도 '좀더 높은 목표'를 들먹이며 그곳 상황을 쓰지 말아 달라고 했다.13)

다른 기사들도 산업의 혼란상과 '존재하지 않는 문제'(예컨대 30만 명에 달하는 폴란드의 실업자)에 대해 언급했다. 특히 야누츠 추진스키는 지배집단의 특권에 대해 가차없이 묘사하면서 이를 인민대중의 참혹한 상황과 대비시켰다. 『황색의 장막 뒤에는』(*Behind the Yellow Curtains*)에서 발췌한 그의 글을 보도록 하자.

폴라브스카와 벨지스카 거리 모퉁이에는 여인네들의 긴 행렬이 있다. 차디찬 바람은 코트와 가죽자켓을 뚫을 듯이 불어 댔다. …… 나는 창을 통해 상점 안을 들여다보았다. 상점은 텅텅 비었고, 흰색 타일이 깔린 뒤뜰에는 갈고리만 덩그마니 걸려 있다. 휴일 전날이건만 상점에는 아직도 날고기와 훈제고기가 도착하지 않고 있다.

다브로브스키 거리인 길 건너 모퉁이에는 치장벽토가 칠해지지 않은 건물이 서 있다. 자동차 전용 도로, 아무렇게나 세워진 자동차들 …… 바르샤바, 포피에다, 시보레, 캐딜락 또는 그와 비슷한 차종의 차량들이 …… 자동차마다 운전사가 …… 부드러운 가죽 코트와 푸른색 목도리를 걸친 여인이 …… 금빛 휘장이 둘러진 문을 연다. 나는 그녀 뒤를 바짝 쫓아갔다. 허가증 없는 사람들이 물건 사는 것을 제지하는, 키 작고 건장한 체구의 사내가 나를 막아서지 못했던 것은 바로 이 때문일 것이다. ……

판매대를 따라서 …… 초콜릿, 각종 양념, 모든 종류의 술, 통조림 등이 있었고 한편에는 많은 '날고기와 훈제고기'라 씌어진 간판이 걸려 있었다. 문을 열고 들어서자 훈제고기, 돼지기름 등이 보였고, 유리 진열장 안에는 베이컨 및 각종 육류가 ……

보츠카 거리, 니에포들레글로치 거리, 노보비에츠카 거리 등지에 있는 상점들은 황금빛이나 크림색 커튼을 드리우고 있는데 …… 이것은, 두툼한 커튼으로 상점에 물건이 넘쳐 흐른다는 것을 행인들이 못 보게 하기 위해서이다. ……

그래도 사람들은 볼 수 있으며 …… 비탄에 찬 말을 내뱉는다. 그리고 그 말들은 옳다.14)

---

13) *Po Prostu*, 1956년 1월 26일.

당은 도시주민들에게 마음 내키지 않는 양보를 할 수밖에 없었다. 그것은 최저임금의 인상이었다. 새로운 당 지도자 오합은 더 이상의 임금 인상은 재정 사정상 불가능하다고 주장했지만, 실레지아 지방을 돌아보면서 그곳 노동자들의 불만이 깊다는 것을 알게 되고는 그 주장을 철회시킬 수밖에 없었다. 그는 광산 노동자 임금을 15퍼센트 인상한다고 발표했다.

불만은 실레지아의 광산 노동자들만 갖고 있었던 것이 아니었다. 폴란드 전역의 모든 공장에서 노동자들의 생활수준은 계속 떨어지고 있었던 반면, 그들의 작업 부담은 늘어나고 있었다. 그단스크에서는 이미 파업이 발생한 바 있었다. 바르샤바에서는 직업소개소 앞에서 시위가 발생했다. 사람들은 보복이 두려워 불만을 더 큰 행동으로 확대시키지는 못했었다. 하지만 이제 테러기구의 행동이 날이 갈수록 둔해지고, 정권이 흔들리고 있다는 명확한 사실을 알게 되었다.

아래로부터의 봉기

1956년 6월 28일, 포즈난 노동자들의 움직임은 바로 3년 전 베를린 노동자들의 움직임을 방불케 했다. 일단의 노동자들이 제기했던 처우 개선 청원은 폭발적인 속도로 파업으로 변했다. 파업은 다른 노동자까지 참여하는 대규모 시위로 확산되었으며, 수시간 만에 시위대는 경찰서를 습격하고 손에 무기를 들고 수감자들을 풀어 주는 등 정권에 대항하는 전투를 시작했다.

포즈난에서의 초점은 스딸린 주철공장, 즉 지스포(ZISPO)였다. 그곳의 불만은 수년간 누적되어 온 것이었다. 1954년 이후로 임금수준은 3~5퍼센트 가량 하락했다. 게다가 노동자에게는 과중한 세금이 부과되는

---

14) 같은 책, 1956년 4월 1일.

경우가 잦았다. 정부는 잔업에 대해 규정된 임금을 지불하려 들지 않았고, 노동자들은 물자부족으로 인해 보너스를 탈 수 있는 작업기준량을 채우는 것이 전혀 불가능했다.

지스포의 노동자들은 토요일이던 6월 23일 불평을 토론하기 위해 집회를 개최했다. 그들은 30명의 강경한 대표자들을 바르샤바에 보내 그들의 요구사항을 당국에 전달하려 했다.

바르샤바 당국은 대표단이 내민 5개의 요구사항 중 2개만을 수락했다. 정부는 초과징수분의 세금을 반환하고 정식 보너스를 지급하겠다고 약속했지만 임금을 즉시 20퍼센트 인상하라는 요구는 단호하게 거부했던 것이다.

포즈난의 노동자들은 임금인상 요구가 거부되었다는 소식을 듣고 분노를 감추지 못했다. 그리고 그 분노는 자신들의 대표들이 구속되었다는 — 확인된 사실은 아니었다 — 소문이 퍼지면서 더욱 커졌다.

목요일 아침 일찍부터, 지스포 공장의 주·야간 교대조 노동자들은 도심지를 향해 행진을 시작했다. 1만 6천여 명의 노동자들은 경제적 관심을 간단하면서도 직설적으로 표현한 슬로건이 적힌 깃발을 치켜들고 있었다. '우리는 빵을 원한다.' '우리는 낮은 물가수준과 높은 임금을 원한다.'

지난 10년 동안 시위다운 시위 한번 없던 포즈난에서, 그것도 주민 대다수가 즉각적으로 동조하는 분위기 속에서, 노동자들이 요구사항을 적은 깃발을 흔들며 행진하는 광경은 정말 충격적인 것이었다. 사람들이 공장에서, 사무실에서, 상점에서 쏟아져 나와 행진에 참여했다. 오전 10시가 되자, 시청 앞 광장에서는 포즈난 주민의 약 3분의 1이 참여하는 대규모 집회가 열렸다. 집회에서는 시위대의 모든 요구가 토론되었다. 지역당의 선전 담당 비서가 떠밀려서 연설을 시작했지만, 군중의 야유 때문에 말을 계속 이어나갈 수가 없었다.

나아가 더 이상 경제적 문제에만 한정되지 않는 새로운 구호들이 등장하기 시작했다. '우리는 자유를 원한다.' '사이비 공산주의는 집어치워

라.' '소련을 타도하자.'

포즈난 노동자들의 자발적 대규모 시위는 그들에게 사태에 영향을 미칠 수 있는 기회를 제공해 주었다. 그것은, 그들이 단지 요구사항만을 목청껏 외치고 집으로 돌아가 버린다면 사라져 버릴 기회였다. 그들에게 필요한 것은 즉각적이며 직접적인 행동이었다. 그래서 군중은 감옥을 습격해 죄인을 풀어 주었으며, 간수들의 무기를 빼앗아 들었다. 다른 군중은 서방 방송의 전파를 방해하기 위해 사용되던 라디오 방송국을 파괴했다.

갑작스런 폭동에 직면한 당국자들은 더 이상 사태를 관망하고 있을 수는 없었다. 권력구조 전반이 위협당했다. 이제 문제는 위로부터의 개혁을 인정하느냐 인정하지 않느냐의 것이 아니라, 아래로부터 장악되고 있는 통제권에 대한 것이었다.

시위대가 비밀경찰 건물을 습격하려고 움직이기 시작하자 군중을 향한 맹렬한 총격이 개시되었다. 남자와 여자, 그리고 어린아이들까지 죽어 넘어졌다. 시위대는 이에 맞서 돌과 화염병을 던졌고, 가끔씩 소총으로 응사하기도 했다.

얼마간은 전세가 반란군에 유리하게 전개되는 듯이 보였다. 몇몇의 소부대는 반란군에게 무기를 넘겨주기도 했다. 두 대의 군용트럭과 세 대의 전차에는 어느새 폴란드 국기가 나부꼈으며, 노동자들이 탑승하고 있었다. 노동자들은 몇 곳의 경찰서를 습격해 추가로 무기를 획득할 수 있었다. 몇 명의 비밀경찰이 린치당하기도 했다. 궤도전차와 차량을 이용해 바리케이드가 설치되었다.

정부는 특수부대인 국가보안대를 포즈난에 투입했다. 우세한 장비를 갖춘 보안군들은 저녁 무렵이 되어서는 거리의 통제권을 장악할 수 있었다. 간헐적인 전투는 그 다음날까지 계속됐지만, 결국 반란은 진압되었던 것이다.

개혁

관료들은 그때까지도 포즈난을 강타할 충분한 병력을 보유하고 있었다. 그들은 시가전에서 승리하기에 충분할 만큼의 충성스러운 병력과 신뢰할 만한 예비군을 가지고 있었다.

폴란드의 국가구조는 동독(그리고 이후의 헝가리)에서처럼 즉각적으로 그리고 전면적으로 붕괴되지는 않았다. 그리고 포즈난의 봉기는 폴란드의 다른 지역으로 확산되지도 않았다.

처음에 폴란드 공산정권은 포즈난 봉기를 진압하고 이전과 같은 상태를 지속시킬 수 있다는 사실만으로 만족해하고 있는 듯이 보였다. 6월 29일 당 일간지인 『트리부나 루두』(*Trybuna Ludu*)는 의례적이고 단순한 표현으로 그 폭동을 설명했다.

적의 첩자들은 거리에서 혼란을 야기시켰다. 사태가 악화되어 공공건물이 습격당하고 사상자까지 생겼다. …… 이번에 주도면밀하게 계획된 도발(挑發)을 조직한 사람들은 법이 허용하는 최대의 형벌을 받게 될 것이다. …… 포즈난에서의 도발은 우리 조국의 적들에 의해 계획되었던 것이다.15)

모스크바의 프라우다 역시 똑같은 견해를 반복하였다. '제국주의자들과 폴란드의 반동적인 지하첩자들은 …… 혼란을 선동하고 거리의 소요를 야기시켰다.'16) 정부 당국은, 자신들의 해석에 따라, 323명을 검거하여 그들에게 법적 제재를 가할 채비를 하였다.

하지만 지배집단 내부에서도 점차 많은 부분들이 포즈난 사태는 하나의 경고일 뿐이며, 그런 사태가 다시 발생할 경우 그것을 진압하는 것이 그다지 쉽지는 않을 것으로 생각하게 되었다. 대대적인 양보 조치 없이 더 큰 반란 운동이 터지는 것을 막을 수는 없었다. 그단스크와 그디니아

---

15) Zinner, 앞의 책, p. 128에서 재인용.
16) *Pravda*, 1956년 7월 1일. 같은 책, p. 136에서 재인용.

그리고 실레지아 지방에서는 이미 파업이 진행 중에 있었다.

당 지도자들은 폭동이 일어난 원인에는 좀더 근본적 요소가 있었다는 점을 시인하기 시작했다. 그들은, '불평과 불만이 존재했다는 것은 분명한 사실이다. 그것을 잔악한 선동자들이 이용한 것이다'[17)라고 말했다. 7월 6일경 당 기관지는 '포즈난 노동자 파업의 상당 부분은, 프롤레타리아 국가가 관료주의적으로 왜곡됨으로 해서 빚어진 사태이다'[18)라고 시인했다.

당 중앙위원회 7차 총회가 열린 7월 중순까지는 당서기인 오합과 수상이던 키란키비치 모두가 살아남기 위해서는 경제적 비상 조치가 필요하다는 사실에 공감했다. 그들이 마련한 프로그램은 자원을 즉각 식량증산과 소비재 부문에 투입함으로써 생활수준의 향상을 꾀한다는 것이었다. 또한 농민과 숙련공들에게 더 많은 자유를 보장하고 '노동자들이 경영에 참여'하는 것을 장려한다는 내용도 포함하고 있었다.

그들은 또, 고무우카의 당 지도부로의 복귀에 관해서도 논의를 시작하였다. 그가 전에 감옥에 있었다는 사실이 이제는 큰 이점으로 작용했던 것이다. 그는 당시의 폭압적 조치들과는 아무런 관계도 없었을 뿐더러, 그가 당한 고통은 그에게 순교자적 분위기를 부여해 주었다. 그 사실은, 그가 기존의 당 지도자들과는 비교도 안되게 대중의 인기를 획득할 수 있는 기반이 되었다. 그래서 그들은 고무우카의 개인적 인기를 이용하기로 작정했던 것이다.

하지만 그런 움직임은, 관료계층 내부의 여러 분파들이 제기한 광범위한 반대에 부딪혔다. 이중 특히 '나톨린 그룹'으로 알려진 한 분파는 주로 경찰기구나 중공업 등을 움직이던 자들, 다시 말해 개혁이 자신들의 개인적 권력을 축소시킬 것을 두려워 한 사람들의 집단이었다.

나톨린 그룹의 두려움은 점차로 소련의 지도자들도 공유하게 되었다. 소련 지도자들은, 초기에 자신들이 북돋아 놓은 변화들이 이제는 도를

---

17) Cyrankiewicz, *Trybuna Ludu*, 1956년 6월 30일. 같은 책, p. 136에서 재인용.
18) K. Syrop, *Spring in October*(London, 1957), p. 53에서 재인용.

지나쳐 나아가고 있다고 느끼게 되었다. 소련의 수상이던 불가닌은, 폴란드 당에서 '기회주의 분자들'이 활동하고 있다고 경고했다. 그토록 강대한 동맹군을 얻은 나톨린 그룹은 변화가 더 이상 진척되는 것을 막을 수 있는 위치에 있는 것처럼 보였다. 특히 소련군 장성인 라코숍스키가 폴란드 군대를 관장하는 위치인 국방장관에 임명된 이후로 그 위치는 더욱 공고해졌다.

지배집단 내부의 불화는 이제 실제적 분열을 일으킬 만큼 깊어졌다. 원래 개혁주의자들은 개혁을 실행함으로써 전체 관료조직의 지배를 보전하고 안정시킬 것으로 기대했었다. 하지만 이제는 바로 자신들의 미래가 위험에 처해 버린 것이다. 6~7년 전에 소련과 나톨린 그룹은 당 지도부 내부의 반대자를 제거하기 위해서는 살인과 투옥을 서슴지 않았다. 그리고 이제 그들이 또다시 같은 방법을 사용하지 않을 것이란 보장이 아무데도 없었다. 그래서 개혁집단은 살아남기 위해서라도 대응책을 강구해야만 했다.

그들은 먼저 그들의 통제 하에 있는 부문의 국가기구들을 강화시켰으며, 군대의 평형을 유지시키기 위한 노력도 기울였다. 국가보안대(포즈난 항거를 진압했던 부대)를 강화시켜 고무우카의 충실한 지지자인 코마르 장군에게 맡겼다.

동시에 그들은 당 외부에서 대중의 인기를 얻기 위한 작업에 착수했다. 작가, 기자, 그리고 학생들을 관대히 대했고, 심지어는 그들의 선동활동을 장려하기까지 했다. 포즈난 항거에 연루된 노동자들이 법정에 섰을 때, 검사는 고문을 통해 얻어 낸 증거를 인정하지 않았으며 결국 경찰관을 린치한 세 명의 노동자만이 실형을 선고받았다. 언론에서도 포즈난 노동자들의 변론을 거리낌없이 보도할 수 있었다.

그들의 그러한 행동은 나톨린 그룹과 소련의 반감을 심화시켰다. 10월 중순이 되어 개혁주의자들이 고무우카를 당 서기장에 앉히고 정치국에서 보수파를 제거하려 하자, 그들은 마침내 행동할 시간이 왔다고 판단했다. 그들은 700여 명의 '진보주의자' 명단을 작성해 체포하고자 했다. 폴란드군과 소련군은 바르샤바를 향해 출동하기 시작했고, 해안에는 소련 군함이 출현했다.

개혁주의자들이 취할 수 있는 유일한 선택은 자신들을 방어하는 것뿐이었다. 코마르 장군이 이끄는 국가보안대는 바르샤바의 모든 주요 건물을 장악하고서 국가기구의 반대 세력에 대적할 준비를 갖추었다. 보안대의 전투부대는 폴란드 탱크가 도시로 진입하는 것을 봉쇄했고, 국경에서는 국경 수비대가 공포를 쏘며 소련군 탱크를 저지했으므로 국경을 돌파하기 위해서는 무력충돌이 불가피했다.

고무우카의 지지자들은 추가적 조치를 마련했다. 스테판 스타체프스키가 이끌던 '진보적인' 바르샤바 당 위원회는 당의 공식 채널 외에 큰 공장들과 대학 그리고 직업학교 등을 연결하는 통신망을 구축하여 급진적 성향의 기자들이 연락을 맡게 했다. 무기는 각 공장에 분산 배치시켰으며, 당 위원회 위원들은 언제라도 그 무기를 노동자들에게 지급할 태세가 되어 있다는 보고를 받았다.

사실상 고무우카는, 반대파가 군대의 이동을 계속한다면 대규모의 대중봉기를 일으키겠다는 위협을 가했던 것이다. 관료적 통치의 안정을 회복시키기 위한 가장 좋은 방법은 무엇인가를 둘러싼 토론이 변질되어 이제 그것은, 국가기구 내부의 내란을 불가피한 것으로 만들 지경에 이르렀다.

하지만 여기서 유의해야 할 중대한 사항은 대중적 행동의 **위협**은 있었지만 행동 그 자체는 없었다는 점이다. 위기가 절정에 달했던 10월 18일 밤, 소련군 탱크가 바르샤바를 향해 움직이고 있다는 소식은 단지 '진보적' 당 관료들 중 소수의 주요 인물들에게만 전해졌다. '노동자들에게는 아무런 경계도 주어지지 않았다. 자신들의 힘이 시험대에 오르리란 것을 알고 있었다면 …… 2천8백만의 폴란드 인민 중 단지 수천 명만이 잠자리에 들었을 것이다.'[19]

다음 날 아침, 폴란드인들에게 명령하여 고무우카를 직위에서 끌어내

---

19) Lewis, 앞의 책, p. 200.

리고 나톨린 그룹을 요직에 앉히려는 목적으로 거의 모든 소련 정치국원들이 바르샤바로 날아왔다. 하지만 개혁주의자들은 완강한 태도를 보였다. 양보의 여지가 조금도 없었던 것이다. 고무우카는 흐루시쵸프를 만나 만약 소련의 지도자들이 양보하지 않는다면 대중봉기를 일으키겠다고 계속 위협했다.

오후 3시, 폴란드의 모든 공장에서는 고무우카측이 원할 경우 동원할 수 있는 태세를 갖추기 위한 대규모 집회가 열렸다. 하지만 무기는 굳게 잠긴 창고에 있었고, '진보적' 관료들은 거리에서의 시위를 막기 위해 모든 힘을 기울였다.

결국 고무우카는 수시간 동안의 격렬한 토론 끝에, 소련군의 이동 소식을 방송하겠다고 위협함으로써 흐루시쵸프의 양보를 얻어낼 수 있었다. 수도로 진격하던 소련군에게는 철수 명령이 내려졌고, 소련의 지도자들은 모스크바로 돌아갔다. 폴란드 당 중앙위원회는 고무우카를 당서기에 임명하고 나톨린 그룹을 요직에서 내몰려는 작업을 계속했다.

하지만 고무우카의 위치가 안전한 것은 결코 아니었다. 프라우다는 그때까지도 '반(反)마르크스주의 캠페인이 민주적인 인민 정권의 기반을 흔들고 있다'는 식의 보도를 계속했던 것이다.[20]

폴란드 내부의 긴장은 전보다 훨씬 커졌다. 상당수의 대중들은 '진보적' 당 지도자들과는 다른 독자적인 행동을 시작하고 있었다. 바르샤바 기술학교에서는 3일간이나 계속된 대규모 집회가 열렸다. 월요일이던 10월 22일, 브로클라우에서 폭동이 발생했으며 그 다음날에는 그단스크에서 폭풍과도 같은 시위가 벌어졌다. 바르샤바에서는 거대한 규모의 제란 자동차공장에서 파업이 벌어졌다.

그렇지만 고무우카와 소련 지도자들 사이에는 평화적인 관계가 지속되었다. 10월 23일 — 그날은 부다페스트 거리에서 혁명이 일어났던 날이다 — 고무우카는 폴란드의 통치를 보장받게 되었다. 그 다음날 그는 헝가리 사태를 보고 들끓듯이 흥분한 25만 명이 모인 집회에서 소련은

---

20) *Evening Standard*, 1956년 10월 20일.

새로운 정책들과 새 당 지도부를 인정했다고 발표했다.

폴란드는 고무우카의 승리를 축하하는 열광의 도가니로 변하였다. 많은 사람들은 비록 불화는 있었지만 아무런 대규모 충돌 없이 스딸린주의 세력이 붕괴됐다고 생각했다. 사람들은 행복감에 도취되어, 이제 정권을 장악한 고무우카가, 수감되기 전에는 충직한 스딸린주의 비밀 정보부원이었으며 1948년 이전에는 당 제1서기로서 비밀경찰의 세력을 확장했고 폴란드 노동자와 농민의 대중조직인 사회당과 농민당을 파괴하는 데 주요한 역할을 했었다는 사실을 망각했다. 그러한 도취감은 폴란드에만 국한된 것이 아니었다. 그것은 서방의 자유주의와 사회민주주의 서클에도 널리 확산되었다. 예를 들어, 영국의 좌파 기관지 『트리뷴』(Tribune)은, 고무우카 같은 지도자들이 '인민들에게 제시한 정책은, 유럽이나 소비에트의 안보라는 평화를 위협하지 않고서도 스스로의 독립을 회복할 수 있게 했다'21)고 논평했던 것이다.

『트리뷴』은 고무우카의 약속에 대한 폴란드 내부의 회의론적 견해로부터 그를 변호하는 데 망설임이 없었다. '고무우카는 소련의 도발을 막아낼 것임에 틀림없다.'22)

그러나 그런 환상은 유약한 좌파에만 퍼져 있었던 것이 아니다. 아이작 도이처나 에른스트 만델과 같은 강건한 스딸린주의 비판자들조차도 혼란에 빠져 있었다. 도이처는 폴란드의 변화를 두고, '일종의 아래로부터의 프롤레타리아 혁명'이 발전하여 '스딸린주의의 오명을 씻어낼 공산주의 체제를 채택했다'23)고 말했다. 만델 역시도, 비록 '사회주의적 민주주의가 폴란드에서 승리하기까지는 많은 전투를 남겨 두고 있지만, 수백만의 노동자가 다시금 자신들과 노동자 국가(worker' state ; 원문 그대로이다)를 동일시하게 만든 가장 중요한 전투에서는 이미 승리를 거두

---

21) *Tribune*, 1956년 10월 26일.

22) 같은 책, 1956년 11월 9일.

23) Isaac Deutscher의 말. *Universities and Left Review*(London, 1957), Vol. 1, No. 1.

었다'[24]고 믿었다.

당시에, 고무우카 바로 그 자신이 '10월의 봄'을 박살낼 것이라는 사실을 예견한 사람은 거의 아무도 없었다. 단지 몇몇 사람들만이 '지금은 고무우카와 그 일파에 대한 환상이 존재하지만, 그런 환상은 그들이 통치를 시작하면서 곧 없어질 것'[25]이라는 경고를 했을 따름이었다.

고무우카 대 좌파

'폴란드의 10월의 봄'이라는 일대 전환기는 이미 시작되고 있었다. 이제 고무우카의 주요 관심사는 나톨린 그룹에 관한 것이 아니라, 그가 묵인하기로 마음먹었던 것보다 더 큰 변혁을 요구하는 사람들에게 모아졌다.

이제 그의 중요한 목표는, 그가 바로 일주일 전까지만 해도 풀어 주었던 세력들 모두를 억제하는 일이었다. 왜냐하면 이제 그들의 요구는 나톨린 그룹의 통치에 반대하는 수준을 넘어서서 어떤 형태의 관료적 통치도 반대했기 때문이었다.

물론, 나톨린 그룹이 일순간에 모두 제거된 것도 아니었다. 여전히 문제는 남아 있었다. 소련군을 완전히 철수시키고, 라코솝스키의 모든 권력을 빼앗고, 또 과거 폴란드에 대한 소련의 착취를 배상받기 위해서는 소련과 무척 힘든 협상을 치러야 했다. 하지만 고무우카에게 닥친 진정한 문제는 사실상 붕괴된 국가기구를 일으켜 세워 다시금 통치를 확립하는 것이었다.

고무우카는 연설을 통해 급진 좌파에 대해 점차 강도 높은 공격을 퍼부었다. 소련군 탱크가 헝가리 노동자들에게 포탄을 쏘아댈 때도, 그는 '어떠한 반(反)소비에트적 선동도 저지'해야 할 필요가 있다고 역설했다.

---

24) Ernest Mandel, *Quatrieme Internationale*, 1956년 12월.
25) Tony Cliff의 말. *Socialist Review*(London), 1956년 12월.

'모든 사람들은 일터로 되돌아가 더 나은 미래를 위해 열심히 일해야 한다'26)는 것이 그의 주장이었다. 소련군이 두 번째로 헝가리를 침공했을 때, 고무우카는 폴란드에서 소련에 반대하는 두 번째의 혁명적 전선을 펼쳐야 한다는 견해에 더욱 냉소를 보냈다. 그는 '우리 조국의 번영과 평화를 위해, 우리는 어떠한 교란이나 선동도 용인하지 않을 것이다'27)라고 말했다.

고무우카가 폴란드 노동자들에게 보낸 메시지는 명확한 것이었다. 당 지도부가 바뀌었으니, 노동자들은 정치 참여를 그만두고 평상시대로 작업장에 돌아가 당에서 물건을 배급하길 기다려야 한다는 것이 바로 그것이었다.

그러한 접근 방식으로 인해, '혁명'이라는 말이 붙은 슬로건들에는 새로운 의미가 부여되었다. 고무우카는 대중들을 동원하기 위해 사용했던 슬로건들을 이제는 정반대의 의미로 해석하였다. 그래서 고무우카가 '노동자 자주관리'를 말할 때 그것은, 노동자가 생산과정을 통제하고 생산의 열매를 취득하는 수단을 의미하는 것이 아니라 '생산비용을 절감'하기 위한 한 방편을 의미했다. 고무우카가 보기에는, 어떤 일에 과도하게 많은 수의 인력이 투입되는 문제를 그냥 내버려둘 수는 없었다.28) 다시 말해서, '노동자 자주관리'란 노동자들이 서로를 해고시키는 것을 의미했던 것이다!

10월이 지나는 동안, 고무우카와 폴란드의 노동자, 농민대중은 공통의 적과 대치하고 있었다. 그들 모두는 나톨린 그룹의 몰락과 폴란드 경제의 소련에 대한 완전 종속에 종지부를 찍기를 기대했던 것이다. 하지만, 그들은 동일한 목표를 갖고 있으면서도 그 이유는 서로 달랐다. 고무우카에게 필요했던 것은 폴란드의 토착 관료계층에 대한 대중적 지지 기반을 넓히고, 경제의 효율성을 향상시킴으로써 폴란드의 통치자들에게

---

26) *Times*, 1956년 10월 25일.
27) Syrop, 앞의 책, p.164에서 재인용.
28) Zinner, 앞의 책, p.215에서 재인용.

어느 정도의 국가적 자율성을 부여하는 일이었다. 그러기 위해서는 적어도 관료적 개혁주의자들이 들고일어나 권력을 장악하는 기간 동안만이라도 테러기구의 힘을 분쇄하지 않으면 안되었다. 하지만 일단 정치적 방향 전환이 완료되자, 새로운 권위구조가 건설되었고 관료제적 통치는 다시금 즉시 안정되었다.

폴란드의 노동대중이 스스로의 이익을 위해 행동하기 위한 전제조건은, 옛 경찰기구가 다시는 움직일 수 없어야 한다는 것이었다. 동시에 그들은, 경제적 상황이 개선될 수 있다면 어떠한 종류의 개혁이라도 환영할 입장이었다. 하지만 그들은 관료적 통치를 확립하려는 고무우카의 장기적 목표에는 관심이 없었다. 그렇기 때문에 비록 그들이 고무우카를 인정하고 또한 어떤 점에서는 노동자의 이익을 대변하는 사람으로까지 그를 평가했지만, 그들은 결국 서로 충돌할 수밖에 없었다. 바로 그러한 충돌의 과정이 10월 이후 폴란드 역사의 중심을 차지하게 되었던 것이다.

노동자와 관료 사이에는 여러 중간계층이 존재했는데, 그중에서 주목할 만한 두 계층은 기술관료와 부농이었다.

다양한 계층의 기술관료는 개혁운동의 초기 단계에서 매우 중대한 역할을 담당하였다. 특히 작가와 기자 그리고 학생이 그러했고, 또한 많은 하위층관료들과 말단 관리자들도 그러했다. 종종 그들은 공장에서의 노동자운동에 대해 일정한 정도의 주도권을 행사하기도 했다. 1956년 봄에 그들은 자신들의 특권을 이용해 마음놓고 정치적 견해를 피력했다. 또한 그들은 때로는 경찰의 간섭으로부터 노동자를 보호하기도 했다.

그러한 기술관료들의 역할은 1956년의 폴란드에서만 볼 수 있던 특별한 양상은 아니었다. 우리는 그와 똑같은 과정을 헝가리와 1968년의 체코 사태에서도 볼 수 있었다. 대중이 처음 행동을 시작할 때 그들은, 전통적 관례 때문에 낡은 사회에서 자신들보다 약간 높은 지위에 있던 사람들을 대표자로 선출하는 경향이 있다. 이것은, 모든 위대한 혁명들에서 나타나는 하나의 역설이다. 뜨로츠키는 1917년의 저서에서 그러한 역

설을 설명하고 있다. 뻬트로그라드 봉기가 승리로 끝난 1917년 2월에 군
대는,

> 소비에트 구성을 위한 선거를 치러야 한다는 것을 알게 되었다. 병사들은 혁명을
> 위해 군주주의적 장교들에 대항했던 사람들을 선출하였다. 그들은 지원병, 서기,
> 군의관, 인텔리겐치아 출신의 젊은 장교, 하급 장교들, 즉 새로운 중간계급의 가
> 장 낮은 계층이었다. …… 이처럼 병사 소비에트의 대표자들은 병사들보다 훨씬
> 더 온건한 성격을 갖고 있는 것으로 판명났다. 하지만 병사들은 그 차이를 알지
> 못했으며, 그후 수개월 동안의 경험을 통해 그것을 알게 되었던 것이다.29)

기술관료계층은 충심으로 폴란드의 구정권에 반대하였다. 그들 역시
도 비에루트 밑에서 고통당했던 것이다. 하지만 그들이 '혁명'에서 얻고
자 했던 것은 노동대중의 욕구와는 전혀 다른 것이었다. 그들은, 특권이
확대되는 것을 원했고 의사결정 과정에서의 보다 많은 발언권 획득과
더욱 안정적인 지위 보장(사실 그들은 계속적인 숙청 과정에서 가장 많
은 영향을 받던 계층이었다) 그리고 경찰 감시에서의 해방을 원했다. 다
양한 기술관료계층은 일단 자신들의 바램이 성취되자 (개혁) 운동에서
몸을 빼려는 경향을 나타냈다. 특별히 지식인계급 사이에서는 예외도 있
었지만, 기술관료의 대부분은 자신들의 특권에 만족하고서 단지 정치기
구의 개혁을 뒤쫓을 따름이었다. 그들은 더 이상의 혼란을 원치 않았다.
그래서 고무우카가 일단 권력을 장악하자, 운동을 이끌었던 사람들이 그
것을 붙잡아 매려는 경향이 나타났던 것이다. 그들은 새로운 국가기구의
물리력이 거의 마비 상태에 있을 때 그것에 절실히 필요했던 이데올로
기적 지원을 제공했다.
　농민들, 또는 적어도 지도적 역할을 담당했던 부농들도 비슷한 방식
으로 반응했다. 10월의 정치적 변동이 있기 전에, 그들은 정권에 반대하
는 분명한 입장을 취했다. 하지만 일단 정치적 격동이 시작되고 자신들

---

29) L. D. Trotsky, *History of the Russian Revolution*(London, 1945), Vol. 1, p. 186.

의 토지와 생활수준의 향상을 보장받게 되자 그들은 기꺼이 타협하려했다. 1956년 이후에, 그들은 특정 문제에 대해서는 해결이 이루어지지 않은 상태임에도 불구하고 고무우카에 대한 보수적 지지 기반을 대대적으로 제공했다.

농민들과 마찬가지로, 카톨릭 교회 역시도 농민들의 정치적 열망에 초점을 맞추었다. 10월 이전에 교회는 신도들의 정권에 대한 반감을 반영하였고, 그래서 1956년 8월에는 저항의 표현으로 자스나 고라로 향하는 100만의 순례 행렬을 주도했었다.

고무우카가 권좌에 오르고서 우선 해결해야 할 문제의 하나는 교회와 타협하는 것이었다. 비신스키 추기경은 억류 상태에서 풀려났으며, 고무우카와 교회는 새로운 종교 협약을 체결하였다.

몇몇의 서방 관측통은 이제 교회가 폴란드에서의 관료제적 통치에 반대할 수 있는 주요한 원천이 되었다고 논평했다. 하지만 10월 이후 교회는 사실상 자신들의 힘을, 혁명을 더 진척시키고자 하는 사람들에 맞서 고무우카를 지원하는 데 사용했다. 헝가리에서 싸움이 계속되자 비신스키 추기경은 고무우카의 목소리에 합세하여 폴란드인들에게 '성급한' 행동을 하지 말아 달라고 호소했다. '폴란드인들은 장엄하게 죽는 방법을 안다. 그러나 친애하는 폴란드인들이여, 장엄하게 일하는 방법도 알아야 한다.'30)

다른 관측통은 아주 적절한 진단을 내리기도 했다. '카톨릭으로 하여금 고무우카의 프로그램에 반대하지 못하도록 고무함으로써 교회는, 고무우카가 — 당 내부에서는 그렇지 못했다 할지라도 — 대중들 사이에서 위치를 공고히 하는 데 큰 기여를 하였다.'31)

다소 자유로운 선거가 실시되었을 때인 '1957년 1월의 선거에서 성직자들이 지방의 농민들에게 고무우카에게 표를 던지도록 유도함으로써

---

30) Wyszynski의 1956년 11월의 연설. N. Bethel, *Gomulka*(London, 1969), p. 227에서 재인용.
31) *World Today*(1957), p. 347.

정권에 대한 지지가 확실히 보장되었다.'32)

또한 폴란드에 대한 '서방의 간섭'이 고무우카에 대한 지지를 의미했음은 주목할 만하다. '카톨릭 교회뿐만 아니라 유럽 자유 라디오도 고무우카에게 투표할 것을 권유했다.'33)

사실상 고무우카는 권력을 장악하자마자, 관료계층의 '자유주의적' 또는 '진보적' 분파가 이끌던 사회 세력을 저지하기 위한 블록을 쌓는 작업에 착수했다. 그 블록에는 대부분의 기술관료집단, 부농, 고위 성직자, 다양한 소부르주아지 분자, 그리고 보수적 관료 분파가 뒤따랐다. 이제 그들은 고무우카의 개혁 프로그램을 묵인하는 입장이었다. 노동자계급, 빈농, 타인들의 특권을 위해 일하도록 강제당하는 계급들 그리고 재야 지식인계급의 극좌파 등은 이 폭넓은 연합전선에서 제외되었다.

야첵 쿠론과 카롤 모젤레프스키는 당시에 벌어진 일들을 이렇게 설명하고 있다.

PUWP(폴란드 공산당) 중앙위원회 제8차 총회는 당 관료들 중 자유주의자들의 승리로 끝났다. 자유주의 분파는 경제적 양보 조치를 취하고 헤게모니를 장악하는 등의 국내 개혁을 통해 사회적 위기를 누그러뜨리고 체제의 안정을 꾀하려 했다. 또한 그들은 대중 운동의 주도권을 잡아 그 운동을 체제에 위협이 되지 않는 수준에서 억제하려고도 했다. 대중의 인기를 누리던 인물들을 선출해 지도부를 결성했으며, 자유주의자 관료들의 목적에 꼭 필요했던 개혁과 약속의 강령을 채택할 것이 제안되었다. 집산화 정책의 포기와 농업 정책의 변화는 전 농촌지역의 요구와 부합되는 것이었다(그것은 대개 부농에게 이익이 되는 것이었지만). 개인적 창의의 폭을 넓힌 조치는 소부르주아계급의 열망에 맞는 것이었다. 주교단과의 협약(비신스키와의 선거 협약)은 정치적 긴장을 일으킬 수 있는 요소를 제거하고 새로운 정치적 선전의 가능성을 만든 것을 의미했다. 10월 이후에 정책적으로 경영자들의 임금과 수입을 계속 올려 주었던 것은 기술관료들이 체제에 협력하도록 만들기 위해서였다. 6개년 계획을 비판하고 새로운 경제정책을 공포함으로써 대중들은 생활수준이 향상될 것이라는 희망을 품게 되었다. 하지만 무

---

32) Korbonski, 앞의 책, p. 207.
33) N. Bethel, 앞의 책, p. 232.

엇보다도 중요한 것은 민족 문제가 새 지도부들에게 인기를 가져다 주었다는 점이다. 대중은 폴란드 관료들이 새로 획득한 주권을 자신들의 것으로 간주하는 경향을 보여주었다. 한편, 노동자계급은 그때까지는 임금인상의 약속조차도 받아놓지 못한 상태였다. 임금인상이 이루어진 것은 그 이후였다. 공장에서의 노동자평의회 건설은 기정사실로 생각되었고 또 인정되기도 했지만, 노동자들에게는 아무런 실제적 권리도 주어지지 않았다. 새로운 지도부는 처음에는 은밀하게 그리고 나중에는 공개적으로 노동자평의회의 발전을 반대했다.[34]

노동자들은 자신들의 이익을 침해하고 있는 블록을 수동적으로 묵인하고 앉아 있지만은 않았다. 그들은 국토 전역에서 새로운 제휴 세력에 관한 논의를 시도했으며, 자신들이 고무우카 집단과는 정반대에 서 있는 계급이라는 사실을 인식하기 시작했다.

하지만 어떠한 계급집단도 단 한번의 자발적 행동 속에서 자신들의 이익을 한꺼번에 인식할 수는 없었다. 각기 다른 부류의 사람들은 각각의 고유한 경험과 전통에 따라 상이한 속도로 그것을 인식하게 된다. 한 계급이 다른 계급들에 대립하는 계급으로서 진실로 활동적이게 되기 위해서는, 그 계급의 가장 의식있는 분자들이 힘을 합쳐 사람들에게 새로운 세계관을 가르치고 그들을 행동으로 이끌어야만 한다. 다시 말해 한 계급이 스스로의 이해관계를 인식하게 되는 과정에는, 계급 전체 속에서의 구별 과정과 이에 기초한 창당 과정 ── 사람들이 그 정당을 따르고 안 따르는 것은 둘째 문제이다 ── 이 포함된다.

하지만 폴란드의 전체주의 정권 하에서는, 적어도 1956년 중반의 위기가 닥칠 때까지는, 정권에 반대하는 어떤 종류의 실제적 정당의 존립도 불가능했다. 노동자와 지식인들은 자신들의 이해와 정치기구의 '자유주의' 분파의 이해가 서로 충돌한다는 점을 가장 잘 깨닫고 있으면서도 조직을 건설할 여유를 전혀 갖지 못했다. 대중적 노동자 정당은 오로지 노동자대중 스스로의 혁명적 투쟁의 열기 속에서만 구축되어 왔다. 그러

---

34) Jacek Kuron·Karol Modzelewski, *An Open Letter to the Party*, translated as *A Revolutionary Socialist Manifesto*(London, 1968), p. 45.

나 노동자의 경험이 극도로 응집되어 전국 각지에서 동시적 행동을 창출할 수 있는 것은 오직 예외적 상황 속에서만 가능했다.

이전 시기에 대규모의 생산 증가가 있었기 때문에, 그 정권은 양보를 해 줄 만큼의 경제적 여유가 있었다. 임금과 노동조건은 현저하게 개선되었다. 불만을 품던 노동자들의 다양한 계층이 정권과 충돌하기도 했지만, 그 충돌이 일어났던 시기가 각기 달랐으며 따라서 그들은 고립되어 좌절을 겪을 수밖에 없었다. 정권은 자신들의 지배에 대한 응집된 계급적 반대를 피하면서 통치를 계속할 수 있었던 것이다. 고무우카가 1956년에서 1957년 사이에 전체 노동자계급과의 직접적 충돌을 피할 수 있었던 것은 그가 총명하거나 아니면 운이 좋았다는 것을 말해 준다.

10월 좌파

고무우카에 반대하는 통일된 혁명적 노동자계급의 정당은 존재하지 않았다. 하지만 그것의 대체물이라 볼 수 있는 '10월 좌파'가 있었다. 이것은 특히 『포 프로스투』(*Po Prostu*) 지(誌) 주위에 포진한 지식인들과 기타 사람들의 그룹이었다.

처음에 그들은 고무우카에 반대하는 뚜렷한 경향을 보여주지는 못했다. 쿠론과 모젤레프스키의 글을 살펴보자.

10월 좌파는 자유주의적 경향과는 다른 견해를 보였는데, 특히 노동자평의회 문제에서 그러했다. 그들은 노동자평의회가 새로운 생산관계의 기초이며 새로운 정치권력의 핵이라 생각했다. 하지만 그런 생각이 10월 좌파 내부의 한결같은 움직임은 아니었다. 좌파는 노동자평의회 운동의 기술관료적인 경향에서 벗어나려 하지도 않았고 — 공장이 평의회에 의해 운영되어야 할 필요가 있다는 주장은 기술관료들의 프로그램을 벗어나는 수준이 아니었다 — 전국적 규모의 공개토론장에서도 정치관료적 성향을 버리지 못했다. 그들은 그러면서도 프롤레타리아 계급 특유의 운동으로서의 전반적 반(反)스딸린주의 전선에서 떨어져 있지는 않았다.

그러한 상황에서는 그들이 자신의 정치 프로그램을 공식화하고 그것을 조직적 방법으로 대중에게 선전하며 정당을 만든다는 것은 명백히 불가능했다. 그러한 작업이 불가능했기 때문에 그들은 독자적 정치 세력으로 성장할 수 없었으며, 따라서 그들은 관료계층의 좌익적 부속물로 변형될 수밖에 없었다.35)

10월 좌파는 고무우카 일파보다 훨씬 단호한 태도로 스딸린주의적 과거를 거부했다. 11월에는 좌파의 지도자 중의 한 사람인 철학자 콜라코프스키가 스딸린주의의 전반적인 관행들이 반(反)사회주의적이며 거부되어야 한다고 주장한 풍자성 짙은 글 「사회주의란 무엇인가?」를 『포 프로스투』지(誌)에 기고했다. 고무우카는 직접 지시를 내려 그 글이 실리지 못하도록 조처한 후, 이렇게 말했다. '사회주의가 무엇이어서는 안되는가에 대해 쓴 글을 읽었을 때, 당신은 올바른 사상들뿐 아니라 사회주의 이념에 대한 심각한 비방도 보게 될 것이다.'36)

그때까지만 해도 좌파의 많은 인물들은 고무우카가 자신들의 관점을 대변한다고 생각하는 경향을 가졌었다. 첼스톱스키(S. Chelstowski)와 고덱(W. Godek)의 글이 실렸던 1956년 10월 28일자 『포 프로스투』를 보도록 하자.

고무우카 동지의 연설은 미래 조국의 사회주의적 변혁을 위한 건설적 프로그램을 개괄한 것이었다. 그 변혁의 프로그램은 대중의 의지에 부합하는 것이며, 우리가 처한 각기 다른 상황을 참작한 것이었다.

이런 식의 정치학으로 인해, 10월 좌파의 일부는 폴란드의 새 통치자들에 의해 제시된 요구인 '질서'와 '규율'을 유지하는 데 적지 않은 역할을 해 주었다.

공산당 소속의 노동자·학생들은 허구에 찬 주장과 깡패 같은 폭력적 행동을 그

---

35) 같은 책.
36) 지역 당서기들에게 보내는 연설, 1956년 11월 23일.

만두어야 한다.

현시기는 공산당에게 새로운 임무를 부여하고 있는데, 그것은 공산당이 대중의 선두에 서서 평화로운 폴란드식 사회주의의 길을 건설하기 위해 모든 생활 영역에 남아 있는 스딸린주의를 완전히 몰아내는 투쟁에 솔선해야 한다는 것이다. 바르샤바 공산당원들은 다시금 최전선에 서 있다. 그들은 불화를 원하는 선동집단들을 물리치고 있는 것이다. 그 선동집단들은 바르샤바 인민들에게 현재의 운동에서 폭력을 제거한다면 득보다는 실이 더 많을 것이라고 말하고 다닌다.

난점은, 몇몇의 '깡패들'과 '선동집단'들이 『포 프로스투』의 논자들보다 더 멀리 내다보고 있었다는 점에 있었다.

고무우카와 '10월 좌파'의 일부가 '규율'과 '평화적 방법'의 필요성을 역설하고 있을 때, 소련군은 헝가리에서 일어난 혁명을 진압하기 위해 그쪽으로 움직이고 있었다. 스딸린주의에 대한 반란이 확산되지 않았더라면, 폴란드의 운동은 불운을 맞고 말았을 것이다. 하지만 폴란드의 '규율'과 '평화'는 소련군이 헝가리를 침공하도록 놓아주었다. 당시의 많은 언론들은, 심지어 폴란드의 좌파조차도, 1956년에 폴란드인이 '신중하게 처신한 것'을 칭송해 마지않았다. 하지만 그후에 10월의 성과물이 점점 더 멀어지게 되면서 그러한 관점은 보다 많은 비판을 받게 되었다.

10월 좌파의 혼동은, 관료제적 통치가 다시 등장하게 되는 필수적 전제조건이 되었다. 그들의 혼동은, 1956년 10월이라는 중대한 시기에 가두 투쟁을 계속하길 원했던 사람들이 고립되고 지도부를 잃었음을 의미했으며, 또한 새 정치기구가 그들을 분쇄하기 위한 사상적 수단을 얻었음을 의미했다. 10월 24일에 개최됐던 고무우카의 대중 집회에 이어 '젊은이들의 두 행렬이 ─ 각 행렬은 2,000여 명이 넘었다 ─ 시내를 통과하며 소련에 반대하는 구호들을 외친 후 (헝가리) 대사관 부근에 집결했다.'[37] 국가의 보통 병력으로는 그 사건을 해결할 수 있는 능력이 없었으며, 오직 위에서 인용한 것과 같은 주장에 설득당한 시민들만이 '질서'를 회복하기 위한 효과적 행동을 취할 수 있었다.

---

37) *Times*, 1956년 10월 25일.

목격자들의 증언에 의하면, 청년들이 대사관에 접근하자 팔에 붉은 완장을 두른 민간인 복장의 사람들이 시위대에게 달려들어 시위를 해산시켰다고 한다. 시위대원들의 말에 의하면, 그들이 손에 나무곤봉과 고무곤봉을 들고 있었으며 주먹을 휘두르며 발길질을 하는 등 폭력을 휘둘렀다고 한다.[38]

폴란드에서는 헝가리 봉기에 대한 다방면의 지원이 계속되었다. 거대한 규모의 제란 공장에서는 헝가리인을 지지하는 집회가 열렸고, 그리비스의 광부들은 시위를 벌였으며, 스딸린 주철공장(ZISPO)에서는 파업이 벌어질 것이라는 소문이 들려 왔다. 바르샤바의 곳곳에는 헝가리 국기가 나부끼는 것을 볼 수 있었다. 헝가리혁명이 최종적으로 분쇄된 후에 비조츠와 브로클라우 지역에서는 폭동이 발생했다. 쉬체친에서는 시위대가 소련 영사관을 습격했다. 『그로스 프라시』(*Glos Pracy*) 지(誌)는 '폭도라고 말하기는 곤란한 군중들이 각 지역의 소요에 가담하고 있다'[39]고 말했다.

하지만 헝가리 봉기에는 동정 이상의 것이 필요했다. 헝가리인들에게 필요했던 것은 바르샤바에서 두 번째의 혁명적 전선을 펼쳐 소련에 맞설 기회를 얻는 것이었다. 하지만 그러한 전선을 펼치려면 좌파의 의식적이고 일관된 주도가 있어야 했는데, 그것은 기대하기 힘든 것이었다.

통제를 위한 투쟁

거리에서의 소규모 충돌만으로 주요 쟁점이 결정될 수는 없었다. 그에 못지않게 중요한 사안은 오랜 기간 동안 폴란드 사회의 여러 기구들 내부에서 전개된 통제권을 둘러싼 투쟁이었다.

관료층 좌·우익의 새로운 전략은 단순했다. 그들은 10월 사태 당시

---

38) 같은 책.
39) *Glos Pracy*, 1956년 12월 18일.

에 고무우카의 이데올로기적 헤게모니를 사용함으로써 새로운 세력이 실질적으로 권력의 핵심에 다가서는 것을 막았던 것이다. 이런 조치에도 불구하고 새로운 기구들이 설립되자, 새로운 전술은 이들 새로운 기구들에게 실제적 권력을 주지 않는 것으로 바뀌었다. 이를 통해 점차 그 기구의 지지자들을 약화시키고 마침내는 그 속에 관료제를 지지할 인물들을 침투시키려는 것이었다.

그런 방법들은, 예컨대 청년들 사이에서 사용되었다. 10월 사태 동안에 낡은 청년 대중조직이었던 ZMP가 붕괴되었다. 12월에 들어서면서, 『포 프로스투』 주도로 몇몇의 청년그룹과 혁명적 청년위원회를 규합한 새 조직인 혁명적 청년연맹(URY)이 창설되었다.

URY는 성명을 통해, 그들이 폴란드 공산당의 부속물이 아님을 분명히 밝혔다. '우리 연맹은 완전한 독자성을 지니고 있다. 우리는 어떤 정당에 부속되는 것을 원치 않는다.'

하지만 URY가 의식적으로 공산당에 반대하는 입장을 지닌 것도 아니었다. 오히려 이 조직의 소망은 아래와 같은 것이었다.

> [우리가 바라는 것은 - 역자] 우리의 행동 속에서 노동자계급의 마르크스주의 정당 노선을 견지하고, 당의 노선을 해석할 권리와 당 노선에 입각한 결정들에 영향을 미칠 권리를 우리 스스로가 갖는 것이다. 우리는 국가의 선도적 세력인 당 지도부의 정치적 역할과 중대성을 인식하고 있다. …… 그러면서도 우리는, 우리 조직이 당으로부터 명령을 받는 것을 반대한다.[40]

하지만 당 지도부는 그러한 조직이 독자적으로 존속되는 것을 허용하지 않았다. 3주일 후에 URY는 당의 공식 조직에 흡수되었다. 노련한 지도자들은 재빨리 조직의 통제권을 틀어쥠으로써 수천 명의 청년들이 독자적인 정치적 행동을 취할 가능성을 박탈해 버렸고, 청년들은 다시금

---

40) *Po Prostu*, 1956년 12월 9일. 이 자료와 다음 자료는 J. J. Marie · Balazs Nagy (편), *Pologne–Hongrie*(Paris, 1966)에 수록되어 있다.

무관심의 늪에 빠져들었다.

노동조합은 10월의 사태에 연루된 적이 없었다. 노동조합의 지도자인 클로시에비츠는 나톨린 그룹의 일원이었다. 신중하게 선출된 120명의 '대표단'이 그 대신 새 지도자를 선출하기 위해 모였는데, 그들은 각 공장에서 뽑힌 약 천 명의 노동자가 회의장을 선점하고 있는 것을 보고 깜짝 놀라야 했다. 그들은 낡은 지도부를 축출하자는 결의를 통과시키는 데 그치지 않았다. 그들은 이와 더불어 공장으로부터의 노동조합에 대한 민주적 통제, 국가나 경영진으로부터의 노동조합의 독립, 의회에 독자적 대표를 보낼 권리, 그리고 정부와 고위 경영진의 특권 폐지 등의 요구를 결의했다.[41]

하지만 이번에도 그러한 성과물은 얼마 가지 못했다. 관료들은 교묘한 속임수를 사용하고 노동조합에 당원들을 침투시킴으로써 노동조합의 통제권을 회복할 수 있었다. 1957년에 들어서자 당 기관지는 마음놓고 이런 불평조의 기사를 썼다. '노동조합은 생산계획의 달성에 너무 매달린 나머지 노동자계급을 대변하고 그들의 이익을 옹호해야 할 의무를 점차 태만히 다루고 있다.'[42]

노동자평의회

하지만 가장 중대한 투쟁은 노동자평의회에 관한 것이었다. 노동자평의회는 10월에 결성되었는데, 일부는 자발적으로 결성되었지만 일부는 개혁파 관료들이 반대파를 견제하기 위한 무기로써 결성한 것이었다.

고무우카는 초기에, '노동자 자주관리'를 들먹이는 등 노동자평의회를 지지하는 것처럼 보였다. 하지만 시간이 흐름에 따라 그는 평의회의 역할은 제한되어야만 한다는 사실을 분명히 했다. 그는 초기부터 평의회가

---

41) 같은 책, pp. 90~95.
42) *Nowe Drogi*, 1958년 2월. 같은 책, pp. 139~142.

당 기구의 부속물이라고 생각했다. 선전활동이 고조됐던 10월 20일에도 그는 이렇게 주장했다. '지금 당장은 노동자 자주관리 기관의 문제에 접근할 수 없다. 왜냐하면 많은 지역에 있는 우리 당 기구의 상태를 살펴볼 때 어떤 실제적 조직의 건설도 불가능하기 때문이다.'43)

수 개월이 지나자, 그는 실제적 권력을 지닌 평의회라면 그 어떤 것도 반대한다는 입장을 노골적으로 드러내었다. 그는, 평의회란 '노동자들이 기업 경영에 참여하는 형태'라고 입에 발린 말을 계속하면서도, 그것에 덧붙여 평의회는 그러한 목적을 위한 여러 형태 중의 하나에 불과하다고 주장했다. 그가 강조했던 바는 '사회주의 국가에서 노동자평의회가 없다고 해서 노동자계급이 공장이나 국가경제에 대한 통제권을 박탈당했다고 생각하는 것은 오류'라는 것이었다. 마침내 그는 '경제의 전 분야에 걸쳐 낮은 데서부터 높은 데까지 이르는 하나의 노동자평의회 체계'를 건설해야 한다는 요구에 대해 경고의 소리를 보냈다. 이러한 체계는 '중앙 권력에 의해 승인되어야 할 필요'가 있고 그렇게 된다면 이것은 아마도 정부를 '불필요한' 것으로 만들 것이라는 것이었다. '간략하게 말해서, 그와 같은 생각은 전체적으로 보아 무정부주의적 유토피아에 지나지 않는다'44)는 것이 고무우카의 주장이었다. 물론 고무우카는, 노동자평의회 체계에 대한 요구가 레닌의 저작 『국가와 혁명』에서도 그려진 '유토피아'라는 것은 덧붙이지 않았다.

관료들은 평의회에 대한 반대 주장만을 하고 앉아 있지만은 않았다. 그들은 행동하기를 주저하지 않았다. 관료들은 10월 직후에 직접적인 행정 조치를 취할 수는 없었지만, 다른 방법으로 평의회를 약화시킬 수 있었다. 우선, 그들은 평의회에 신뢰할 만한 당원들을 침투시킴으로써, 평의회를 노동자의 자주적 기관으로부터 일종의 '전동 벨트'로 변질시킴으로써 노동자들을 관료적 영향 아래 두려 했다. 다음으로 그들은 각 공장과 작업장에서 평의회의 세부적 행정 사항에 대한 의문을 제기할 권리

---

43) 같은 책, p. 95.
44) 중앙위원회 9차 총회에서의 보고. 같은 책, pp. 139~142.

를 제한함으로써, 대부분의 노동자들이 관료들의 행동에 관한 관심을 덜 갖도록 유도했다. 그럼으로써 그들은 노동자들로 하여금, 무엇이 실제로 일어나고 있는가에 대해, 즉 전체 경제의 운용이 관료의 이익에 따라 좌우되고 있는 것이 아닌가 하는 것에 대해 의문을 제기하지 못하도록 만들었다. 두 번째 전술의 성공은 노동자들의 무관심을 부추김으로써 첫번째 전술의 효율성을 더욱 높여 주었다.

『포 프로스투』주변의 이론가들이 행한 위대한 공적은 그러한 책략을 인식하고 그에 대항해 싸웠다는 점이다. 『포 프로스투』는 이렇게 주장했다.

'스딸린주의'라고 불리는 탈선의 근원을 제거하고 프롤레타리아 독재에 실제적 내용을 부여하길 원하는 한, 노동자 자주관리 평의회 운동에는 국가의 정치·경제 구조에 일련의 변혁이 수반되어야만 한다.

노동자들의 태도가 영향력을 행사하는 가운데, 제8차 총회는 민주화로 향하겠다는 방침을 채택했다. 그러한 방침에서 기초적 사항의 하나는 노동자 자주관리 기관을 지원하겠다는 것이었다. 이와 관련해서 주도권 다툼의 두 번째 국면이 시작되었는데, 그것은 평의회가 공장에서 최상의 권력을 쥐어야 하는가 아니면 단순한 자문기관으로서 남아야 하는가에 관한 다툼이었다.

하지만 평의회가 진정으로 최고의 권력기관이 되기 위해서는 개별 공장에 흩어져 있는 평의회가 당장이나 아니면 아주 빠른 시일 내에 하나의 평의회 체계로 탈바꿈해야만 한다. 평의회가 실제적 권력을 행사하는 기관이 되기 위해서는 평의회가 낡은 관료적 행정기구에 종속적이거나 의존적 관계가 되어서는 안되는데, 그것은 그 기구가 이전의 사회·경제 모델의 필요에 따라 만들어진 것이기 때문이다.

관료제적 중앙집권제 아래서는 비록 공장에서 노동자평의회가 건설된다고 하더라도 그것이 중앙기관에 종속된 상태로 남기 때문에 노동자계급은 최소한의 통제권마저도 행사할 수 없다. 하지만 민주적 중앙집권제라면 오늘날 중앙 행정기관이라 불리우는 기관이 노동자평의회 체계의 각급 단위들에 종속될 수밖에 없을 것이다. 따라서 지금 행해지는 여러 형태의 중앙 독재는 각 기업의 노동자평의회 대표들로 구성되는 대표단이 대신할 것이며, 또 그 대표들은 일종의 전국 노동자의회라 할 수 있는 상급의 대표단을 지명할 것이다.

노동자평의회 체계는 노동자계급 독재의 실제적 내용을 채워 나감에 있어 중대한 일보 전진을 의미한다. 하지만 권력체계의 여타의 수준들에 존재하는 장애물이 제거되지 않는다면 그것은 일시적일 수밖에 없으며, 관료기구가 다시금 생겨나 강화되는 현상을 피할 수 없을 것이다.[45]

그런데 『포 프로스투』는 곧 사태가 원하는 방향으로 진행되고 있지 않다는 사실을 깨닫게 되었다. 셸스토프스키와 고덱은 1월경에 '노동자 자주관리는 위험에 처해 있다'라는 경고를 보냈다.[46]

노동자들에게는 기업을 통제할 수 있는 권한이 주어지지 않고 있다. …… 그들은 신망있는 노동자들을 선출해 평의회를 구성하며, 평의회는 의원단을 선출해 일을 시작한다. …… 하지만 바로 그 단계부터 문제가 시작된다. …… 비엘스코 지방의 야금공장 노동자평의회는 구성된 지 한 달이 지났음에도 기업의 경영에 관한 한 아무런 일도 못하고 있다. 그들이 아무 일도 못했던 이유는 한 달을 경영진과의 싸움으로 소모했기 때문이다. …… 노비-사츠 지방의 철도 보수업체 소속 철도 노동자들은 마침내 평의회를 선출했다는 사실에 기뻐 날뛰었다. 그런데 그 평의회가 무엇을 했던가? 그것은 단지 몇 건의 개인적 문제만을 해결했을 뿐이다. 대부분의 노동자평의회는 일반적으로 수동적이며, 중요한 활동에는 개입하지 못하고 있다.
하지만 노동자들은 아직까지, 그들이 선출한 평의회에 많은 희망을 걸고 있다. 우리는 노동자들과 대화를 나누면서 그들이 어떤 확신을 갖고 있다는 사실을 알 수 있었다. 그 확신은, 그들이 자신들의 이익을 지지하는 권력기관을 갖고 있다는 인식에서 나온 것이었다. 그들에게 평의회는 10월 변혁의 상징, 즉 마침내 생산수단의 공동 소유자가 됨으로써 전체 인민에 속하며 사회 전체의 부(富)인 재화(財貨)를 마음놓고 사용할 수 있는 완전한 권리를 획득했다는 구체적인 증거를 의미했던 것이다.
그렇다면 왜 거의 모든 기업에서 노동자평의회의 결정적 역할에 대한 노동자들

---

45) M. Borowska · J. Balcerek · L. Gilejko, 'Workers' Councils or a System of Councils', *Po Prostu*, 1957년 1월 6일. 같은 책, p. 118.
46) S. Chelstowski · W. Godek, 'Workers' Self-Management in Danger', *Po Prostu*, 1957년 1월 30일. 같은 책, p. 128.

의 올바른 인식과 평의회의 해악적인 수동성 사이에 모순이 존재하는가?

새로 선출된 평의회가 일해야 하는 조건들은 명백하다. …… 제란 지역 당서기는 한 집회에서 이렇게 밝혔었다. '관료와 노동자평의회의 지속적인 공존은 불가능하다.' 그의 생각대로라면 관료들이 가능한 모든 수단을 동원하여 현존하는 평의회를 파괴하려는 것은 놀라운 일이 못된다.

낡은 행정관료집단은 그들이 아직 권력의 자리에 남아 있다는 점을 이용하여 — 특히 지방에서 — 노동자평의회에 대한 공세를 나날이 배가시키고 있으며, 그 싸움은 여러 가지 형태로 나타난다. 때때로 그들은 비엘스코에서와 같이 선거에서 부정을 저질렀고, 때로는 평의회의 정관을 승인하길 거부했다. 또 어떨 때 그들은 평의회의 역할을 어떤 방침의 실행이나 혹은 경영에 대한 조언 따위로 축소시키기도 했다.

중앙집권적 경영 체제가 확립된 현실에서 평의회의 역할(우리는 재앙을 예언하고 싶지는 않다)은 시작부터 제한되어 있다. 만약 가까운 장래에 산업 전반의 경영 체계가 근본적으로 변화되지 않는다면 평의회는 하나의 새로운 스딸린주의적 허구일 뿐이며 대중이 통치를 행하고 있다는 환상을 일으킬 뿐이다.

당분간 노동자평의회에게 닥친 중심적 문제는 모든 노력을 한 곳에 집중시키는 일일 것 같다.『공산주의자 선언』이 출판된 이래로 혁명적 운동이 승리하기 위한 기초는 노동자계급의 연대라는 사실은 주지의 것이 되었다.

오늘날 관료제와의 투쟁에서 연대의 표현은 노동자평의회의 양적 확대로 나타나야 한다. 바르샤바의 경우, 그런 양적 성장이 실현될 수 있는 최상의 조건을 갖추었음은 의심의 여지가 없다. 이러한 경우에 고립 분산적인 평의회는 관료제라는 벽에 머리를 부딪쳐 깨질 수밖에 없을 것인 반면, 서로간의 공동의 노력은 관료제의 파열구를 열어 젖힐 수 있을 것이다. 제란과 노바 후타의 공업 설비 공장에서는 이미 그런 파열구를 만들어 내었다. 평의회가 확대되고 또한 각 평의회의 힘이 합쳐진다면 그러한 파열구의 숫자는 늘어날 것이다.

그런데 공교롭게도 가장 비관적인 예언이 그대로 적중되고 말았다. 1957년 중반, 한 관찰자는 이렇게 적고 있다.

20여 개 남짓한 평의회에서는 노동자들이 평의회를 선출하고 공장 관리자를 통제하는 등 권력이 노동자의 손에 있다. …… 그 20여 곳을 제외하고는 그들의 권력이 다만 참고적인 것에 불과하다는 점에서 진정한 노동자평의회가 아니다.[47]

1958년 4월이 되자 노동자평의회는 마침내 공식적으로 당과 노동조합에 종속되고 만다. 하지만 노동자평의회가 내부로부터 질식당하기 시작한 것은 그로부터 오래 전의 일이었다.

파업과 진압

관료들은 반대 세력을 파편화시키기 위해 이데올로기적 통제수단을 사용했다. 그리고 나서 그들은 점차 직접적인 물리적 통제력을 사용하기 시작했다. 하지만 반대 세력은 중앙 조직이나 나름대로의 일관된 전략이 없음에도 불구하고 저항을 계속했다.

처음에는 고무우카도 반대 세력을 조심스럽게 다루었다. 그는 결코 대중의 감정을 자극하거나 대중의 행동을 유발시키길 원치 않았던 것이다. 그래서 그는 노동자들의 기억 속에 10월 사태가 생생히 남아 있던 1957년 5월까지만 해도, 이렇게 확언했다.

> 당은 파업을 반대하고 있지만 우리는 노동자들이 작업을 중지하더라도 행정적 수단을 사용하길 원치 않는다. 노동자들의 파업권을 박탈하지 않으면서 우리는 그들에게 말해야 한다. 파업은 좀 더 나은 상태를 이끌지 못한다는 사실을 말이다. 파업은 우리들이 먹을 빵의 양을 늘리기보다는 줄일 뿐이다. 따라서 파업은 없는 것이 낫다.[48]

하지만 1957년 여름이 되자, 고무우카는 자신의 위치가 좀 더 견고해졌다고 느꼈다. 국가의 권력체계는 재구축된 반면, 노동자계급은 자신감을 크게 잃은 상태였다. 우츠(Lodz) 지역의 전차 노동자들이 파업에 돌입하여 경찰과 충돌하였을 때, 고무우카의 전술은 변하였다. 고무우카는

---

47) W. Skulska의 말. *Po Prostu*, 1957년 6월 30일. 같은 책, p. 144에 수록.
48) *Trybuna Ludu*, 1957년 5월 17일. 같은 책, p. 149.

경찰의 대응이 맹렬하지 못하다고 불평했다. 즉, '치안군은 파업 시위대에 맞서서 필요 이상의 자제력을 보여주었다'는 것이다. 1958년 2월, 파업은 또다시 공식적으로 금지되었다.

파업에 대한 경찰의 행동은 곧이어 '10월 좌파'에게도 뒤따랐다. 1957년 10월 2일, 『포 프로스투』의 출판이 금지되었다. 학생들이 항의를 위한 집회를 조직하자 경찰은 그 집회를 해산시켰다. 그 다음날 집회는 계속되어 항의의 뜻을 전달하기 위한 대표단이 선출되었지만, 그 대표단은 구속되고 말았다.

이번에도 고무우카에게 이데올로기적 지원을 해 준 자들은 그의 관변 '반대파'였다. 비신스키 추기경은 냉정을 호소하면서 시위대를 비난하였고, 서방의 언론은 '폭도' 운운하며 떠들었다. 이틀 후 『트리부나 루두』(Tribuna Ludu) 지(誌)는 『포 프로스투』 지(誌)가 '모든 권력을 평의회로'라는 슬로건을 내건 것은 잘못이었다고 비난했다.

그렇게 '폴란드의 10월'은 사실상 끝나고 말았다. 폴란드는 그후 몇년 동안 생활의 몇몇 영역에서 자유주의라는 외양을 보존했다. 몇몇의 좌익 반대파들은 순수 문학작품이나 학술서를 통해 목소리를 내밀 수 있었다. 하지만 실질적인 세력은 전에 있던 곳으로 안전하게 후퇴하여 다시금 결정적 순간이 오기를 기다리게 되었다. '10월 사태'가 있은 지 10년 후 사람들은 풍자적 작품을 테이프에 담고 금서를 읽었다고 해서 극악범으로 몰려 감옥으로 가는 일이 허다했다. 그들에게 감히 공공연한 동정을 보낸 사람들은 당에서 쫓겨나고 직업마저 잃게 되었다. 학생과 청년 노동자들이 언론의 자유를 외치는 시위를 벌이자 그들은 '폭력배'로 매도되면서 경찰에 구타당했고, 주동자들은 구속되어 수감되었다. 그런 일련의 사건이 지속되자 정부는 공식적으로 반(反)유태주의라는 비열한 물결을 일으켰으며, 유태인들은 국가가 일으킨 문제 때문에 비난을 받아야 했으며, 직업을 잃어야 했고 몇몇은 외국으로 망명하였다. 그것이 바로, 고무우카가 설교해 온 평화적 해결 방식, 즉 폴란드의 10월에 대한 장기간에 걸친 속박이 가져온 결과였던 것이다.

하지만 10년이 조금 지나자 '10월'의 진정한 정신은 북부의 항구도시로부터 다시금 폴란드 노동자계급 속에 살아 숨쉬기 시작했다. 그리고 이번에는 이것이 고무우카 체제를 붕괴시키게 된다.

제 7 장
1956년 : 헝가리혁명

    폴란드의 대중적 불만이 1956년 후반과 1957년에 걸쳐 부글부글 끓었다고 한다면, 헝가리에서의 그것은 끓어 넘치었다. 혁명의 모든 고전적 양상은 부다페스트 거리에서 그대로 재현되었다. 무장하여 들고 일어선 대중, 대규모 파업, 새로운 형태의 자생적 대중조직, 반혁명의 적나라한 테러를 막기 위한 바리케이드들이 부다페스트 거리에 나타났던 것이다.

    1956년초까지만 해도 그런 일이 있으리라는 별다른 조짐은 없었다. 폴란드의 '민주화'가 여세를 몰아갈 즈음에도, 헝가리의 '새로운 진로'는 영원히 포기된 것처럼 보였다. 라코시는 다시 돌아와 당과 정부를 완전히 장악했고, 임레 나지와 그의 동료들은 권력의 자리에서 쫓겨났다. 그 때까지도 변화가 필요하다고 외치는 작가와 기자들에게는 앙심섞인 보복이 준비되고 있었다.

    사실, 경제 영역에서는 긴급 조치가 필요했다. 서방의 한 경제평론가는 당시의 상황을 이렇게 설명했다.

> 헝가리는, 산업이 침체되어 있고 농산물은 간신히 인민을 먹여 살릴 수 있는 정도의 상황에서 경제개발 5개년계획을 시작했다. 만약 헝가리의 용광로와 식량 창고가 비어 있다면, 그것은 계획이 부실하기 때문이기도 하지만 또한 산업과 농업 부문 노동자들의 불만이 점증하고 있기 때문이기도 하다.[1]

---

1) Economist Intelligence Unit. *Quarterly Economic Review, Eastern Europe*

건설된 지 얼마 안되는 많은 공장들이 전력과 석탄의 부족으로 가동될 수 없었다(석탄 생산량은 1952년 이래로 약 7퍼센트나 감소되었다). 빵 생산량은 필요한 양보다 약 15퍼센트 정도 부족했다. 그리고 소련은 라코시에 대해 정치적 원조는 해 주면서도 경제적 지원 요청에는 무관심했다. '불가리아와 루마니아에 대한 소련의 원조는 증대하고 있지만 소련은 농업의 저발전과 중공업의 과도한 발전에 시달리고 있는 헝가리에 대한 지원은 거부하고 있다.'[2]

그런 어려움들이 궁극적으로 일정한 정치적 결과를 야기시키는 것은 필연적인 것이었다. 사실 관료기구의 상당한 부분을 포함하여 전체 인민은 경제적 어려움을 피부로 느꼈다. 하지만 일정 기간 동안은, 물리력을 독점하고 있었던 자들이 어떤 방향에서 다가오는 변화의 압력에 대해서도 강경하게 대처할 수 있었다.

그러나 헝가리 관료집단은 스스로의 운명을 결정지을 수 없었다. 그것은, 그들의 미래가 소련의 사태 발전과 풀 수 없을 만큼 얽혀 있기 때문이었다. 비록 속도는 훨씬 늦었지만 소련도, 헝가리가 겪고 있는 것과 똑같은 경제적·정치적 모순을 경험하고 있었다.

소련 공산당 제20차 당대회는 라코시의 복귀를 허사로 만들고, 헝가리에서 '자유화'를 추진하는 세력들에게 새로운 희망을 주었다. 관료계층과 당 내부의 반대파는 마음놓고 즉시 조직을 건설하기 시작했다. 관료기구의 각 분야에서 직위를 보전하고 있던 나지의 추종자들은 그 직위를 이용해서 영향력을 확대시켰다. 형식적으로나마 흐루시쵸프가 행한 '비밀 연설'의 정신에 순종해야만 했던 라코시의 지지자들은 대응책을 강구할 만한 입장이 아니었다. 심지어는 라코시의 두터운 신임을 받던 그의 추종자들도 그에게서 등을 돌렸다. 라코시가 정치경찰(AVH)의 고위층 연례모임에서 연설을 할 때도, 그는 야유를 들어야 했다.

그 뒤에도 수개월 동안, 헝가리 청년 공산주의자(DISZ) 조직내의 이

South, 1956년 2월.
2) 같은 책, 1956년 5월.

른바 '페퇴피'(Petofi) 서클은 계속해서 불만의 초점을 제공하였다. 그들은 일련의 토론을 조직하여 당원과 지식인 그리고 학생들이 당면하고 있는 모든 영역의 문제를 논의했다. 즉, 그들은 노동 운동사와 스딸린주의에서부터 마르크스주의 경제학, 철학과 교조주의, 언론의 자유, 그리고 헝가리 농업의 위상 등에 이르기까지 광범위한 문제들을 토론했던 것이다.

처음 그 토론에 참가했던 청중은 수십 명에 불과했다. 그러나 러이크(Rajk)의 미망인이 남편의 명예회복을 요구할 때나 작가들이 검열제도를 성토할 때는 그 수가 수백 심지어 수천 명으로 급속하게 늘어났다.

당 지도부는 그러한 대중적 저항을 무시할 수는 없었으므로, 페퇴피 그룹에 대한 결의문을 채택했다. '처음에 그러한 토론은 긍정적 면을 갖고 있었다. 하지만 최근에 우리 당 정책들에 반대하는 몇몇 요소들을 보면 그들이 토론을 통해 그들 자신의 반당(反黨)적 관념을 은밀히 전파하려는 것을 알 수 있다.'3) 하지만 당 지도부의 권위는 더 이상 토론 집회를 중지시킬 만한 것이 못되었다. 한 달 후 당 지도부가 할 수 있었던 일이라고는 페퇴피 그룹이 '국가 유일의 진정한 정치적 중심인 헝가리 노동당 중앙위원회에 도전하는 제2의 정치적 중심을 형성하기 시작'한 '작은 포즈난'4)이라고 불평하는 것이었다. 그들의 불평을 보면 문제가 페퇴피 그룹 밖의 영역으로 확산되고 있음이 명백했다. 『서버드 네프』(*Szabad Nép*; 당의 일간지)와 일반 언론들의 방향은 이미 우리 손에서 벗어나 있다.'5)

점차 거세지는 반대는 심각한 성격의 것이었다. 라코시와 그의 지지자들은 그때까지 대중과 직접 맞서야 할 필요는 없었다. 페퇴피 그룹의 토론에는 소수의 노동자나 평범한 농민들도 참여하고 있었을 수 있다.

---

3) 1956년 6월 30일 헝가리 공산당 중앙위원회의 결의. J. J. Marie · B. Nagy (편), *Pologne-Hongrie 1956*(Paris, 1966).
4) Gero의 말. *Szabad Nep*, 1956년 7월 19일.
5) 같은 책.

하지만 그들의 대부분은 비교적 특권층의 사람들이었다. 토론을 참관했던 한 미국인은, 율리아 러이크(Julia Rajk)가 연설할 때 2천 명이나 되는 청중의 3분의 1 정도는 군 장교였다고 주장했다.6) 그 밖의 사람들은 작가와 교수, 경영자와 전문기술자, 각계 각층의 당과 정부의 관료들이었다. 간략하게 말하자면, 반대파의 주류는 비교적 특권층에 속하면서 정치적 영역에 실제적 통제를 가하는 것을 원치 않는 사람들로 구성되었던 것이다. 그들은 자유에 대한 요구나 테러 종식의 요구 혹은 전횡적 권력을 끝장내자는 요구들에는 쉽게 응답할 수 있었을 것이다. 하지만 그 요구들이 자신들의 특권의 종식이나 지방에서 행해지는 그들 자신의 전제적 권력의 종식을 요구하면서 대중적 형태를 띠게 되었다면 이것들에 쉽게 응하지 못했을 것이다.

그러나 당시의 요구는 비록 권력찬탈의 성격을 띠지는 않았다 하더라도, 지배집단으로서는 결코 무시할 수 없는 성격의 반대였다.

각 경쟁 집단들은 계속적으로 교착 상태에 빠져 있었다. 경제적 궁핍은 변화를 요구했지만, 정치기구의 위계적인 형태는 그 변화를 방해했다.

포즈난 항거가 있은 후인 7월 중순, 소련의 지도부는 직접 개입하여 그 분쟁을 종식시키려 했다. 하지만 화해는 불가능해 보였다. 그러기에는 너무도 많은 문제가 존재했던 것이다. 지배집단은 권력에 매달렸고, 반대파는 내부 각 분파들 사이에 놓여 있는 '송장 더미들'7)을 참담한 심정으로 기억했다. 라코시는 공직에서 제거되었지만, 그의 측근인 게뢰가 그의 자리를 이었다.

거대하고 복잡한 통치기구는 직·간접의 억압을 통해 수년 동안이나 헝가리 사회를 억제할 수 있었지만, 이제는 점점 더 무력해지기만 했다. 문제와 비판을 제기하는 사람들에게는 경고가 내려지긴 했지만, 그들은

---

6) Melvin J. Laski (편), *Hungarian Revolution*(London, 1957), p. 29에서 재인용.
7) 카다르의 말. Kecskemeti, *The Unexpected Revolution*(Stanford, 1961), p. 76에 인용된 보고서에 의거함.

이제 더 이상 실형을 선고받진 않았다. '진리'와 '자유'를 토론하는 작가와 지식인들의 목소리는 점점 커져만 갔다. 그리고 '침묵하는 대중' 사이에서도 공장 노동자들은 선동활동을 보류하던 태도에서 벗어나 전과는 다른 문제를 들고 일어서기 시작했다.

8월초, 『넵서버』(*Népszava*) 지(誌)는 마차시 라코시 공장의 노동자들이 '그들의' 공장위원회 위원장에게 임금 정산체계에 대한 의문을 제기했다고 보도했다(그것은 공식 의사일정에 잡혀 있던 의제가 아니었다).

'전에는 어느 누구도 그렇게 까다롭게 임금 정산체계를 공격한 적이 없소.' 호르바스(위원장)는 고함쳤다.
'그렇지만 우리 말이 맞습니까? 그 질문에 답해 주십시오.' 한 목소리가 끼어 들었다.
'나는 지금 발언 중입니다.' 호르바스는 소리쳤다. '내 발언이 끝난 뒤에 동지는 발언권을 얻어야 할 것이요.'
'아무도 질문하는 것을 …… 막을 수는 없습니다. …… 우리에게는 질문할 권리가 있습니다.' 십장인 렌젤이 잘라 말했다.[8]

부다페스트의 노동자 사이에서는 그런 식의 작은 사건이 늘어갔다. 공장은 10년 만에 처음으로 그들의 요구사항을 뚜렷이 표현하기 시작했다. 하지만 그때까지도 그러한 움직임이 전국적인 것은 아니었으며, 노동자들의 요구가 지식인들의 정치적 문제 제기와 융합되지도 않았다. 하지만 모든 곳에서는 점차 동요의 폭이 확대되고 있었다.

3천 명 가량의 노동자가 있던 전화 생산 공장의 한 노동자는 그곳의 분위기를 이렇게 설명했다.

헝가리 언론이 그토록 떠들어 댄 포즈난 폭동의 참가자들에 대한 공판은 큰 혼동을 불러 일으켰다. 특히 공판에서 주된 책임이 대중에게 발포한 폴란드 경찰, 즉 AVH에게 있다고 판결된 것은 대중에게 커다란 반향을 불러 일으켰다. ……

---

8) Laski (편), 앞의 책, p. 40에서 재인용.

또 작가들의 성명이 실린 신문 기사도 큰 반향을 일으켰다. 그 기사들은 포스터로 붙여졌으며, 노동자들은 그것을 보고 즉석에서 의견을 교환했다. 1948년 이후로 정치에 무관심을 보이던 노동자들도 매우 열의있게 정치에 관심을 가졌다. 그들은 정치적 주제를 놓고 토론을 시작했으며, 그 태도는 매우 적극적이었다. 비록 그러한 토론이 어떤 예리한 결론을 도출하지는 못했지만 말이다. …… 기술대학의 야간수업을 듣는 많은 노동자들은 (페퇴피 그룹의) 토론에 접근할 수 있었다. 그들을 통해 다른 노동자들도 토론의 내용을 알게 되었으며 또한 잇단 토론들에서 활력을 얻었다. 당시의 정치적 분위기는 팽팽한 긴장 상태여서, 공장에서는 작은 바람이라도 당의 숨막히는 압력에 반발하게 만들 수 있었던 것이다.[9]

여름에서 가을로 넘어서자 그 긴장은 더욱 커졌다. 정부의 한 양보 조치 — 정부는 라슬로 러이크의 유품을 묻는 의례적 장례식을 허용했다 — 는 반대파가 처음으로 대규모 시위를 벌일 수 있는 기회를 제공했다. 20만이 넘는 인파가 무저항 침묵 시위로 저항의 뜻을 표했다.

정부는 더욱 많은 양보를 했다. 공안경찰의 늙은 우두머리인 미하이 퍼르카시 장군이 체포되었다. 10월 14일, 나지는 다시 당에 영입되었다. 비록 그의 '실수들'에 대한 조사는 전과 다름없이 계속 진행되고 있었지만 말이다.

하지만 부분적 양보는 전혀 양보하지 않은 때보다 더 나쁠 수 있다. 사람들은 자신들의 기대가 실현될 수 있을 것이라고 믿기 시작할 뿐만 아니라, 또한 그러기 위해서는 우선 더욱 앞으로 밀치고 나아가야 한다는 사실을 점차 깨닫게 되었던 것이다.

명목상 정부의 산하에 있던 기관과 신문들도 이제 공식 방침에 대해서는 거의 언급하지 않았다. 하지만 반대의 움직임은 부다페스트에서 다른 지역으로, 작가와 지식인들에서 덜 특권받는 집단으로 확산되어 나갔다. 국영 라디오 뉴스는 사태의 새로운 발전에 대해 소식을 전했다. 세

---

9) F. Toke, 'What were the Hungarian Workers' Councils?'. Marie · Nagy (편), 앞의 책, p. 242에 수록. 영어 번역판인 *The Review*(Brussels), 1960년 1월에는 이 구절이 포함되어 있지 않다.

게드의 학생들은 해직 교수의 복직을 주장하는 시위를 벌였으며 독자적인 학생조합을 설립했다. 케스트헤이와 쟈레게르츠에서는 페퇴피 지역 조직이 설립되었다. …… 부다페스트의 로란드외트뵈시 대학에서는 '3월 15일 서클'을 만들고 부다페스트의 공장들에 대표를 파견하였다. …… 부다페스트의 페퇴피 그룹은 나지를 정부에 합류시킬 것을 요구하고 있었다.

그 시점에서 헝가리 정부도 일종의 '고무우카 정책을 펴는 것', 즉 나지를 정부에 끌어들임으로써 당의 사상적 주도권을 회복시켜 상황을 통제할 수 있기를 기대할 수 있었을 것이다. 하지만 게뢰는 그런 양보는 생각하려 들지 않았다. 대신에 그는 자신과 자신의 지지자들을 위한 독점적 통제권을 유지하려고 필사적으로 발버둥쳤다. 이렇게 정부가 한치도 물러나려 들지 않았기 때문에 반대파는 할 수 없이, 때로는 그런 상황을 무릅쓰고서라도, 거리로 나서야 했다.

혁명의 발발

10월 22일, 학생들은 다양한 집회를 통해 그 다음 날 '폴란드 동포들과 연대하여' 대규모 시위를 벌일 것을 주장하였다. 학생들은 대표를 보내 페퇴피 그룹의 지원을 모색하였다. 처음에 정부는 행진을 허용하고, 공영 라디오를 통해 시위 계획의 세부 사항까지도 방송할 수 있게 했다. 그러한 시위는 전례가 없는 것이었으며, 뉴스가 알려지자 부다페스트 전체는 웅성거렸다. '헝가리의 수도는 왠지 모르게 들떠 있었고, 벽과 나무 게시판들은 학생들의 현수막으로 덮여 있었다. 행인들은 그것을 보고 열띤 토론을 벌였다.'10) 학생그룹들과 다른 단체들이 시위를 준비하는 동안, 집회 허가가 취소되었다는 소식이 들려 왔다.

---

10) B. Nagy in Marie · Nagy (편), 앞의 책, p. 183.

하지만 그렇게 공식 입장이 바뀐 것은 정부의 힘을 보여주는 것은 아니었다. 그것은 단지 정부의 방식이 변하지 않았다는 것을 나타내는 것에 지나지 않았다. 학생들은 행진을 강행하겠다는 결의를 굳게 다졌다. 학생들은 정부가 자신의 의지를 강제하지 못하리라는 것을 잘 알고 있었기 때문이다.

사람들이 행진을 위해 부다페스트의 몇몇 집결지에 모이자, 정부는 자신의 무능을 시인하지 않을 수 없었다. 정부는 시위를 제지할 수 없었다. 게뢰의 한 추종자는 '무기를 하늘로 치켜들고 거의 울부짖으며 가보르 탄쵸시(반대파의 한 사람)에게 행렬의 맨 앞에 세워 달라고 애원했다. …… 상황을 모면하려 했던 것이다.'11)

항의행진은 조용하면서도 의기양양한 분위기에서 진행되었고, 사람들은 정부가 그것을 제지하지 못할 것이라는 점을 느꼈다. 거리에는 10만이나 되는 인파가 모였지만 게뢰는 아무것도 할 수 없었다. 게뢰의 지지자들은 공식 사퇴했다. 정부정책에 대한 반대 행동이 효과가 있었음이 증명되었던 것이다.

그 단계에서 시위자들은 혁명을 원치 않았다. 아무도 총을 들지 않았고 심지어 돌조차도 들지 않았다. 행렬의 선두에는 각 공식 단체의 대표들이 섰고, 레닌과 나지의 거대한 초상화가 앞세워졌다. 행렬이 외치는 가장 빈번한 정치적 요구는 임레 나지를 위한 것이었다. 다시 말해, 바로 3년 전에 소련이 수상직에 앉힌 적이 있는 주요한 공산당원인 그에게 정부를 넘기라는 요구였다.

3시가 되자, 속속 도착하는 일단의 사람들로 인해 계속 불어 가는 군중은 1848년 헝가리 봉기의 폴란드인 영웅 요젭 벰의 동상 앞에 모여들었다. 거기서 폴란드에서의 투쟁과 연대를 표명하는 연설이 행해졌다.

그곳에서 낭독된 작가동맹의 요구사항을 살펴보자.

우리는 역사적 전환점에 서 있다. 만약 전체 헝가리 노동 인민이 질서있게 우리

---

11) 같은 책, p. 183.

의 둘레에 모여들지 않는다면, 우리는 이 혁명적 상황에서 제대로 처신할 수 없을 것이다. 당과 국가의 지도자들은 지금까지 제대로 된 프로그램을 내놓지 못했다. 그것에 책임을 져야 할 사람들은, 헝가리에 사회주의적 민주주의를 확대시키는 대신 스딸린과 라코시의 테러 정권을 재건하기 위해 집요하게 준비를 하고 있는 자들이다. 우리, 헝가리 작가들은 다음의 7가지 사항으로 국가에 대한 우리의 요구사항을 정리하였다.

(1) 우리는 사회주의 이념에 입각한 독자적 국가정책을 원한다. 모든 국가와의 관계, 그리고 우선적으로 소련과 인민 민주주의 국가들간의 관계는 평등의 원리에 기초해서 조절되어야만 한다. 우리는 국가간에 체결된 조약들과 경제 협정들을 국가 권리의 평등 정신에 비추어 재조명할 것을 원한다.

(2) 인민들의 화합을 해치는 소수 민족 정책들에는 하나의 목적이 부가되어야 한다. 우리가 원하는 것은 우리 동맹들 —— 소련과 인민 민주주의 국가들 —— 과의 진실되고 성실한 우애이다. 그것은 오직 레닌주의 원칙에 입각해서만이 실현될 수 있다.

(3) 국가의 경제 상태는 명확하게 밝혀져야만 한다. 모든 노동자, 농민, 지식인들이 국가의 정치, 사회 그리고 경제적 관리체계에서 적당한 역할을 할 수 없다면, 우리는 지금의 위기에서 헤어날 수 없다.

(4) 공장은 노동자와 전문가에 의해 운영되어야 한다. 현재의 치욕적인 임금, 작업 기준, 그리고 사회보장제도 등은 개선되어야만 한다. 노동조합은 헝가리 노동자계급의 이익을 진정으로 대변하는 기구가 되어야 한다.

(5) 우리의 농업정책은 새로운 토대 위에 수립되어야 한다. 농민들은 자유롭게 스스로의 운명을 결정지을 수 있는 권리를 부여받아야 한다. 협동조합의 비조합원을 위한 정치·경제적 조항이 제정되어야만 한다. 생산물 및 세금을 국가에 상납하는 현재의 체제는 점차 자유로운 사회주의적 생산과 상품교환을 보장하는 체제로 대체되어야 한다.

(6) 지금까지 지적한 사항들이 실현되려면 당과 국가의 지도부의 구조 및 인물들이 교체되어야만 한다. 지금 복위를 꿈꾸고 있는 라코시 도당은 우리의 정치 영역에서 제거되어야 한다. 순수하고 용감한 공산주의자이며 헝가리 인민들의 신임을 받고 있는 나지, 그리고 최근 몇년 동안 사회주의적 민주주의를 위해 체계적으로 투쟁해 온 모든 사람들은 그에 합당한 지위를 부여받아야 한다.

(7) 현상황의 진전은, 인민애국전선이 헝가리 사회 노동계층의 정치적 대표가 되어 줄 것을 요구하고 있다. 우리의 선거 체제는 사회주의적 민주주의의 요구에 합당해야 한다. 인민들은 자유 비밀선거로써 의회, 평의회, 그리고 모든 자율 행

정기관의 대표들을 선출해야 한다.[12]

정부에 대한 항의의 목소리가 잇따랐으며, 연설이 행해졌고, 명확한 요구사항이 공개적으로 분출되었다. 하지만 시위자들은 만족하지 못했다. 그들에게는 요구사항이 실현될 것이라는 아무런 보장도 없었던 것이다. 무엇보다도 당국자들은 그대로 남아 있었고, 그들은 낡은 라코시식의 방식으로 손쉽게 돌아갈 수 있었다. 그런데 거리에는 양보를 강요할 만한 충분한 사람들이 있었다. 군중들은 뚜렷한 목적은 없으면서도 계속해서 냉정을 유지하며 뱀의 동상 앞에서 의사당 광장을 향해 움직이기 시작했다. 군중의 일부는 임레 나지의 연설을 듣고 있었는데, 그 사람들은 지방에서 부다페스트에 도착한 사람들이었다. 군중의 대다수는 나지의 연설을 듣지 않았다. 그들은 나지의 조심스러운 말이 체제를 완전히 변혁하자는 그들의 급진적인 요구와 맞지 않는다는 사실을 발견했던 것이다.

그때까지 시위는 단지 몇 가지의 개혁 이상을 원하는 부다페스트 주민의 모든 새로운 계층을 끌어들이면서 확대되고 있었다. 슬로건도 바뀌어 졌다. '소련인들을 몰아내자.' '라코시에게 죽음을.' '자유·비밀선거.' '나지에게 권력을.'

어떤 경우에 군중들은 게뢰의 라디오 연설에 분노를 나타내었다. 게뢰는 단지 비방조의 연설만을 했던 것이다. '민족주의적 시위는 …… 소련을 비방하고 …… 우리가 불평등한 조건에서 소련과 관계를 맺고 있다고 주장한다. …… 그들은 민족주의적 독을 퍼뜨리고 혼란을 만들려 하고 있는 것이다.'[13] 그의 연설로 미루어 볼 때, 그의 참모 집단이 사태에 대한 어떤 실제적 설명도 제시하려 들지 않았음이 명백했다.

이미 군중을 지배하고 있던 강력한 연대감과 집단적 힘에 또 하나의 새로운 요소, 즉 통한(痛恨)이라는 요소가 덧붙여졌다. 군중이 보여준 모

---

12) Laski (편), 앞의 책, p. 48에서 재인용.
13) Laski (편), 앞의 책, p. 51에 인쇄된 라디오 연설.

든 노력에도 불구하고 게뢰는 계속 권력을 쥐고 있었고, 그런 식으로 군중을 모욕하기까지 했다. 군중의 많은 부분은 의사당 광장을 떠나 라디오 방송국으로 향했으며, 점차 강한 어조로 게뢰의 말에 대한 반박 방송을 할 권리를 요구했다. 그와 동시에 2~3천 명 가량의 다른 군중은 거대한 스딸린 동상이 있는 시 공원으로 향했다. 당국이 과거의 유산을 없애려 하지 않았더라도, 결국 사람들은 그 상징을 없애 버리려 했을 것이다. 망치와 로프를 들고 사람들은 그 괴물 같은 상징에 달려들었고, 마침내 그것은 흔들거리더니 땅에 쓰러져 버렸다. 그래서 스딸린의 장화만이 불명예스러운 과거의 유산으로 남게 되었다.

라디오 방송국으로 달려갔던 시위자들은 그들이 증오했던 모든 것의 또 다른 상징과 대면하게 되었다. 방송국 건물 앞에는 경찰(AVH)이 진을 치고서 군중의 진입을 막았던 것이다. 게뢰는 자신의 거짓말을 방어하기 위해 그때까지도 낡은 무기를 사용하고 있었다. 하지만 군중은 의사를 전달하기 위해 소규모 대표단을 보내기로 합의했다. 대표단은 건물 속으로 사라졌다. 시간이 흘렀다. 대표단의 그림자도 보이지 않았고, 당국자들이 양보할 만한 어떤 기미도 보이지 않았다. 시위대는 자신들의 모든 노력이 수포로 돌아간 것처럼 보이자 분노를 내뿜기 시작했다. 시위대의 뒷 열에 있던 수만 명의 사람들은 앞의 사람들을 밀치며 전진하기 시작하여, 싫든 좋든간에, 경찰 저지선 앞까지 다다랐다.

비록 요란스러웠지만 그것은 평화로운 시위였지 혁명은 아니었다. 부다페스트의 주민들은 당국을 움직이려 했지만, 그것을 전복시키려 한 것은 아니었다.

라디오 방송국을 지키던 500명의 AVH는 자신들이 고립된 것을 알게 되었다. 그들이 편들어 왔던 모든 것들은 이제 몰락해 가고 있는 중이었다. 하지만 그들이 받은 명령은 분명했다. 그것은 군중을 몰아내는 것이었다. 그들은 어렵지 않게 시위대를 진압했던 경험을 갖고 있었다. 그들은 우선 최루탄을 쏘아보았다. 군중은 조금 물러섰다. 그런데 바람이 최루가스를 AVH 쪽으로 되날려 보냈다. 군중은 다시 앞으로 밀어 닥쳤다.

경찰의 기관총 한 자루가 불을 뿜었다.

바로 그것이 혁명의 시발이었다. 몇 명의 시위자가 땅에 쓰러졌다. 하지만 살아남은 다른 수만의 사람들에게 시위의 전반적인 성격과 목적은 변하게 되었다. 이제 그 짐승들을 없애지 못한다면 그것들이 덤벼들 것이 분명해졌다. 그들은 돌과 화염병을 들고, 때로는 총을 들고 다시 싸우기 시작했다. 몇 시간 안에 싸움은 부다페스트 전역으로 번졌다.

처음부터 반란자들은 무기를 들고 있었다. (유감스럽게도 『반혁명과의 투쟁』(*Fighting the Counter-Revolution*)이라는 잘못된 제목을 단) 어떤 소련 지지자의 책에 따르면,

군중 사이에는 조국방위군의 장교들과 많은 (민간)경찰들을 볼 수 있었다. 라디오 방송국 앞에서는 무엇보다도 일군의 폐퇴피 (군사)학교의 장교들이 목격되었다. 그들 중 일부는 방송국을 경비하는 AVH에 말과 행동으로써 적대 행위를 보였다.[14]

또 다른 친소련 성향의 소식통은 이렇게 썼다. '병사들을 실은 트럭이 군중 사이로 들어섰다. 사람들은 트럭에 기어올라 무기를 요구하거나 무기를 지급받았다.'[15]

시위는 단지 소수의 사람들만이 참여한 것이 아니다. 오히려 그것은 부다페스트 주민들 대다수를 대변하는 것이었다. 국가 정규군의 일반사병들과 많은 장교들조차도 부다페스트의 가족 및 친구들과 함께 시위대 속에 있었다. 그들은 AVH의 행위에 다른 사람들과 똑같이 반응했던 것이다.

라디오 방송국 앞에서 처음 총성이 울린 뒤부터 모든 사람들에게 닥친 문제는 분명했다. 방금 전까지만 해도 '자유'와 '진리'에 관한 이야기를 듣고도 그 추상적 개념이 실제로 무엇을 의미하는가 고개를 갸우뚱

---

14) Zolyan Zele. Tibor Meray, *13 Days That Shook the Kremlin*(London, 1959), p. 87에서 재인용.
15) 카다르 정부의 '백서'. Meray, 앞의 책, p. 87에서 재인용.

했던 방관자적 대중들도 이제 갑자기 그 의미를 깨닫게 되었다. 비교적 특권층인 학생과 지식인들이 시위를 벌일 때 뒤에 물러서 있던 노동자들이 이제는 행동에 참여했다. AVH는 그 혁명에, 바로 그들 자신의 행동을 통해, 모든 사람들이 이해할 수 있는 압제의 상징을 제공했던 것이다.

그곳 시위 현장의 소식은 부다페스트 전역으로 퍼져 나갔다. 노동자들은 동료들에게 소식을 전하기 위해, 그리고 스포츠 클럽에서 무기를 가져오기 위해 달려갔다. 다른 사람들은 병영의 병사들에게 달려갔다. 모든 곳에서 사람들이 무리를 지어 상황의 진전에 대해 이야기했다. 모든 주민들은 일상생활과 지극히 사적인 관심사에 소모하던 에너지를 방금 일어난 사건과 그것에 대처해야 할 방안에 대한 토론과 논쟁에 쏟아부었다. 실제의 정치는 대중의 공공 관심사가 되었다. 1백5십만이나 되는 대중들은 어떻게 자신들의 사회를 통제하고 적절히 행동할까를 생각하기 시작했다.

밤이 지나자 부다페스트의 수십 군데에서는 전투가 벌어지고, 바리케이드가 쌓아졌다. 한 러시아 서점이 불탔고, 당 기관지 사무실들이 공격당했으며, AVH 본부 앞으로 군중이 모이기 시작했다.

첫번째 총격이 있고 나서, 소련군 탱크가 '질서'를 회복시키기 위해 도시로 밀고 들어왔다. 청년들은 화염병과 소총으로 탱크에 맞섰다. 그러는 동안 바로 얼마 전까지만 해도 전능을 자랑하던 헝가리 국가기구는 완전히 붕괴되었다. 민간인들이 조직한 경비대와 병사들은 군중에게 자신들의 무기를 넘겨주었다. 헝가리군의 탱크는 국기를 달고 있었다. 봉기에 참여하지 않았던 헝가리 부대들은 최소한 중립을 지켰다.

주요 병영이던 킬리안에 있던 한 장교는 그곳에서 벌어졌던 상황을 이렇게 설명했다.

산도르 거리의 방송국 주변에서 전투가 벌어지고 있는 동안, AVH가 시작한 살육에 격노한 군중들은 가장 가까운 곳에 있던 킬리안 병영으로 총과 탄환을 구하기 위해 몰려왔다. 내 다음으로 근무를 서고 있던 뵈뢰시 중위는 아무런 조치도 취할 수 없었다. 그는 군중들에게, 병영에는 무장 부대가 없으므로 총이 없다고 설득했지만 허사였다. 군중은 정문을 부수고 들어와 바로 전날 지하실에 모아 두었던 탄환도 장전되어 있지 않은 구식 소총들을 찾아내어 들고 나갔다. 경비병은 그들이 하는 일을 막을 수도 없었고 막으려 하지도 않았다. 하지만 병영에 있던 병사들은 가만히 앉아 있지만은 않았다. 약 200명의 병사가 병영에서 나와 군중을 도왔다. 병영에서는 큰 혼란이 일어났다. 잠시 후에, 말레테르의 명령으로 코슈트 군사학교의 사관후보생 1개 중대가 실탄이 없는 총을 휴대하고서 민간인을 병영에서 몰아내기 위해 도착했다. 끝없는 논쟁과 설득 끝에 ─ 하지만 폭력은 없었다 ─ 그들은 아침이 되어서야 임무를 끝낼 수 있었다.16)

새로운 정부

혁명이 발발하면서 공산당 지도부 내부의 경쟁 집단간의 불화는 없어진 듯이 보였다. 게뢰는 아침 일찍부터 개혁주의자들의 요구를 수용하겠다고 발표했다. 임레 나지를 수상으로 하는 당과 정부의 새 지도부가 구성되었다고 공포되었다. 새 정부의 명의로 두 개의 성명이 내 걸렸는데, 하나는 소련군이 '질서를 회복'시키길 요청하는 것이었고 다른 하나는 계엄령을 포고하는 것이었다.

하지만 전투는 멈추지 않았다. 사람들은 소련군이 남아 있는 동안 무기를 내려놓는다면, 소련군에 통제권을 넘겨주는 결과가 될 것이라는 점을 알고 있었다. 또한 그들은 게뢰와 그의 동료들이 영향력을 미칠 수 있는 위치에 있다는 사실도 알았다. 교외 공장의 노동자들은 전투를 지원하기 위해 도시 중심부로 행진해 왔다. 행진에 참여할 수 없을 정도로 늙고 허약한 사람들은 파업을 진행시켰다. 혁명은 부다페스트에서 각 지방으로 확산되기 시작했다.

---

16) Peter Gosztonyi, 'Diary-Revolutionary Days at the Killian Barracks', *The Review*(Brussels), No. 6, 1960년 10월.

　정부는 계속해서 '질서'를 호소했다. 오후 2시까지 싸움을 멈추는 사람들에게는 사면을 내리겠다는 제안을 하면서, 정부는 그렇지 않는 사람들은 용서하지 않겠다고 협박을 가했다. 그 모든 것이 아무런 소용도 없었다. 정부는 '질서'가 회복되고 있다고 말했지만 혁명은 계속 확산되었다. 정부의 대응은 오히려 혁명을 부추길 뿐이었다. 수요일 오후(10월 24일) 이상스럽게도, 2~3천여 명의 비무장 시위대와 소련 탱크병들이 의사당 광장에서 잘 어울리고 있었다. 그 현장에 정체불명의 저격수— 아마도 AVH 요원이었을 것이다— 가 총질을 해댔다.17) 수십 명이 죽었다. 이렇게 되자 라디오 방송을 통한 정부의 호소도 소용없는 일이 되었다. 모든 곳에서 평범한 사람들은 다시 소련 탱크와 전투를 벌이고, AVH 건물을 포위 공격했으며, 스스로의 손으로 권력을 장악하기 시작했다.

　정부는 한번 더, 양보를 통해 상황을 돌이키려 했다. 다음 날 게뢰는 '개혁자' 카다르로 교체되었다. 나지는 방송을 통해 '포괄적이며 합리적인 개혁 프로그램'을 제시할 것이며, 또 '헝가리 인민공화국과 소련간의 회담을 벌여 다른 무엇보다도 먼저 헝가리에 주둔하고 있는 소련군의 철수 문제'를 다루겠다고 약속했다.18)

　하지만 거리에서 투쟁을 벌이고 있거나 공장에서 파업을 진행시키고 있는 사람들에게 그것은 공허한 약속이었다. 나지의 말이 함축하고 있는 바는 소련의 개입을 정당화시키는 것이었다. 거리에는 삐라가 등장했다. 삐라의 내용은 새 정부에 특별히 적대적인 것은 아니었으나, 자신들의 요구사항을 명확히 표현하고 있었다.

　'우리는 헝가리의 모든 인민이 총파업에 참여할 것을 호소한다.' 그 삐라는 '헝가리 노동자 및 대학생 일동'이라고 밝히고 있었다. '정부가 우리의 요구를 수용하지 않는 한 그리고 살인 행위에 대한 충분한 설명

---

17) 찰리 쿠트가 피터 프라이에게 한 설명에 의거함. *Hungarian Tragedy*(London, 1956), p. 46.
18) Laski (편), 앞의 책, p. 74에 인쇄된 나지의 연설.

이 없는 한, 우리는 총파업으로 정부에 응분의 대가를 치르게 할 것이다. 임레 나지가 지도하는 새 정부 만세.' 의도적인 것으로 생각되는 모호한 표현, 즉 '우리는 정부에 응분의 대가를 치르게 할 것이다'와 '정부 만세'라는 표현이 함께 쓰인 것을 눈여겨보아야 한다.[19]

유고슬라비아 공산당 소속의 한 기자는 당시의 군사적 상황을 이렇게 설명한다.

수천의 사람들은 병사들과 민병대를 무장해제시킴으로써 무기를 얻었다. 몇몇의 병사들과 민병대원들은 불만에 가득 차서 격분한 대중과 어울렸다. 군중들이 병영에 쳐들어와 부다페스트 군수 공장을 접수했으며, 거리에는 기관총 심지어는 경장비로 무장한 보병대까지 등장했다는 소문이 들렸다. 목격자들의 말에 따르면 당국은 무력하기만 해서 그 유혈사태를 저지할 능력이 없었다고 한다.[20]

소련군 탱크는 —— 훗날 아주 오랜 기간 동안 반혁명이라고 성격이 규정된 —— 대중의 행동에 무분별하고 잔인하게 대응했다. 한 헝가리 장교는, 중립을 지켰던 킬리안 병영의 지휘관이 소련군의 행동을 보고 혁명에 가담하는 과정을 설명하고 있다.

소련군 탱크들은 보병도 없이 서너 대씩 몰려다니며 아침 일찍부터 공격을 퍼붓고 있다. 그들은 병영과 병영의 반대편의 건물들, 가옥과 거리에 대고 포탄을 쏜다. 그들의 무차별한 행동에는 어떤 뚜렷한 목적도 없어 보인다. 하지만 그들의 공격은 창문 뒤나 옥상의 굴뚝 뒤에 숨어서 화염병과 총탄세례를 퍼붓는 사람들에 대해서는 무력하기만 하다. 탱크들은 덜컹거리며 거리를 위 아래로 돌아다니면서 창문 안으로 기관총탄을 쏟아 붓고 포탄을 쏘아 벽을 허문다. 사람들은 더욱 격렬하게 총을 쏘아 대고 더욱더 많은 소련군 탱크들이 이에 맞서고 있다. 탱크는 계속해서 불을 뿜고 두터운 벽과 기둥이 가루가 되어 무너진다.
의무부대는 지칠 줄 모르고 뛰어 다닌다. 정오가 되자 우리편에서만도 많은 부상자가 발생했지만 더 많은 병사들이 전선으로 달려가고 있다. 그들에게는 지휘관

---

19) *New York Times*, 1956년 10월 27일.
20) *Politika*, Belgrade, 1956년 10월 26일.

도, 명령을 내리는 사람도 없다. 그들은 자진해서 손에 소총과 기관단총을 들고 싸우러 나서는 것이다. 우리들은 흥분과 분노에 휩싸인다. '이것이 그들이 말하는 우애인가? 모든 것들을 산산조각 내는 것이 과연 우애인가? 우리가 부다페스트를 재건했던 이유가 그들의 총알세례를 받기 위해서란 말인가?'

말레테르 대령은 무척 고심하게 되었다. 소련군 탱크가 더욱 강렬하게 공격하자 그는 국방부로 전화하여 장관과의 통화를 요청했다. 나는 대령의 바로 옆에 서 있기 때문에 수화기 저편에서 울려오는 힘없는 대답을 뚜렷하게 들을 수 있다. 대령은 무척 흥분한 상태지만 단호하고 절제된 목소리로 말하고 있다. '바로 이 것이 부다페스트의 질서를 회복시키기 위해 정부가 바라는 방법입니까?' 대령은 상대방에게도 분명하게 들릴 만큼 큰 목소리로 소리친다. 대령은, 장관이 나서서 소련군 고위 지휘부와 중재하여 근처에서 작전을 벌이는 탱크들을 철수시키라고 요청하고 있다.

장관의 대답은 실망스럽기만 하다. '죄송합니다, 대령 동지. 저로서는 소련의 군사 작전에 개입할 수가 없군요.'

말레테르의 표정이 굳어진다. 그는 자제하려 하면서 더욱 단호한 목소리를 내고 있다. 그의 말 한마디 한마디는 굳으면서도 명확하다. '그러시다면, 저는 킬리안 병영 부근에 소련군 탱크가 나타나자마자 발포하라고 명령하겠습니다.'

그것이 전부다. 주사위는 이미 던져졌다.

우리는 무기와 탄환을 살펴보았다. 둘 중 충분한 것은 아무것도 없었다. 우리에 게는 단지 몇 정의 소총과 경기관총이 있을 뿐이다. 기관총이나 수류탄은 없다. 화염병조차도 없다. 말레테르 대령은 무기를 가진 병사들을 건물 곳곳에 배치시 킨다. 소총을 지닌 병사들은 소련군 탱크가 나타나면 전망경을 겨누어 발포할 것 이고, 경기관총을 지닌 병사들은 탱크와 함께 나타날지도 모를 보병을 맡을 것이 다.21)

노동자평의회의 출현

낡은 독재 체제에 대한 투쟁은 거리에서의 싸움에만 국한된 것은 아 니었다. 혁명이 시작된 지 3일째 되던 10월 26일, 사람들은 모든 곳에서

---

21) Gosztonyi, 앞의 책, p. 73.

그들의 새로운 권력을 표현하기 위한 조직들을 건설하고 있었다. 그들은 도시에서, 마을과 도시의 이곳 저곳에서, 신문사와 관공서에서, 협동농장에서, 그리고 무엇보다도 공장에서 '혁명위원회'를 조직했다. 헝가리 인민들은 구질서에 대한 맹렬한 공격을 퍼붓기 위해 이 새로운 권력기구를 사용했다. 인민의 직접적 통제 하에 있었던 그 기구들은 대안적 질서의 건설을 개시하기 위한 것이었다. 공장의 운영, 식량의 배급, 신문의 발행 등의 임무는 모두 옛 국가기구가 붕괴되면서 새로운 대중적 기관들의 손에 넘어왔다.

죄르나 미슈콜트 같은 지방에서는 혁명이 성공적으로 진행되어 라디오 방송국을 대중이 장악할 수 있었다. 그 방송국들은 지역 혁명위원회를 대표하여 방송을 시작했으며, 각 노동자평의회의 성명을 전달했다.

자유 죄르의 라디오 방송국의 보도를 들어보자.

소니 지방 석유 산업의 각 노동자평의회 대표들은 오늘 오후 죄르 지방 철도수송 공장의 노동자평의회를 방문하여 죄르 지방의 사정과 노동자평의회의 활동을 점검했다. 소니의 노동자들은 대표들에게 죄르와 터터버녀 지방 전역에서 전 국민위원회와 노동자평의회가 조직되고 있다고 말했다. 코마롬 지방과 소니 지방의 공장 노동자들은 부다페스트의 노동자들과 연대를 형성하고 있다.[22]

다음날, 부다페스트의 공영 라디오 방송도 거기에서 비슷한 사태가 진전되고 있다고 보도했다.

노동자평의회가 많은 공장들에서 구성되었다. …… 노동자평의회는 두나우 지방의 신발 공장, 면사 방적 공장, 골드베르게르 직물 공장, 턴치치 피혁 공장 등에서 건설되었다.[23]
부다페스트의 버스 공장에서도 노동자평의회가 구성되었다. …… 평의회는 노동자들에게 식량을 조달했으며 자신의 결정에 따라 진료소와 병원 등지에 이미 식

---

22) Radio Gyor, 1956년 10월 27일. Marie · Nagy (편), 앞의 책, p. 187에 수록.
23) Radio Kossuth. 같은 책, p. 188에 수록.

량을 공급했거나 공급할 예정이다. …… 촌그라드 지역, 헤게드와 호드메죄바샤르헤이의 대부분 지역에서 그리고 헤베쉬의 한 지구에서 노동자평의회가 건설되었다. …… 베케츠사바의 의류 공장과 기계기구 공장, 니레지허저의 철도역과 담배 공장, 그리고 두나펜텔레의 여러 공장들에서 비슷한 보고가 들어왔다.[24]

부다페스트에서는 시가전이 계속되었기 때문에 어떠한 중앙 권력도 작동할 수 없었다. 때문에 노동자평의회들도 필연적으로 특정 지역들에서의 실제적 활동에 국한되어 있었다. 하지만 부다페스트를 제외한 다른 전 지역에서는 명령권이 노동자평의회의 수중에 넘어오고 있었다.

이틀 동안 미슈콜츠의 도심지역은 노동자평의회와 학생의회의 지도 하에 있었다. 노동자평의회는 수비대와 경찰의 통제권을 장악했다. …… 알려진 대로 주민파업위원회는, 우편, 운송, 통신, 식량공급, 보건위생 그리고 발전소 등을 제외한 모든 공장이 파업에 돌입할 것을 요구한 바 있다.[25]

죄르에서도 혁명위원회는 전 지역의 통제권을 장악했다. 당시 『일간노동자』(*Daily Worker*)의 헝가리 특파원이던 페테르 프리에르는 그때의 인상을 이렇게 적고 있다.

죄르 전 국민위원회는 시청에 자리잡았다. '전 국민적'(national)이라는 수식어를 붙인 이유는 죄르 지역을 벗어나는 지역에 대한 권위를 참칭하기 위한 것은 아니었다. 그러한 위원회들은 자신들을 특별한 생각 없이 '전 국민적' 또는 '혁명적'이라고 불렀던 것이다. 하지만 이제 이들 위원회들은, 그 자발적 기원에서, 그들의 구성에서, 그리고 그들의 책임감에서, 효율적인 식량배급체계와 질서의 유지에서, 청년층의 난폭한 분자들을 통제하는 힘에서, 소련군 문제에 대처하는 많은 사람들의 슬기에서, 그리고 1905년과 1917년 러시아혁명 당시에 러시아에서 급속히 생성되었던 노동자·농민·병사 평의회와의 놀라울 정도의 유사성에서, 헝가리 전체를 포괄하는 조직망으로서 놀라운 통일성을 보여주었다. 평의회는 봉기의

---

24) 같은 책, p. 192.
25) Radio Miskolc. Laski (편), 앞의 책, p. 98에서 재인용.

조직 —— 공장과 대학, 광산, 군대에서 선출된 대표들의 집합체 —— 임과 동시에 무장한 사람들이 신뢰하는 대중의 자주관리 기관이기도 했다.

물론 '아래로부터'의 진정한 혁명들이라면 그 어느 것에서나 보이는 '과도한' 토론, 논쟁, 말다툼, 부산함, 흥분, 선동, 동요 등도 볼 수 있었다. 하지만 그것은 현상의 한 측면일 뿐이었고, 다른 측면에서는 평범한 남녀, 젊은이들이 주도적 위치로 부상하여 AVH의 주도권을 탈취했다. 혁명은 그들을 앞으로 떠밀어 시민의 자부심과 천부의 잠재적인 조직 능력을 부각시켰으며, 그들이 관료제의 폐허로부터 민주주의를 일구어 내는 일꾼으로 되도록 만들었다.26)

그런 식의 사태가 국가 전역으로 확산되자, 정부는 다시금 권위를 회복하기 위해 양보 조치를 발표했다. 10월 27일 토요일에는 장관들이 교체되었다. 새로운 인물들이 영입되었고, 그중 몇 명은 공산당원이 아니었다. 동시에 정부는 노동자평의회의 존재를 인정했다. 라디오도 평의회 문제를 호의적으로 다루었다. 당의 잔여 기구들은 평의회가 존재하지 않는 공장들에 평의회의 결성을 장려함으로써 평의회 운동의 주도권을 잡으려 시도했다. 관제적 노동조합 역시도 평의회 건설의 필요성을 주장했으며 평의회의 요구사항을 자신들의 요구사항 명부에 올렸다. 전화기 공장에서 일하던 한 노동자의 말을 예로 들어보자.

10월 25일 나는 혁명적 전투에 참여한 후 공장으로 향했다. 3천 명의 노동자 중에서 약 800여 명이 중앙 강당에 모여 있었다. 감독관과 당서기, 공장위원회 위원장과 몇 명의 위원들이 연단에 서서 노동자들과 대면하고 있었다. 그 간부들은 노동자들에게, SZOT(전국 노동조합 평의회)가 호소문을 발표했고 당 중앙이 그것을 인정하여, 공장들에서는 노동자평의회가 구성될 것이며 미래에는 노동자들이 공장 내의 문제들에 대한 결정권을 갖고 공장을 운영하게 될 것이라고 말했다.

그 호소에 대한 노동자들의 반응은 SZOT와 당 중앙의 기대와는 다른 것이었다. 노동자들은 그 말을 진지하게 받아 들였다. 그들은 계속해서 자신들이 대표들을 선출했다. 그러나 그들은 지도부가 추천하는 인물들이 아니었다. 위에서 언급한

---

26) Peter Fryer, 앞의 책, p. 51.

간부들은 노동자들의 분위기를 알고는 자신들이 사임하는 것이 현명한 것이라고 생각하고 있었지만 우리 공장에서는 이들 중 어느 누구도 사직하도록 압력을 받지는 않았다. 감독관은 모여 있던 노동자들에게 자신을 계속 공장에 남아서 감독관으로 지명되기 이전의 직책, 즉 기구제작공으로 일하게 해 달라고 부탁했다. 노동자들은 이러한 부탁을 들어주었다. 우리는 대략 25명으로 구성되는 노동자평의회 임원들을 선출하고 즉각 파업을 결의하였다. 그 이유는 혼란스런 법령을 포고한 임레 나지 정부를 인정할 수 없었기 때문이다. 노동자평의회가 공장 노동자들의 승인을 얻은 후 정부에 보낼 항의 각서를 작성해야 한다고 제안되었다. 우리의 첫번째 요구는 헝가리에서의 소련군 철수, 다시 말해 국가의 독립이었고, 두 번째 요구는 소련군의 철수 후에 임레 나지가 정부를 이끌되 인민의 신임을 받는 인물들로 내각을 구성해 국사를 다뤄야 한다는 것이었다.

각 작업장에서는 2~3명의 대표들을 평의회에 파견했다. 관리부에서도 그렇게 했다. 결과적으로 25명의 평의회 임원 중에서 19명 내지 20명이 노동자였다.

평의회 임원 중에서 약 반은 23세와 28세 사이의 젊은이였다. 그들은 우리 공장에서 헝가리의 젊은이를 대표했다. 그들은 혁명 전의 활동, 즉 각종 시위나 스탈린 동상 끌어내리기 그리고 방송국 앞에서의 전투에도 참여한 바 있었다. 그들 중 일부는 대학에 다니고 있었다. 그들은 자신들의 젊고 혁명적인 기백으로, 이들과 같은 생각을 갖고 있으면서도 젊은이들에게 주도권을 넘겨준 나이든 노동자들을 이끌어 갈 수 있었다. 나이든 노동자들 중에는——특히 전화기 공장 노동자들의 경우에는—— 고참 노동조합원들이 많았다. 이들 중 많은 사람들은 구 정권 하에서 심지어는 공산당 집권 시기에도 감옥에 있었다. 이들은, 젊은이들이 주도권을 잡아야만 한다고 생각했다. 그들은, 그렇게 거룩한 싸움을 일으킬 수 있었던 젊은이들이라면 우리의 훌륭한 대표가 될 수 있다고 말했다. 이들이 전에 공산당원이었건 아니었건 그것은 문제가 되지 않았다. 전화기 공장에서는 약 90퍼센트의 노동자평의회 회원이 당에 속해 있었고, 그들 중 몇몇은 활동적인 당원으로 활약하고 있었지만 노동자들은 그들이 항상 자신들을 대변해 주었기 때문에 신뢰를 보냈던 것이다. 우리는, 오직 깨끗한 손을 가진 인물들만이 노동자평의회에 선출될 수 있도록 상당한 주의를 기울였다.[27]

여러 라디오 방송국들은 정부의 변화는 환영할 만한 것이지만 그 정도로는 충분치 않다고 분명한 어조로 말했다. 보르소드 군(郡) 노동자평

---

27) Toke, *The Review*(Brussels), 1960년 1월호, p. 75.

의회는 '새 정부는 환영하지만 우리의 요구, 특히 소련군 철수 문제가 관철되지 않는 한 파업은 계속될 것이다'[28]라고 선언했다.

> 발린카의 광부들은 5명의 대표를 자유 죄르 라디오 방송국에 보냈다. 그들도 역시 노동자평의회를 구성했으며, 광부들은 질서와 규율을 유지하고 있다. 하지만 그들은 부다페스트의 사태에 대해 관심을 갖고 지켜보고 있다. …… 그들의 첫 번째 요구는, 임레 나지가 헝가리에 주둔하고 있는 소련군의 철수를 요청하는 것이다.[29]

페츠에서는 약간 다른 소식이 날아들었다.

> 위기의 나날들이 지나는 동안 페츠 마이 (철도) 본부는 재조직된 중앙 지도부와 나지 동지의 뒤에 서 있다. …… 하지만 우리는 그 소식에 커다란 충격을 받았다. …… 정부는 러요시 베브리츠를 통신·우편국장관에 임명했다. 하지만 그는 철도에 독단적이고 무자비한 체제를 도입했던 바로 그 장본인인 것이다.

비교적 잘 조직되어 있고 또 단호했던 평의회들은 대표들을 장관에게 보내 요구사항을 들이밀며 압력을 행사했다. 죄르에서는 혁명이 시작된 지 4일 만에 부다페스트로 대표들을 보내 나지에게 입장을 전달했다. 그 후 3일 동안, 공장들과 부다페스트의 전사 그룹 그리고 지방 국가평의회들은 대표들을 보내 나지에게 요구사항을 제시하였다. 그런데 그 대표들의 어조는 한결같았다. '우리는 새 정부에 전적인 지지를 보낼 것이다. …… 새 정부가 우리의 프로그램, 특히 소련군의 철수 문제를 받아들인다면.'

중앙 정부가 선택할 일은 둘 중의 하나임이 명백해졌다. 즉 그들은 엄청난 규모의 소련군 병력과 탱크를 이용하여 무자비하게 혁명을 짓누르든가 아니면 대중의 요구를 받아들이면서 — 또는 적어도 그 요구를

---

28) Radio Miskolc, 10월 27일. Laski (편), 앞의 책, p. 98에서 재인용.
29) Radio Gyor, 10월 28일. Laski, 앞의 책, p. 120에서 재인용.

받아들이는 척하면서 — 커다란 양보를 감수할 수밖에 없었던 것이다.

정부와 당의 지도자들은 두 번째를 선택했다. 공영 라디오와 신문은 혁명에 대한 비난을 멈추고 혁명을 편들기 시작했다. 나지는 방송을 통해 처음으로, 군중의 대부분은 '반혁명 분자'가 아니었음을 인정했다. 그는 부다페스트로부터 소련군의 즉각적 철수를 약속했다.

하지만 간헐적인 전투는 그후에도 이틀간이나 계속되었다. 소련군의 철수는 약속되었으나, 소련군들은 군중들이 무기를 내려놓을 때까지 기다리겠다고 말했다. 새로운 병력이 헝가리로 이동한다는 소문이 떠도는가 하면, 소련군이 완전히 철수했다는 소문이 들리기도 했다. 하지만 화요일이던 10월 31일, 주요 도시들에서 소련군의 모습은 더 이상 보이지 않았다.

바로 그날, 이제 혁명이 일주일째 접어든 날에 새 정부가 구성되었다. 나지의 선언은 명료했다. '내각은 일당 체제를 폐지하고, 1945년에 존재했던 것과 같은 연립정당간의 민주적 협력 체제 위에 정부를 세울 것이다.'30) 새 정부에는 옛 비공산 계열 정당들이 지목했던 인물들을 다수 포함하고 있었다. 그러한 개혁은 사회의 상층부에만 국한된 것도 아니었다. 8년만에 옛 정당기구들이 다시금 가동될 수 있도록 하는 조치들이 즉각 취해졌다. 옛 건물들이 다시 문을 열었고 옛 신문들이 다시 발간되었다.

또한 새 정부는 혁명의 요구조건들 대부분을 수락할 듯이 보였다. 소련군의 헝가리에서의 완전 철수, 노동자평의회와 지역의 혁명 기관들에 대한 공식 인정, '농민들을 과도하게 압박했던'31) 식량 조달 체제의 폐지 등이 예정되었다.

외견상 혁명은 성공한 듯이 보였다. 하지만 그때까지도 해결되기에는 요원한 많은 문제들이 존재하고 있었다. 그리고는 5일 후, 그 승리의 행진은 갑작스레 멈추고 만다.

---

30) Laski (편), 앞의 책, p. 139에 인쇄된 연설.
31) Zoltan Tildy의 표현. Laski (편), 앞의 책, p. 140에서 재인용.

혁명인가 반혁명인가?

이제 우리의 이야기를 멈추고 그 혁명 속에 포함되어 있었던 몇 가지 쟁점을 논의하기에 적당한 시점이 되었다.

무엇이 일어났던가에 대한 가장 조야한 설명——그리고 당시 서방의 좌파를 지배했던 설명——은 헝가리 사태가 '호르티를 추종하는 반동분자들'과 '서방의 첩자들'이 선동한 '반혁명'이라는 것이다.

그러한 설명은, 1956년 서방의 모든 공산당들이 받아들였던 것이다. 대부분의 동유럽 공산정권(후에 소련의 지배에 반기를 들고나선 루마니아를 포함하여)과 중국 역시도 그러한 설명을 받아들였다.

하지만 지금까지 우리가 살펴본 바와 같이, 1956년 봄과 여름에 걸쳐 당 지도부에 도전하고 나선 사람들은 '호르티 추종자들' 또는 '서방의 첩자들'이 아닌 열성적 공산당원들이었다. 그들 중 많은 사람들, 요젭 실라지와 게저 로손치와 같은 사람들은 호르티 시기에 수감되어 고문당하기까지 했으며 나지와 같은 사람은 국외로 추방당해야만 했었다.

그후에 전개된 사태들에 관해서는 좌익 쪽에서 나온 많은 증언들이 있으며 서방 공산당원들이 내놓은 증언들도 있다. 그들은 한결같이, '파시스트들'이 개별적으로 이 사태에 관여하려 했을 수도 있고 서방의 선동가들이 자신들에 유리하게 사태를 해석하려 들기도 했지만, 그것이 결코 혁명의 주도적 요소일 수는 없다고 지적했다. 우리는 앞에서 『일간 노동자』(*Daily Worker*)의 특파원 페테르 프리에르의 증언을 인용했었다. 여기서 우리는 유고슬라비아와 폴란드의 **관변** 공산주의 신문의 기사를 인용해 볼 수도 있다.

바르샤바에서 발간되었던 『트리부나 루두』지(誌) 10월 28일자 기사에는 이렇게 기록되어 있다.

> 반복해서 말하지만 …… 대규모 운동에서는 무책임한 분자들이나 때로는 반동적인 분자들이 행동에 참여하는 경우도 적지 않지만, 그토록 지속적이고 격렬한 투

쟁에서 그들이 중추적 역할을 담당할 수는 없다.[32]

베로그라드에서 발간된 『보르바』 지(誌) 11월 1일자 기사는 이렇게 쓰고 있다.

우리가 대화를 나눈 모든 사람들은 혁명의 성과물들을 잃을 위험, 즉 재산과 토지를 이전의 소유자들에게 돌려주는 것과 같은 위험은 없다고 대답했다.[33]

한 폴란드 '좌파' 관찰자의 설명은 좀더 정확했다.

분열은 명확하다. 한편에는 국민들이 서 있고, 다른 편에는 정부와 AVH의 스탈린주의 도당이 서 있다. 군중 사이에는 수천 명의 공산당원이 있으며 …… 전체 청년 노동자계급과 학생들이 바리케이드를 치고 있다.[34]

하지만, 아마도 가장 설득력 있는 목격자는 혁명을 진압하고 헝가리의 새 지도자가 된 야노스 카다르일 것이다. 11월 1일, 그는 라디오 방송에서 이렇게 선언하였다.

장엄한 도약 속에서 우리 인민들은 라코시 정권에 대항하여 투쟁했다. 그들은 우리의 조국을 위해 자유와 독립을 쟁취했으며, 그것 없이는 우리에게 사회주의도 없을 것이다. 우리는, 이번 봉기를 준비했던 사람들이 우리의 행렬에 있던 사람들이라고 확신을 가지고 말할 수 있다. 공산당원, 작가, 기자, 학생, 페퇴피 그룹의 청년, 수 천 명의 노동자, 농민, 부당하게 투옥됐던 옛 투사들이 바로 선봉에서서 라코시의 폭정과 정치적 강도 행위에 대항해 투쟁한 사람들이다. 우리는 무장봉기에서 적절한 역할을 다해 준 당신들이 자랑스럽다.[35]

---

32) Laski (편), 앞의 책, p. 134에서 재인용.
33) Laski (편), 앞의 책, p. 152에서 재인용.
34) *Po Prostu*, 1956년 11월 25일.
35) Radio Kossuth에서, 11월 1일에 한 연설. Marie·Nagy (편), 앞의 책, p. 210에서 재인용.

하지만 일부 논평가들은, 비록 그들이 투쟁에 가담하게 된 동기가 '파시스트'적인 것은 아니었지만 그들의 행동은 국가를 약화시킴으로써 반혁명과 '자본의 복원'을 위한 기반을 준비할 수도 있는 실제적 위험을 지닌 것이었다고 주장했다.

그러한 관점은 적어도 세 가지의 측면에서 오류이다. 첫번째로, 이 관점은, 노동자평의회를 통해 자신이 속한 공장들의 통제권을 획득한 노동자들이 — 어떤 이해할 수 없는 이유들 때문에 — 공장의 통제권을 사적 자본가들에게 순순히 넘겨줄 것이라고 암시한다. 또 이 관점은, 국가에 대한 강제적 공납이라는 짐을 벗어버리고 집단농장이나 국영농장에서 운영하던 토지를 스스로 분배했던 농민들이 전쟁 전의 소유자들에게 토지를 넘겨주고 자발적으로 지대를 납부하기로 평화스런 합의를 할 것이라고 암시한다. 지난 200년간의 전반적인 역사를 보면 농민들은 자신들의 토지를 빼앗으려는 어떠한 시도에도 강력하게 저항할 것이라는 것을 알 수 있다. 헝가리 농민들 역시도 다를 바 없다. 사회민주주의 좌파였으며, 나지의 마지막 정부의 일원이었던 안나 캐슬리의 말을 들어보자.

프린스 에스테르하지(구 지주 가문 중 가장 큰 가문의 제일 윗사람)가 감옥을 떠난 후에, 그는 자신의 토지에 사는 농민들에게 얼마간의 식량을 보냈다. 농민들은 비록 굶주림과 궁핍에 시달렸지만 그 식량을 모두 되돌려 보내면서 그가 자신들의 일에 간섭하는 것에 대해 항의했다. 농민들은 그에게서 어떤 것도 받길 원하지 않았던 것이다.36)

그렇다면 노동자들의 경우는 어떠한가? 혁명이 정점에 이르렀을 때 노동자들이 자신들의 공장을 자본가들에게 넘겨주지 않도록 하기 위해서 경찰의 보호를 필요로 한다고 믿는 사람들이 있다면, 그 사람들은 분명 사회주의적 미래의 가능성에 대한 진정한 신념이 없는 사람들일 것

---

36) *Der Spiegel*, 1956년 12월 12일자에 실린 인터뷰.

이다.

두 번째로, 그런 주장을 펴는 사람들은, 만약 어떤 기적으로 인해 사적 자본가들이 헝가리와 같은 나라를 통제할 경우 어떤 짓을 벌일지 결코 생각해 본 적이 없는 것 같다. 가령, 그들이 자기들끼리 공장을 분배하여 한 자동차공장이 다른 공장과 경쟁하고 한 철강소가 다른 철강소와 경쟁하는 그런 경제 체제를 만들겠는가?

그들이 미쳤다면 그럴 수도 있다. 현대 자본주의의 특징은 경제력이 점차 소수의 손에 집중됨에 따라서 기업의 규모가 계속 증대한다는 것이다. 그래서 미국의 가장 큰 자동차공장인 제너럴 모터스(GM)는 가치로 따지면 세계의 모든 국가들보다 더 많은 생산을 하고 있다. 구식의 소규모 공장들은 결코 그러한 현대의 경제 괴물의 상대가 되지 못한다. 소규모 공장들은 점차 생산의 덜 중요한 영역으로 밀려나고 있다. 하지만 주요 산업들에서는 생존의 대가는 기업 합병이나 카르텔을 통한 기업 집중이다. 그리하여 각국의 대부분의 산업 부문에는 결국 오직 하나의 대기업체만이 남게 된다. 미국의 석유 회사들과 같은 예외가 있다고 하지만 이들은 상호 경쟁보다는 상호 협력을 꾀해 나가는 방향에서 하나의 규칙을 보여준다.

국제적 경쟁에 새로 들어선 신참의 소규모 국가들이 그렇게 고도로 독점화된 상황에서 산업을 발전시키려 할 때, 이들은 국내시장에서 경쟁하는 일국적 기업 이상으로 발전할 만한 여유를 가질 수가 없다. 그래서 종종 — 전쟁 전의 동유럽과 같이 공산주의에 광적으로 반대하는 정부 조차도 — 그러한 새로운 산업을 조직하고 자금을 조달하는 유일한 방법으로 국유화 조치를 사용한다.

제2차 세계대전 동안 독일군의 점령은 자본의 집중을 가속시켰지 그 역은 아니었다. 그 결과, 불과 두세 달 사이에 국유화 조치가 시행된 리투아니아 같은 나라에서도 산업은 옛 부르주아지의 손에 넘어가지 않았다. 때문에 구식의 사적 자본이 헝가리의 산업을 작은 경쟁 단위들로 나눈다는 것은 생각하기 어렵다. 요컨대, 제너럴 모터스를 해체하여 19세기 자본주의에서 볼 수 있던 전형적인 소규모 경쟁 단위로 나눌 것을 기대하는 사람은 아무도 없을 것이다. 아마도 그러한 사적 자본가들은 서로의 힘을 합쳐 함께 행동함으로써 실제적 문제들 — 세계시장에서 거인들과 경쟁하는 일 — 에 맞서 생존할 기회를 얻으려 할 것이다.

그러나 세 번째로, 그 사적 자본가들이 이윤에 관심을 둘 수 있다는 주장이 나올 수 있다. 아마도 그것은 일보후퇴를 의미할 것이다. 사실상 그들이 이윤에 관심을 가질 것이라는 점은 의심의 여지도 없다. 사적 자본가들이 생존하는 유일한 방법은 계속해서 가능한 한 많은 이윤을 노동자들에게서 뽑아 내어 세계시장에서의 경쟁을 성공적으로 이끌 수 있는 투자 재원을 충당하는 것이다. 그 목적을 위해 그들은 임금을 깎아 내리고, 생활수준을 하락시키며, 경쟁에서 살아남기 위해 더더욱 큰 기계를 만든다.

그런데 라코시가 통치하던 헝가리에서는 생산을 증대시키기 위해 임금을 삭감하고 생활수준을 낮추었는데, 그것은 더욱 크고 좋은 기계 등을 만들기 위해서였다. 그러면 라코시 정부가 그랬던 이유는 무엇인가? 그것은 간단하다. 그들은 이를 통해 국제수지의 적자 발생을 방지하기에 충분한 만큼의 상품을 해외에 판매할 수 있었고 이리하여 그들의 주인 격인 스딸린이 서방의 경쟁자들과 비슷한 수준의 군비와 설비를 갖추게 할 수 있었다. 달리 말하면, 헝가리 산업의 통제자들이 보인 그러한 행동은 경제 및 군사적으로 서방의 자본가들과 경쟁하기 위한 것이었다. 요컨대 라코시는, 헝가리의 사적 자본가집단이 했을 것과 똑같은 행동을 보여주었던 것이다.

사적 자본가들이 '공산당' 정부를 대신했다고 가정해 보면 헝가리의 노동자들에게 약간의 사소한 변화를 가져왔을지 모른다. 하지만 본질적으로는 그들의 상황에 아무런 변화도 없었을 것이다. 그 어떤 경우라도 맹목적인 경쟁이 그들의 삶을 지배했을 것이기 때문이다.

하지만 이번에는 문제가 달랐다. 자신들의 공장의 통제권을 획득하고 낡은 정권의 권력을 파괴함으로써 헝가리 노동자들은, 라코시의 관료제적 국가자본주의나 서방의 독점적 국가자본주의들보다 우월하고, 아래로 부터의 노동자들의 통제에, 그리고 경쟁을 위한 생산이 아닌 인간적 필요를 위한 생산에 기초한 사회조직 형태의 토대를 마련했다.

바로 그렇기 때문에 그렇게 많은 성명서들이 한결같은 목소리로 자유선거와 소련군의 철수를 요구했던 것이며 또한 "되풀이 말하지만, 우리는 대지주들에게 토지를 돌려주지 않을 것이며, 공장을 자본가에게 광산을 대실업가에게 그리고 군대의 지휘권을 인민의 적인 호르티 일당에게 되돌려 주지 않을 것이다"[37]라고 힘차게 선언했던 것이다.

헝가리혁명의 계급적 구성

그렇지만 헝가리혁명에 참여했던 세력들의 정체를 판별하고 이들을 이해하기 위해서는 단지 '반혁명'이란 비난을 반박하는 것만으로는 부족하다. 우리에게는 혁명 속에 내재한 각기 서로 다른 경향들을 분석하고, 그들의 프로그램과 사회적 뿌리를 비교해 보는 것이 필요하다. 하지만 불행하게도 헝가리 사건에 대한 그런 식의 분석은 아직껏 없었다. 대부분의 해설가들은 당시 힘차게 일어섰던 사람들이 동종의 대중이며 모두 같은 목적을 갖고 있었다는 식의 설명에 만족해 왔다. 하지만 헝가리 사태는 그 내부의 제 경향들을 식별하는 좀 더 엄밀한 조사를 해 볼 만한 가치가 있다.

1956년의 혁명 이전 시기에 헝가리에는 세 부류의 주요 계급들, 즉 노동자대중과 농민들 그리고 **중앙 정치관료** 등이 있었다. 이중에서 관료들은 생산수단(국영농장과 '집단'농장을 포함하여)에 대한 완전한 통제권을 행사하면서 노동자들에게는 노동력을 팔도록 강요했고, 농민들에게는 생산물을 판매하도록 강요했다. 그러한 주요 계급들 사이에는 여러 중간

---

37) 보르소드 전국 평의회 의장이 미슈콜츠 라디오에서 1956년 11월 2일에 한 방송 연설. Marie · Nagy (편), 앞의 책, p. 205에 수록.

계층이 존재했는데, 그들은 중앙관료들을 위해 봉사하는 대가로 특권을 얻었지만 생산수단에 대해서는 통제권을 나누어 갖지 못했다. 그 중간계층들에는 수만 명의 감독관, 경영자, 이데올로그, 군과 경찰의 간부 등이 포함되었다.

관료집단의 특성은 서방의 사적 자본가계급과 마찬가지로 생산수단에 대한 통제를 행한다는 점에 있다.38) 여기서 그들의 통제는 집합적 성격을 띄는데, 바로 이점이, 전체 자산을 각 개인들이 분산 소유하는 구식의 사적 자본주의와 다른 점이다(물론 서방에서도, 거대 기업들이 성장하여 국가와 연합하고 종종 재정 확장을 국가의 재원에 의존하는 일이 늘어나면서 개인적 소유 형태가 기본 패턴에서 벗어나는 경우가 많아지고 있다).

그렇지만 중앙 관료집단의 모든 성원이 그 통제권을 균등하게 나누어 갖는 것은 아니다. 서방의 자본가계급에는 수십만의 노동자를 고용한 사람들과 불과 수백 내지 수십 명의 노동자를 고용한 사람들이 동시에 포함되는 것과 마찬가지로, 관료계층에도 보잘것없는 통제권을 나눈 자들과 막대한 권력을 휘두르는 자들이 동시에 포함된다.

관료제라는 피라미드의 정점에는 전체 관료집단을 대표하여 전반적 결정을 내리는 핵심 그룹이 존재한다. 그 집단은 아마도 자본주의 회사의 이사회와 비교될 수 있을 것이다. 다른 것이 있다면 그들이 집중된 권력을 쥐고서 경제적 결정뿐만이 아니라 경찰, 법의 집행, 군사력의 사용 등까지 통제한다는 점이다.

하지만 그들의 행동은 여느 자본주의 회사의 중역들이 그러한 것처럼 제한되어 있다. 중앙관료들은 살아남기 위해서 외부 환경에 신경을 써야만 한다. 수출과 수입의 균형이 맞추어지고, 군사력은 어떤 외국 지배계급의 침탈을 방지할 정도는 되어야만 한다. 무엇보다도 그들은 자신들이

---

38) 이러한 접근법에 대한 상세한 설명으로는 J. Kuron · K. Modzelewski, *An Open Letter to the Party*를 보라. 영어 번역은 *A Revolutionary Socialism Manifesto*(London, 1968).

통제할 수 있는 생산수단들을 확장시켜야만 한다. 왜냐하면 이것이야말로 자신들의 권력과 특권, 나아가 자신들의 국제적 자주성을 재는 척도를 제공하기 때문이다. 헝가리에서 바로 이러한 정치적 지도 방침은 중앙의 목표—— 중공업의 개발—— 를 다른 사회 부문에 강제하기 위한 총체적 지배기구의 성립을 가져왔다. 그들은 그 기구를 이용하여 전체 관료계층의 규율을 잡고, 모든 관료들의 관심을 부과된 목표에 고정시키려 했다. 마지막으로, 또 그 지배기구는 자신들의 보호자인 소련의 요구를 충족시키기 위해서도 사용되었다.

우리 주장의 요점은, 나지의 반대가—— 폴란드에서 고무우카의 정책이 그랬듯이—— 주로 관료의 통치 자체에 대한 의문이나 축적이라는 관료제의 목표 그 자체에 대한 거부에 의해 촉발된 것이 아니라, 라코시나 게뢰 등등의 치하에서 그 목표들을 달성하기 위해 사용된 **특정 수단들**에 대한 강한 불만족에 의해 촉발되었다는 것이다.

나지 자신은 전체 구조에 의문을 제기하려는 의도가 전혀 없었다. 반대파 활동의 두 번째 시기(1955~56년)에 그가 내놓은 모든 주장과 호소는 헝가리의 관료제적 기구를 통제하던 자들이나 그것의 러시아쪽 주인들 중 한 사람이던 흐루시쵸프를 향한 것이었다. 그의 '선동' 대상은 협소한 범위의 당과 정부 관료들에 한정되었다. 나지에게 관료계층의 밖으로 나선다는 것은 파문을 의미했다. 그에게 적합한 토론의 장소는 당 지도자들 사이였다. 그리고 거기에서도 관료제적 통제의 규범들은 지켜져야 했다. "임레 나지는 당 내부에서의 합법성을 지극히 존중"했으며 당 내에서 분파를 형성하려는 생각에는 절대 반대했다.39) 그가 당의 주요 기구들에 보낸 각종 메모에는 끊임없이 전체 관료계층의 중심적 목표들에 대한 충성이 강조되어 있다.40) 라코시와 그의 추종자들에 대한 나지의 비난은, **그들이** 그 목표들을 위태롭게 만들어 왔다는 것이었다.

나지는 좀 더 폭넓은 관심사들에 손대기 시작했다. 그는 스딸린주의

---

39) L. G. in *The Review*(Brussels), Vol. V, No. 2, p. 37.
40) *Imre Nagy on Communism*(London, 1957)로 다시 인쇄됨.

기구의 타락과 부도덕성, 생활수준을 향상시켜야 할 필요성, '노동자 민주주의'의 필연성 등에 대해 말했다. 그리고 여기서 그의 진실을 의심할 이유는 없다. 하지만 중요한 것은, 그가 무슨 수단으로 개혁을 이루고자 했는가 하는 문제이다. 그는, 헝가리의 관료(와 소련 관료들)의 대부분으로 하여금 자신이 제시한 개혁들이 그들에게 이익이 된다는 점을 설득해야만 했다. 이런 식의 동기(動機)야말로, 나지와 그의 가까운 동료들 그리고 초기의 야노스 카다르의 특성이 어떠한가를 설명해 준다.

하지만 1956년 여름 나지 주변에 형성된 그룹은 전혀 동질적이지 않았다. 나지의 전기 작가 두 사람은 그 그룹의 성원들을 뚜렷이 구별되는 다섯 가지 성분으로 분류하였다.[41]

1. 나지의 가까운 측근
2. 작가와 예술인 그룹
3. 경제학자, 농경학자, 역사가 그리고 젊은 마르크스주의 이론가들로 구성된 당의 관료층
4. '러이크주의들', 즉 러이크에 협력했던 전력으로 투옥되거나 숙청당했던 사람들
5. 사회민주당과 '농민 사회당' 출신의 그룹

이질적 요소들의 이러한 응집은 관료적 위계질서내의 각계각층에게까지 확대되었다. 거기에는 또한 관료적 권력을 전혀 나누어 갖지 못한 작가나 지식인들의 집단이나 개인들도 포함되었다. 그러나 그들은 비교적 특권적 지위에 있으면서도 사회에 대한 아무런 실제적 통제력도 행사하지 못했다. 더욱이 나지의 지지자들 중에는—— 가장 권세있는 관료에 속하면서도—— 잘못된 이상주의에 현혹되어 스딸린주의 체제를 옹호하는 사람들도 있었다. 이들은 흔히 헝가리에서의 '공산당' 통치를 관념적으로 과장하곤 했다. 오직 미클로스 지메시와 같은 소수의 인물들만이 진정한 반대파의 구성을 주장했으며, 봉기를 '긍정적 요소'로 생각했다.

---

41) M. Molnar · L. Nagy, *Imre Nagy, Réformateur ou Révolutionaire*(Geneva, 1959), p. 133.

　반대파 운동의 가장 중요한 핵심 조직은 페퇴피 그룹이었다. 이 그룹은, 임레 나지의 측근에 있는 소수의 사람들과 나지의 프로그램에 대해 이야기 듣고 이것이 사회에 과도한 격변을 일으키지 않으면서 자신들의 처지를 개선할 수단이라고 본 많은 그룹들과 개인들 ── 작가와 기자들, 농경학자와 군 장교들, 대학교수와 정부 관료들 ── 을 실제적으로 연계시키는 역할을 해 주었다.

　하지만 페퇴피 그룹은 **혁명적** 조직은 아니었다. 그 그룹의 세 명의 서기 중 한 사람은 10월 23일의 시위가 있기 전 그들이 심의하던 사항을 이렇게 회고한다.

> 페퇴피 그룹의 지도자들과 학생대표들은 DISZ(공인된 청년조직) 본부에서 만나 시위 예정지와 시위의 평화적 성격에 대한 논의했다. …… (그들은) 임레 나지를 수상에 지명해야만 (수도에서의) 긴장을 줄일 수 있다고 생각했다. …… (시위대가 거리에 모여들자) 페퇴피 그룹은 그 운동을 고무하기보다는 억제시켰다.[42]

　그 목적은 '긴장을 줄이고' '운동을 억제시키고' '시위의 평화적 성격을 확실히 하기 위해서'였다. 즉 사회 혁명을 일으키려는 것이 **아니었다.**

　매우 흥미로운 것은, 페퇴피 그룹을 비난한 바 있던 공산당의 지도자들이, 이 그룹이 자신들과 공유하고 있는 공통점이 있다는 점을 깨닫고는 이들에게 이 억제의 역할을 부탁하게 되었다는 점이다. DISZ의 지도자들은 학생들의 독자적 조합을 만들려는 '움직임을 막아 달라고 페퇴피 그룹의 **정치부원**들에게 애원했다.' 라코시 지지자들의 한 사람이던 아프로(Apro)도 페퇴피 그룹에게 시위를 주도함으로써 '상황을 통제'해 달라고 애원했다.[43]

　혁명이 진압된 후에 부다페스트에 나돌던 한 팜플렛에는, 한 익명의 반대파가 페퇴피 그룹의 우유부단함을 지적했다.

---

42) Balazs Nagy의 말. Marie · Nagy (편), 앞의 책, pp. 183~184.
43) 두 사례의 관계에 대해서는 같은 책, p. 182에 설명되어 있다.

역사는 반대파가 옳았음을 증명해 준 것과 동시에, 반대파가 반대 자체에만 집착한 나머지 그것을 독자적 세력으로 조직하지 못했음을 꾸짖었다. 당이, 조직된 반당그룹에 대해 비난 성명을 발표할 때에도——그리고 그들이 또다시 그것에 대해 말하고 있는데도——반대파는 조직을 할 것이냐 말 것이냐에 대한 토론만을 계속했다. 또한 그들은 인민들, 우선 무엇보다도 노동자계급이나 여러 부르주아 민주주의 정당들과의 연계를 확립하려는 노력을 보이지 않았다. 혁명이 있기 전의 며칠 동안에도 그들은 청원서 작성에 시간을 허비했고 어두운 미래에 대한 화려하지만 그러나 백해무익한 예언들만을 내놓았다. 바로 그렇기 때문에 그들은 혁명이 발발했음에도 바리케이드 위에 서 있지 않고 망연자실한 당 본부의 복도에 가 있는 것이다. 혁명을 '준비'한 것은 반대파지만, 막상 혁명이 발발하자 그들만큼 어쩔 줄 몰라 한 사람들도 없다. 물론 그들 중에는 극소수의 예외도 있다. 10월 23일 이들은 행렬에 섞여 희색이 만연하여 의기양양하게 행진했다. 하지만 저녁이 되자 그들은 무기력하고 이해할 수 없다는 표정을 지었는데, 그것은 이제 역사가 갑작스런 도약을 하며 예측 못할 방향으로 나아갔기 때문이었다. 인민들이 반대파에게서 독립한 이유는 반대파가 근본적으로 인민들과는 유리되어 있었기 때문이었다.

비판의 무기가 무기의 비판으로 대체되었을 때 임레 나지 그룹이나 작가—언론인 운동 그룹 또는 페퇴피 그룹의 사람들은 거의 모습을 보이지 않았다. 그리고 심지어는 운동의 거대한 대중적 기반이 되어 주었던 대학의 청년들 중에서도 혁명 초기의 며칠 동안 전투에 참여한 숫자는 기대에 못 미쳤다. 몇몇 병원의 통계에 따르면 부상자의 80~90퍼센트는 노동자들이었고 대학생은 3~5퍼센트에 불과했다. 다른 그 어떤 주장보다도 이 수치가, 반대파가 단호하면서도 독자적 태도로 조직화했어야 할 의무를 방기했음을 설득력있게 말해 준다.44)

반대파의 망설임은 우연한 것이 아니었다. 그들의 불안은 바로 당 내부 조직의 성격에 뿌리를 둔 것이었다. 그들의 대부분은 그때까지도, 헝가리는 어떤 형태로든 사회주의를 향해 나아가고 있다는 사상적 혼란에 빠져 있었다. 지배집단은 마르크스주의의 언어——엄밀하게는 스콜라적인 횡설수설로 타락한 마르크스주의의 언어——로 스스로를 규정짓고

---

44) 부다페스트에서 1956년 12월에 발간된 'Hungaricus Pamphlet'. 영어 번역판은 같은 제목의 Brussels, 1959.

있었고, 반대파도 '비판적'으로나마 그 규정을 받아들이고 있었다. 그들은 그때까지도, 관료기구의 조직들이 사회적 개혁들을 달성할 수 있는 수단을 제공한다고 생각했던 것이다. 그들은 '위로부터의 사회주의'를 신뢰했고 '위'의 메커니즘, 즉 당 권력이라는 지렛대의 역할에 기대를 갖고 있었다. 그들은 게뢰에게 간청하고 압력을 가하고 심지어는 그를 대신할 조직을 만들기도 했지만, 결코 게뢰를 만들어 낸 사회를 완전히 변혁시킬 생각은 하지 않았다.

동시에, 그들 중 많은 사람들은 사회에 대한 공식 해석을 유지시킴으로써 직접적인 물질적 이득을 얻었다. 그들이 (반대 운동의) 하위 참가자일는지 몰라도, 그들은 아직 관료적 권력 행사에 참여하고 있었다. 전체 정치기구의 파멸은 그들의 파멸이기도 했으며, **그들이** —— 수동적 대중을 위해서든 또는 자신들의 이익을 위해서든 —— 일을 추진하던 메커니즘이 산산이 부숴지는 것을 의미했다. 물질적 특권에 관계가 없던 사람들도 계속해서 공식 이데올로기에 집착하면서 아래로부터의 어떠한 움직임에 대해서도 두려워했다. 왜냐하면 이것이 어쩌면 자칭 '마르크스·레닌주의자들'로부터 기구의 운영권을 앗아갈지도 모르기 때문이었다. 그들의 그런 관념 때문에 그들은, 아래로부터의 항의가 관료제적 채널을 통해 '안전'하고 '질서'있는 것이 되도록 최선의 노력을 기울였다. 폴란드의 많은 '좌파'들이 10월의 긴급하고 중대한 날들에 고무우카를 지지하며 '규율'을 주장했던 것과 마찬가지로, 부다페스트의 반대파는 그 봉기를 나지 정부라는 마차의 뒤쪽에 비끄러매려 하였다.

> 첫번째의 총성이 울린 후, 반대파의 가장 강경한 사람들은 임레 나지와 혁명가들 사이에 접촉선을 만들었다. …… 하지만 임레 나지의 집단을 인민대중의 운동과 통일시키려면 임레 나지 집단 쪽에서 매우 큰 발걸음을 내딛어야 했다.[45]

혁명 초기 나지 집단이 보여준 특징적 양상은 초조한 모습의 수동성

---

45) 같은 책.

이었다. 몇몇 소문에 의하면 나지 자신은 당 사무실에 실제적으로 억류된 상태에서 동의하지도 않는 선언문들——계엄령 선포와 같은——을 발표해야 했으며 소련군의 개입을 거부——그가 원했다 하더라도——할 수 없었다고 한다. 그리고 그의 '억류'는, 그가 혁명의 초기에 대표했던 사회계층들이 이데올로기적으로 감금되어 있었음을 상징했다. 나지와 그의 지지자들은 대중적 봉기를 두려워했다. 단지 그들은 위로부터 통제되는 개혁의 길을 게뢰가 여전히 가로막고 있다고 생각했던 것이다.

혁명 닷새만에 공식 권력이 항복하고 난 이후에야 나지는 활동 불능의 상태에서 풀려날 수 있었다. 이제 나지 집단은 그들의 모든 에너지를 인기를 회복하고 아래로부터의 운동에 대한 주도권을 되찾는 일에 쏟아 부었다. 하나의 역설이지만, 개혁주의자들의 최소한의 일부라도, '폴란드적 길'이 자신들을 데려다 놓을 궁극적인 귀착지를 미리 볼 수만 있었더라면 아마도 그들은 그것을 소름끼치는 것으로 받아 들였을 것이다.

대중봉기

대중적 봉기의 특징은 세 가지 부분, 즉 노동자평의회와 투쟁집단들 그리고 정당들을 살펴볼 때 가장 두드러진다.

노동자평의회는 자발적으로 구성된 조직으로 그 구성과 강령은 구성의 방식을 반영했다. 평의회의 대표자들은 갖가지 정치적 배경을 갖고 있었다. 또 어떤 경우에는 너무 젊어서 아무런 정치적 배경이 없기도 했다. 많은 사람들은 옛 사회민주당과 노동조합의 투사 출신이었고, 일부는 호르티나 라코시 통치 때 감옥에 간 경력이 있었다. 일부는 공산당 출신이었다. 공산당 정부에서 정치관료를 지낸 소수의 저명 인사들——특히 강력한 죄르 국가위원회를 이끌던 어틸러 시게티——도 있었다.[46]

-----

46) 시게티는 하원의원이었는데 나중에 죄르로 추방되었다. 그곳에서 그는 집단농장을 관리했다. 나지가 첫번째로 수상직에 있을 때에는 죄르 지역의 부의장을 지

노동자평의회에서는 격렬하고 지속적인 토론이 진행되면서 혁명의 방향과 목적 그리고 적절한 행동 방침 등이 논의되었다. 당면 문제들에 대한 평의회의 견해는 명확했다. 소련군 철수, 공장에서의 노동자 통제, 스딸린주의로의 회귀 반대, 전쟁 전 공장 소유주들의 복귀 반대 등이 그것이었다. 하지만 당 내부의 반대파를 괴롭혔던 것과 동일한 이데올로기적 전도(顚倒)는 평의회에서도 느낄 수 있었다. 그래서 마르크스주의적 언어로 말하는 사람들이 가장 전투적이고 자기 의식적인 것이 아니라 가장 보수적일 수 있었다. 활동적인 공산당원들이 이 노동자 저 노동자를 붙들고 몇 가지 마르크스주의적 문구를 가르치기도 했다. 하지만, 그것에는 종종 구 정권 하의 경영자들과 협력해야 한다는 단서가 수반되었다. 가장 뛰어나고 가장 전투적인 노동자들은 사회주의 혁명이라는 통상의 용어를 완전히 배격했다. 그들에게 그 술어는 라코시나 또는 그들이 전적으로 신뢰하지는 못했던 나지를 연상시켰기 때문이었다. 그렇다면 노동자들이, 강제 수용소 위에서 펄럭이고 있던 그 붉은 깃발을 도대체 왜 높이 흔들어야 한단 말인가?

그럼에도 불구하고 그들의 슬로건 — 공장은 **우리의 것이다** — 에는 마르크스주의의 핵심이 요약되어 있다. 평의회의 토론에 괴상하게 왜곡된 언어가 끼여들게 되는 것은 바로 여기서부터이다. 사회주의에 대해 좋게 말하는 사람들은 종종, 고무우카 통치 하의 폴란드식 '사회주의'를 염두에 두고 있었다. 어떤 사람들은 사회주의라는 용어를 덜 사용했지만 그들도 자신들이 겪은 새로운 경험이나 1945년 이전 사회주의와 노동조합 운동의 오랜 교훈으로부터 사회에 대한 새로운 개념을 찾기 위해 노력하고 있었다. 그 개념은 헝가리의 옛 정당들 모두에게는 상당히 낯선 것이었고 단지 1917년 러시아의 경험과 레닌의 『국가와 혁명』 속에서 그 윤곽이 제시되었을 뿐인 것이었다.

적어도 공식적으로는 '거리에서의' 정치가 공장들에서의 정치보다는

냈다. 나중에 그는 카다르의 감옥에서 죽었다. Marie · Nagy (편), 앞의 책, p. 81.

더 '우익적'인 것이었다. 거리에서의 정치에는 지난날의 노동조합 운동의 용어법이나 전통의 영향력은 비교적 적었다. 중요한 것은 소련군에 맞서 싸우고 AVH를 몰아낼 수 있는 능력이었다. 거기에서는 용기와 단호함이 존경을 받는 자질이었다. 온갖 정치적 배경을 지녔던 사람들이 그런 모습을 보여주었다. 그래서 전투의 '지도자들'은 매우 다양한 부류의 사람들이었다. 팔 말레테르는 1943년부터 당원이던 군 장교였다. 야노시 서보(Janos Szabo)는 나이 많고 겸손한 인물로 소규모의 청년 투사들을 이끌었다. 요젭 두다시는 공산당과 소지주당 당원 출신으로 8년간 감옥에 있었는데 그에 대한 설명은 다양했다. 예컨대 '진보적 민족주의자이며 신비의 선동가이다',47) '노동자이지만 천부의 지도자이고 개인적 매력과 함께 몽상가의 기질과 선동가의 경향을 보여준다'48) 등의 평가가 그것이다.

공장들과 지식인들 가운데서 존재했던 이데올로기적 모순은 거리에서도 마찬가지로 존재했다. 가장 용맹한 투사들은 낡은 체제와 그와 관련된 모든 것을 즉시 거부했다. 그들에게 있어서는, 정권이 스스로를 은폐하기 위해 사용하던 사이비 마르크스주의의 알 수 없는 말들은 압제의 상징이었다. 동시에 그들은, 싸움의 목적이 공장들을 새로운 자본가적 압제 집단에게 넘기려는 것이나 토지를 옛 지주에게 돌려주려는 것이 아님을 명백하게 알고 있었다. 이 때문에 어떤 관찰자들에게는 외견상 모순적인 현상들이 눈에 띄었던 것이다. '우리가 대화를 나눈 모든 사람들의 한결같은 대답은 …… 공장이나 토지가 옛 소유자에게 되돌려질 위험은 없다는 것이다. …… 하지만 모든 사람들은 헝가리에서의 우익적 행로를 예언하고 있다.'49)

헝가리에서 '좌익'과 '우익'의 전통적 개념은 완전히 뒤바뀌어 사용되어 왔다. 공식적 용어에 따르면 나지는 '우익'이고 라코시는 '좌익'이었다

---

47) F. Fejto, *Budapest 1956*(Paris, 1966), p. 205.
48) P. Zinner, *Revolution in Hungary*(New York, 1962), p. 291.
49) *Borba*(Belgrade), 1956년 11월 1일.

(『포 프로스투』가 '좌익'이던 폴란드와 비교해 보라). 이것은, 자신들의 **실천** 속에서 스딸린주의만큼이나 서구적 사회조직 형태를 거부했던 사람들을 혼란스럽게 만들었다. 스딸린주의의 지배와 마르크스주의적 용어법의 훼손이 이런 혼란을 불가피한 것으로 만들었던 것이다. 헝가리인들 중에서 서방세계를 방문한 사람은 거의 없었고 또 방문했다 하더라도 그곳에서 서구의 어두운 구석 ― 제3세계의 빈민지역은 그만두고라도 데리(Derry)의 빈민굴, 미국 도시들의 슬럼가 등 ― 을 본 사람 역시 거의 없었다. 그들은 그저 막연하게 서방의 생활수준이 높다는 것 정도만 알고 있었는데, 그것도 서방의 선전 방송을 통해서 전달된 정보일 뿐이었다. 많은 사람들이 가공의 서방을 자신들이 원하던 대안, 즉 축적을 위한 생산이 아닌 인간의 필요를 위한 생산, 언론의 자유 등을 실현시켜줄 대안을 상징하는 사회로 생각하게 된 것이다.

하지만 그러한 친서방적 색채가 헝가리의 지배계급에 대항해서 투쟁하던 투사들을 도울 수는 없었다. 그것은 투쟁에서 아무런 도움도 되지 않았다(왜냐하면 서방 측에서는 군사적 개입은 하지 않겠다는 분명한 입장만을 거듭 밝히고 있었기 때문이다). 그것은 헝가리의 경제문제에 대한 어떤 구체적 해결책도 제시하지 못했다. 왜냐하면 헝가리가 서방적 자본주의라 가정해 본다 할지라도 그것은 라코시가 했던 것과 마찬가지로 축적을 위해 임금을 강제 삭감하려 했을 것이기 때문이다. 무엇보다도 서방의 이데올로기는 혁명가들이 당면한 과제 ― 새로운 형태의 인민적 권력을 어떻게 건설할 것인가 하는 문제 ― 에 대해서는 아무런 대답도 해 주지 못했다. 노동자평의회란 개념은 동방의 정치형태에도 적대적인 것이었지만 서방의 정치 형태와도 완전히 대립되는 것이었다. 사실 '우익적인' 친서방적 분위기가 초래한 유일한 실천적 결과는, 폴란드에서 카톨릭 교회가 끼쳤던 영향과 마찬가지로, **헝가리의 고무우카** 치하에 획일적 국가자본주의가 재확립되는 것을 도왔던 것이라고 생각할 수 있겠다.

옛 정당들이 재조직되기 시작한 지 7일 만에, 이와 똑같은 모순이 다시금 모습을 드러냈다. 8년 동안이나 정치적 압제에 시달렸던 사람들은 문제를 토론할 자유, 입장을 분명히 표현할 자유, 스스로를 위한 정치에 참여할 자유 등의 새로운 자유를 행사하기 위해 옛 정당들로 달려갔다. 하지만 그 옛 정당들은 국가가 당면한 급박한 문제들에 대해서 조치할 아무런 권한도 갖고 있지 못했다.

모든 사람들은, 혁명 자체가 자생적으로 산출한 최소 강령 ─ 토지를 농민에게, 공장을 노동자평의회로, 소련군의 철수 등 ─ 을 당연한 것으로 받아 들였다. 하지만 그들은 그 이상 전진하지 못했는데, 그것은 그들의 관념이 이미 1945년에 굳어 버렸기 때문이었다. 그 어느 누구도 봉건적 잔재가 광범위하게 남아 있던 전쟁 전의 낡고 후진적인 헝가리로 돌아가는 것이 가능하다고 생각하지는 않았다. 사실 각 정당들도, 대부분의 산업이 국가에 의해 운영되고 있는 나라를 어떻게 운영할 것인가 하는 문제를 고려해야만 했고 독립적 사영지는 최소한의 수준이 될 수밖에 없다는 ─ 오늘날의 폴란드에서와 같이 ─ 는 점도 당연한 사실로 받아 들였다.

가장 큰 규모의 옛 정당은 마지막 자유선거에서 60퍼센트를 득표했던 소지주당이었다. 소지주당의 지도자이던 벨라 코바치는 이렇게 자신들의 입장을 털어놓았다. '아무도 귀족과 은행 그리고 자본가들의 세상으로 돌아갈 것을 꿈꾸어서는 안된다. …… 진정한 소지주당의 당원이라면 1939년이나 1945년의 노선을 답습하려는 생각을 갖지 않는다.' 하지만 코바치는, 새로운 사고방식이 자신들의 정당을 나머지의 광범위한 운동으로부터 구별짓는 것이 무엇인가를 설명해 내지는 못했다.

그렇게 사람들이 낡은 구식 정당들에 가입하기 위해 몰려들고 있었지만, 그들은 현실적으로 벌어지고 있는 실제의 논쟁들에 대해서, 특히 노동자평의회 문제에 대해서는 대체로 관심을 두지 않았다. 대신에 그들은 당원을 끌어들이는 데에만 관심을 집중했다. 그 정당들의 구 지도자들의 주된 관심사는 헝가리의 사회조직을 개편하는 문제보다는 기존의 개편된 질서 속에서 어떻게 하면 중요한 역할을 차지할 수 있을까 하는 문제인 것 같았다. 그들은 정부에 참여하길 갈망했다. 하지만 그들이 '개혁주의적 공산주의자들'이 제안한 정부정책에 대항한 일이라곤 없었다.

그래도 조금 다른 역할을 할 수 있었던 유일한 정당이 있었다면 그것은 사회민주당이었을 것이다. 그들은 마르크스주의의 전통을 따른다고 주장했다. 하지만 사회민주당의 지도자들은 8년 동안의 공백기 이후에도 우유부단하게 알 수 없는 말을 남발하고 단호한 입장을 표명하지 못하는 등 사적 자본주의가 지배하던 당시의 그 모습을 그대로 보여주었다.

바리케이드 위에 서서 투쟁하였고 여러 노동자평의회들을 이끌었던 많은 젊은 혁명가들이 그 정당들에 대해 단지 경멸감밖에는 느끼지 못했다는 사실은 결코 놀라운 일이 아니다. 보르쇼드 군(郡) 노동자평의회 대표들은 '정당들은 정계 개편과 정당간의 말다툼에 몰두하고 있어서는 안된다'50)고 요구했다.

이중 권력

모든 위대한 사회 혁명에서 기존의 지배계급을 대변하고 유지시키는 일에 복무하던 국가기구는 붕괴한다. 그 기구는, 반대 입장의 사회 세력들이 사회생활을 통제하고 조정하려 하면서 제거되는 것이다. 모든 혁명적 계급은 사회를 스스로의 이익에 맞게 개조하면서 자기 고유의 권력기구를 창출하기 마련이다.

1917년 러시아혁명 당시, 짜르 정권의 붕괴는 바로 그와 같은 국가권력의 분열을 가져왔다. 한편에는 부르주아 임시정부가 존재했고, 다른 한편에는 각 지역에서 자발적으로 생겨나 노동자들의 직접적 이익을 대변하고 혁명을 조직한 민주적으로 선출된 노동자평의회(소비에트)가 존재했다. 임시정부는 모든 국가권력의 공식 상징, 즉 장관, 공직자, 경찰

---

50) Radio Kossuth. Laski (편), 앞의 책, p. 172에서 재인용.

서장, 군 장성들을 통제했다. 하지만 그들이 옛 기능을 수행하기 위한 수단들은 모두 그들을 떠나 있었다. 장군들에게는 군대가 없었는데, 그 것은 병사들이 다른 곳에서 명령을 받고자 했기 때문이었다.

1917년의 러시아에서 소비에트는 권력의 수단들, 그것도 강력한 수단들을 갖고 있었다. 소비에트는 각 지역의 직접적 대표들로 구성되어 있었다. 그리고 그 대표들은 노동자와 농민 그리고 병사들이 직접 선출했다. 각 지역에서는 소비에트 혹은 평의회만이 권력을 갖고 있었고, 가장 기초적인 일마저도 소비에트의 손을 거쳐야만 해결되었다. 그러나 소비에트는 10월까지 사회 전체에 대한 중앙집권적 권력을 행사할 준비를 갖추지는 못했다. 2월부터 10월까지 사회는 임시정부와 소비에트간의 불안정하고 거북한 타협 위에서 운영되었다.

바로 그와 똑같은 **이중 권력**의 상황이 헝가리혁명에서도 재연되었다.

공식적으로는 정부가 통치를 했다. 정부는 관공서 건물들을 통제했고, 다른 나라들의 인정을 받았으며, 정부의 후임자는 일체의 권력 장치들을 물려받았다.

하지만 실질적으로 전체 국가기구는 몰락한 상태였다. 군대는 이미 붕괴되어 있었다. 정부가 약간의 권위를 유지한 곳이 있긴 했지만 그것은, 드물게 사병들로부터 좋은 평판을 얻고 있는 장교에게 병사들이 충성을 보여주었기 때문이었다. 민간 방범대원들은 각 자유 투사 그룹에 합류한 상태이거나 사태가 좀더 조용해질 때를 기다리고 있었다. 정치경찰은 쥐새끼 마냥 구멍 속으로 숨어들었다. 그들은 그 속에서 숨어 있거나 자포자기의 잔혹한 몸짓으로 싸우며 복수와 증오의 봉기가 끝나기를 고대하면서 지연작전을 벌였다. 국가의 선전 기관은 대체로 직원들에게 접수되었는데, 그들은 자신들의 일에만 몰두하거나 새로 탄생한 혁명적 평의회들에 합류했다.

각 지역에서, 거리에서, 공장에서 일을 진행시킬 수 있던 주체는 옛 국가기관이 아니라 새로운 혁명적 평의회들이었다. 공장을 가동시키려 하거나 음식을 얻기 위해서는 평의회의 허락이 필요했으며, 혼란의 위험은 평의회가 막아 주었다.

별다른 안정적 기구도 없는 정부로서는 단지 한 가지의 무기, 즉 임레 나지의 개인적 명성을 이용하는 수밖에 없었다. 물론 소련 주둔군이라는 또 다른 무기가 존재하기도 했다. 하지만 만약 정부가 소련군에 요청해 대중적 저항을 짓누른다면, 그것은 경제를 후퇴시킬 것이고, 개혁 강령의 저변에 깔려 있는 동기(動機)와 모순될 것이었다. 그리고 그것은 소련에 대한 헝가리의 의존도를 조금이라도 약화시키고자 하는 나지 지지자들의 희망을 꺾어 버린다는 것을 의미했다.

정부는— 적어도 봉기의 3일째 되는 날부터는— 저항 운동을 평화적인 방법으로 통제할 수 있기를 기대했다. 나지에게 물리적 무기는 거의 없었다 하더라도, 그의 사상적 무기고는 아직 넉넉했던 것이다.

모든 혁명에는 이중 권력을 보완하는, 또 하나의 특수한 모순이 나타난다. 그것은, 거리나 공장에서 가장 혁명적인 모습을 보이던 바로 그 사람들이 옛 관념들에 굴복하기를 그만두지 못한다는 것이다. 처음에는 몇몇의 대담한 개인들만이 낡은 질서를 완전히 뒤바꾸려는 생각을 갖는다. 하지만 대부분의 사람들은 자신들의 새로운 권력을 만들고 있을 때조차도 위를 쳐다보기만 한다. 태어날 때부터 반복되어 온 복종의 습관은 하룻밤 사이에 사라지지 않는다. 많은 반란가들은 기존의 권위에 머리 숙이는 혁명을 만들려 한다.

헝가리에서 두 개의 권력 원천간에 일시적인 협정이 체결될 수 있었다. 정부는 처절한 반대 투쟁에서 간신히 승리를 거두고서 모종의 개혁을 이행하려던 참이었으므로, 대중의 반란을 회유하기 위해서라면 더 많은 약속도 감수하려 했다. 한편 대중들은 수년간의 동면에서 이제 막 눈을 뜨려는 상태였으므로, 과거의 습관을 완전히 떨쳐 내지 못하고 있었다. 잠시 동안이었지만 양 편의 미래상은 서로 일치하는 듯이 보였다.

서로의 통일이라는 이 조화로운 외관은 10월 23일 처음으로 모습을 드러냈다. 당분간 나지는 들고 일어선 대중의 모든 입장을 대변할 듯이 보였다. 그러나 일단 나지가 정부에 들어서자 조화의 환상은 사라져 버렸다. 헝가리의 학생 신문인 『에제테미 이퓨샥』(*Egyetemi Ifjuság*)은 10월 29일 이런 글을 실었다.

> 화요일 저녁 …… 이 땅 전역이 임레 나지를 원했다. …… 전체 헝가리 인민들은 임레 나지를 신뢰했다. …… 그 이후 그 신뢰는 날이 갈수록 약해지고 있다. 지금 전체 인민들은 결코 임레 나지를 따르고 있지 않으며, 그에게 실망을 느끼고 있다.[51]

양보 조치들

정부가 그러한 피상적 화합 정신이나마 회복시키기 위해서는 군중의 요구들을 어느 정도라도 충족시켜야만 했다. 따라서 소련군의 철수가 시작되고, 연립정부가 들어섰으며, 자유선거가 약속되었다. 전투가 멈춘 후 며칠 동안 비슷한 조치들이 추가로 취해졌다. 봉기에 참가해서 가장 인기를 누렸던 군 장교인 팔 말레테르는 국방장관에 임명되었다. 옛 정당의 대표들도 각료직을 얻었다. 또한 정부는 AVH 전력자들을 순차적으로 검거할 것을 승인했다.

하지만 그러한 조치들이 충분한 것은 아니었다. 여러 평의회들은 계속해서 정부의 정책에 반대하는 선언문을 발표했다. 그리고 각 평의회들은 서로 협력하여 영향력을 증대시키려는 움직임을 보이기 시작했다.

죄르의 혁명평의회는 이미 시위대로부터 대항 정부를 세우라는 압력을 받고 있었다. 10월 30일에 정부가 변화를 알리는 성명을 발표하고 나서야 그 압력은 조금 누그러졌다. 그렇지만 그 이후 헝가리 서부를 가로질러서 모인 400명의 대표들이 '범 다뉴브 혁명위원회'를 조직하기 위해 죄르에 모였을 때 '대다수의 대표들은, 정부가 혁명의 요구들을 충족시킬 때까지 파업을 계속할 것을 결의했다. …… 범 다뉴브 혁명위원회는

---

51) Laski (편), 앞의 책, p. 127에서 재인용.

요구사항이 관철될 때까지 정부를 인정하지 않으려 했다.'52) 관철되지 못한 주요 요구사항은 헝가리의 중립화 선언에 관한 것이었다. 하지만 더 중요한 것은, 총선거에 매달려 있던 군 장교들의 임명권을 가진 '중앙 국가위원회'의 설립에 관한 언급이었다. 반면에 부다페스트에서는 '11월 4일 전까지 (즉, 소련의 2차 개입이 있기 전까지) 중앙 노동자평의회 건설에 대한 생각을 하는 사람은 없었다.'53)

하지만 각 노동자평의회들은 파업의 계속 여부를 놓고 논쟁을 벌여야만 했다. 많은 사람들은, 소련군의 완전 철수가 이루어질 때까지 작업하지 않겠다고 계속 주장했다. 비록 전투는 끝났지만 정부의 권위는 회복되지 못했던 것이다.

이것을 잘 보여주는 하나의 사건이 있다. 두다시가 이끌던 반란 그룹은 결코 새 정부에 만족할 수 없었다. 두다시의 주요 요구사항은 혁명군의 대표단을 정부에 보내야 한다는 것이었다. 냉소적 비평가들은 그가 자신의 대표단을 보내려 한다고 비꼬았다. 하지만 이유야 어찌되었든 이미 『서버드 넵』(*Szabad Nép*) 지(誌)를 장악하고서 이 신문의 출간을 막고 있던 두다시의 그룹은 나지와의 협상에 실패하자 11월 2일 외무성 건물을 점거하려 하였다. 그 반란 기도는 두다시가 검거되면서 수시간 만에 끝이 났다. 그 사건은, 그때까지 정부가 통치 능력이 없으며 다만 각기 다른 반란 그룹의 불협화음 덕택으로 유지되었다는 사실을 보여준다.

11월 1일 나지는 마지막 양보를 했다. 그는 헝가리의 중립을 선언하고 바르샤바 조약기구를 탈퇴할 의사를 밝혔다. 그는 여러 군 부대와 반란 그룹 그리고 일부 민간 경찰을 기초로 하여 통일된 국민 방위군을 창설하는 작업에 착수했다. 방위군은 부다페스트의 질서를 유지시키는 임무를 맡아 AVH 요원들을 검거하고 약탈을 방지했을 뿐 아니라 잔존하던 적대적 반란 그룹을 무장 해제시키고 '소탕'했다.

---

52) Hungarian News Agency. Laski (편), 앞의 책, p. 148에서 재인용.
53) Toke, 앞의 책, p. 77.

부다페스트의 국영 라디오와 죄르의 반란군측 라디오는 동시에 자신들이 이제 동일한 프로그램의 방송에 합의하게 되었다고 보도하였다. 그 내용을 들어보자.

정반대의 방향으로 치닫던 두 라디오 방송국이 서로를 발견했다는 사실은 국민적 합일의 표현이다. 지금 부다페스트와 각 지방, 인민과 정부는 똑같은 것을 원하고 있다.

정부와 평의회가 서로의 합의하에 나라를 운영하고 있었다. 바로 이것이야말로 '질서'의 회복 뒤에 숨어 있는 비밀이다. '합법적' 국가권력과 실제적 지방 권력이 다시금 서로를 보완했던 것이다. 둘 사이에 가로놓인 문제들은 자취를 감춘 듯이 보였다. 각료들이나 카다르와 같은 강경파 공산당원들도 라디오를 통해 평의회와 봉기를 칭송했으며, 평의회들은 정부를 전적으로 승인한다고 말했다.

그렇지만 화합이라는 이 외관은, 반란 운동의 초기에서와 마찬가지로, 환상적인 것에 불과했다. 정치·사회의 오래된 문제들은 해결되지 못한 상태였다. 누가 공장을 통제할 것인가 하는 문제, 즉 각 평의회의 대표들이 참여하는 전국적 조직을 통해 노동자들이 주요 경제문제를 결정하고 그것의 이행 상태를 감시할 것인가 아니면 중앙의 관료들이 계획을 수립하고 노동자평의회에게는 지역적 수준에서 계획의 실행에 '참여'하는 것만이 허용될 것인가 하는 문제는 결정되지 못하고 있었다. 또한 정치적 삶의 내용이 무엇이 되어야 할 것인가 하는 문제 역시도 해결되지 못하고 있었다. 그것은, 이후의 정치적 삶이, 몇년마다 한번씩 비슷한 강령을 가진 여러 낡은 정당들 사이에서 어느 하나를 선택하는 것이어야 하는가 아니면 노동대중이 참여하여 사회의 방향에 관한 진정한 토론을 하는 것이어야 하는가 하는 문제였다.

평의회들이 정부를 통제해야 하는가 아니면 정부가 평의회들을 통제해야 하는가라는 근본적 문제는 그때까지 언급조차 되지 않았다.

불과 며칠의 시간으로는 그러한 문제들에 관해 해답을 얻는 것은 불가능한 것처럼 보였다. 아니 그런 문제를 제기하는 것조차 힘들 듯이 보였다. 대부분의 노동자들은 고심하면서, 그들의 목표와 그 목표의 달성 방법을 찾으려 하였지만 여전히 자신감을 갖지는 못한 상태였다. 1917년에 러시아에서 노동자 소비에트와 병사 소비에트가 스스로의 손에 권력을 집중시키기로 결심하기까지 무려 8개월이 걸렸다. 1936년에 스페인에서 공화당 정부와 그의 동맹자들이 무장한 대중의 손에서 권력을 제거하기까지에도 비슷한 시간이 걸렸다.[54] 헝가리에서는 그 문제가 해결되기까지 8개월은 고사하고 단 2주일도 걸리지 않았다.

하지만 일부의 사람들은──비록 그 문제를 충분히 인식하지는 못하고 있었지만──무언가 잘못되었다는 사실을 깨닫고 있었다. 많은 노동자와 학생들은 옛 정당들의 활동들과 그들이 원하던 국가 형태에 대해 날카로운 의문을 던졌다. 그들은, 봉기가 진행되면서 건설된 평의회들이 새로운 유형의 자율적 정부를 의미한다는 것을 느끼고 있었다. 그리고 그들은 낡은 정당들이 출현하여 그것을 방해할 뿐이라는 것도 느끼고 있었다. 그러한 느낌은 그때까지 보편적이지는 못했다. 여타의 노동자들은, 평의회는 오직 공장의 운영에만 권한을 가져야 하고, 정치는 자유선거로 선출된 국회가 담당해야 한다고 생각하고 있었다.

당시 평의회의 역할에 관한 가장 진보적 요구는 부다페스트가 아닌 미슈콜츠에서 제기되었다. 국가평의회 의장은 그곳의 요구사항을 정리해서 나지에게 전달했다. 그 내용에는 소련군의 철수와 노동자, 학생, 광부, 병사 등을 만족시킬 경제 프로그램의 요구 외에 다음의 요구가 들어 있었다.

정부는 부다페스트와 각 부문의 노동자평의회를 골간으로 하고, 거기에서 민주적

---

54) 이것에 대한 상세한 설명으로는 F. Morrow, *Revolution and Counter-Revolution in Spain*(London, 1963)과 George Orwell, *Homage to Catalonia*(London, 1962)를 참조하라.

으로 선출된 대표들로 구성되는 혁명적 국가위원회의 구성을 추진해야 한다. 동시에 구(舊)의회는 해체되어야 한다.[55]

배반 행위

반란으로부터 새로운 질서가 나타나기 시작했다. 하지만 그 질서는 많은 문제들이 여전히 해결되지 않은 상태의 질서였으며, 8년 동안 헝가리를 통치해 온 자들도 전혀 만족할 수 없는 그런 질서였다. 정부의 양보 조치는 '개혁된' 방식에서조차도 관료적 통치를 안착시키는 것처럼 보였으며, 갈수록 전망은 멀어져 갔다. 당 내부의 반대파였던 개혁주의자들은 이제 더 이상 미래에 대한 명확하고 통일된 전망을 갖지 못했다. 이들 중의 일부는, 자신들의 과거의 명성을 이용하면, 폴란드의 고무우카처럼, 소련으로부터 일정한 국가적 독립성을 획득할 수 있고 또 사회에 대한 통제권을 다시 확립할 수 있다고 믿었다. 하지만 또 다른 일부의 사람들은, 이러한 전망이 날이 갈수록 점점 더 가망성이 없게 되어가고 있다고 생각했다. 그들은, 과연 자신들이 제시한 국가적 자립이라는 선언을 철회하지 말아야 하는지, 또 과연 소련군을 믿지 말아야 하는지를 회의하고 있었다.

11월 1일, 목요일 카다르는 코슈트 라디오 방송에서 "우리 인민들은 장엄한 봉기로 라코시 정권을 제거했다"라고 말했다. 하지만 그날 저녁 카다르와 그의 동료 뮤니크는 부다페스트에서 사라졌다. 3일 후 그가 다시 나타났을 때 그는 이렇게 말했다. "우리의 조국을 비참한 상황으로 몰아넣었던 자들은 바로 그 반혁명 분자들이다."[56]

수요일 저녁, 소련군은 부다페스트에서 철수했다. 하지만 '반혁명'에

---

55) Radio Miskolc, 1956년 11월 2일.

56) Statement of the 'Revolutionary Worker-Peasant Government', 1956년 11월 4일. Laski (편), 앞의 책, p. 236에서 재인용.

대한 선전전은 폴란드와 유고슬라비아를 제외한 소련과 동유럽의 공산당 기관지를 통해 계속되었다. 그리고 수상쩍은 병력의 이동도 계속되었다. 피해를 많이 입고 사기가 떨어진 일부의 소련군 부대가 헝가리를 떠나고 있었던 반면 다른 부대가 교체되어 들어왔다. 소련의 지도자들은 뻔뻔스럽게도 부대가 단지 이동 중일 뿐이라고 확언했다. 하지만 새로운 분견대가 주요 지점들을 점거하고서 부다페스트를 각 지역 중심들로부터 고립시켰다. 나지 정부는 새롭게 설정된 헝가리의 중립성이 침해당했다고 공식 성명이나 UN을 통해 불평하기 시작했다.

토요일이던 11월 3일, 소련은 군대의 완전 철수 문제를 협상할 대표단을 파견해 줄 것을 헝가리 정부에 요청했다.

말레테르가 헝가리 군사 대표단을 이끌었다. 회담은 오후에서 저녁에 이르기까지 만족스럽게 진행되는 듯이 보였다. 그런데 밤이 늦어 부다페스트가 고요해지자, 소련의 비밀경찰 간부들이 갑자기 회담장에 뛰어들어 헝가리 대표단을 모두 체포해 감옥으로 끌고 갔다.

반혁명

그 다음날인 일요일, 부다페스트 전역은 시 외곽에서 들리는 포성에 놀라 깨어났다. 소련군 탱크가 밀고 들어와서는 킬리안 병영이나 코르빈 극장 같은 반란의 거점을 집중적으로 에워 쌌다. 그곳을 향해 탱크는 무자비하게 포탄을 퍼부었다. 정부청사들뿐만 아니라 라디오 방송국이나 헝가리 통신사 등의 통신 요지, 그리고 나지가 머물고 있던 국회의사당 모두가 포위당했다.

5시 30분, 나지는 라디오를 통해 이렇게 말했다.

오늘 아침 동틀 무렵 소련군은 우리 수도에 공격을 개시했다. 그들의 명백한 의도는 합법적인 헝가리 민주 정부를 전복시키려는 것이다. 우리 군대도 이에 맞서 싸우고 있고 정부도 제자리를 지키고 있다.

30분 후 나지는 소련과 협상하고 있는 군사 대표단에게 소련에 대한 저항을 조직하기 위해 되돌아오라고 호소했다. 그때까지 아무도 그들이 구속되어 수감당했다는 사실을 몰랐던 것이다.

소련군은 신속하고 효율적으로 움직였다. 몇시간만에 수도의 전략적 요충지는 소련군의 수중에 떨어졌다. 지방에서도 역시 소련군이 몰려들어 살인을 자행했다. 나지와 각료들은 유고슬라비아 대사관으로 피신했다.57) 그러나 그 '개혁' 정부가 붕괴되었다 하더라도 아직 대중의 저항이 붕괴되지 않은 것만은 분명했다.

헝가리 인민들은 소총과 권총, 이따금씩 경기관총, 그리고 주로 화염병으로 반격을 가했다. 대규모 산업단지의 노동자들은 저항의 중심이 되었다. 카다르는 자신의 매국적 정부를 가리켜 '혁명적 노동자와 농민의 정부'라고 불렀지만 혁명적 노동자들은 그의 말이 거짓임을 증명했다. 체펠, 위페슈트, 미슈콜츠, 그리고 무엇보다도 두나펜텔레에서 노동자들은 자신들의 성과물을 지키기 위해 거리로 달려갔다. 육체적으로 전투에 참가하지 못하는 사람들은 총파업으로 싸움을 벌였다.

체펠 지역에 붙여진 포스터는 모스크바 당국의 거짓말에 경멸을 퍼부었다. 그 포스터에는 '체펠 지역 공장들의 4만여 귀족들과 파시스트들이 지금 파업을 계속하고 있다'고 씌어 있었다.

소련군은 무장 항거에 야만적이고 포악하게 대응했다. 1871년 파리꼬뮌을 제압하고, 1919년 벨라쿤 체제를 분쇄하고, 1944년 바르샤바를 황

---

57) 19일 후 카다르는 유고슬라비아 대사관을 통해 나지와 각료들이 대사관을 떠나더라도 안전을 보장하겠다고 했다. 그들은 버스에 올랐다. 하지만 버스가 대사관을 출발해 수백 야드 정도 움직이자 정치경찰 요원들이 버스를 덮쳤다. 정부는, 나지가 '루마니아로 갈 것을 요청'했다고 발표했다. 그리고 18개월 후 카다르 정부는 임레 나지, 팔 말레테르, 요젭 실라지 그리고 미클로스 지메시가 처형되었다고 발표했다.

폐하게 했던 그 비인간적 만행이 부다페스트 거리에서 재현되었던 것이다.

크레믈린은 소련군 보병을 투입해 헝가리의 투사들과 총 대 총으로 맞서게 할 수는 없었다. 크레믈린이 만약 보병을 투입했더라면 그들 사이에는 이상한 감정이 나돌았을 것이다. 그들도 상대방이 자신들과 같은 노동자이며 파시스트나 서방의 첩자들이 아니라는 것을 깨닫게 되었을 것이기 때문이다. 그래서 크레믈린은 보병을 투입하는 대신 뚜껑덮힌 탱크를 동원해 저항의 근거가 될 수 있는 모든 건물에 계획적인 포격을 가했다. 그 과정에서 노동자계급의 주거 지역 전부가 산산조각으로 부숴졌으며, 2천명 이상의 사람들이 죽었다.

그런데도 무장 저항이 중단되지는 않았다. 저녁까지 소련군은 부다페스트의 거의 전 지역을 장악했지만 도시 중심부에서는 소규모의 방위군과 몇몇의 병사들 그리고 자유의 투사들이 3일 동안이나 버티어 냈다. 부다페스트의 노동자계급 8번 구역, 도시 외곽의 산업지역, 그리고 각 지방의 산업 중심지에서는 일주일 동안 전투가 지속되었다. 두나펜텔레에서는 탱크의 포격으로도 부족해 공중지원까지 받아야 했다.

계속되는 맹포격과 파괴 행위로 군사적 굴복이 불가피해지자 노동자 그룹은— 때로는 소련군에서 탈주한 병사들과 함께— 숲으로 숨어들었다. 페츠와 콤로 근처의 메첼 산(山)에서, 광부들은 12월의 첫째 주까지 반격을 계속했다.

라디오 방송국들은 하나씩 차례로 소련 침략자들의 수중으로 넘어갔다. 이들은 방송을 중단하기 전에 절박하게 최후의 도움을 요청했다. 이들의 호소는 UN과 서방의 열강들에 보내졌는데, UN은 그럴듯한 결의문이나 채택하고 나중에 흥미로운 보고서 정도를 펴낼 뿐이었으며 열강들은 선전 연설만 할 뿐이었다. 헝가리인들의 서방에 대한 원조 요청은 헛수고로 돌아갔다. 서방 지도자들은 이미 1945년에 소련과 하나의 합의를 하고 있었기 때문이다. 혁명의 초기에 이미 '국무성은, 티토를 통해, 이번의 갈등을 이용하여 소련의 이익을 해칠 의도를 전혀 가지고 있지 않다는 것을 다짐하는 메시지를 크레믈린에 전달했다.'58) 아이젠하워는 일주일 후에 가진 연설에서 자신의 분명한 입장을 밝혔다. "우리는 무장 폭동을 주장하거나 촉구한 적이 결코 없다. …… 미국은 지금도 그렇지만 과거에도 결코 무방비의 사람들에 의한 공공연한 반란을 옹호한 적이 없었다."59)

자유의 투사들이 서방 열강들에 대해 약간의 환상을 가지고 있었던 반면, 그 열강들은 그들에 대해 어떠한 환상도 갖고 있지 않았다. 그들은, 한 사회가 자본가나 관료들에 의해 통치되지 않고, 노동자평의회를 통해 아래로부터 민주적으로 운영되어야 한다는 생각 ─ 바로 그런 사회를 위해 자유의 투사들은 죽어 갔다 ─ 이 현실의 국가자본주의의 경쟁자만큼이나 독점 자본가의 지배에도 위험하다는 것을 알고 있었던 것이다.

이중 권력의 두 번째 시기

소련은 자신의 군사력에 기대어 헝가리 영토에 대한 통제권을 확보할 수 있었다. 하지만 그들은 헝가리 인민들을 다스릴 수는 없었다. 노동자들은 거리에서 싸우는 것이 불가능해지자, 파업이라는 무기로 싸웠다. 싸움이 벌어진 첫날부터 모든 작업장에서는 작업을 멈추었고, 다시 작업이 시작될 기미도 보이지 않았다. 노동자계급의 역사에서 가장 지구(持久)적이고 맹렬했던 총파업이 진행되었던 것이다.

카다르 정부는 정부청사들을 통제했지만 그 밖의 일은 할 수 없었다. 관료들은 소련군의 호위 없이는 거리를 나다닐 엄두도 못 냈다. 그들은 결코 국가를 운영할 수 없었던 것이다. 산업생산은 멈춘 상태였고, 전기도 없었고, 식량공급이 부족했으며, 전화망과 우편은 그곳 노동자들이

---

58) G. Urban, *Nineteen Days*(London, 1957), p. 158.
59) 1956년 11월 14일의 연설.

허용할 때에만 쓸 수 있었다.

하지만 일상 생활이 지속되어야 했으므로, 마침내 어느 정도의 사회적 조정이 불가피하게 되었다. 공식 정부는 그 일을 할 수 없었던 탓에 필수 과제들 중 상당 정도가 노동자평의회로 이양되었다.

주요 노동자평의회 대표 중의 한 사람은 당시의 상황을 다음과 같이 전한다.

노동자들은 완전한 혼란 상태를 목격했다. 생산은 완전히 멈추었고 심지어는 일을 해야 한다는 사실마저도 잊혀졌다. 따라서 대규모 산업공장의 노동자들은 지역적 협력을 위해 힘썼다. 이웃 지역 노동자평의회들이 모임을 가졌다는 소식을 듣고서 우리도 회합을 조직했다. 이것이, 지역 노동자평의회가 결성되게 된 경위이다. 협력은 일을 쉽게 만들었다. 우리는 서로 정보를 교환할 수 있었고 결의를 일치시킬 수도 있었다. 우리 모두가 원하던 바는 똑같은 것이었는데 서로 다른 결의를 채택할 필요가 어디 있었겠는가? 그리고 우리 모두는 새 정부를 반대하고 있었기 때문에 더 큰 조직을 만들어 더 강력한 힘을 발휘해야 한다고 생각했다.

노동자들은 무엇인가를 해야 한다고 느꼈다. 나라에는 책임있는 지도자가 전혀 없었다. 사실, 헝가리에는 약 20만 명의 소련군이 주둔하고 있고 또 카다르의 정부가 있긴 했지만 카다르는 단지 의사당 건물의 주인에 불과했다. …… 소련군의 몰지각한 행동으로 수많은 사람들이 집을 잃었다. 그들에게는 도움이 필요했다. 사회적 원조를 위해서도 또한 협력이 필요했다. 지역 노동자평의회들이 자신들의 결의에 대해 토론했던 것은 사실이다. 하지만 과제들이 누적되면서 부다페스트의 모든 산업공장의 대표들이 함께 모여야 할 필요성이 시시각각으로 더욱 절박해져 갔다.[60]

11월 12일 우이페슈트의 노동자평의회는 지역 평의회들과 공장평의회들에게 다음날에 부다페스트 전체 회의를 개최하자고 요구했다. 대표들이 예정된 회의 장소로 모여들자 우이페슈트의 노동자들은 대표들을 기다리고 있다가 다른 장소로 안내했다. 우이페슈트의 평의회 임원들이 전

---

60) Toke, 앞의 책, p. 77.

날 밤 구속되었던 것이다.

우리는 가장 중요한 공장들의 대표들과 첫 모임을 가졌다. 우리 모두의 열망은, 지역 및 공장평의회들의 과업을 조직할 중앙 노동자평의회가 존재해야 한다는 것이었다. 하지만 우리는 방법상의 문제 때문에 합의에 이르지는 못했다. 이것은 11월 14일 오후 4시에 일어난 일이다. 벨로 야니시 공장의 대표이던 산도르 발리가 일어서더니 자신과 헝가리 철강공장, 체펠 식물성기름공장, 그리고 체펠 제철공장의 대표들이 막 의회에서 돌아오는 길이며 그곳에서 카다르를 만나 자신들의 요구사항을 전달했다고 말했다. 여기서 지적해야 할 점은 모든 공장과 지역 평의회들의 결의문이 거의 동일했다는 사실이다. 그들은 모두, 부다페스트와 국토 전역에서의 소련군 철수, 자유선거, 다당제, 산업의 사회적 소유, 민주 노동조합의 복구 등을 요구했었다. 혁명의 요구들, 즉 파업과 집회의 자유, 언론과 종교의 자유 등이 함께 제기되었던 것은 물론이다. 흥미로운 것은, 그 회의에 참가했던 대표들이 모두 다른 곳에서 왔음에도 불구하고 그들의 요구가 마치 그 전에 토론이라도 했던 것처럼 비슷했다는 것이다. 사실 그들은, 노동자들이 보낸 대표였고, 모든 곳의 노동자들은 똑같은 요구를 했다. 또 농촌 출신의 어떤 대표들은, 노동자평의회를 건설하자는 부다페스트의 발의가 있은 직후에 모든 곳에서 노동자평의회가 형성되었다고 말했다.

발리가 카다르에게 요구사항을 전달했다고 말했을 때, 회의장의 모든 사람들은 이제 정부가 노동자들의 결의를 알게 되었을 것이라며 기뻐했지만, 그 요구를 중앙 조직의 대표들의 발의로 전달하지 못했던 점을 모두 아쉬워했다. 그랬더라면 그 요구의 비중이 더 커졌을 것이기 때문이었다. 회의에서는 앞으로 만들어질 중앙 조직이 위에서 언급한 요구사항들을 기초로 일을 시작할 것을 결의했다.61)

대표들은 한 가지 중요한 문제에 부딪혔다. 총파업에도 불구하고 노동자들은 11월 4일 이전에 자신들이 내걸었던 요구들을 강요할 힘을 아직 갖지 못하고 있었던 것이다. 완전한 승리에 대한 희망은 사라졌고, 이제 그들이 할 수 있는 일이란 양보를 따내는 것을 목표로 삼는 것뿐이었다. 카다르는, 한결같이 '우리는 카다르 정부를 인정하길 거부한다'로 시작되는 노동자평의회들로부터의 메모조차도 받길 거부함으로써, 자

---

61) 같은 책, p. 78.

신의 입장을 분명히 했다. 따라서 모임에서는 많은 토론을 거친 후에 벨로야니시 공장의 입장을 지지하기로 합의되었다.

> 우리는 공식적으로 카다르 정부를 인정하지 않는다. 하지만 우리가 그들과 협상할 준비가 되어 있는 이유는 그들을 인정하든 인정하지 않든간에 그들이 이 나라의 사실상의 주인이기 때문이다. 그들은, 적어도 서류상으로는, 명령을 내린다. 그러나 우리는 그들을, 인민들이 선출한 정부로 인정할 수 없다. 파업은 지속되기 어렵다. 그것은 노동자들에게 비축품이 없기 때문이다. 따라서 우리는 만약 카다르 정부가 소련군의 철수에 관한 즉각적인 협상을 시작하고 임레 나지를 정부에 복귀시킬 것을 보장한다면 11월 19일 월요일 부로 작업을 재개할 것을 제안한다.[62]

새로 구성된 대(大)부다페스트 중앙 노동자평의회는 운송조합 본부에서 일을 시작했다. 즉각적으로 그것은 부다페스트의 모든 노동자들의 관심을 집중시켰다.

> 곧 명확하게 드러난 사실은 (한 대표자의 기록이다) 대중이 우리에게 큰 신뢰를 두고 있다는 것이었다. 그들은 모든 문제와 근심거리를 들고 와서 우리의 도움을 청했다. 정부는 그저 무시당할 뿐이었고 모든 사람들이 문제의 해결을 위해 우리에게로 왔던 것이다. 그래서 대중들이 부딪힌 다소간 중요한 문제들을 처리하는 것이 우리의 중요한 일과가 되었다. 우리는 해외에서 보내 온 식량, 의류, 약품 등의 배급을 도왔고, 악습을 찾아내어 시정하는 등의 일을 했다.[63]

소련에 반기를 들었던 많은 사람들에 대한 국외추방을 저지하기 위해 그 평의회는 점령군 당국과 직접 협상을 시작했다.

그 평의회는 가장 중요한 결정사항들을 공장들의 대중 집회를 통해 인가받아야 했다. 종종 그러한 결정사항들 —— 특히 '사실상' 카다르를 인정한다는 부분과 파업을 끝낸다는 부분 —— 은 심각하게 문제되기도 했

---

62) 같은 책, p. 79.
63) Miklos Sebestyen의 말. *The Review*(Brussels, 1961), No. 2, p. 43.

다. 그 평의회가 여러 지역의 공장들에서 선출된 노동자들의 직접적 대표들로 구성된 관계로, 평의회의 회의에서는 각 공장간의 의견 불일치가 초래되기도 했다. 극소수의 대표들은, 자신들이 대표하는 노동자들의 견해를 대변하지 못하고 무조건적인 파업 종결을 주장했기 때문에 평의회에서 쫓겨나기도 했다.[64]

평의회의 대표들은 카다르와 협상을 벌여 자신들의 견해를 주장하려했다. 카다르는 양보할 준비가 되어 있다는 인상을 풍겼을 뿐만 아니라때로는 대표들과 견해를 같이한다는 인상을 주기도 했다. 그는 유고슬라비아 대사관에 있는 나지를—오직 나지만이 유고슬라비아 대사관에있었다—'밖으로 나오도록 설득'하여 그와 직접 대화하고 싶다고 말했다. 그는 또한, 비(非)공산당 계열의 정치인들이 정부에 참여하도록 권유했다고도 말했다. 카다르는 폭압에 대한 실제 책임이 자신에게 있는 것이 아니라는 일반적 인상을 주기 위해 노력했던 것이다. 하지만 그는 평의회의 실제적 요구들에 대해 아무런 양보도 하지 않았다. 그의 정부가공장들의 평의회를 지지한다고 말하기도 했지만, 그러나 그것은 평의회의 기능이 엄격하게 제한되어야 한다는 분명한 단서를 달고서였다. 그는철도와 우체국, 관청들에서 평의회의 권력이 존속된다는 것에 강력한 반대를 표명했다. 그는 민주적인 절차에 따라, 이전의 일부 대표들 대신평의회 임원이 된 노동자들을 거부했다. 또 그는 평의회의 일간 기관지를 만들겠다고 하는 요구를 딱 잘라서 거부했다.[65]

사실 카다르는, 위압적인 소련군이 있긴 했지만, 공장들에서 부다페스트 노동자계급과 정면으로 충돌하는 것은 가급적 피하는 것이 좋다는사실을 깨달았다. 그는 노동자계급의 지도자들을 회유하고, 그들의 태도에 영향을 미칠 수 있는 방법을 찾음으로써 정상적인 경제 상태를 회복하고 점차로 평의회를 관료제적 통치로 대체시킬 수 있기를 희망했다.

---

64) 같은 책, p. 47에서 인용.
65) 중앙 노동자평의회 회보 1956년 11월 30일자에 실려 있는 이 협상에 대한 기록을 보라. *The Review*(Brussels, 1960), No. 2, p. 112에 번역되어 있다.

하지만 평의회는 카다르가 결코 경험할 수 없었던 종류의 조직이었다. 그것은 아래로부터의 진정한 민주주의에 복무하는 조직이었다. 그 조직은 쉽사리 봉쇄할 수도, 또 부패하게 만들 수도 없었다.

하지만 카다르의 접근 방법은 평의회에게는 상당한 득이 되었다. 평의회는 당분간 합법적으로 활동할 수 있었다. 평의회의 임원들은 소련군으로부터 통행증을 발급받아 부다페스트를 나다닐 수 있었다. 또한 그들은 특정 문제들을 놓고 소련군 혹은 카다르와 협상을 벌일 수도 있었다.

무엇보다도 평의회는 노동자계급을 대변하는 전국적 조직의 창설 기반을 마련할 수 있었다. 11월 21일에는 전국 노동자평의회들의 대표 회담이 소집되었다. 처음에 카다르와 소련군 당국은 그 회의를 묵인할 듯이 보였다. 중앙 평의회는 비무장의 체펠 노동자들을 동원해 질서 유지를 위한 규찰대를 편성했다. 그러나,

8시에 소련군이 도착했다. …… 중포(重砲)와 탱크, 자동차 등 전부 합쳐서 400여 대 가량 되었다. 기관총 사수는 완전 무장을 하고 있었고, 탱크는 여차하면 발포할 기세였다. 그들은 스타디움을 에워싸고는 스타디움과 연결된 모든 거리를 봉쇄했다. 우리는 지방 대표들을 영접할 소수의 인원만을 뒤에 남기고서 MEMOSZ 본부로 갔다. 당시에 부다페스트 지역 공장들의 대표들은 초대되지 않았었는데, 그것은 지역 평의회가 그 공장들을 대표했기 때문이었다. 하지만 데브레첸, 베스프렘, 이노타, 모하치, 페츠, 두나펜텔레 등지의 모든 대규모 광산과 공장의 대표들은 초대되었다. 헝가리 산업의 대표들이 다 모인 셈이었다. 지역 대표들 역시 민주적으로 선출되었다. 그들 모두에게는 정식 임명장이 주어졌다. 이곳에 도착했을 당시에 그들은 화가 머리끝까지 나 있었다. 자신들은 작업을 하지 않는데 우리만 작업을 하고 있다면서, 우리가 자신들을 속이고 배신했다는 것이었다. 사실, 부다페스트 외의 지역에서는 그때까지 파업을 계속했으며, 타터버녀와 같은 곳에서는 광산들을 침수시키기까지 했던 것이다.
우리는 그 대표들과 함께 MEMOSZ 본부까지 갔지만, 기관총을 앞세우고 앉아 있는 즈리니 군사학교 생도들의 방해로 안에 들어갈 수 없었다. 그래서 우리는 아카파 거리의 중앙 노동자평의회 본부로 되돌아 갈 수밖에는 없었다. 하지만 다른 대표들은 뒤에 남기고, 중앙 평의회 임원들만 되돌아갔다. 그런데 우리가 본부의 건물로 다가섰을 때는, 진입을 허락하지 않으면 소란을 일으키겠다고 하는

광부들이 기다리고 있었다. 그들은 당시 상황을 지지할 수 없다고 말했고, 우리도 이제 카다르와 같은 인물과는 타협할 수 없음을 깨달았다. 그는 우리에게 탱크를 보냈던 것이다. 우리에게 남은 선택은 단지 파업을 계속하는 것뿐이었다.

부다페스트의 노동자 대표들은 지방의 대표들에게 파업을 중지해야만 했던 이유를 설명하려 노력했다. 하지만 그들은 들으려 하지 않았다. 마침내 죄르 지방의 대표가 우리 편으로 돌아서서, 다른 대표들에게 우리의 행동 동기를 이해하도록 노력해 보자고 말했다.

우리는 작은 도시나 마을에서는 서로가 잘 알고 있기 때문에 상황의 발전을 전달하기가 쉽다고 주장했다. 그런 장소에서 무슨 일이 일어난다면 반시간 안에 모든 사람이 그 소식에 접하게 된다. 하지만 부다페스트는 150만의 주민을 갖고 있다. 만일 우리가 파업을 계속한다면 노동자들간의 접촉이 불가능해질 것이었다. 더군다나 우리는 지방과도 지속적인 연락을 취해야 하는 입장에 있는 것이다.

저녁 9시가 되자 그들도, 우리가 옳다는 것을 인정했다. 우리는 깊은 우애로 어우러졌다. 우리는, 만약 우리가 지금 당장 전국 노동자평의회를 창설한다면 파멸은 물론 소련군 탱크도 불러들이는 꼴이 된다는 결론에 이르렀다. 우리는, 정부가 인정한 합법 기관인 중앙 평의회는 존속시키면서 연락책을 통해 — 비합법적으로 — 지방 평의회와 연락을 취하기로 결정했다. 연락책은 지속적으로 우리의 결의사항을 알려주고, 결의의 승인 여부는 그들이 결정할 수 있도록 했다. 우리는 항상 모든 사항에 대한 그들의 의견을 청취할 수 있었다.

이렇게 하여 비합법의 전국 노동자평의회가 생겨나게 되었는데 명의상으로 그것은 끝까지 부다페스트 중앙 노동자평의회로 남아 있었다.[66]

우리는 전국의 산업 중심지들과 늘 밀접한 연락을 취했다. 베스프렘, 페츠, 타터버녀, 콤로, 미슈콜츠 지역의 대표들과 티서 강 건너 지역 그리고 티서와 다뉴브 사이 지역의 대표들이 부다페스트에 주재했다. 공장에 흩어져서 숙식을 하던 30~40명의 지방 대표들은 매일 중앙 노동자평의회를 방문했고, 그들은 전화나 또는 철도 노동자들을 통해 전문을 보내서 조직과 연락을 취했다.[67]

부다페스트에서 중앙 노동자평의회는, 자신이 노동자계급을 이끌 수 있다는 사실을 입증해 보였다. 11월 19일에 노동자들로 하여금 작업을 재개하도록 설득할 수 있었던 것은 평의회뿐이었던 것이다. 이제 그들은

---

66) Toke, 앞의 책, p. 81.
67) Sebestyen, 앞의 책, p. 50.

전국 대회를 열지 못하게 한 것에 항의하여 부다페스트 전역에서 48시간 동안 작업을 중지할 것을 호소했다. 카다르의 탱크도 공장을 계속 가동시켜 나갈 수가 없었다.

아래의 호소문을 통해 우리는, 설립된 지 일주일이 된 평의회의 역할이 무엇이었는가를 알아 볼 수 있다.

**대부다페스트 중앙 노동자평의회가 각 공장,
지방 및 군 평의회들에게 보내는 호소**

노동자 동지들!

주지하는 바와 같이 대부다페스트 중앙 노동자평의회는 11월 14일, 공장 노동자평의회들의 활동을 조정하고 우리의 공통된 요구를 표현하기 위해 대규모 산업체들의 발의로 설립되었다. 그후 중앙 노동자평의회는 비타협적 자세로 각종 공개 토론회에 우리의 요구사항을 제시해 왔다. 비록 지금까지 얻은 성과는 결코 만족할 수 없는 수준이지만, 우리는 협상 과정에서 10월 23일의 영광스런 전국적 혁명의 목적과 기본 요구사항에서 벗어난 적은 결코 없었다.

우리는 노동자계급의 위임을 받았으며, 맡은 바에 따라 우리의 공장들을 지키고 우리의 조국을 필요하다면 목숨까지 바치면서 자본가와 봉건적 복고로부터 지켜내겠다는 주장을 다시금 반복한다. 하지만 우리는 동시에 우리의 사회적·경제적 체제를 헝가리 고유의 방식으로 독자적으로 건설하기를 원한다. 그리고 우리는 혁명의 목적을 포기하지 않을 것이다. 우리는 노동이 사회의 근본이라고 생각한다. 우리는 노동자이며, 노동하길 원한다. 우리는 바로 그런 목적에서 11월 21일 전국의 지역 및 지방 대표들을 부다페스트 운동 경기장에 소집하여 가장 중대한 문제, 즉 작업 재개 문제를 이 노동자평의회 전국 대회에서 토의하려 했던 것이다.

정부는, 우리가 사전에 대회의 목적을 통보하고 정부의 대표를 초청했음에도 불구하고, 그 선의의 대회 개최를 방해했다. 예기치 못한 정부의 그런 행동은 상황을 더욱 악화시켰다. 정부의 간섭이 알려지자, 부다페스트의 공장들과 공공 운송 기관은 즉각 일을 멈추고 항의파업에 돌입했다.

하지만 우리는 정부의 방해에도 불구하고 지방 대표들과 회의를 개최했다. 우리는 전국에 걸쳐 48시간의 항의파업을 벌인 **후에**, 만약 정부가 전국 노동자평의회를 노동자계급의 유일한 협상 단체로 인정하고 혁명의 기본적 목표들을 포함하여 11월 14일에 제출된 우리의 요구들을 놓고 즉각 협상을 재개하려 한다면, 파업권은 우리 수중에 남겨 둔 채 작업을 재개하도록 결의했다. 이런 방침에 따라 페츠콤로 지방 광산 대표들을 포함한 우리측 위원회는 11월 22일 저녁 야노시 카다르 수상과 대화를 가진 바 있다.

23일 아침, 우리 대표단의 일원인 요젭 발러주는 대화 결과를 전해 왔다. 그 전달의 요지는 다음과 같은 것이다. 즉 수상이 대부다페스트 중앙 노동자평의회를 대화의 상대로 공식 인정하고, 노동자평의회의 권한을 인정함과 동시에 정부와의 협상 내용을 노동자들에게 알려줄 수 있는 권리와 또 노동자평의회의 관할권과 관련해 대부다페스트 중앙 노동자위원회가 제출한 추가 요구에 대해서는 이를 각료회의에 상정하겠다는 것이었다. 그것이 보잘것없는 내용임을 우리는 안다. 그래도 작업 재개를 결정한 이유는, 우리가 **오직 유일하게 인민의 이익만을 생각**했기 때문이었다. 우리는 절대 속지는 않을 것이다. 우리는 승리를 확신하기 때문에, 우리에게 불리한 결의는 하지 않을 것이다. 11월 23일 세계로 퍼진 뉴스에 따르면, 임레 나지와 여타의 인사들은 헝가리 정부와의 협상을 거쳐 만족할 만한 안전보장 약속을 받고 부다페스트에 있는 유고슬라비아 대사관을 떠났다고 한다. 더욱이, 같은 날 부다페스트 라디오 방송은 유고슬라비아 대사관에 있던 나지 일행이 루마니아 인민 공화국에 망명을 요청했다고 보도했다. 이러한 뉴스들이 노동자들 사이에 비상한 의문을 야기하고 있기 때문에, 대부다페스트 중앙 노동자평의회는 위원단을 헝가리 정부와 소련군 당국 및 루마니아 대사관 등지에 급파하여 임레 나지의 행방과 **망명 소식의 진위를** 알아보도록 하고 또 나지와 직접 만날 수 있는 기회를 요구하기로 했다.

현재의 중대한 사태 발전은 우리 정부에 대한 불신을 증폭시켰음이 분명하다. 하지만 앞에서 말했던 바와 같이 우리는 오직 인민의 이익을 위해 작업을 재개하기로 결정했다. 동시에 우리는 전국의 모든 공장들에 사태의 중요성을 정확히 직시하고 우리의 호소에 따를 것을 요청했었다.

공장은 우리의 손, 노동자평의회의 손에 있다. 하지만 우리가 더욱 큰 힘을 기르고 공통된 조치를 취할 수 있는 공동의 기반을 갖추려면 다음의 목표가 가장 중요하다고 생각한다.

(1) 아직 지역 혹은 지방 평의회가 없는 모든 지역 및 지방은 즉시 아래로부터의 민주적 절차에 의해 그러한 조직을 건설해야 한다. 그 목적을 위해 대규모 산업들은——특히 지방의——중앙 평의회 건설에 착수해야 한다.

(2) 각 지역 및 지방의 중앙 평의회는 즉시 대부다페스트 중앙 노동자평의회(부

다페스트, 아카파 우트카 15-17번지, 전화 : 422-130)에 연락을 취해야 한다. 중앙 평의회 의장은 **스텐다드(벨로야니시)** 공장 노동자평의회 의장인 산도르 라츠이며, 부의장은 체펠 식물성기름공장 노동자평의회 대표인 죄르지 칼로차이, 그리고 의장 비서는 부다페스트 **광산철도** 노동자평의회 의장인 이슈트반 바바이이다.

노동자평의회 대표에 위임된 사람들은 개인적으로 부다페스트로 와서 대(大)부다페스트 중앙 노동자평의회 사무국과 연락을 취해 관계 설정 및 급박한 문제들에 관한 토론을 나누어야 한다.

(3) 공장평의회들에게 닥친 한가지 중대한 과제는 작업의 편성을 별도로 하고, 상임 노동자평의회를 위한 긴급 선거를 실시하는 일이다. 이 선거에서 우리는 자본주의적 복고 시도에 대항해서뿐만 아니라 라코시의 폭정에 대항해서도 단호히 투쟁해야 한다.

우리 평의회는 깨끗한 모범을 보여주는 정직하고 청렴결백한 헝가리 노동자들을 원한다. 그들은 적어도 평의회의 3분의 2 이상의 신임을 얻어야 한다. 평의회의 관할권에 관한 한, 우리는 최고회의 간부회가 포고한 법령을 인정할 수 없다. 우리의 주장은 철도, **광산철도**, 버스 정류장 등의 공공 운송 노동자들 그리고 그 밖에 노동자평의회를 원하는 모든 노동자들에게 평의회가 주어져야 한다는 것이다. 11월 26일의 협상 과정에서 수상은 우리의 견해를 각료회의에 상정하겠다고 약속했다. 그때까지 이런 곳에서 이미 설립된 노동자평의회들은 활동을 계속하길 바란다. 우리는 또 관공서나 다른 고위 관청에서의 혁명위원회의 권한에 대한 최고회의 간부회의 결정에 동의할 수 없다. 우리의 생각은 혁명위원회의 권한이 지금보다 훨씬 강화되어야 한다는 것이다. 또한 경영 관리인은 경쟁을 기초로 하여 노동자평의회에서 선출하여야 하며, 장관이나 관청에서 불시에 관리인을 임명하는 방식은 반대한다는 것이 우리의 입장이다. 우리는 노동자평의회들이 모든 힘을 기울여 평의회의 입장을 실현하기 위한 투쟁을 벌일 것을 촉구한다. 그리고 인민과의 교류가 없는 오만하고 의혹스런 인물들과 상부로부터 임명한 사람들은 가입시키지 말 것이며, 신뢰할 수 없고 출세주의적인 분자들은 주의해야 할 것이다.

(4) 더욱이 새 공장위원회 선거를 노동자계급의 진정한 의지를 대표하는 노동자평의회가 맡아서 치러야 한다는 점은 대단히 중요하다. 지금 마치 독버섯처럼 솟아오르는 새로운 '자유 노동조합들'은 최대한의 임금인상을 요구함으로써 인기를 얻으려 노력하고 있다. 하지만 그 '자유 노동조합들'에서는 라코시 시대에 불신을 샀던 사람들과 노동자들이 선출하지 않은 대표들이 지도적 역할을 맡고 있다. 지금 그 노동조합들은 노동자평의회의 탄생이 마치 자신들의 투쟁의 결과인 것처

럼 보이려 하고 있다. 말할 필요조차 없이 그것은 사실과 다르다. 노동자들은 스스로의 힘으로 투쟁해 노동자평의회를 쟁취한 것이다. 이 과정에서 노동조합들은 도움은커녕 종종 노동자평의회의 투쟁을 훼방하기까지 했다.

우리는 노동조합이나 공장위원회 등의 기관이 대변할 수 있는 이익이 있다는 사실을 인정한다. 하지만 그런 기관들은 아래로부터의 민주적 절차에 의해 선출되어야만 하며, 노동자계급의 정직한 대표들이 지도자가 되어야 한다. 바로 그렇기 때문에 노동자평의회의 설립 이후 공장위원회 선거는 진정한 민주적 분위기에서 치러져야 하고, 그리하여 그것이 혁명의 목적을 실현할 수 있도록 구성되어져야 하는 것이다.

우리는 노동조합 관료가 선거 없이 자리를 유지할 수 있는 제도에 반대한다. 우리는 공장위원회의 역할과 마찬가지로 노동자평의회의 역할도 사회적인 것이라고 생각한다.

우리는 혁명의 착취자가 되고 싶지 않으며, 다른 사람들이 그렇게 되려고 할 때 그것을 보고만 있지도 않겠다.

우리는 노동조합 가입 여부를 자발적 의사에 맡겨야 한다고 생각한다. 그렇게 함으로써 우리는 노동조합이 관료제적 경향에 빠지고 대중과의 연계를 잃는 것을 더 효율적으로 방지할 수 있다.

우리는 새로 구성된 '자유 노동조합들'이 노동자평의회를 단순히 경제적 조직으로 간주하는 태도에 항의한다. 우리는, 오늘날 헝가리에서 노동자평의회는 노동자계급의 실제적 이익을 대표하고, 현재로는 노동자평의회보다 더 강력한 정치 권력은 존재하지 않으며, 우리는 우리의 모든 힘을 노동자계급 권력의 강화에 집중해야 한다고 선언한다.

(5) 지역 및 지방 평의회들은 즉시 적십자 배급 센터에 연락을 취하고, 대표들을 본부에 파견해 배급이 사회적 기준에서 이루어지는지를 확인해야 한다. 파견자들이 전문가로 구성되어야 한다는 점은 중요하다.

(6) 지역 및 지방 평의회들은 사회 통제 조직을 구성해 시장과 상점의 가격들을 감시해야 한다. 조사자는 시장 등지를 정기적으로 방문하고, 폐해가 있다면 범죄자를 대중에게 폭로하고 난 후 관할 당국에 보고하여야 한다.

(7) 지역 및 지방 평의회들은 모든 노력을 기울여 대중의 의견을 수렴해야 하며, 지역 신문의 지면을 요구해 가능한 한 수시로 공장들과 다른 산업체의 노동자들에게 실제의 상황을 알려야 한다. 그런 목적을 위해 대규모 공장의 중앙위원회들은 우리의 호소가 모든 작업장에 전달되는지를 확인해야 한다. 우리의 반복적 요구로 수상은 이번 달 27일 열리는 각료회의에 우리의 일간 기관지 설립에 대한

요구를 제출하겠다고 약속했다. 그 요청이 승인된다면 정보의 문제 역시 해결될 것이다.

결론적으로 현재 필요한 것은, 노동자평의회가 작업의 재개에 있어서도 완전한 통일성을 발휘하여 10월 23일의 전국적 혁명의 대의를 위해 전력을 다해야 한다는 것이다. 우리는 첫걸음을 이미 내딛었고, 이제 문제는 정부에 달려 있다. 하지만 문제의 해결까지는 수개월을 지켜봐야 할 것이다. 그동안 우리는 방심해서는 안된다. 왜냐하면 라코시-게뢰 도당의 많은 의혹스런 인물들이 혼란의 와중에서 통치의 회복을 꿈꾸고 있기 때문이다. 우리의 힘은 나날이 강대해지고 있다. 탁월한 역량을 발휘하여 혁명을 준비했던 우리의 정직한 작가들이 지금 우리와 함께 있다. 우리의 후원자로는 배우, 예술인, 음악가, 그리고 모든 지식인 조직을 포괄하는 헝가리 지식인 혁명평의회가 있다. 투쟁의 결과 우리는 지금까지 없던 전국적 통일을 성취하고 있으며, 그 통일체 속에서 모든 정직한 헝가리인들이 우리와 함께 하게 된 것이다. 이제 우리 더욱 유대를 강화하자. 우리 노동자평의회들은 서로 긴밀한 유대를 유지해서 통일된 힘으로 우리의 목표, 즉 민족적 특성에 맞는 자주적이고 민주적인 사회주의 헝가리의 건설을 위해 진정한 혁명적 경계심을 갖고 투쟁하도록 하자.

1956년 11월 21일, 부다페스트
대(大)부다페스트 중앙 노동자평의회[68]

평의회와 카다르 정부의 그러한 공존관계는 계속 유지될 수는 없었다. 왜냐하면 그들은 각각 서로 정반대되는 세력들을 대변했기 때문이었다. 카다르는 새로운 국가기구를 만들기 위해 매일 매일 한걸음씩 앞으로 나아 간데 비해, 노동자계급은 날이 갈수록 군사적 패배의 결과를 더욱 절실하게 느끼게 되었다. 노동자들이 아무리 파업을 오래 끌어도 소련군은 미동도 하지 않았다. 식량과 전력, 생필품 등의 부족은 노동자들 자신을 괴롭힐 뿐이었다.

중앙 평의회는 처음부터 세력균형상의 변화가 있음을 인정해야만 했다. 세계적으로 유명한 어떤 영웅적 행동도 3천여 대의 소련군 탱크와

---

68) *The Review*(Brussels, 1960), No. 4, pp. 108 이하에 번역되어 있다.

20만의 병력을 몰아내지는 못했을 것이다. 평의회는 그때까지도 발림말을 아끼지 않던 카다르 정부('분명히 해 둘 것은, 평의회에서 일하는 동지들이 질서와 규율의 회복 그리고 생산을 재개함으로써 우리에게 귀중한 조력을 해 주었다는 것이다. ……')와 협상을 해야 했다.69) 비록 카다르가 혁명을 파괴하고 있는 중이었지만, 또한 그는 생산을 어느 정도는 진행시켜야만 했다. 그리고 실제 생산이 이루어지려면 공장뿐만 아니라 일상의 전화, 우편, 전력, 그리고 철도 서비스 등에서도 노동자들의 동의가 있어야만 했다.

『옵저버』(*Observer*)의 한 기자는 이렇게 말했다.

놀라운 것은, 비록 총파업이 실시되고 있었고 또 중심적으로 조직화된 산업이 없었음에도 불구하고, 노동자들은 자신들이 결정하고 지지한 목적을 달성하기 위해, 사회적으로 불요불가급한 서비스가 계속 제공될 수 있도록 노력했다는 것이다. 각 산업지구의 노동자평의회는 대중의 생존을 위해 음식과 필수품을 배급했다. 광부들은 매일, 발전소가 계속 가동되기에 충분한 만큼의 석탄을 생산했다. 또 그들은 부다페스트 및 다른 대도시 병원에 필요한 만큼의 석탄도 생산했다. 철도 노동자들은, 승인된 목적에 따라 승인된 지역으로 운행할 기차들을 편성해 운영했다.70)

평의회가 전국적 통신을 조직하는 데 아무런 어려움도 없었다는 사실은 조금도 놀라운 일이 못되었다.

소련 점령군이 11월 6일 처음으로 내린 명령은 '누구든 그들(노동자들)이 작업장에 돌아가는 것을 방해하는 자는 구속당할 것이다'라는 것이다. 그때까지 그 명령이 가져온 효과라고는 소련군과 산업지역 노동자들간의 간헐적 충돌을 한층 격심하게 만든 것뿐이었다. 하지만 총으로 노동자들을 공장으로 몰고 갈 수는 있었지만, 그들을 일하게 만들 수는 없었다.

---

69) Apro의 말. Radio Kossuth, 1956년 11월 25일.
70) *Observer*, 1956년 11월 25일.

카다르는 노동자들의 불만을 어느 정도 해소시켜 주려고 했다. 대대적인 임금인상이 허용되었다. 생산은 비참한 정도의 수준이었는데도, 많은 노동자들에게는 총파업 기간 중의 임금까지 지급되었다. 1957년 1월까지 전반적 임금수준은 한 해 전에 비해 22퍼센트 인상되었다.[71] 하지만 카다르는 한 가지 사항에 대해서만은 강경함을 유지했는데, 그것은 새로 만든 국가기구의 독점적 권력을 약화시킬 만한 것에 대해서는 절대 양보하지 않는다는 것이었다.

하지만 카다르는 그 분야에 대해서도 양보를 하고 있다는 인상을 주려 했다. 11월 4일자로 방송된 정부 프로그램에서 그는 다음과 같이 선언하였다.

> 방송에 기초하여 노동자 민주주의, 노동자 관리는 모든 공장과 산업에서 실현되어야만 한다. …… 현대의 모든 행정기구와 혁명위원회에서는 민주적 선거가 보장될 것이다.[72]

중앙 평의회의 수중에 파업이라는 실질적 무기가 있는 한 — 그것은 11월의 마지막 주까지였다 — 카다르는 협상을 할 것처럼 가장하는 것이 유리하다고 생각했다. 평의회와 정부 각료들은 방송을 통한 토론까지 벌였다. 아프로는 정부의 입장에서 '정부 각 부처와 관공서 그리고 국가 관련 업체의' 화이트칼라 및 블루 칼라 노동자들이 일터로 되돌아가야 한다고 주장했다.

노동자들은 체펠의 간즈 공장 대표단의 입을 빌어 이에 응답했다. '2주일 전에, 우리는 이 문제를 놓고 정부와 구체적 토론을 했고 이에 따라 공정한 행동을 취했다. …… 우리는 노동자들의 요구가 관철될 것이라는 확답을 받았다. 하지만 지금까지 이 문제에 대한 아무런 조처도 없

---

71) Economist Intelligence Unit, 앞의 책, 1957년 1월.
72) B. Nagy, 'Budapest 1956 : The Central Workers' Council', *International Socialism 18*, p. 19에서 재인용.

었다.' 다른 한 대표는 이렇게 덧붙였다. '각료들은 지금 대표들을 접견하는 것으로 일과를 보내는 듯이 보인다. 그런데 그 대표들은 아무런 결과도 얻지 못하고 회담장을 떠나고 있다.'[73]

아마도 카다르는 그 시점에서 노동자평의회들을 유인하여 관료제적 틀에 얽어매고서는, 수 개월에 걸쳐 점차 평의회의 권력을 파괴할 수 있으리라고 —— 폴란드에서처럼 —— 기대했었던 것 같다. 노동자평의회 지도자들의 말들 가운데 일부를 보면 그들이, 노동자평의회 권력은 경제적 영역에 국한되더라도 존속될 수 있다고 생각했음을 분명히 알 수 있다. 위에서 언급한 라디오 방송을 통해 샨도르 발리는 이렇게 선언했다.

헝가리 노동자계급은 자발적으로 노동자평의회들을 발전시켰다. …… 우리 모두는, 그것들이 정치적 조직이 될 수 없다는 것을 잘 알고 있다. 우리는 정당과 노동조합의 필요성을 절실히 인식한다. …… 우리는 노동자평의회가 국가경제를 지도하는 조직이 될 것이라는 점을 안다. 그것이 바로, 우리가 원하는 평의회의 미래상이다. 우리는, 과거에 당이 저질렀던 것과 같은 오류를 다시 반복하고 싶지 않다. 그 당시에 당은 국가와 공장들의 주인이면서 동시에 노동자들의 이익을 대변하는 조직이었다. …… 우리가 그러한 오류를 범하는 것은 과거의 전철을 다시 밟는 것을 의미할 뿐이다.[74]

발리의 연설은 여기서 관념의 혼동을 보여준다. 중앙 노동자평의회는, 자신이 원하든 원하지 않든간에 하나의 정치조직이었다. 평의회는 사회 전체, 특히 노동자계급을 위해 공식 지배자들에 반대하는 발언을 했다. 또한 사실상의 전국 평의회를 조직하려 기도함으로써, 평의회는 현 정권에 대한 대안이 되어 가는 중이었다. 그리고 장기적 안목의 경제적 관심을 '비정치적'이라 부를 수도 없다. 모든 정부의 정치적 결정은 작업장의 노동자들에게 영향을 미치는 경제적 문제와 밀접한 관계를 갖는다. 예를 들면, 임금을 하락시키고 공장의 가동률을 높이게 했으며 관료제적 테러

---

73) Laski (편), 앞의 책, pp. 295~296에서 인용.
74) 같은 책, pp. 295~296.

를 강화시키는 것으로 귀결된 중공업 육성 정책은 라코시의 **정치적** 결정이었다. 만약 노동자평의회가 그러한 '정치적' 결정을 통제할 수 없다면, 그것은 조직에 결정적으로 중요한 문제들을 방관한다는 것이다. 그렇게 되면 평의회에 대한 지지가 줄어들 수밖에 없고 그 결과 평의회는 필연적으로 몰락할 수밖에 없을 것이다.

평의회 대표들의 발언은 1917년 2월에 많은 러시아 소비에트 대표들이 취했던 태도와 1918~19년에 독일 노동자평의회 대표들이 취했던 태도를 생각나게 한다. 그들은 노동자계급을 조직하기 위해 활동했고 낡은 질서를 부정하는 모든 피억압계층이 그들 뒤를 따랐지만, 종종 그들은 실제로 자신들이 하고 있는 행동을 부정하는 말을 했다. 하지만 거기에는 한 가지 차이점이 있다. 러시아와 독일에는 대중들을 '모든 권력을 노동자평의회로'라는 요구로 이끌 수 있는, 정치적 분석력을 가진 조직된 소수—— 처음에도 매우 작은 소수였다—— 가 처음부터 존재해 왔다는 것이다. 하지만 헝가리에서는, 8년 동안 스딸린주의가 지배한 결과, 혁명 전에는 조직된 소수라곤 실제적으로 전혀 존재하지 않았다.

노동자평의회는 계속해서 사실상의 정치 조직으로 활동했다. 그들은 카다르가 모든 권력을 그의 손아귀에 독점하는 것을 반대한다는 원칙을 세웠다. 따라서 중앙 평의회는 12월 5일 수천 명의 여성이 참여하는 항의시위를 조직했다. 중앙 평의회가 작성하여 각 공장에 하달한 회보를 봐도 스스로를 순수한 경제의 문제에 한정시키는 대목은 없었다. 예컨대, 그중의 한 호에는 보르쇼드 지역 농민 평의회와 헝가리 작가동맹의 선언문이 실려 있는데 그것은 '인민들이, 아래로부터의 자유선거로 선출된 지도자가 지도하는 자유 노동조합들만을 진정한 조합으로 인정'함에도 불구하고 정부는 옛 노동조합 지도자들을 복직시키고 있다고 불만을 털어놓았다.75)

---

75) Marie · Nagy (편), 앞의 책, p. 292와 p.307에 프랑스어로 번역되어 있는 두 개의 회보를 참조하라. 그 회보 중의 하나는 *The Review*(Brussels, 1960), No. 4에 실려 있다.

일부 평의회 지도자들은 대항적인 자세를 가지고 카다르와 공존할 수 있다고 생각했을 수도 있다. 하지만 카다르는 평의회와 공존할 수 없다는 것을 알고 있었다. 12월 6일, 집무 중인 평의회의 두 지도자 산도르 라츠와 산도르 발리를 검거하려는 시도가 있었다. 하지만 벨로야니시 공장의 동료 노동자들은 육탄으로 검거를 막아냈다.

그 사건에 대해 중앙 평의회가 발부한 성명서를 다시 한번 살펴보는 것은 의미있는 일일 것이다.

대부다페스트 중앙 평의회는 지금 국가가 겪고 있는 침울한 상황에 대한 책임을 통감한다.

부다페스트의 노동자들은 민주적으로 우리를 선출했고, 각 지역과 산업 중심지의 대표들이 우리와 합류했다.

우리의 소망들 즉 복지, 공포가 없는 생활, 독립 그리고 헝가리 노동자와 농민의 확고한 권력장악 등은, 헝가리 노동자와 전체 인민의 소망이기도 하다.

우리는 노동자계급이 가장 강력한 세력이며 그러한 권력의 창출과 유지를 보장할 수 있는 능력이 있다는 사실을 알고 있다.

우리는 처음부터 평화로운 결과를 기대했기 때문에 각료회의 의장인 야노시 카다르와의 협상을 주도했고, 동시에 헝가리 인민들을 무장시키거나 테러 행위를 선동하여 질서를 어지럽히려는 자들을 멀리해 왔다.

우리는 협상에서 기대했던 결과를 얻지 못했다고 말해야만 하겠다. 전국 공장의 노동자들은 대개 우리를 믿고 작업을 재개했다. 하지만 지금도 전국 여러 곳에서 작업을 중단할 수밖에 없게 만드는 도발적 행동들이 지속적으로 일어나고 있다.

우리는 작업을 재개하면 법적 질서가 더욱더 공고해질 것이라고 믿었으며, 공장과 광산 그리고 공공 사업장의 노동자평의회들이 — 어떠한 동기에서 유발된 것이든 — 일체의 도발 시도들을 종식 시기에 충분한 힘을 가지게 될 것으로 믿었다.

그런데 사실상 우리의 믿음이 실현되지 못했다는 사실은 지극히 유감스럽다.

우리가 보기에, 각료회의 의장인 야노시 카다르는 이 나라를 정상 궤도에 올려놓으려는 노력을 기울였다. 하지만 유감스러운 것은 그에게는 노동자들이 혐오하는 자신의 주변 인물들을 제거할 충분한 힘이 없는 것 같다는 점이다. 그자들은 인민의 감정과 소망에 대해 카다르가 제대로 인식하지 못하도록 오도(誤導)하고 있다. 바로 이런 사람들이 과거에 신용을 잃어버린 보안요원들을 자기들 쪽으로 흡수해 놓고 있다. 그들은 국가 상층부로부터의 국가기구의 정화를 방해하고 있다. 결국 그들은 정부에서 일하는 선량한 인물들과, 좋은 결과를 향해 공동의 길을 걷고자 하는 헝가리 대중들 앞에 장애물을 설치한 것이다.

자유선거가 실시된다면 그런 불명예스런 인물들이 모두 주요 지위에서 쫓겨날 것이라는 사실을 우리는 잘 알고 있다. 하지만 지금까지의 사태 추이는 인민들로 하여금 그러한 결과에 대한 신념과 희망을 포기하도록 만들었다.

우리는, 각료회의 의장 야노시 카다르가 자신의 말과는 반대로 노동자평의회를 권력의 토대로 두고 있지 않다는 것을 알고 있다. 평의회가 본격적으로 발전한다면 4백5십만의 헝가리 노동자들을 대변하겠지만, 지금은 라코시-게뢰의 저 범죄적 정권 하에서 일했던 바로 그 불명예스런 분자들이 점차 앞으로 나서고 있는 것이 현실이다.

대(大)부다페스트 중앙 노동자평의회는 항상 스스로의 행동에 대하여 그리고 중앙 평의회 명의로 각 공장에 전달된 간행물의 내용에 대하여 책임을 져 왔다. 하지만 우리 회보를 복사해서 배포한 노동자평의회 의장들과 임원들이 구속되는 일이 종종 벌어진다. 많은 곳에서는 지역 회의 및 지역 노동자평의회 건설이 금지당하고 있다.

심지어는 작업의 재개, 경제문제의 해결, 도발적 행동에 대한 대응책 등을 논의하는 평화스런 집회마저 무력으로 해산되었다는 소식도 들린다.

지금 우리는 한밤중에 경고도 없이 주거지에 침입해서 노동자평의회 의장과 임원들을 합당한 이유도 없이 위협해서 끌고가는 비밀요원들의 횡포를 보고 있다. 한 공장에서는 노동자평의회 임원 전원이 구속되는 사례도 있었다.

노동자평의회는 적법한 절차를 밟아 공장 관리자의 직권을 중지시키고 정부에 통보했다. 그런데 이에 대한 응답은, 평의회 의장을 지역 경찰에 소환하는 것으로 나타나고 있다.

우리는 그러한 행동들과 그러한 포악한 방식들에 강력하게 반대하며, 그러한 모든 행동에 책임있는 자들에게 합당한 처벌이 주어지길 요구한다.

지금 전국에 걸쳐, 어떤 계획된 공격이 노동자평의회들을 향해 가해지고 있다. 만약 그런 행동이 계속된다면, 우리는 질서를 회복할 수도, 또 정상적 상태를 보장할 수 없을 것이다. 만약 그런 행동을 멈추지 않는다면 노동자들의 정부에 대한 신뢰는 일거에 상실될 것이고, 도발의 주동자들은 노동자계급을 정부에 완전히 적대적으로 돌려놓는 목적을 성취할 것이다. 그리고 그 결과는 암울할 수밖에 없다. 전국에 걸쳐 총파업이 벌어질 것이고 피가 흘러 넘치는 또 한번의 국가적인 비극이 일어날 것이다.

지금 이 나라에서 노동자계급과 민주적으로 선출된 노동자평의회를 자신들의 토대로 삼지 않으려는 자들, 노동자평의회들을 해치는 조직적 공격을 감행하거나 그것과 제휴하는 자들, 또는 그 공격을 암암리에 묵인하는 자들은 헝가리 노동자계급과 전체 헝가리 인민에 대해 범죄를 범하고 있는 것이다.

우리는 이미 충분한 살육과 참화를 겪었다. 우리에게는 그러한 사건들에 대해 역사가 심판을 내릴 때까지 기다릴 만한 시간적 여유가 없다. 지금 이 순간 노동자평의회, 농민 평의회, 그리고 헝가리 지식인 혁명평의회 등이 이 나라의 압도적 대다수를 대표하고 있다는 사실을 의심하는 사람은 아무도 없다.

우리는 모든 정직한 헝가리인들, 아니 우선 헝가리 인민공화국 각료회의 의장인 야노시 카다르에게 즉시 공격을 멈출 것을 요구한다. 지금이 공격을 멈출 적절한 시기이다.

모든 사람들은 헝가리 인민들이 이웃들, 무엇보다도 소련의 인민들과 그리고 나아가 전 세계의 인민들과 평화롭게 지내기를 원한다는 사실을 이해해야만 한다. 동시에 우리가 분명히 이해하고 있어야 할 것이 있다. 그것은, 사회주의와 평화의 건설을 원한다고 하면서 실제로는 인민들이 열망하는 정치·경제를 고려하지 않고 있는 사람들이나 새로운 사회주의 노동자당의 상당 부분을 옛 라코시-게뢰 정권의 혐오스런 종복들로 채움으로써 처음부터 그 당이 새로운 인민의 정당이 되지 못하도록 방해하는 그런 자들은 단지 정치적 모험가일 뿐이라는 사실이다.

지금 대부다페스트 중앙 노동자평의회는 임박한 파국을 피하기 위해 정부로 하여금 이러한 위험들에 주의를 기울이도록 마지막 노력을 기울이고 있다.

지금껏 우리의 경고는 무시되었다. 때문에 대부다페스트 노동자평의회는 오늘 저녁의 총회에서 다음의 사항들을 결정했다.

(1) 이 문서를 내일, 12월 7일, 각 공장의 모든 노동자들에게 전달한다.

(2) 정부는 내일, 12월 7일, 대부다페스트 중앙 노동자평의회와의 협상에 참여해야만 한다.

(3) 정부는 여기에 제기된 문제들에 대한 정부측 입장을 라디오를 통해 내일, 즉 12월 7일 오후 8시까지 밝혀야 한다.

12월 6일, 부다페스트
대(大)부다페스트 중앙 노동자평의회[76]

---

76) Marie · Nagy (편), 앞의 책, pp. 314 이하에 수록.

정부는 부다페스트와 각 지방에서 노동자평의회 임원들에 대한 구속을 더욱 강화하는 것으로 대답을 대신했다. 중앙 평의회는 비밀회의를 열어 12월 11일과 12일 양일간 48시간의 전국적인 총파업을 계획했다. 정부는 파업을 막으려 노력했다. 12월 9일 — 소련군의 개입이 있은 지 정확하게 5주 후 — 정부는 중앙 평의회의 많은 지도자들을 체포하고 공장단위 이상의 모든 평의회를 해체하라고 명령했다.

정부는, 중앙 평의회 임원들이 '국가의 행정기구에 대항하는 새로운 정권을 건설하기 위해 오직 정치적 문제들에만 전념했다'고 주장했다.77) 평의회 의장인 샨도르 라츠와 서기장인 샨도르 발리는 다시 한번 검거를 피해 동료 노동자들 속으로 숨어들었다. 이틀 후 그들은 카다르의 요청으로 '협상'을 하기 위해 은거지로부터 모습을 드러냈다. 그들이 의사당에 들어서자 카다르 정부의 경찰이 덮쳐 어디론가 끌고 갔다. 이후 경찰의 발표문은 이렇게 주장했다.

그들은 노동자평의회들을 반혁명의 도구로 변질시키는 과정에서 주요 역할을 했으며, 질서의 회복, 평정 그리고 평화스러운 작업을 방해하는 데 총력을 기울였다. 그들은 도발을 조직하고 젊은이들을 유혹해 정부를 비방하는 유인물을 뿌리게 했다.78)

노동자평의회의 파괴

1905년 12월 3일, 세계 역사상 최초의 중앙 노동자평의회인 뻬트로그라드 소비에트는 건설된 지 50일 만에 임원 전원이 구속되었다. 그들은 저항할 수 있는 상태에 있지 못했다. 그들은 군사적으로 충분히 대비하지 못했던 것이다. 하지만 이들에 대한 구속이 러시아 노동운동의 종말

---

77) 같은 책, 서문 p. 96에서 재인용.
78) *Neparakat*, 1956년 12월 13일자에서.

은 결코 아니었다. 파업의 물결이 뻬트로그라드를 몰아쳤으며, 모스크바의 총파업은 10일간의 봉기로 발전했다. 그후 두 달 동안 시베리아와 발트, 코카서스 지방에서는 봉기의 불길이 타올랐다. 그리고 가장 중요한 사실은, 그후 12년 뒤에 혁명운동이 죽음 같은 깊은 잠에서 깨어났고 후진국 러시아에서 출발한 노동자평의회가 다시 대규모로 확산되어 유럽의 절반을 뒤덮었다는 점이다.

1956년 12월 11일, 거의 40년만에 유럽에 처음 등장한 진정한 소비에트인 대(大)부다페스트 중앙 노동자평의회는 탄생한 지 30일 만에 임원 전원이 구속되었다. 1905년의 뻬트로그라드에서와 마찬가지로 그들 역시 저항할 수 없었는데 그것은, 그들이 이미 군사적으로 패배했기 때문이었다. 하지만 러시아의 선례와 마찬가지로 헝가리 지도자들의 구속이 헝가리 노동운동의 종말을 의미하지는 않았다.

마치 준비되었던 것처럼 총파업이 일어났다. 다음은 유고슬라비아 당 기관지 『보르바』(*Borba*) 지(誌)의 기사이다.

> 부다페스트 거리에 나온 사람들은 지하철과 버스의 운행이 중지된 것을 볼 수 있었다. 오후에는 단지 한 대의 75번 무궤도전차가 지나갔다. …… 나중에는 그 무궤도전차마저도 거리에서 사라졌다. …… 키슈페슈트로 이어지는 궤도를 따라 무장 호위를 받으며 전차 한 대가 달리고 있었다.[79]

수도에서는 전기가 끊겼다. 살고타리안 광산에서는 시위대가 구속된 파업 지도자들의 석방을 요구하며 카다르의 경찰에 총격을 가했다. 공영 라디오는 산업이 완전 폐쇄되었다고 방송했다. "노동자들은 반혁명 파업에 위협받고 있다."

검거에 항의하며 부다페스트의 수십 개 공장들이 문을 닫고 파업에 참여함으로써 총파업의 물결은 좀처럼 수그러들지 않았다. 체펠 제철소에서는 연좌파업을 선언했다.

---

79) *Borba*, 1956년 12월 12일. Laski (편), 앞의 책, p. 296에서 재인용.

공장들에서 노동자평의회의 권력은 결코 파괴된 것이 아니었다. 2주 후 당 공식 기관지는 부다페스트 전기·전신회사에 대해 불평을 늘어놓았다. "노동자평의회는 …… 공산당원들을 면직시키고 박해함으로써 사실상 헝가리 사회주의 노동자당 지역 조직을 불법화시키고 있다."

12월 15일부터 '파업 선동' 행위에 대해서는 사형이 적용되었다. 미슈콜트의 야노시 솔테스와 부다페스트의 요젭 두다시가 5주 전에 있었던 투쟁에 책임이 있다는 혐의로 처형되었다. 그렇지만 파업은 12월을 넘겨 1월까지 계속되었다. 1월 10일 체펠 공장에서 발생한 싸움은 3시간 동안 계속되었다. 다음날 정부는 1명이 사망하고 11명이 부상당했다고 발표했다.

그렇더라도 정부는 단지 억압에만 의존할 수는 없었다. 정부는 경제의 개선을 위한 정책을 확대해야만 했다. 정부는 책임생산량 적용을 중지시키고, 임금을 인상시켰으며, 기술자들의 해외여행의 자유를 약속했고, 광부들에게는 만 채의 새 주택을 지어 주겠다고 했다. 정부는 계속해서 노동자평의회의 필요성을 공식 선언했지만, "평의회가 공산당의 지도를 받아야 한다"는 말을 서둘러 덧붙이는 것을 잊지 않았다.

헝가리 노동자들은 오랜 기간을 열심히 투쟁했다. 그들은 10월 23일과 그후의 일주일간을 거리에서 싸웠고 또 파업을 통해서도 싸웠다. 그들은 11월 4일과 그 뒤의 일주일 동안 압도적 우세의 군사력에 대항해 싸웠다. 그들은 11월 21일에서 23일까지 그리고 12월 11일에서 13일까지 파업을 단행했다. 이제 그들은 계속해서 지역적 파업을 벌임으로써 스스로를 방어하고자 했다.

하지만 파업은 총체적 승리의 무기는 아니다. 파업으로 적의 양보를 강요할 수는 있다. 하지만, 그 적도 자신의 결정적인 이익이 정말로 위협받게 되면 파업을 이겨낼 수 있다. 즉 파업으로 적을 파괴시킬 수는 없다는 것이다. 파업자들이 굶주리는 동안 적은 군과 경찰의 통제권을 쥐고 있다가 파업자들이 공장으로 돌아간 한참 뒤에야 개입할 수도 있다. 노동운동의 역사에서 총파업이 궁극적 승리를 거둔 경우는 파업이 정점에 이르러 봉기로 발전된 때밖에는 없었다. 하지만 헝가리 노동자들과 또 하나의 성공적 봉기 사이에는 20만의 소련군, 3천 대의 소련군 탱크, 소련 공군, 그리고 수를 헤아릴 수 없는 헝가리인의 시체가 가로막고 있었다. 중앙 평의회도 '12월 6일 무장봉기를 요구하는 포스터는 헝가리 인민에 대한 범죄적 도발'[80]이라고 선언하면서 그 사실을 인정했다.

결국 그렇게 헝가리 노동자들은 작업장으로 돌아가야만 했다. 그들이 패배한 이유는 종종 노동자계급의 역사에서 보는 것과 같은 조직력의 부족이나 내분의 분열 때문이 아니라 대규모 군사력 때문이었다.

1월 6일 체펠 노동자평의회는 만장일치의 결의로 해체되었다.

> 사태는 우리가 위임받은 바를 수행하지 못하게 하는 쪽으로 발전했다. 우리의 역할이라고는 단지 정부의 명령들을 실행하는 것뿐이다. 우리는 우리의 요구에 배치되는 명령을 실행할 수 없다. …… 우리의 견해는 우리가 계속 존속하는 것이 우리 회원들을 기만하는 것을 도와줄 뿐이라는 것이다. 때문에 우리는, 우리가 위임받은 바를 노동자들에게 돌려준다.

다른 많은 평의회들도 그 선례를 따르면서, 정부의 명령을 수행할 뿐인 부속 위원회가 되길 거부했다.

하지만 다른 평의회들은 계속 존속했다. 3월 14일이 되자 공산당 기관지는 이렇게 불평했다. "많은 곳의 노동자평의회에서도 아직도 많은 불순분자들이 침투해 있다. …… 우리의 명백한 바램은 노동자들이 가능한 한 빨리 그 분자들을 불신하게 되는 것이다."

당국자들에게는 불행한 일이지만 노동자들은 그보다는 더 지각이 있었다. 당의 평의회들에 대한 태도가 더욱 가혹해졌다. 4월 20일 당 기관지의 불평을 들어보자. "노동자평의회는 반혁명 기간 중에 형성되었으며, 오랫동안 그 목표와 활동에서 그 자취를 보여주었다."

---

80) Marie · Nagy (편), 앞의 책, pp. 307 이하에 실린 회보.

부수상 아프로의 주장이다. "거의 대부분의 노동자평의회들이 해체되었던 이유는 많은 부분에서 그들의 활동이 경제·정치적으로 유해했고 그 구성이 전적으로 불합리했기 때문이었다."

1957년 11월 25일, 헝가리 정부는 마침내 잔존하는 모든 노동자평의회의 해체를 명령하는 법령을 포고했다. 어용 노동조합 의장은 "소위 노동자평의회들은 반혁명 기간 중에 노동자계급의 권력을 탈취하기 위한 무기로서 생겨났다"고 말했다. 그의 말을 조금 더 들어보자.

> 노동자평의회들은 사회적 선동으로 노동대중을 현혹시켰다. 그들은 노동자계급의 이익을 위한다는 명분으로 여러 수단을 도입했지만, 사실 그것들은 노동자들의 이익을 해치는 것이었다. …… 노동자평의회들은 공장의 민주주의를 확대시킬 것을 목표로 하는 기관이 아니었다. …… 노동자평의회들은 대중의 신뢰를 잃고 말았다.[81]

당 관료들의 마음 속에 노동자평의회는 그들이 가장 두려워하는 것을 생각나게 하는 악몽과 같은 존재였다. 헝가리 노동자들의 마음 속에는, 오늘날까지도, 평의회에 대한 기억이, 그들이 진정으로 원하는 바가 무엇인가를 표현해 주는 강력한 이미지로 남아 있음에 틀림없다.

결론

헝가리의 혁명가들은 패배했다. 하지만 패배하면서도 그들은 모든 것을 잃지는 않았다. 나지와 다른 각료들에 대한 살인 행위, 작가와 지식인들 그리고 노동자평의회 지도자들과 파업을 이끌었던 사람들에 대한

---

81) 노동자평의회에 대한 정부의 변화하는 태도에 대해, 위에 인용된 것 모두는 T. Schreiber, 'The Fate of the Hungarian Worker's Councils', *The Review*(Brussels), 1959년 10월에 실려 있다.

구속, 서방으로 망명하거나 동쪽으로 추방되었던 수천 명의 사람들——
이 모든 것에도 불구하고 헝가리는 결코 라코시 정권의 전형이었던 공
포와 궁핍의 상태로 되돌아가지는 않았다. 사실 지금의 헝가리 정권은
'개혁가' 고무우카가 소련의 개입 없이 폴란드에 세웠던 정권과 잘 비교
된다. 10월 23일 헝가리 노동자들은 거리로 나섬으로써 카다르에게는 결
코 잊지 못할 공포를 안겨 주었던 것이다.

하지만 헝가리혁명의 진정한 중요성은, 한 편에 사망한 노동자 수를
기록하고 다른 편에 경제적 성과물을 적는 식의 조잡한 대차대조표를
작성하는 것으로는 밝혀질 수 없다. 그 중요성은 다른 면에서 찾아야 할
것이다. '전체주의'적인 국가자본주의 사회는 불변하며, 주민들은 순종하
도록 세뇌되었다는 신화는 산산이 부숴져 버렸다. 폴란드는, 스딸린주의
통일체가 스스로를 조각조각 분쇄할 수 있는 세력을 기를 수도 있다는
사실을 증명했던 것이다.

헝가리에서의 사태 경과는 또한 현대 사회의 미래를 결정하는 근본적
세력을 부각시켰다. 헝가리 정권이 맹목적으로 축적을 위해 건설했던 산
업 중심지는 저항의 중심지로 바뀌었다. 낡은 질서의 여러 세력들이 충
돌하는 와중에서 완전히 새로운 형태의 사회의 선구자가 등장했다. 노동
자평의회들은 봉기가 낳은 하나의 산물이었다. 평의회는 급속하게, 나지
정부의 프로그램을 지시하는 봉기의 목소리가 되었고, 폭동이 진압될 무
렵에는 카다르 정부에 대항하는 사회의 자주적 기관이 되었다. 4주가 넘
는 기간 동안 노동자평의회들은 사회를 대표하고, 조직하고, 통제하고
또 유지했다. 그들의 하부구조는 국가 전체의 의지를 표현했다.

많은 사람들은 부다페스트의 노동자평의회들의 행동에 감명을 받아,
노동자계급은 어떤 정당의 간섭 없이도 현대 사회를 통제할 수 있다는
결론을 내렸다. 만약 그 '정당'이, 소수의 지도자가 명령을 내리고 대중
은 단지 그에 따르는 식의 흔해빠진 방식이 통하는 정당이거나 소수의
정치인의 이름을 투표용지에 써넣고 그 지지자들은 그 용지에 표기나
해 넣는 일이 벌어지는 정당이었다면, 그 조직은 헝가리혁명에 아무런

기여도 못했을 것이라는 점은 분명하다. 하지만 우리는, 혁명을 이끌었던 평의회들이 명확하게 규정되고 동일한 관점을 가진 사람들로 구성되지는 않았다는 점을 보여주고자 했다. 평의회 내부에서 나지에 보낸 신뢰의 정도는 무척 다양했다. 평의회에는 카다르와 협상이 가능하다고 믿는 사람들도 있었다. 대부분의 사람들은 그때까지도 옛 방식의 정당들에 정치를 넘겨줄 생각을 품고 있었다. 물론 더 멀리 내다본 사람들도 있었다. 나지 정부의 단명(短命)은 혁명의 초기 단계에서 그 차이들이 드러나는 것을 막았고, 카다르에 의한 평의회의 파괴는 그 논쟁이 미처 시작되기도 전에 끝날 수밖에 없도록 만들었다. 하지만 분명한 사실은 평의회가 옛 정치 체제를 대체하는 데 대한 자연스런 합의가 이루어지지는 않았을 것이라는 점이다. 그러한 합의는 처음에는 소수 내부에서 시작되어 장기간에 걸친 조직적이고 체계적이며 조정된 개입의 결과를 통해서만 이루어질 수 있다. 또한 그러한 개입은 평의회들 안에서만 이루어져야 하는 것이 아니고 노동자계급 일반 속에서 이루어져야 한다. 다시 말해서, 노동자평의회뿐만 아니라 평의회들이 권력을 장악할 수 있도록 돕는 조직, 즉 '정당'도 필요하다는 것이다. 낡은 형태의 다른 정당들과 마찬가지로 이러한 조직도 자신의 입장을 다른 입장들과 비교하면서 자신의 사상들을 선전해야 할 것이다. 하지만 그 조직은 다른 정당들과는 달리 진실로 민주적인 조직이어야만 할 것이다.

제8장
1968년 : 체코슬로바키아 – 구속된 개혁

　1956년이 지나자 동유럽의 정권들은 일시적 안정을 찾을 수 있었다. 폴란드의 국가기구는 고무우카 밑에서 세력을 다졌다. 그리고 헝가리는 소련군과 소련의 원조에 기초한 양보 조치를 결합시켜 공장에서의 통제권을 확립하고 국가기구를 재건할 수 있었다.[1]

　그때까지도 동유럽 국가들간에는 불화가 있었고, 소련과 유고슬라비아 사이에는 치열한 논쟁이 반복되었다. 소련과 중국의 관계는 틀어졌다. 알바니아와 그 다음은, 더욱 빠르게, 루마니아가 크레믈린으로부터의 독립을 선언했다. 하지만 소련의 통치자들은 군사적으로 개입하겠다고 위협하지는 않고 단지 말로만 공격을 퍼부었다.

　소련 내부에서도 흐루시쵸프는 1961년과 1962년에 스딸린 숭배에 대해 그리고 그의 후계자들에 대해 맹공격을 가했다. 하지만 그 결과가 1956년과 같은 대격변으로 나타나지는 않았다. 1964년 흐루시쵸프의 퇴임은 부분적인 정책 변화만을 가져왔을 뿐이었다.

　많은 관측자들은 1953년과 1956년의 사태를 2~3개국에서 정책들이 실패한 결과로서, 즉 단지 일을 시작할 때 뒤따르는 고통 정도로 생각했다. 그런 태도의 전형을 보여주는 주장을——『뉴 레프트 리뷰』(*New Left Review*)에서 페리 앤더슨이 한 것이다—— 들어보자. "헝가리에 대

---

1) 러시아, 중국, 기타 동유럽 정권들이 헝가리 정부에게 제공한 차관은 1960년대 중반까지 상환되어야 하는 것이었다. M. Kaser, *Comecon*(London, 1967), p. 78.

한 소련의 개입은 탈스딸린주의 지향의 정권이 스딸린주의를 벗어나지 못해 습관적으로 저지른 사건이었다."[2] 하지만 그런 견해를 지지하는 사람들 앞에는 돌연한 충격이 기다리고 있었다. 1956년의 영상이 이전과는 다른 속도로 다시 재연되었던 것이다.

1950년대의 체코슬로바키아 공산당은 가장 통제가 심한 공산정권 중의 하나였다. 1952년의 슬란스키 공판은 동유럽 전체에서 섬뜩한 반티토주의 숙청의 파고가 절정에 달하게 하는 계기가 되었다. 말 그대로의 피의 숙청이 진행되면서 10명의 각료들이 교수형을 당했고, 6만여 공산당원이 수감되었으며, 사회 각계 각층의 13만여 인민들은 강제노동수용소로 실려 갔다.

스딸린주의의 영향에 대한 급격한 반동은 1950년대에 모든 정권들을 흔들었지만, 체코슬로바키아만은 거의 영향을 받지 않았다. 1956년에 지식인들은 의회에서 몇 번의 연설을 했고, 더 악덕한 몇 명의 비밀경찰관이 체포되었으며, '개인 숭배'에 대한 명목상의 비난도 몇 번 있었다. 하지만 그후에도 위로부터의 통제는 전과 마찬가지로 계속되었다. 대중은 체념한 채로 그 상태를 영구히 받아들일 것처럼 보였다. 1956년에 바르샤바에서는 이런 조롱조의 말이 나돌았다. "헝가리인은 폴란드인을 좇아서 행동했고, 폴란드인은 체코슬로바키아인을 흉내냈다. 그리고 체코슬로바키아인은 돼지처럼 행동했다."

1960년대 초반부터 상황은 서서히 변화하기 시작했고, 제한적인 자유화가 도입되었다. 그렇지만 당 상부의 소수 집단이 실질적인 권력을 독점하고 있었다. 당서기인 노보트니는 1962년 내무장관 루돌프 바라크에게 15년형을 선고받게 하고, 1967년 여름에는 또다시 세 명의 주요 작가 바출릭, 리엠 그리고 클리마 등이 작가회의에서 비판적 연설을 했다는 이유로 당적을 박탈하고, 작가 동맹의 기관지인 『리터라르니 노비니』(*Literarni Noviny*)를 정간(停刊)시킴으로써 그 사실을 증명했다. 얼마

---

2) Perry Anderson, 'The Left in the Fifties', *New Left Review*, 29(London, 1965), p. 14.

후 프라하 학생들이 교육 자재의 낙후와 스트라호프에 있던 기숙사의 열악한 환경을 항의하는 시위를 벌였을 때, 경찰은 시위대를 공격하여 심한 구타를 하였으며 주동 학생들을 군대에 강제 징집했다.

그런데 1968년초에 갑자기 그 폭압기구는 기능을 멈추었다. 노보트니는 우선 잘 알려지지 않은 인물이던 슬로바키아인 두브체크에게 당서기의 지위를 빼앗겼고, 그 다음으로는 3월에 제2차 세계대전에서 많은 활약을 한 장군 출신 스보보다에게 대통령직을 넘겨주었다.

새 지도자들은 자신들의 전임자들에 대하여 때로는 격렬한 어조로 비난하기 시작했다. 슬로바키아의 공산주의자 후사크는——그는 1950년대에 '부르주아 민족주의자'로 몰려 감옥에 갔던 적이 있다——다음 사실들을 인정했다.

> 지난 20년간의 잘못들을 바로잡아야 한다는 문제는 대중이 절감하는 것이다. …… 어디를 둘러보아도 우리는 요구와 불만의 바다에 둘러 싸여 있다는 느낌이 들며, 그 불만은 수년에 걸쳐 누적된 것이다.[3]

그해 4월에 당지도자들에 의해 작성된 행동 강령은, 억압이 사소한 역할밖에 하지 못하는 사회에 대해 말하고 있다.

> 공산당은 …… 자신의 주도적 역할을 사회를 통치함으로써가 아니라 사회가 자유롭고 진보적인 사회주의로 발전하는 데 공헌함으로써 실현한다. 당은 권위를 강요할 수 없다. 권위란 당의 일관된 행동으로 얻어져야만 하기 때문이다. 당의 노선은 명령에 의해 강요되어서는 안된다. 그것은 당원들의 활동에 의해, 그리고 이상의 진실성에 의해 설득되어야 한다.[4]

그 말에 대한 사회 전체의 흥분은 기대를 훨씬 넘는 것이었다. 기자

---

3) 1968년 4월 21일의 연설. A. Oxley · A. Pravda · A. Ritchie, *Czechoslovakia, The Party and The People*(London, 1973), pp. 78~82에 번역되어 있다.
4) A. Oxley 외, 앞의 책, p. 123.

들은 지상(誌上)에 자신들이 직접 경험한 세계에 관해 쓰기 시작했다. 전·현직 장관들은 텔레비전에서 자신들의 활동에 대해 심한 질타를 받아야만 했다. 주요 관리들이 관직에서 물러나야 했으며, 자살하는 관료들까지 생겼다. 주간지에서는 다양한 관점의 작가들의 토론을 다뤘다. 검열관들이 정부에 검열제도의 폐지를 요구하기도 했다. 공산당의 통제를 받지 않는 집회들이 열렸으며, 사람들은 그곳에서 토론과 논쟁을 벌이고 청원서에 서명했다. 당 지도부에 의해 통제받지 않는 새로운 정치조직인 '국민전선'(National Front)이 생겨나기도 했다.

체코슬로바키아가 스스로의 길을 향해 걷도록 허용되지 못한 것은 헝가리와 마찬가지였다. 소련의 지도자들은 경계심을 가지고 상황을 지켜보기 시작했다. 그들은 '바르샤바 조약군의 훈련'이라는 명분을 세우며 6월에 병력을 체코슬로바키아로 이동시켰다. 결국 그들은 병력을 철수시켰지만, 그것은 상황을 '정상화'시키겠다는 두브체크의 약속을 받아 내고 나서였다. 7월에 모스크바의 『프라우다』는 체코슬로바키아의 '부르주아' 정권이 복귀하고 있다며 두려움을 표시하기 시작했다. 두브체크는 또다시 브라찌슬라바와 찌에르나의 회담에서 소련 지도자들에게 서약해야만 했다.

결국, 크레믈린은 체코슬로바키아의 지도자들을 끝까지 기다리지 못하고 8월 20일 오후 11시 소련군과 4개국의 바르샤바 조약군을 동원하여 체코슬로바키아를 침공했다. 3~4시간 만에 모든 공항과 국경초소, 도시들은 수천 대의 소련군 탱크와 수천 수만의 바르샤바 조약군에 의해 점령당했다. 두브체크, 쩨르니크(국무총리), 스므르코프스키, 크리겔 등의 체코슬로바키아 지도자들은 체포되어 비행기편으로 모스크바에 끌려갔다. 1956년과 마찬가지로 소련의 당지도자들은 또 하나의 공산 정부를 다루기 위해 군사력을 사용했던 것이다.

하지만 이번에는 소련군에 대한 무장저항이 거의 없었다. 체코슬로바키아의 총 사상자 수는 50~100명을 넘지 않았다.[5] 대신에 소련군은 대

---

5) P. Windsor · A. Roberts, *Czechoslovakia 1968*(London, 1969), p. 106에 실려 있는

대적인 비협력을 경험해야 했다. 국가기구의 전 부문은 소련군의 존재에 아랑곳하지 않고 전과 다름없이 기능했다. 의회와 당은 침략을 성토하기 위해 회의를 열었고, 라디오와 텔레비전 방송국들은 그러한 성토의 내용과 저항에 관한 소식을 알렸으며, 인쇄 매체는 끊임없이 침략을 비난하는 글을 실었다.

스보보다는 죄수가 아닌 예우받는 손님으로서 모스크바에 소환되었다. 그리고 침공이 있은 지 6일 후 두브체크는 자유의 몸으로 그리고 당 서기로서 프라하에 돌아와서 대중에게 소련과 '자유롭고 우호적인 토론'을 거쳐 협정을 체결했다고 발표했다.6) 그는, 소련군은 상황이 '정상화' 되는 동안 임시로 주둔할 것이며, 봄에 시작되었던 주요 변화는 계속될 것이라 말했다.7)

그후에도 몇 달 동안 개혁의 여파는 정부와는 **무관하게** 지속되었다. 그후 또 7개월여 동안 신문은, 점차 강화되는 검열을 피할 방도를 찾아 가면서, 상대적으로 자유로운 상태를 누렸다. 물론 그때도 특정 문제들에 대한 취급은 금지되어 있었다. 당지도자들은 '법과 질서' 그리고 '무정부상태의 종지부'가 있어야 함을 전보다 더 열렬하게 주장하고 있었던 것이다..

정부와 당의 지도부는 소련의 구미에 맞도록 재편되었다. 우선 크리겔(그는 소련과의 협정에 반대했다)이 몰려났다. 다음은 국회의장이던 스므르코프스키가 계략에 말려 쫓겨났다. 1969년 4월 두브체크가 그의 뒤를 이었으며 그후에는 수상 쩨르니크가 그 뒤를 이었다. 당의 하부 계층에 대한 숙청은 1969년 여름을 지나면서 그 기세를 더해 갔으며, 누구

수치.

6) Text of Communiqué on Moscow Agreement of 27 August 1968. R. Rhodes James (편), *The Czechoslovak Crisis 1968*(London, 1969), p. 183에 번역되어 있다.

7) 두브체크의 1968년 8월 27일의 라디오 연설. W. Shawcross, *Dubcek*(London, 1970), pp. 267~274에 부록으로 번역되어 실려 있다.

든 정부의 일년 전 공식 방침에 긍정적 반응을 보인 적이 있는 사람은 위협당했다. 의견을 달리하는 기자와 방송인은 해직되었으며, 간행물은 정간당했다. 반대 의사를 표명한 노동조합원은 사임해야 했으며, 교사들도 마찬가지였다. 1969년 가을경, 흥분은 사그러들었으며, 거칠기는 노보트니 정권과 다름없는 정권이 다시 자리를 차지했다. 그리고 현재까지도 1968년의 일부 재야 인사들은 감옥에서 쇠약해져 가고 있다.

하지만 체코슬로바키아에서 완전한 관료제적 통제가 재확립되기까지는 12년 전의 폴란드에서와는 다른 힘든 난관이 가로막고 있었다. 소련의 침공이 있은 후 몇 달 동안 민주화 운동에 대한 대중의 참여는 막대한 규모로 불어나 있었으며, 당국이 그나마 효과적인 언론의 검열을 할 수 있었던 것도 8개월 이전의 일이었다. 당국은 소련군의 점령을 정당화시키기 위한 자료를 출간할 출판인을 찾는 데 상당한 어려움을 겪었다.

소련군의 점령에 반대하는 대규모의 자발적 시위가 프라하에서 10월과 11월 초에 발생했다. 학생들이 교내에서 조직한 연좌시위는 주요 산업지역의 공장 회합에서 지지를 얻었다. 가장 뚜렷하게 개혁을 지향했던 당지도자 스므르코프스키가 축출된 사건은 금속 노동자 조합의 총파업 위협으로까지 나아가게 했다. 1969년 1월 젊은 학생 얀 팔라치가, 당지도자들이 개혁을 포기한 사실에 항의하며 분신자살하자 80만의 군중이 모여들어 그의 뜻에 지지를 표했다. 3월말 체코 전역에서는 이와 비슷한 대규모 시위가 벌어졌다. 그것은 표면적으로는, 하키 경기에서 체코슬로바키아가 소련에 이긴 것을 환호하는 것처럼 가장하고 있었다. 그런 사태에 대해 체코슬로바키아 군과 경찰은 완전히 무기력한 듯이 보였다. 5개월 후 침공 일주년을 맞자 그들은 폭력을 휘두르고 최루탄을 쏘는 등의 행동을 보였다. 하지만 그들의 행동도 수십만 군중의 침략에 대한 명백한 반대의 표현을 막을 수는 없었다.

1968년 '체코의 봄'에 대해 대부분의 서방 출판물은, 이것이 공산당 지도부의 두브체크 그룹과 함께 시작된 반스딸린주의 운동이라고 설명해 왔다. 그런 식의 설명에 따르면, 체코의 정치 양상이 하룻밤 사이에

변하게 된 원인은 두브체크 일파가 새롭고 인본주의적 사회주의를 위해 헌신했기 때문이라는 말이 된다. 역으로 한 집단이 프라하에서 권력을 잡고 체코 사회의 사회주의적 구조를 위험에 빠뜨렸다는 식의 설명은 소련의 침공을 정당화하려는 자들이 좋아하는 설명방식이다.

하지만 사실 체코슬로바키아의 위기를 만든 사람들은 두브체크와 그의 지지자들이 아니었다. 오히려 위기가 두브체크 일파를 탄생시켰고 또한 대중을 들끓게 했다. 두브체크 일파는 그 들끓음을 억누르려 최대의 노력을 기울였을 따름이다.

이번 장을 서술한 목적은 그 위기의 주요 특징들을 지적하고, 사회의 각기 다른 계층이 그 위기에 어떻게 반응했는가를 보여주고자 하는 것이다.

위기의 기원

1950년대 중하반기에 체코슬로바키아가 이룬 정치적 안정은, 헝가리와 폴란드의 경제가 심각한 곤경을 맞고 있을 때에도, 흔들림 없이 경제적 성장을 이룩했기 때문에 가능했다. 연 평균 8퍼센트로 추산되는 1953년과 1963년 사이의 경제성장률은 주로 중공업의 발전에 힘입은 것이었다. 확대되는 산업에 필요한 노동력은 '집산화'로 농지를 잃은 농민들의 유입으로 충당되었다. 그렇지만 체코슬로바키아는 다른 동유럽 국가들에 비해 집산화의 충격을 적게 받았다. 농민들의 저항은 식량 생산을 감소시켰다(1962년 식량 생산량은 1936년의 92~97퍼센트에 불과한 수준이었다).[8] 하지만 그 부족분은 수입으로 충당될 수 있었다. 체코슬로바키아는 전쟁 덕택에 동유럽에서 가장 발달된 산업국으로 부상하였기 때문에 수입 대금을 지불하는 데에는 문제가 없었다. 산업화에 열중한 다른

---

8) *Statistika rocenka CSSR 1968*(Prague, 1968), p. 289. C. Boffito · L.Foa, *La Crisi del Modello Sovietico in Cecoslovacchia*(Turin, 1970), pp. 34 이하에서 재인용.

공산권 국가들은 체코슬로바키아의 생산물을 구입하기에 바빴다. 그 국가들은 체코슬로바키아의 상품 수준을 간신히 흉내내는 단계였으며, 냉전으로 인해 서방의 다른 공급자들에게 접근하기는 불가능한 상황이었다.

결과적으로 체코슬로바키아에서 자행된 15년 동안의 스딸린주의적 억압은 가시적인 물질적 배상을 제공한 셈이었다. 정치기구의 개별 구성원들은 가장 끔찍한 고통을 겪었으며, 다른 사람들은 끝없는 두려움 속에서 살았다. 하지만 대부분의 관료들은 자신들이 통제하는 산업이 매년 그 규모가 성장하는 것을 보았으며 특권의 기반이 넓어지고 국위가 신장되는 것을 느꼈다. 또 이 점진적인 성장은 여타 사회계급 출신의 수많은 사람들에게 자신들의 생활수준을 향상시킬 수 있는 기회를 제공하였다. 많은 사람들은 실제로 관료적 권력의 행사에 참여하지 못했지만, 그럼에도 자신들이 권력 행사에 동참하고 있다고 느끼고 있었다. 10년 동안 실질임금은 약 60퍼센트 가량 상승하였다(폴란드의 수치는 비교를 위한 것임).[9]

도표 4 : 체코슬로바키와와 폴란드의 실질임금 변화
(전쟁 전을 100으로 한 수치)

	전쟁 전	1950	1953	1955	1961
체코슬로바키아	100	96	84	108	154
폴 란 드	100	85	72	80	112

체코슬로바키아 내부에 존재하던 갈등과 반목의 다양한 원천들은 사라지지 않았다. 하지만 그것은 드러나지 않은 채 억제된 상태에 있었다. 관료들은 자신들의 지도자들에 대한 신념을 잃지 않았다. 작가들과 지식

---

9) A. Zauberman, *Industrial Progress in Poland, Czechoslovakia and E. Germany 1937~1962*(London, 1964), p. 95.

인들은 관료들에 대한 신뢰를 잃지 않았다. 노동자들에게 잠재한 불만도 거리에서 폭발되지 않았다. 또한 국제적으로도 반목은 억제될 수 있었다. 소련의 지배계급은, 다른 정권들을 지배한 것과 마찬가지로 체코슬로바키아 정권을 지배하면서 체코슬로바키아 경제를 스스로의 목적을 위해 종속시켰다. 하지만 러시아와 그의 동맹자들이 체코에 대해 외견상 무한한 상품시장을 제공하는 한에서 그 종속은 견딜 만한 것이었다.

모든 상황이 급격히 변화한 것은 1960대 초반의 일이다. 체코슬로바키아 산업의 생산물을 위한 오래된 시장은 더 이상 안정적이지 못했다. 전에는 체코슬로바키아에서 구입하던 자본재를 생산할 수 있는 산업이 이제 동독과 폴란드, 소련, 그리고 그 밖의 나라들에도 존재하게 되었다. 더욱이 냉전의 긴장이 완화되면서 서방의 상품을 구입하는 일이 쉬워졌다. 체코슬로바키아의 통치자들은 성공한 자본주의 기업가들이 직면하게 되는 딜레마에 빠지게 되었다. 과거의 성공은 일정 기간이 지나면 필연적으로, 처음에는 안전했던 시장들에 침입하는 경쟁자들을 발생시킨다.

산업 팽창의 전반적인 기반이 침식당하게 되었다. 해외시장에 팔 수 없게 된 상품들이 쌓여 갔다. 외화 수입의 감소로 정부는 꼭 필요한 원자재나 충분한 식량을 수입할 수 없게 되었다. 새로운 투자계획은 기간 내에 달성될 수 없었다. 거리에서 노동자들은 길게 줄을 늘어서서 빵 배급을 기다려야만 했다.

1963년이 되자 지배관료들은 경제적 어려움을 무시할 수 없게 되었다. 그 해에 체코슬로바키아는 단지 느린 성장률이나 불경기 정도가 아니라 국민소득이 약 2~3퍼센트 하락하고 산업생산이 0.7퍼센트 감소하는 경험을 겪어야 했다.10)

경제학자 오타 시크 박사에게는 체코슬로바키아 경제를 운영하기 위한 '신경제모델'을 구상해야 하는 임무가 주어졌고, 그 모델은 1967년초

---

10) K. Cerny (of the Institute of Politics and Economics in Prague), 'Historical Background to the Czechoslovak Economic Reform', *East European Quarterly*, Vol. III, No. 3, p. 346.

부터 시행되었다. 시크의 개혁안은 체코슬로바키아 경제의 '경쟁력'을 목표로 했다. 이 사실은, 그의 개혁안이 —— 노보트니 정권의 옹호자들이 주장하는 바와는 달리 —— 새로운 경쟁 원리를 경제의 배후에서 작용하는 동기로 삼았음을 의미하지는 않았다. 1950년대에 체코슬로바키아는 두 가지 방향에서 국제적 경쟁을 치러야 했다. 우선, 소비에트 블록의 일원으로서 (특히 군사적 경쟁에서) 서방과 경쟁해야 했다. 그리고 체코슬로바키아는 상품을 해외에 판매해야 안정성이 유지되는 특히 의존적인 경제구조를 가지고 있었다. 체코의 대외무역 의존도를 다른 나라들의 1인당 무역액과 비교해서 살펴보자.11)

도표 5 : 체코의 대외무역 의존도

(기준 연도 : 1965년, 단위 : 체코 크라운화)

세계 평균	842
코메콘(Comecon) 국가들	878
선진 자본주의 국가들	2750
후진 국가들	353
체코슬로바키아	2758

그러나 1960년대 초반의 위기는, 낡은 경제 운용의 방법이 고도 경쟁이라는 새로운 환경 하에서 생존하기 위해서는 더 이상 적합하지 않다는 것을 보여주었다. 비교적 낙후되고 비효율적인 경제 부문을 도태시키고, 국제시장에서 체코슬로바키아의 요구를 충족시킬 수 있는 고생산성 부문에 새로운 투자를 집중시키는 등의 변화가 도입되었다.

그런데 그런 방식은 한가지 중대한 부작용을 낳았다. 1950년대에 폴란드와 헝가리에 도입된 개혁안들은 노동대중의 생활수준을 향상시키기 위한 것이 분명했지만, 체코슬로바키아에서의 개혁은 그와는 정반대의

---

11) *Facts of Czechoslovak Foreign Trade*(Prague, 1966), p. 30.

영향을 가져오는 것을 의미했다. 물론 '유인(誘引)'이 증대되었다는 말도 있었지만 그것은 소수의 숙련 노동자나 경영자들에게만 국한되는 것이었다. 대다수 노동자의 경우 임금의 동결이나 심지어는 '일시적' 삭감을 경험해야 했다. 알려진 바에 따르면 당시에 30~50만의 '잠재적 실업'이 존재했다고 한다. 그것은 산업에서 실제로 필요로 하지 않는 잉여 노동자의 수였다. 그리고 그들은 '재배치'12)되어야만 했다. 많은 노동자들에게 그런 개혁은 '당근'이라기보다는 '채찍'을 의미했던 것이다.

공산당 지도부 전체는 신경제모델을 지지한다고 공언한 바 있지만, 개혁은 예상된 결과를 가져오지 못했다. 도매 물가는 예상 물가상승 수준인 19퍼센트를 넘어 29퍼센트까지 치솟았다.13) 비효율적인 공장들도 이러한 물가상승 때문에 경쟁의 폭풍 속에서 견뎌 낼 수 있었다. 투자는 실제로 필요하지 않은 부문에 장려되었다. 노동자들도 일자리에서 쫓겨나지 않았다. 경제는 전과 마찬가지로 왜곡된 상태로 남게 된 것이다.

날이 갈수록 '개혁주의자들'은 이러한 실패의 책임을, 그들이 개혁 프로그램의 철저한 이행에 걸림돌이 된다고 본, 정치적 요소의 탓으로 돌렸다. 그들은, 체코슬로바키아 사회의 각 부분에는 새로운 정책들이 성공을 거둠으로써 오히려 많은 손실을 입게 되는 무능한 관료들이 포진해 있음을 느끼고 있었다. 예컨대 관리자나 경제 전문가에게 권한을 빼앗길 위협을 느꼈던 지역당의 우두머리들, 비효율적인 공장을 통제하면서 권력과 위신을 얻었던 관리자들, 간단히 말해서 자신들의 생활양식이 기존 체제에 의존적인 모든 사람들이 바로 그런 사람들이었다. '개혁주의자들'의 예상대로, 이 비가시적(非可視的)인 반(反)개혁적 움직임에 대한 전술적 지지는 당의 최상층에 있는 사람들, 특히 늙은 스딸린주의 의

---

12) *Economist*, 1968년 6월 29일자 보고, p. 33을 보라. 또 Economist Intelligence Unit, *Quarterly Economic Review, East Europe North*, 1967년 1월, p. 5도 참조하라.

13) 이 문제에 대한 상세한 설명으로는, Boffito · Foa, 앞의 책, pp. 125~211에 수록되어 있는 여러 논문들을 참조하라.

장이자 당서기였던 노보트니로부터 나왔다.

형가리와 폴란드의 경우에서와 마찬가지로 경제개혁에 대한 요구는 정치적 변화에 대한 요구로 발전하였다. 그리고 전과 마찬가지로, 개혁에 가장 크게 반대하는 자들은 자신의 정치적 지위를 이용해서 개혁의 시행을 저지할 수 있는 요직에 있는 인물들이었다.

1967년 여름과 초가을의 사건들은 저항의 마지막 기회를 제공하였다. 작가연맹에서 퍼져나오는 불만과 학생들의 시위는, 사회 전반의 주요 문제들을 해결할 수 없는 당의 무능력이 당의 지지 기반을 좁히고 있다는 사실을 보여주었다. 이견(異見)에 대한 노보트니의 반응을 보면 그가 자신의 권력을 위협하는 사람들이면 그 누구에게라도 가장 잔학한 형태의 탄압을 가할 준비가 되어 있었음을 알 수 있었다. 그리고 또한 당내 개혁주의자들이 다음 차례로 포화를 받지 않으리라는 보장은 그 어디에도 없었다.

당시의 상황을 6개월 후에 꾸려진 새로운 당 지도부는 이렇게 분석하였다.

보수파는 당 내부에서 계속 권력을 유지하였고 그들에 대한 비판은 가장 온화한 어투의 암시 정도로 제한되었다. …… 1967년에 …… 투쟁은 …… 너무도 첨예해져서 결국은 결정적 파국을 맞이하게 되었다. 작가연맹과 스트라호프 사건(학생들의 시위)은 노보트니 그룹과 젊은 세대 그리고 공산주의자 지식인들 사이의 반목을 두드러지게 보여주었을 뿐 아니라 당지도자들과 대중간의 긴장을 반영하는 것이기도 했다. …… 국가는 갈림길에 서 있었다. 당지도자들은 정책의 변환을 모색해야만 했으며, 그렇지 않으면 그들과 대중간의 간격은 더욱 깊어졌을 것이다. 이것이, 노보트니로 하여금 '강경노선'을 도입하여, 자신에게 반대하는 모든 당원과 당간부들에 대해 강압과 권위주의적 조치를 취하게 만든 바로 그 상황이다.14)

---

14) 'Analysis of the Party's Record and of the Development of Society since the Thirteenth Congress ; The Party's Main Tasks for the Immediate Future (a rough outline).' Jiri Pelikan (편), *The Secret Vysocany Congress*(London,

노보트니의 몰락

경제적 개혁주의자들은 직접 노보트니의 권력에 맞설 만큼의 힘을 갖지 못했다. 1967년의 마지막 남은 두 달 동안 그들은 간신히 당 지도부의 다른 사람들과 제휴하여 노보트니를 그의 가장 강력한 지위, 즉 당서기의 지위에서 몰아내기 위한 동맹을 체결할 수 있었다. 그들의 동맹자 일부는 노보트니에게 개인적인 적대감을 갖고 있었지만, 그렇지 않았더라면 그들도 노보트니와 같이 낡은 스딸린주의적 접근법을 사용했을 인물들이었다. 다른 사람들은, 몇 가지 유형의 위기가 발전하고 있고 그에 대한 책임이 노보트니에게 있다고 생각했지만, 그들도 무엇이 필요한지에 대한 명확한 구상을 갖고 있지는 못했다. 노보트니에 반대하는 가장 큰 단일 그룹은 브라찌슬라바에 기반을 둔 관료들이었다. 그들은 체코슬로바키아의 슬로바키아인을 대변하는 역할을 했으며, 일반적으로 보수적인 일반적 성향을 지닌 사람들이었다.

이들 동맹자들은, 노보트니가 당 중앙위원회에 의례적인 보고서를 제출하였을 때 그가 갑자기 소수파가 되어 있다는 사실을 확신할 수 있었다.15) 과거에 노보트니의 권력은 각계 각층의 관료들을 승진시킬 수도 좌천시킬 수도 있었으며, 그것은 그가 어떤 제안을 내놓더라도 거의 만장일치의 지지를 얻을 수 있게 하였다. 하지만 이제 위기감을 느낀 당과 국가의 주요 관리들의 대다수가 노보트니에 맞서는 위험을 무릅쓰게 된 것이다.

노보트니는 싸움 없이 물러서지 않았다. 그의 과제가 보다 쉬워졌던 이유는 그의 반대자들에게 명확한 대안—— 정책의 면에서나 노보트니를 대신할 후보의 면에서도—— 이 없었기 때문이었다. 그는 최후의 결정을

1971), pp. 193~194에 번역되어 있다.

15) 1967년의 10월과 1968년 1월 사이에 개최된 중앙위원회 총회에 대한 상세한 설명으로는 P. Tigrid, 'Czechoslovakia, A Post-Mortem', *Survey*, 1969년 가을, pp. 133~148을 보라.

1월초까지 미루는 데 성공했다.

과거에 체코슬로바키아의 당지도자들은 당내의 물리력에 의해 자신들의 권력을 위협당했던 경험이 있다. 그리고 이제 노보트니가 똑같은 수단에 의존하지 못할 아무런 이유도 없었다. 모스크바에 보낸 그의 호소가 외면당하자 — 소련은 그 시점에서 노보트니가 체코슬로바키아를 위기에서 탈출시킬 아무런 방도도 갖지 못했다고 생각한 듯하다 — 노보트니는 군대에 도움을 청했다.

주요 장성들은 몇차례의 회의를 소집하여 중앙위원회 내부의 반대자들에 대한 공격을 논의하였다. 그들 대부분은 어떤 변화에도 반대한다는 성명에 서명하고 '훈련'을 명목으로 프라하 지역 예비군을 동원하기 시작하였다. 몇몇의 보고에 따르면 노보트니 측근의 내무장관이던 쿠드르나와 바르투스카 검사는 검거를 위해 1,032명의 반대파 명단을 작성했다고 한다. 거기에는 두브체크, 체르니크, 스므르코프스키, 시크, 보드슬론, 스파체크, 그리고 주르 장군과 프르흘리크 장군과 같은 인물들도 포함되어 있었다.16)

그 쿠데타 계획은 결코 실현될 수 없었다. 프르흘리크 장군이 취한 신속한 대응 행동 때문이었다. 하지만 그러한 움직임은 반대파에게는 하나의 경고였을 뿐이다. 그것은 이성적 주장들에 의해 풀릴 수 있는 학술적 토론이 아니었다. 결과는 오직 현실의 사회적 힘들의 충돌에 의해 결정지어질 것이며 패배자는 권력을 상실하고 감옥으로 보내지거나 그보다 더 심한 경우를 당해야 했다.

더구나 노보트니는 고위 관료들 외의 계층들도 자기 편 세력으로 끌어들이려 했다. 그의 동료들은 전국을 순회하며 개혁주의자들의 계획에 대한 반대를 부추겼다. 그들의 주된 호소는 — 너무나 당연하게도 — 개혁주의자들이 득세한다면 수만의 옛 관료들의 지위가 위태롭게 될 것이라는 것이었다. 하지만 그들은 또한 일반 노동자들의 경제적 변화에 대한 두려움을 이용하는 선동적 호소도 병행했다. 노보트니는 노동자들이

---

16) 같은 책, p. 146.

다른 어떤 계층보다도 과거 경찰 통치기간 동안 더욱 심한 고통을 받았다는 사실을 망각하거나 무시했다. 그는, 하나의 필사적 몸부림으로서, 자신들의 지배자들의 분쟁을 중재하는 데에 대중을 끌어들이는 위험스런 선례를 개시했다.

반대파는 자신들의 임시적 관료 동맹에 기대를 거는 것밖에는 다른 도리가 없었다. 그들은 우선 이미 노보트니의 미움을 산 바 있는 두 개의 집단, 즉 학생과 지식인들에게 도움을 청했다. 그들은, 언론에서 정책 변화를 촉구하는 공개적 캠페인을 벌였고 노보트니의 지지자들을 불신시킬 자료를 발간한 작가와 기자들을 보호하겠다고 약속했다. 학생들에 대한 탄압은 없어졌고, 학생 지도자들은 군에서 풀려났다.17) 두브체크의 지지자들은 공장들을 순회하며 이런 저런 약속들을 펼쳐 놓음으로써 노보트니의 위협에 역공세를 취했다.

개혁주의자들은 우선 슬로바키아의 관료들과 동맹을 맺고 다음으로 지식인 및 학생들과 힘을 합침으로써 노보트니를 몰아낼 수 있었다. 하지만 그들은 그 과정에서 자신들뿐만이 아니라 관료들 전체에 해당하는 막대한 문제들을 발생시켰다.

새 지도부

새 지도부의 출현 자체가 과거와의 완전한 단절을 의미하는 것은 아니었다. 두브체크는 거의 전 인생을 국가기구에 머물렀던 전형적 인물이었다. 1950년대 초반에 그는, 당지도자들이 제물로 선택한 사람들에 대해 지어낸 가당치 않은 거짓말을 서슴없이 되풀이하곤 했었다. 그는 아무런 가책도 없이 슬란스키와 처형당한 다른 각료들을 '반역자' 그리고 '제국주의의 첩자'라 부르며 모욕하는 합창에 목소리를 더했던 것이다.18)

---

17) 같은 책, pp. 151 이하.
18) *Smer*, 1954년 6월 12일. Shawcross, 앞의 책, p. 55에서 재인용.

그는 3년 동안을 모스크바에 있는 당 훈련소에 있으면서 소련식 방법을 직접 배운 바 있다. 그는 1956년 헝가리 봉기의 도살자 카다르와는 절친한 사이였다.[19] 과거에 그가 당의 노선에 반대한 적이라고는 거의 없었다. 그러던 그가 1967년에 갑자기 슬로바키아 민족주의라는 대의를 들고 나섰던 것이다.[20] 하지만 그것이 그의 야망을 충족시키기 위한 기반을 건설하기 위한 작업과 관련이 있음은 명백하다.

소련의 지도자들은, 두브체크가 체코슬로바키아를 안정되고 관료제적으로 조직된 사회로 유지시킬 인물이라고 기대했음이 분명하다. 따라서 그들은 노보트니를 제거하는 일에 기꺼이 힘이 되어 주었다.

하지만 일이, 그들이 바라던 방향으로 진행되지만은 않았다. '민주화'에 대한 요구, 그리고 관료제적 통제를 반대하고 표현의 자유를 부르짖는 아래로부터의 운동은 1968년 봄과 여름을 거쳐서 계속 성장하여 갔다.

서방 언론의 자유주의 해설자들은 그것이, 두브체크가 '인간의 얼굴을 한 사회주의'를 실행했기 때문에 나타난 현상이라고 평했다. 하지만 1968년에 행한 두브체크의 진술과 행동을 면밀히 살펴보면, 언론에 대한 국가 통제의 붕괴가 다른 사람들을 놀라게 한 것과 마찬가지로 그 역시도 놀라게 했다는 사실을 알 수 있다.

그는 1월에서 8월까지의 시기에 편집자들과 기자들에게 '책임감'을 보여줄 것을 호소하는 데 상당한 노력을 바쳤다. 그는 "당내 생활의 기본 원리가 준수되고 있지 않는 곳에서 각종 무정부주의적 표현이나 무정부주의적 성향을 나타내는 몇몇 경향들을 제한할 필요성"에 대해 언급했다.[21] 그런데 그는 '무정부주의'란 말을 사실상 그의 지도부가 정해 놓은 한계를 넘어서는 모든 의사 표현에 적용시켰다.

---

19) Shawcross, 앞의 책, p. 142에 의거함.
20) 같은 책, p. 138.
21) 같은 책, p. 157에 인용된 1968년 4월 8일의 연설.

민주주의를 모든 사람들이 모든 일에 간섭하고 자신이 원하는 대로 행동하는 것으로 이해하는 것, 그것이 바로 무정부 상태이다. 그것은 진정한 민주주의와는 거리가 멀다. …… 나는 민주주의를 규율을 포함하는 하나의 체제로 이해한다.[22]

6월에 행해진 **2천 어(語)** 선언에서 지식인 그룹이, 대중의 요구에 둔감했던 공직자와 관료들을 제거하는 데 대중적인 압력이 사용되어야 한다고 주장하자, 두브체크는 단호한 어조로 그들에게 공격을 가했다. "체코슬로바키아를 위한 민주주의란, 파업에 대한 호소나 주장 또는 파업 그 자체가 무정부 상태와 혼란을 이끌 수 있다는 사실을 깨닫는 것을 의미한다."[23]

이런 접근 방식에 부응하여 당의 최고 간부회의(1968년 5월 21~22일)에서는 사회민주당을 부활시키고 독자적 청년그룹들을 창설하려는 시도를 비난했다. 두브체크는 신문들에 사회민주당의 어떠한 활동도 보도하지 말 것을 지시했다(그리고 단지 세 곳의 신문사, 즉『리터라르니 리스티』(*Literarny Listy*), 『스튜든트』(*Student*), 『스보보드네 슬로보』(*Svobodne Slovo*) 등만이 이러한 검열에 불응했다).[24] 내무장관은 "정당 활동을 목적으로 하는 조직적 활동은 불법이다"라고 선언했다. 새로운 조직의 창설을 희망하는 70건의 청원서 중에서 단지 한 건만이 (인권연맹으로부터) 허락되었을 뿐이었다. 실각한 후에 두브체크 자신은, 소련의 침공이 있기 전에 "우리는 K231(정치범 출신자들의 클럽)을 불법 단체로 규정하기로 결정했었다"[25]고 주장했다.

비록 공산당의 행동강령에는 당은 "사회를 통치함으로써 그 주도적 역할을 실현하지는 않는다"라고 쓰여 있지만, 당의 새 지도자들도 전임

---

22) 같은 책, p. 247에 인용된 1968년 4월 11일의 연설.

23) 같은 책, p. 248에 인용된 1968년 6월 30일의 성명. 또 pp. 161~162도 참조하라.

24) V. V. Kusin, *Political Groupings in the Czechoslovak Reform Movement*(London, 1972), p. 172. 당시 시행된 또 다른 검열 행위에 대한 보고로는, 예컨대, Shawcross, 앞의 책, pp. 157 이하를 보라.

25) 1969년 8월 31일의 연설. Shawcross, 앞의 책, p. 230에 번역되어 있다.

자들과 마찬가지로 당에 의해 통제되지 않는 어떤 그룹이 대안적인 정치 프로그램을 내놓는 것을 허용할 준비가 되어 있지 못했다. 그들은 '인민의 자발적 지지'를 원했지만 인민들이 그 '자발적 지지'를 보내기 전에 대안들을 검토하도록 허용할 준비는 되어 있지 못했던 것이다.

행동강령에서는 '토론'이 당에 의해 통제되던 국민전선의 틀 안에 한정되어야만 한다고 명확히 밝히고 있었다. 국민전선의 외부에서 정치적 의견을 조직하는 일은 '절대 용납될 수 없다'[26]고 주장되었던 것이다.

두브체크는 그 점을 되풀이하여 강조했다. "우리는 국민전선의 정책에 대립할 어떤 반대당의 설립에도 단호히 반대한다."[27]

당 지도부의 다른 개혁파 지도자들의 노선도 그와 다르지 않았다. 골드스트커는 "사회민주주의를 보장해야 하는 한편 오직 하나의 지도적 당을 가져야 한다"고 말했다. 스파체크는 "우리는 하나의 지도적 당이 존재하는 것을 사실로서 받아들여야 한다"[28]고 했다. 구 사회민주당원들이 그들의 당을 부활시킬 것을 요구했을 때 크리겔과 스므르코프스키는 그 요구를 절대 받아들여서는 안된다는 입장을 전폭 지지했다.[29]

이처럼 소련 침공 이후의 협상 과정에서 새로운 당 지도부가 그들에게, "언론기관을 통제할 것", "당과 국가기관들은 신문과 라디오, TV 등이 새로운 법령과 포고에 입각하여 자기 정화를 수행하는지 주시할 것" "신문과 라디오, TV 등의 상급 인사들을 철저히 조사할 것"[30] 등에 동의한 것은 겉으로 드러난 바와는 달리 새로운 당 지도부 내부의 어떤

---

26) Oxley 외, 앞의 책, pp. 125~126에 실려 있는 행동 강령의 해당 부분에 대한 번역.

27) 두부체크가 1968년 5월 29일에 공산당 중앙위원회에서 한 연설. 같은 책, p. 147에 번역되어 있다.

28) J. Spacek의 말. *Rude Pravo*, 1968년 3월 16일. Kusin, 앞의 책, p. 165에서 재인용.

29) Kusin, 앞의 책, p. 174.

30) P. Tigrid, 'Czechoslovakia, A Post-Mortem, II', *Survey*, 1970년 겨울·봄 합병호, p. 122에서 인용.

원칙 상의 알력 때문이 아니었다.

물론 1968년 전반기에 두브체크가 내놓은 선언들은 어떤 원칙들에 입각하여 나온 것이 아니었다. 그보다 그것은 각기 다른 상황에 대처하기 위한 그때그때의 반응의 표현이었다.

1월에 개혁파 관료들은, 일종의 악선동에 의해 노동자들에게 호소하고 장군들을 동원하려 한 노보트니의 의도에 반격을 가할 필요를 느낀 바 있었다. 그들은 기자들에게 구 정권의 잘못들을 가차없이 폭로할 수 있는 권리를 부여함으로써 그 목적을 달성했다. 3월에 노보트니가 자신의 대통령직을 포기함으로써 결국 패배했을 때에도 그들은 계속해서 보수 관료 세력을 격퇴해야 할 필요를 갖고 있었다. 노보트니의 이전 지지자들도 당 기구의 핵심적인 지위에 있으면서 계속 영향력을 행사했다.

당에 새로운 일괴암적 노선을 강요하는 문제는 노보트니가 당내 제휴 집단들에 의해 축출됨으로써 오히려 더 어렵게 되었다. 그 이유는, 이들 각각의 제휴 집단들이 노보트니를 대체하는 실제적 대안들을 내놓음에 있어서는 각기 다른 방법을 취하고 있었기 때문이다. 제휴 세력들이 노보트니에 대항해서 힘을 합쳤던 이유는 그들 누구에게도 단지 자신들의 힘만으로는 자신이 원하던 바를 획득할 다른 대안이 없었기 때문이었다. 하지만 이제 그들은 혼란에 빠진 채 나아갈 길을 놓고 분열상을 보이게 되었다.

두브체크와 일부 지도자들——체르니크와 스므르코프스키를 포함하여——은 "당 지도부의 기반이 확대되어야만 하며 대중의 다른 부문들이 당에 '참여'함으로써 당의 통치를 지지하도록 고무되어야 한다. 누적된 문제들은 우리의 발전을 가로막고 있는 쓸모없는 자들의 제거를 요청하고 있다"31)고 믿었다. 새로운 환경에 적응할 수 없는 수만 명의 지역 관료들, 특히 새로운 경제 운용 방식에 적응할 수 없는 관료들은 제거되어야만 했다.

---

31) 두브체크가 1969년 9월 26일 중앙위원회에서 한 연설. Shawcross, 앞의 책, p. 275에 부록으로 번역되어 있다.

그런데 문제는, 그런 식의 접근법을 지지하는 당의 지도자 그룹이 — 중앙위원회뿐만이 아니라 처음에는 최고간부회의에서도 — 소수에 불과했다는 점이었다. 그 사실은, 위로부터의 숙청이라는 전통적 수법에 의한 '쓸모없는 자들의 제거'를 불가능하게 했다. 그러한 숙청을 감행하려는 어떠한 성급한 시도가 있었다면 그것은, 최상의 경우라 해도 당을 위에서 아래까지 분열시켰을 것이며, 최악의 경우에는 지도부의 나머지 부분이 오히려 개혁주의자들을 숙청하자는 방침을 중심으로 단결하게 만들었을 것이다.

두브체크는 "우리에게 아직까지 명확한 프로그램이 없다는 사실이 …… 지금 시기의 정치에 진공과 난점을 만들어 내고 있다"[32]고 지적했다. 그러한 '공백'을 메우기 위해 그는, 1956년에 고무우카가 구사했던 것과 매우 흡사한 전략을 사용하려 했다. 그의 목표는 '민주화'를 이용해 그의 당내 반대자들의 기반을 빼앗는 것이었다. 그런 후 언론을 통제하는 사람들을 설득해 '민주화'를 점차 끝낼 수 있다는 것이 그의 믿음이었다. 그는 이후에 이렇게 설명했다.

나는, 여름까지는 인구의 절대 다수가 당의 공식정책에 찬성하게 되었고 대부분의 활동적 당원들이 입지를 구축하고 정치적 영향력을 강화하고 있다는 믿음 위에서 행동했다.[33]

그러한 전략의 측면에서 보았을 때 가장 핵심적인 사건은 그 해 가을에 열렸던 당회의였다. 그 회의를 통해 개혁파 관료들은 권력을 강화할 수 있었다. 두브체크는 중앙위원회와 최고간부회의에 그의 부하들을 완전 포진시킨 다음 사회의 다른 부분에 그의 의지를 강제할 수 있었다. 이때 그는 가능하다면 '비폭력적'인 이데올로기적 수단을 사용했지만 그것이 불가능할 때에는 다른 수단을 사용했다. "새로운 중대 법안들이 논

---

32) 1968년 3월 16일, 브르노 당대회에서의 연설. 같은 책, p. 150.
33) 1969년 9월 26일 중앙위원회에서 한 연설. 같은 책, p. 279.

의될 것이다. …… (그 법안들은, 정부에게) 대중활동을 위한 조직적 기반을 구축하려 하고 있는 반공 세력들에게 효과적으로 대처할 수 있는 기회들을 제공할 것이다."[34]

우리는 두브체크와 다른 개혁주의자들을 고무우카와 비교함으로써 그들의 개인적 성실성을 문제삼으려는 것이 아니다. 더 높은 수준의, 더욱 인간적인 사회를 건설하겠다던 그들의 말이 진실일 수도 진실이 아닐 수도 있다. 문제는, 그들이 이전에 공산당 관료제와 국가, 그리고 산업을 통제했던 사람들이 계속해서 사태들을 주도할 수 있는, 그러한 정치 체제를 통합하고 강화하는 데서 출발했다는 것이다. 그런 이유 때문에 그들은 계속 이렇게 강조했었다. "권력투쟁을 야기시키지 않고 진정한 사회주의적 발전을 향해 앞으로 나아가려면 공산당과 함께 나아가는 길밖에는 없다. …… 공산당은 이 길을 따라 미래의 발전 과정을 인도할 것이다."[35]

하지만 공산당은 결코 사회의 다수당이 아니었다. 공산당이 비록 '노동자의 정당'으로 존재하기는 했지만 당원 중에서 절반은 노동자가 아니었고 당의 상부로 올라갈수록 노동자의 비율은 점차 감소했다.

두브체크는 무심코 이렇게 인정했다. "당의 간부들은 행정의 주요 부문과 사회의 관리구조를 형성하고 있다."[36] 다른 말로 표현하면, 당은 관료들의 정치적 표현이며 사회의 특권적 지위는 관료의 권력을 기초로 했다는 것이다. 당은 그들의 공통된 계급적 이익을 사회의 다른 부문에 강요하는 기구였던 것이다.

개혁은 당 기구의 상부에 자리했던 사람들의 세력을 약화시켰다. 하

---

34) 'Reply of the Presidium of the Central Committee of the Czechoslovak of the Communist Parties of the USSR, East Germany, Hungary, Poland and Bulgaria.' R. R. James (편), 앞의 책, p. 177에 번역되어 있다.
35) 두브체크가 1968년 5월 29일 중앙위원회에서 한 연설. Oxley 외, 앞의 책, p. 146에 번역되어 있다 .
36) 같은 책.

지만 그것이 관료계층의 당을 다른 것으로 변화시켰음을 의미하는 것은 아니었다. 각 지역 및 지방에서 권력을 증대시켰던 사람들은 국가기구와 산업을 움직였던 바로 그 사람들이었고, 당중앙기구를 움직이는 사람들은 따로 있었다. 그들은 그때까지도 작업장의 노동자들과는 천양지차로 격리되어 있었다.

예를 들면, 1968년 6월 28~30일에 개최되었던 체코 지역당 회의에서 노보트니 신봉자들의 영향력이 작용하지 않았는데도 '박사'나 '엔지니어' 같은 칭호를 가진 지역당의 서기들이 우세를 보이는 경향이 있었음을 보고서들은 지적하고 있다.[37] 1968년 8월의 특별 당회의에서는 오직 18퍼센트의 대표들만이 '노동자'(노동자는 전체 인구의 58퍼센트를 차지했었다)였고 '정치적 노동자'는 23퍼센트 그리고 '기술적·경제적 노동자'는 32퍼센트를 차지했다. 그에 앞선 회의들에서 노동자들의 비율은 그보다 더 낮은 수준을 유지해 왔었다.[38]

두브체크 집단은, 당이 과거에 비해 노골적인 물리적 탄압에 의존할 필요성이 줄어들 것으로 기대했었다. 하지만 그들은 계속해서 '새로운 체제 아래에서 당의 지배적인 정치적 영향력'을 주장했다. 이러한 주장은 당회의를 위해 준비한 문서, '당의 정치적 임무'[39]에 명확히 밝혀져 있다.

> 당의 지도적 역할은 제도적으로 보장되어야만 한다. …… 복합적으로 숙고된 방책들을 마련하여, 국민전선과 선거체계에서 공산당의 헤게모니와 특권이 계속 유지되도록 보장함으로써 당이 국민전선이나 각종 대표단 회의에서 소수파의 위치에 처하는 일이 없도록 하는 것이 필요할 것이다.[40]

그 문서는, 당이 의회선거에서 비록 3분의 1의 득표를 하는 경우에도

---

37) Prague Radio, 1968년 7월 10일.
38) Pelikan, 앞의 책, p. 292에 실린 수치.
39) 같은 책, p. 231에 번역되어 있다.
40) 같은 책, p. 231.

다수 의석을 확보할 수 있는, 그러한 선거 제도를 어떻게 만들 수 있을까 하는 단 한 가지 측면에 대해서만 다루었다!

국민전선의 역할을 확대시키려 했던 것은 그것을, "각종 이해관계들 사이의 조정을 통해 정책이 결정되는 일종의 공개 토론회(forum)로 만들기 위해서였다. 그렇게 되면 그 이해관계들은 국민전선을 통해 제도적 형식들 속에서 표현될 수 있었다." 그러나 모든 이해관계가 동등할 수는 없었다. 공산당 지도부는 그 '공개 토론회'의 구조에 대한 통제권과 그것의 협의사항에 대한 거부권을 행사하려 했다. 그렇게 된다면 당은 어떠한 실제적 반대파도 쉽사리 침묵시킬 수 있을 것이다. "국민전선은 자신의 대열내에서 …… 조직의 정치적 목적에 배치되는 행동을 보인 단체가 있다면 그것을 추방해야만 한다."41)

관료계층이 아닌 다른 사회집단들도, 관료에 의한 사회 전반에 대한 지배를 받아들인다면, 자신의 이해관계를 제한적으로 표현하도록 허용될 것이다. 그러한 상황은 부르주아 민주주의와 비교될 수 있는 상황이다. 부르주아 민주주의적 상황에서는 각기 다른 사회계급이 권력을 위한 투쟁에 등장하지만 국가와 산업 그리고 언론은 한 계급의 영원한 지배를 돕도록 조직되어 있다.

하지만 개혁주의자들의 분석의 출발점이 관료제적 통치의 효율성을 높이고 체코슬로바키아 산업의 국제 경쟁력을 증대시킬 필요성이었기 때문에 통치를 자유화하려는 그러한 목표는 결국 실패할 수밖에 없었다. 각기 다른 사회집단의 진정한 대표들을 흡수할 수 있는 정치구조는 최소한, 일부 노동자계급의 불만을 상쇄시킬 수 있는 경제적 여유 —— 1956 ~57년의 폴란드에서와 같이 —— 를 필요로 했다.

그러나 체코슬로바키아에서 계획되었던 경제개혁은 오히려 많은 노동자들의 노동조건과 임금을 공격하는 것이었다. 분명히 개혁주의자들은 현대적 기술에 대한 투자 증대와 임금인상 요구 —— 이것은 사상 표현의 자유가 주어져 있는 체제에서는 노동자들이 항상적으로 내놓을 수밖에

---

41) 같은 책, p. 232.

없는 요구이다——에 대한 양보를 동시에 이행할 수는 없었다.

관료계층 외부의 대중이 일단 '민주화' 운동에 참여하게 되자 경제적 개혁주의자들 자신이 위험에 처하게 되었고 그와 더불어 관료통치 자체의 안정성 역시 위험에 처하게 되었다. 그러한 상황에서 공산당의 권력 강화를 출발점으로 삼았던 자들은 검열과 경찰 통제라는 낡은 형태로 후퇴하지 않을 수 없었다.

소련의 침공이 있기 전에, 두브체크의 옹호자들은 그러한 수단에 의지하지 않고서도 당분간 통치를 지속할 수 있을 것이라고 믿었다. 두브체크 자신도 그의 인기를 바탕으로 새로운 체제가 평화적으로 시행될 수 있을 것이라 확신했다. 그는 당이 인민의 지지를 얻고 있다고 떠벌리기도 했다.

하지만 그는 계속해서 이전에 노보트니 추종자였던 사람들에게 더 많은 요직을 제공했다. 예를 들어 보수주의자 스베츠카에게는 당 기관지 『루데 프라보』(*Rude Pravo*)의 편집장 직위가 주어졌다. 또 그는 또 다른 보수주의자 살코비츠를 내무부 요직에 임명함으로써 소련의 침공을 지원할 비밀경찰을 조직할 수 있었다.[42] 두브체크는, 그들과의 차이점이 당의 통제력을 강화하는 방법에 대한 전술상의 불일치에 있는 것이지 원칙상의 문제는 아니라고 생각했던 것이다.

소련의 위협에 대한 그의 반응도 이와 비슷하게 이루어졌다. 그가 보기에 가장 중요한 것은 의사소통의 실패이며 그 이상의 문제는 없었다. 그는 단지 소련의 지도자들이 자신의 통제력을 제대로 평가하지 못하고 있다고 생각했을 뿐이다.

그가 체코슬로바키아를 침략적 공격에서 방어하려는 일체의 시도를 거부한 것은 그러한 시각과 완전히 일치한다. 그의 지지자 중 한 사람인 프르흘리크 장군은 이렇게 주장했다.

필요하다면 수백만의 병력을 동원할 수 있는 군대로부터 우리 나라를 방어하는

---

42) Shawcross, 앞의 책, p. 154.

것은 불가능하다고 할 것이다. …… 하지만 그렇더라도 군대로 하여금 큰 도시들을 지키게 하고, 민간인 게릴라 부대는 비밀 활동을 하게 함으로써 '적'이 지방의 통제권을 장악하는 것을 막아야 한다.[43]

그러한 전략은 분명 타당한 것이었다. 바르샤바 조약군의 뒤에는——폴란드, 헝가리, 우크라이나 그리고 소련 내부에도—— 시민군이 있었다. 관료제적 통치에 대한 이들의 불만은 장기간 지속되어온 체코슬로바키아의 혁명전쟁으로 인해 큰 폭발을 일으킬 소지가 있었다. 2년 후의 폴란드 사태는 그 불길이 얼마나 쉽사리 타오를 수 있는지를 보여주었다. 하지만 두브체크는 프르흘리크의 충고를 무시했고, 그를 군부에서 해임시켰다.

개혁주의자들과 침략

침략마저도 두브체크의 생각을 바꾸지는 못했다. 침공 소식을 접한 최고간부회의는 대중에게 무장 저항을 하지 말라는 명확한 명령을 내렸다. "최고간부회의의 그 포고에는 당원들과 병사들에게 냉정을 지킬 것과 침략군에게 어떠한 저항도 하지 말 것을 호소하는 내용도 포함되어 있었다."[44] 두브체크는 이후에 "스보보다 대통령과 함께, 전화와 다른 수단 등을 통해 포고문의 특히 그 부분이 실효를 거둘 수 있도록 모든 노력을 기울였다"[45]고 떠벌렸다.

두브체크가 구속된 다음에도 그의 지지자들은 계속해서 그 정책을 추구했다. 프라하에서 개최되었던 당 비밀회의는 이렇게 합의했다.

우리는 현상황을 더 이상 악화시키지 않도록 모든 노력을 기울일 것이다. ……

---

43) Shawcross, 앞의 책, p. 179에 의거함.
44) 두브체크가 1969년 9월 26일 중앙위원회에서 한 연설. 같은 책, p. 291.
45) 같은 책, p. 291.

평정을 찾고 작업에 임하여 일상 생활을 회복하도록, 그리고 점령군이 간섭할 빌미가 될 어떠한 도발도 피하도록 호소하는 것도 바로 이런 이유에서이다.[46]

중앙위원회와 중앙통제위원회, 그리고 회계감사위원회의 정위원들 및 후보 위원들은, 모든 사람들이 국가기구 그리고 국가위원회들과 협력하여 돌발 사태와 도발을 방지하고 산업과 운송의 붕괴를 막도록 간절히 호소한다. …… 우리의 호소는 …… 공장과 사무실에서 그리고 도시와 마을들에서 법과 질서를 유지해 달라는 것이다.[47]

회의에서는 소련군에 대한 무장 저항만을 반대한 것이 아니라, 총파업 투쟁에 대한 어떤 생각에도 반대했다. 회의에서 작성되었던 포고문의 초안에는 총파업에 대한 언급이 있었지만 결국 수정되었다. "2페이지에 타이핑 실수가 있었다. 거기에 항의의 표시로 총파업이 있을 것이란 표현이 있는데 그것은, 8월 23일 금요일 12시에 한 시간의 항의파업이 있을 것이란 말을 잘못 타이핑한 것이다"라고 설명되었다.[48]

프라하 라디오 방송은, 정부의 지시로, 인민에게 '어떠한 시위에도 참여하지 말 것'[49]을 호소하는 방송을 내보냈다.

당 지도부의 두브체크 지지자들은 소련의 침공에 반대하는 대중운동을 원하지 않았다. 그렇지만 그들은, 그것이 체코슬로바키아 지배집단과 소련과의 협상에서 유리한 대항 카드로 사용될 수 있을 것이라고 생각했다.

두브체크가 침공 소식을 듣자마자 보였던 반응은 "누군가가 연합군을 대표하여 나를 만나러 올 것이며, 우리는 이후의 행동을 결정하기 위해 최고간부회의를 개최하여야 한다"[50]는 것이었다.

---

46) Martin Vaculik이 당대회에서 한 연설. Pelikan, 앞의 책, p. 19에 수록.
47) Communiqué of central committee of the Czechoslovak Communist Party. 같은 책, p. 22에서 재인용.
48) 같은 책, p. 53.
49) 같은 책, p. 49.
50) 1969년 9월 26일 중앙위원회에서 한 연설. Shawcross, 앞의 책, p. 292.

두브체크가 구속된 후에 그의 지지자들은 '빠른 정상화를 위해 바르샤바 조약 5개국의 군사령부와 접촉'을 시도하고 있다고 발표했다.51) 보통 극단적 자유주의자의 한 사람이라고 지목되던 이리 펠리칸은 회의에서 "당의 대표들은 협상으로 현재의 비상시국을 타개해야 한다"52)고 주장했다.

두브체크의 지지자들은 점령군과의 제휴라는 생각 자체에는 반대하지 않았지만, 그러한 연립정부가 당내의 보수 반대파로 구성될 가능성을 두려워했다. 그것은 경제개혁을 단행할 모든 기회를 잃어버림을 뜻할 수 있으며, 또한 개혁을 지지했던 당원들이 당내 직위를 잃고 직업을 빼앗긴 채 투옥되는 등의 물리적 보복을 당할 가능성을 의미하는 것이기도 했다.

따라서 그들은 침략에 대한 대중의 적대감을, **새로운** 협력자 정부를 구성하는 데 열중하고 있었던 소수의 보수파 당지도자들에게 돌리기 위한 작업에 착수했다. 그 작업에서 그들은 완전한 성공을 거두었다. 최고간부회의와 중앙위원회의 소수 보수파는 당의 다른 인사들과 국가기구로부터 그들이 필요로 했던 지지를 얻어낼 수 없었다. 완전히 고립된 그들은 소련군에게 체코슬로바키아 사회의 모든 면을 즉각 장악하는 데 필요한 수단을 제공할 수 없었다.

오히려 국가관료 체제의 주요 부문들 — 산업 관리인들, 군대, 경찰(대부분의 비밀경찰을 포함한) 그리고 보도기관 — 은 계속해서 국가와 당 지도부에 남아 있던 개혁파 인사들로부터 명령을 받았다. 군과 경찰의 통신망은 침략과 이를 지지하는 당지도자들을 비난하는 라디오와 TV 프로그램을 전달하는 데 효율적으로 이용되었다. 또한 침략군의 존재에도 불구하고 친(親)정부 성향의 신문들이 창간되었다.

소련군은 끊임없는 적대적 선전 공세에 부딪혔다. 하지만 체코슬로바키아 관료들의 새로운 연립 정권에 대한 반대와 지식인 및 노동자들의

---

51) Communiqué of central committee etc. Pelikan, 앞의 책, p. 22에 수록.
52) Speech to Vysocany Congress. 같은 책, p. 37에 수록.

그에 대한 지지가 비상한 수준에 이르고 있었기 때문에 소련측은 이러한 선전을 해대는 진원지를 찾아낼 수 없었고, 심지어는 천 명 이상의 당대표들이 모이는 비밀 회의 장소도 찾아낼 수 없었다.

두브체크의 지지자들은 소련에게, 자신들만이 국가기구를 가동시킬 능력이 있으며, 만약 소련 단독으로 새로운 연립정부를 세운다면 그 정부는 대중과 완전히 유리될 것이라는 결론을 내리게 하는 데 성공했다.

그런 정부는 1956년의 헝가리에서와 마찬가지로 체계적 억압과 경제적 혼란 위에서만 기능할 수 있을 뿐이었다. 두브체크는 한편으로 소수의 보수파 당지도자들을 고립시키고 다른 한편으로 침략에 대한 대중의 활동을 억제시킴으로써 **자신이** 주도하는 연립정부가 정통성을 지니고 있음을 입증했던 것이다. 그는 감옥에서 풀려나 협상 테이블에 앉게 되었다. 당 지도부내의 두브체크 지지자들이 원했던 대로 '정상화'에 관한 토론이 시작되었고, 두브체크가 프라하로 돌아가 합의된 사항을 이행할 수 있도록 허락되었다.

'정상화'

모스크바에서 돌아온 후 두브체크는 대중에게 단호한 어조로, '정상화'가 이루어져야 한다고 말했다.

> 우리는 (바르샤바 조약) 군대를 즉각 마을과 도시들에서 원래의 근무지로 이동시킬 것을 합의했다. 그것은 당연히 각 지역에서 질서와 정상적 생활을 보장할 수 있는 체코슬로바키아 자체 기관의 능력과 연관되어 있다. 지금 우리의 기관들이 …… 일반인들의 생활을 통제하기 위하여 (일련의 조치들을 취하고 있다).[53]

하지만 두브체크는 옛 기구를 갑작스레 가동시키려는 어떠한 시도도

---

53) 1968년 8월 27일의 라디오 연설. Shawcross, 앞의 책, p. 268.

대대적 반대에 직면할 것이며, 사람들에게 그 기구와 정권이 동일하다는 것을 입증시키지 못할 것이라는 점을 깨달았다.

이미 이전 시기를 특징지었던 통치자와 피통치자간의 외견상의 화합은 사라지기 시작했다. 4만여 스코다 노동자들의 결의는 그 협상 결과를 '굴욕적 항복'이라고 불렀다.54)

1968년 8월 28일자 『스튜든트』(Student) 지(誌)는 다음과 같이 강력하게 주장했다.

체코슬로바키아 사회주의 공화국의 대표를 맡았던 동지들은 야만적 침략군에게 완전한 항복을 했다. 그들이 어떠한 압력을 받았든지간에, 그들의 행동은 공화국과 인민에 대한 배신이다. …… 그것은 우리들 스스로에 대한 배신일 뿐만 아니라 이 나라에 부여된 역사적 임무, 즉 스딸린주의라는 비인간적 구조를 타파하고 사회주의 질서의 인간적 형태를 찾아야 하는 임무를 저버리는 것이기도 하다.

후에 두브체크는 (후사크 주도로) '정상화'를 이룰 수 있게 할 '기초작업'을 닦기 위해서는 '한걸음 한걸음 단계적으로 나아갈' 수밖에 없었다고 설명했다.55)

그 '단계들'에는 점차 당권력을 재확립하는 조치들, 즉 점령을 합법화하는 조약을 비준하고, 검열을 강화하고, 경찰과 당관료 체제의 명령 계통을 점차 정비하고, 소련에 대한 제한적 저항을 옹호했던 당 지도부를 축출하고 라디오와 TV를 운영했던 사람들을 숙청하는 등의 조치들이 포함되어 있었다. 하지만 두브체크는 여느 때와는 달리 천천히 움직이며 매 단계마다 신중을 기했는데, 그것은 소련뿐만 아니라 체코슬로바키아 당 지도부를 향할 수도 있는 대중의 저항운동을 피하기 위해서였다.

그러나 두브체크는 폴란드의 고무우카와 같은 성공을 재현할 수는 없었다. 사회 하층계급의 불만은 계속 쌓여 갔다. 분노에 찬 대규모 시위는 11월과 1월 그리고 3월말에 나라를 뒤흔들었다. 엄청난 규모의 군중

---

54) P. Tigrid, 앞의 책, p. 124.
55) 1969년 9월 26일 중앙위원회에서 한 연설. Shawcross, 앞의 책, p. 294.

은 거리에서 소련에 반대하는 시위를 벌였고 학생과 노동자들은 파업을 결의했다. 체코슬로바키아의 병력으로는 도저히 중재할 수 없는 상황이 전개되었다. '정상화'가 일정하게는 진척되었지만, 더 이상 진전하는 것이 불가능하게 되었다.

소련 지도자들은 분노했다. 그들이 침공한 이유는 들끓던 체코슬로바키아를 잠잠하게 만들기 위해서였는데 이제 그 소란이 더욱 커졌던 것이다. 그들은, 만약 체코슬로바키아 관료들이 국내 정치를 제대로 다스리지 못하면 더 깊숙이 개입하겠다고 위협했다.

이제 전체 개혁파 관료들은 개혁을 포기할 것인가 아니면 침공 이후의 수개월 동안 당 내부에서—특히 슬로바키아에서—8월 당시에는 얻지 못했던 지지 기반을 확대하기 위해 부단히 노력해 온 소련에 의해 통제권을 완전히 박탈당할 것인가 하는 선택만이 자신들 앞에 놓여져 있음을 깨달았다. 대부분은 권력보다는 차라리 개혁을 포기하고자 했다. 그들은 당의 보수파에게 '양보'를 했다. 그들에게 국가기구의 여러 부문에 대한 통제권을 확대시켜 주고, 추가 '양보'를 요구할 권한을 향상시켜 주었던 것이다.

사실상 모든 주요 개혁주의자들은 '양보'를 선택했다. 하지만 그들의 생각이 일치할 수는 결코 없었다. 일부는 관료제적 통치가 안정되려면 개혁은 필수적이라 생각했고, 일부는 체코슬로바키아 관료들의 자주성 상실을 함축한 소련의 요구에 분노했다. 그리고 다른 일부는 대대적 탄압에 기초한 정권을 관장했던 사람들을 대중의 심판에 맡겨야 한다고 생각하고 있었다.

두브체크는 개혁에 가장 적극적으로 헌신했던 크리겔, 그리고 이어서 스므르크프스키와 같은 인물들을 당 지도부에서 축출하는 작업부터 시작했다. 그는, 보수파가 추가적 양보를 요구하자 이에 순순히 응했다. 그는 오히려 소련의 주장대로 보수파 분자들의 권력 강화를 도왔다. 그는 심지어 아이스하키 시위 이후에는 더 가혹한 탄압을 가할 필요를 인정하기도 했다. 후에 그는, "나는 1969년 4월과 5월의 전체회의 결정사항을 발안했던 사람 중의 한 사람이었다"56)고 주장하기도 했다. 하지만 그는 자신에게 그러한 조처를 이행할 능력이 없음을 자각했고 자발적으로 후사크에게 권력을 이양했다. 후사크는, 그런 탄압 조치를 취함에 있어 두브체크처럼 양심의 가책을 받을 필요가 없었던 것이다. 그는 공공연하게 후사크를 후원했다. "나는 세 번의 연설을 통해 4월 총회의 결정사항을 지지한다고 천명했었다."57) 그 결정사항이란 다름 아니라 후사크를 당서기에 지명하는 것, 그리고 검열을 강화하는 조처였다.

그러한 자기 부정은 두브체크의 개인적 변덕만은 아니었다. 오히려 그것은 대부분의 개혁파 지도자들이 공통적으로 보인 태도였다. 스므르코프스키는 1968년 12월에 자신을 공직에서 몰아낸 책동에 대해 공공연한 분노를 나타낸 바 있었다. 하지만 그는 곧 어조를 바꾸어 그의 지지자들에게 저항을 그만둘 것을 애원했다. 그때는 백만이나 되는 금속 노동조합 노동자들이 그를 지원하기 위해 파업을 약속하고 있는 상황이었다. 그는 '자신을 새로운 연방정부의 수반으로 선출하고자 하는 진보파 캠페인과의 관계를 부인'했다. 그것은, 금속 노동자들의 지도자이던 토만이 그 요구를 『프라체』(*Prace*) 지(誌)에 발표한 지 이틀 후였다.58) 그는 4월초에 당 최고간부회의로부터 비난을 받자 자신의 '잘못들'을 『루데 프라보』59)를 통해 공식 시인하기도 했다.

소련의 점령을 묵인하길 거부했던 당 지도자는 크리겔과 보드슬론, 단 두 사람뿐이었다. 그들은 의회에서 소련의 점령을 합법화시키려는 법안에 반대표를 던졌다(다른 두 대표도 반대표를 던졌고, 10명은 기권했다). 그리고 그들은 5월에 당 중앙위원회에서 쫓겨날 때도 강력히 항의했다.60) 하지만 그들의 접근 방식은 완전히 무정형(無定型)의 것이었으

---

56) 같은 책, p. 294.

57) 같은 책, p. 296.

58) *Times*, 1969년 1월 6일.

59) P. Tigrid, 앞의 책, p. 140.

60) 그들의 연설은 *Studies in Contemporary Communism*, 1970년 1월호에 번역되어 있다.

며 지지를 구할 때조차도 당의 위계 체계 외부로는 눈을 돌리지 않은 듯하다.

일반적으로 두브체크의 지지자들은 소련의 점령과 증대되는 탄압에 어떠한 저항도 할 능력이 없었다. 그들이 노보트니 치하에서 돌출할 수 있었던 것은 관료제적 구조에서 그들이 맡았던 역할 때문이었다. 그들은, 정치란 본질적으로 관료들의 경쟁이라고 생각했다. 그리고 바로 그렇게 생각했기 때문에 그들은, 소련이 자신들로 하여금 기구 내부에 남아 역할을 계속할 수 있도록 허용할 것을 기대하면서 개혁운동을 내던져 버릴 수 있었다.

슬로바키아

1967~1968년 사이에 체코슬로바키아에서 전개된 위기에서 슬로바키아 및 그곳의 민족주의는 중심적 역할을 했다. 그것은 경제적 개혁주의자들이 노보트니를 타파할 수 있도록 중대한 협력자들을 제공했으며, 소련의 침공 이후에 관료제적 통치가 다시금 확립될 수 있는 주요 기반을 제공했다.

슬로바키아 민족주의의 양면성을 이해하는 것은 체코슬로바키아에서의 고유한 발전을 이해하기 위해서 중요한 것만은 아니다. 그것에 대한 이해는, 다른 공산주의 국가들 — 특히 소수 민족이 전체 인구의 절반 이상을 차지하는 소련 — 에서 일어날 수 있는 소수 민족의 운동들로부터 무엇이 기대될 수 있는가를 이해하는 데 도움을 준다.

슬로바키아 민족주의의 기원은, 제1차 세계대전 이후 통일 체코슬로바키아가 형성될 무렵으로까지 거슬러 올라간다. 체코 지역의 부르주아 계급은 새로운 국가기구를 운영하면서 나오는 모든 이익을 독점하고자 했다. 슬로바키아는 경제적 후진성을 벗어나지 못한 상태였으며, 그곳의 주민들이 국가나 산업의 관료제를 통해 개인적 발전을 도모할 때에는 체코인에 비해 영원히 불리한 위치에 처해 있음을 절감했다. 그들의 불만은 점차 증대하는 분리주의·민족주의 운동으로 내몰렸다.

1948년 이후로 공산주의 정권은 민족주의 감정을 부활시키는 상황을 연출했다. 프라하에 근거를 둔 중앙관료들은 모든 경제적·정치적 결정권을 자신들의 손아귀에 집중했다. 축적의 필요에 사로잡힌 그들은 축적을 방해할 수 있는 일체의 내부 요인들을 없앴다. 그들은 전후 초기에 약속되었던 슬로바키아 자치 정부의 설립이라는 생각이 그러한 방해물 중의 하나라고 보았다. 1948년 슬로바키아 공산당이 체코슬로바키아 당으로 합병되었고, 주요 당원들은 1950년대 초반 '부르주아 민족주의자'란 명목으로 숙청되었다. 클레멘티스는 처형되었고, 후사크와 노보메스키는 투옥되었다. 행정기관들은 프라하 당국의 지시에 순종하는 처지로 전락했다. 슬로바키아인들은 이제 전쟁 전과 마찬가지로 국가의 행정부, 산업 또는 당 기구에서 입신하는 데 따르는 불리함을 경험하게 되었던 것이다.

일단 그러한 중앙집권적 권력구조가 생겨나게 되자, 그것은 스스로의 논리를 발전시켰다. 독립이나 슬로바키아 문화의 중요성에 대한 어떠한 주장도 정치구조의 변화에 대한 요구로 간주되었고, 또 의심당했다. 슬로바키아의 전통은 단지 반동적 과거의 유물, 체코슬로바키아의 통일에 가로놓인 장애물 정도로 취급되었다.

대부분의 슬로바키아 관료들은 그러한 1950년대의 상황을 기꺼이 받아들였다. 슬로바키아 산업은 국민 총생산의 13퍼센트에서 20퍼센트로 성장하였고, 체코 위주의 산업구조내에서도 그 상대적 중요성이 증가하였다.

하지만 1950년대의 위기는 슬로바키아 민족주의에 새 생명을 불어넣었다. 전반적인 경제성장의 둔화와 함께 슬로바키아의 후진성이 다시금 부각되었다.[61]

---

61) 예를 들어, 경제학자인 라로슬라브 세루키는 슬로바키아 지역에서 일인당 연간 육류 소비량은 체코 지역에서보다 14.8킬로가 적었고 지방과 기름 소비량은 7.2

1961~62년 탈스딸린주의 운동의 첫번째 희생자들 가운데 한 사람은 당의 슬로바키아 지역 담당 서기 바시레크였다. 체코슬로바키아의 주요 인물들은 권력의 장악에서 얻어지는 온갖 이익과 지역 당 기구를 운영하는 데 따르는 특권을 경험했었다. 그들은 노보트니를 정직시키고, 일개 지역 정보원이던 알렉산드르 두브체크에게 노보트니의 직책을 주었었다. 몇 개월 후, 그들은 체코슬로바키아 수상 시로키를 공직에서 추방함으로써 자체 권력을 더욱 강화시켰다.

슬로바키아 관료들은 이제 슬로바키아 민족주의의 전통적 상징에 호소하기 시작하였다. 그것은, 그들이 프라하의 사무실에서 군림하는 자들에게 불만을 표현하는 수단이었다. 그것은 또, 슬로바키아인들이 사회의 모든 분야에서 실감하던 좌절과 분개를 표현하는 것처럼 보이게 함으로써 그들에 대한 대중의 지지 기반을 넓히게 해 주었다. 그것은 또한, 대중의 분노가 지역 관료들을 향하지 않고 직접 프라하로 향하도록 하는 데 도움을 주었다.

슬로바키아의 지도자들은 1960대 초반에 자신들의 입지를 강화함과 동시에 지역의 지식인들에게, 프라하의 권좌에 있던 자들의 스딸린주의적 과거에 대하여 공격하도록 허용했다. 잠시 동안이었지만 슬로바키아의 수도는 전 국토의 지식인 반대파가 시선을 집중하는 장소가 되었다. 그러나 슬로바키아의 지도자들은 더 권세 있는 지위에 오르자마자, 자신들의 강조점을 다른 곳으로 돌렸다. 1967년 초반에 어떤 두브체크 지지자는 이렇게 진술했다. '1963년과 1965년 사이에 슬로바키아는 정치적·이데올로기적 영역에서 특히 복잡한 문제를 안고 있었다. …… 지도자들 덕분으로 …… 그에 수반된 불화는 뒷전으로 밀려났다.'62)

슬로바키아 지도자들이 노보트니를 타도하는 투쟁에서 경제적 개혁주

킬로가 적었으며 계란 소비량은 63개가 적었다고 적고 있다. *Czechoslovak Economic Papers*(1964), No. 3.
62) M. Pecho in *Pravda*, Bratislava, 1967년 5월 13일. Shawcross, 앞의 책, p. 101에서 재인용.

의자들과 운명을 함께 했던 이유는 슬로바키아 산업에 대한 투자를 늘리고 증대된 자치권을 보장받으려는 열망 때문이었다. 슬로바키아의 각 사회 영역에서는 연방기구를 대신하는 기구들이 창립되었고, 그와 함께 슬로바키아인들이 행정부에서 직위를 얻을 기회가 확대되었다.

그러나 좀더 일반적인 정치·경제문제에 대해서는 슬로바키아를 운영하던 사람들과 체코 지역에서 개혁을 강행하려던 사람들 사이에 공유하고 있던 점이라고는 거의 없었다. 왜냐하면 슬로바키아는 비교적 후진 지역이었으므로 자원만 허락한다면 낡은 체제로도 산업 발전의 여지가 여전히 남아 있었기 때문이었다. 인력 부족 또한 덜 심각했고 기술 정교화의 필요성도 그다지 급박하지는 않았다.

1968년이 지나가면서 슬로바키아 관료들은 점차 그들의 옛 동맹자들에게 등을 돌리기 시작했다. 슬로바키아 지역 당회의는 보수파 관료들이 주도했는데, 그들은 체코 지역의 변화에 저항하는 입장이었다. 슬로바키아의 대부분의 지식인들도 보수파 당지도자들의 편을 들면서 체코의 지식인계급에는 반대하고 나섰다. 슬로바키아에 독자적인 노동조합이 구성되었을 때에도 그들은 체코 지역 노동조합들의 들끓는 동요에 무관심을 보였었다.

슬로바키아의 통치자들이 프라하측의 통치자들보다 더욱 강한 통제력을 유지할 수 있었던 정확한 이유는 그들이 슬로바키아 민족주의를 자신들의 목적에 이용할 수 있었기 때문이었다. 그들은, 체코 국적의 사람들이 아니라 슬로바키아 국적의 사람들이 사회의 책임자라는 것을 주민의 다른 부분에게 납득시킬 수 있었다. 그들은 관료제적 구조가 전과 다름없이 존재했음에도 불구하고 매우 중대한 변화가 있었던 것처럼 보이게 할 수 있었다. 한걸음 더 나아가 그들은, '민주화' 운동은 체코의 것이므로 슬로바키아에게는 낯선 위협이라고 간주했다. 민족주의는 스므르코프스키를 공직에서 추방한 무기들 중의 하나였다. 마땅히 '슬로바키아인의 차지'가 되어야 할 자리에 그가 앉아 있었던 것이다.

그렇다고 해서 슬로바키아 지도자들의 모든 노력이 성공을 거둔 것은 아니었다. 체코 지역 공장들에서 시작되었던 선동은 일부 슬로바키아의 공장으로 확산되었고, 브라찌슬라바의 학생들은 1968년 11월 체코 학생들의 연좌시위에 지지를 보내기도 했다. 1969년 1월로 예정되었던 체코 지역의 총파업이 실현되었더라면 훨씬 많은 슬로바키아 노동자들이, 자신들이 관리인이나 경찰과 똑같은 언어로 이야기한다고 해서 자신들이 그들과 공통의 이해관계를 갖고 있는 것이 아니라는 점을 깨달았을 것이다.

그럼에도 불구하고 우리는, 슬로바키아의 경험을 통해, 공산주의 국가들에서는 어떤 시점(時點)에 중앙의 관료제적 구조를 약화시킨 민족주의 이데올로기가 나중에 그러한 구조를 재확립하는 것을 도울 수 있다는 것을 알 수 있다. 관료제적 통치를 영원히 타도하길 갈구하는 사람들은 중앙의 관료들에 의한 민족 탄압에 맞서 투쟁해야 한다. 그에 덧붙여 그들은, 탄압받는 민족의 노동자계급이 품고 있는 민족주의적 환상 역시도 일깨워 주어야만 할 것이다.

지식인

구스타프 후사크는 권좌에 오르자마자 1968년 사태에서 무엇이 그와 여타의 관료들을 가장 불안하게 했는지를 밝혔다.

문화계에서 일하는 많은 노동자들이 …… 당이나 국민전선과의 협의도 없이 조정위원회들을 창립하기 시작했으며, 학생과 노동자들을 위한 그리고 지식인과 노동자들을 위한 새로운 정치 프로그램을 작성했다. 무엇을 위해서였던가? 그것은 공산당의 정책을 반대하기 위해서였다.[63]

---

63) 1969년 5월 31일의 프라하 라디오의 연설. *Studies in Contemporary Communism*, 1970년 1월호.

당 지도부는 사회 고위층에 국한해서 정책과 인물들을 바꾸는 제한적 개혁을 시도하려 하였다. 그럼에도 불구하고 아래로부터의 '민주화'가 역동적이었던 까닭은 작가와 기자 그리고 방송인들의 활동 때문이었다. 앞서 살펴본 바와 같이 일년 전 여름에 열렸던 작가들의 회의에서는 이미 불만이 터져나온 바 있었다. 급진파 학생들은 자치권을 요구하며 거의 3년 동안이나 관료집단과 투쟁했으며 그것은 스트라호프 사건에서 정점에 이르렀다. 이제 당 지도부의 분열은 그러한 운동의 새로운 가능성을 열었으며, 그러한 운동은 또한 다른 지식인들 특히 언론기관에서 일하던 지식인들 사이에서 확산되기 시작하였다.

1948년 이후에 지배집단은 언론기관을 통제하는 구조물을 건설하였으며, 그로 말미암아 지배집단의 생각은 기자와 방송인을 통해 사회의 다른 부분으로 정확히 전달될 수 있었다. 그 구조물은, 일부 지식인들에게는 특권을 부여하고 일부는 희생시킬 수 있는 지배집단의 능력에 의해 작동되었다. 언론기관에서 주요 직위로 진출하기 위한 전제조건은 공산당 당원증이었으며, 그것은 당 지도부의 명령에 대한 맹종을 의미했다.

창조적 예술가들(작가들, 영화 그리고 TV 연예인 등)의 다양한 연맹이 발간하는 신문들처럼, 명목상으로는 신문이 당과 독립된 때조차도, 당 지도부는 자신들의 결정사항을 강제하기 위해 당원들을 동원할 수 있었다. 비당원들에게는 이러한 통제를 반대하기 위한 조직화의 자유가 주어지지 않았다. 누구든 너무 노골적으로 당 지도부의 노선에 반대하면 당원들이 나서서 그를 조합에서 몰아냈으며 따라서 그의 생계는 위협당하기 마련이었다.

그 체제가 제대로 작동하지 않을 때를 대비하여 공식 검열제도가 보강되었다. 각 신문사의 사무실에는 검열관이 상주했다. 편집자들은 복종해야만 했다. 이론상으로는 불복종도 법원의 중재를 받을 수 있었지만, 실제로는 편집자들이 당원이었기 때문에 이들이 검열관의 결정에 항의하는 행동은 당에 의해 금지되어 있었다.

당 지도부의 분열은 그러한 통제 메커니즘의 급속한 붕괴를 가져왔다. 노보트니의 음모에 맞서기 위해 동맹자를 구하던 지도부의 개혁파는 기자들을 부추겨 옛 지도부의 정책들을 여러 견지에서 비판하도록 했으며 지난해 여름에 작가동맹에 취해졌던 가혹한 조치들을 철회시켰다.

지식인들과 당 지도부의 개혁파 사이의 동맹관계는, 노보트니가 결국 대통령직을 사임하기 바로 직전에 열렸던 수차례의 대규모 회의를 통해 공고해졌다.

수천 명의 학생과 지식인들이 3월 13일에 슬라보니아 하우스에 모여들었다.

> 그곳은 흥분한 남녀로 꽉 차 있었다. 사람들은 계단을 질식할 듯이 메우다 못해 도로까지 밀렸다. 객석에서는 질문을 적어 돌돌 말은 종이쪽지가 눈송이처럼 날렸고, 연설자들은 거리낌없이 말했다. 오랜 투옥 생활을 경험한 한 여성은 재판을 조작했던 노보트니 대통령을 비난했다. 한 극작가는, 법적으로 11건의 살인을 한 검사가 양심의 가책을 느끼고 있다고 말했다. 한 소설가는 국방장관의 지적 수준이 제대로 교육받지 못한 상등병 수준이라고 말했다.[64]

연설자 중에는 스므로크프스키도 있었다. 그는 '민주화'를 지지하는 연설을 했지만, 소련과 계속 긴밀한 관계를 유지해야 할 필요성을 강조했다.

다음 날 학생들의 주최로 열렸던 또 다른 집회에는 3천여 명이 참석했으며, 두브체크는 그 회의를 지지하는 메시지를 보냈다. 시크는 학생들에게, '오랫동안 새로운 사상을 침묵시키기 위해 억압과 탄압을 사용해 온 보수주의자들'을 극복해야 한다고 말했다. 그러나 그는 또한 '신중을 기하고' '무모한 방법'은 피해야 한다고 주장하기도 했다.[65] 3월 20일, 마침내 만 명이 넘는 학생들이 스므르코프스키, 후사크, 시크, 골드스투버 그리고 여러 지식인들의 연설을 듣기 위해 푸치크 공원의 대회의장에 모였다.[66] 이틀 뒤 노보트니는 사임했다.

---

64) Neal Ascherson의 글. *Observer*, 1968년 3월 18일.
65) A. Shub, *An Empire Losses Hope*(London, 1971), p. 350에서 재인용.

기자와 **방송인**들은 노보트니의 정책들의 특정 측면만을 비판하는 수준에서 멈추려 들지 않았다. 체코슬로바키아 사회의 제조건에 관한 대대적 비판이 등장하기 시작했다. 검열법의 폐지에 관한 요구가 대두되었는데, 그것은 새 당 지도부가 제안한 단순한 법률 개정의 수준을 뛰어넘는 것이었다. 창조적 예술가들의 각종 연맹에 있던 당원들은 더 이상 당의 명령을 받거나 또 그 명령을 다른 회원들에게 강요하기를 거부했다. 각종 연맹의 신문들은 공공연히 다른 회원들의 견해를 게재하기 시작했다. 그것을 거부하던 편집자들은 투표에 의해 몰려났다. 그렇게 고조된 분위기는 다른 신문들에게도 전해졌다. 당 기관지『루데 프라보』의 간부진들은 신문이 '당 전체의 것'이 되어야지 지도부의 소유물이 되어서는 안된다고 주장했다. 청년 신문인『믈라다 프론타』(*Mlada Fronta*) 그리고 노동조합 신문인『프라체』(*Prace*)는 관료제적이던 청년 및 노동조합 조직의 옛 지도부와 결별하였다. 여름까지 체코에는 —— 1월에만 해도 진리로 받아들여졌던 —— 보수파 노선을 주장하는 신문은 단 하나도 존재하지 않게 되었다.

지식인들은 거의 이구동성으로 노보트니 정권의 죄과(罪科), 즉 자유로운 토론의 탄압, 테러 행위, 경제의 비효율성, 소수 고위 공산당원의 권력독점 등을 성토했다. 하지만 그들이 대안을 논의할 때는 결코 그와 같은 단일한 목소리를 내지 못했다. 그들은 양극화되어 각각 관료제적 통치의 변형을 지지하거나 아니면 더욱 근본적 변화를 지지하게 되었던 것이다.

당 지도부는 지식인들의 불만을 인식하고서 그들과 밀착하기 위한 프로그램을 개발하였다.

> 당은 우선 매우 유능한 소수의 인재들인 당의 인텔리겐치아를 당의 메커니즘에 끌어들이는 문제를 처리해야만 한다. 여기에는 두 측면이 있는데, 그것은 그 소수를 당의 노선 결정에 참여시키는 것과 그들을 당의 적소에 배치하는 것이다.67)

---

66) 같은 책, p. 351.

관료들의 정치·경제적 목표에 일체감을 보여준 지식인들── 그리고 중간계급의 다른 성원들── 에게는 적절한 보상이 약속되었다. "우리가 추구하는 소득정책은 …… 숙련되고 복잡한 작업에 종사하는 사람들에게 유리하도록 진정한 차별화를 진행시키는 것이다."[68] 당 지도부는 1930년대에 스딸린이 사용했던 것과 동일한 어휘를 쓰며 '평등주의 원칙의 배제'[69]를 주장했다.

그러한 약속에 솔깃해진 중간계급의 전 부문── 관리 및 감독관, 전문직 노동자, 그리고 지식인들 중에서는 경제학자들 등── 은 당 지도부에 복귀하겠다는 의사를 밝혔다. 사실 그들의 주요 불만의 하나는 중간계급과 노동자계급의 임금차가 다른 동유럽 국가들이나 서방보다 작다는 것이었다. 오직 극소수의 고위 당관료들만이 엄청나게 높은 생활수준을 누렸으며, 대부분의 중간계급은 평균보다 25~30퍼센트 높은 임금을 받을 뿐이었다.[70]

하지만 인텔리겐치아 중에는 그러한 조잡한 방식이 관리의 효율성이라는 목표와는 관련이 없다고 생각하는 중요하고 영향력 있는 여러 그룹이 있었다. 작가들과 그들의 유력한 신문 『리터라르니 리스티』(*Literarny Listy*; 발행 부수 25만)가 노보트니 정권에서 멀어진 것은 '불

---

67) 당 문서에 대한 분석. Pelikan, 앞의 책, p. 350.

68) 같은 책, p. 351.

69) 같은 책, p. 218. 스딸린에 대해서는 T. Cliff, *Russia: A Marxist Analysis* (London n.d., 1963), pp. 55~56을 보라.

70) A. Kundra, *Planovane Hospdarstvi*(1968), No. 9에 실려 있는 여러 범주의 노동자들 및 중간계급에 대한 수치. *East European Economics*, Vol. VII, No. 4에 번역되어 있다. 그는, 남성의 3분의 1이 1966년에 2,000크라운 이상을 받은 반면에 노동자의 평균 보수는 1,600크라운이었음을 보여준다. 인구의 2퍼센트가 노동자 임금의 두 배 이상을 받았던 것이다. *The Czechoslovak Experiment, 1968 ~69*(New York, 1971)에서 Ivan Svitak는, 실제로 권세있는 '권력 엘리트'는 (인구의 1퍼센트도 못되는) 10만 명 정도였다고 주장한다. 화이트칼라 노동자와 전문직 노동자들 가운데 '인텔리겐치아'는 이보다는 훨씬 많아서, 인구의 약 18퍼센트 정도는 되었다.

충분한 임금 차이' 또는 '노동 규율의 부재'라는 표현에 대한 혐오감 때
문만은 아니었고 그 이상의 동기(動機)를 갖고 있었다. 그들이 그렇게
된 것은 그와는 매우 다른 뿌리를 갖고 있었다. 작가 루드비크 바출리크
는 그 사실을 1967년 여름에 개최되었던 작가들의 회의에서 설명하려
했다. 그는 다음과 같은 대비를 해 보였다. 한편에는 정부가 작가들에게
제시한 요구들이 있다.

> 권력은, 문제에 대한 진정한 답이 없는데도 어떻게 해서든 그 답을 구해야만 하
> 는 상황에서 예술에 접근한다. …… 권력은 내적 성향이 자신과 비슷한 사람들
> 을 좋아한다. 하지만 그런 사람들이 부족하기 때문에 권력은 자신들의 필요를 충
> 족시키기 위해 다른 사람들도 이용해야만 한다.

다른 한편에는 생활의 현실이 있다.

> 우리의 문화생활이 이룩한 모든 것, 대중이 만든 아름다운 모든 것 …… 이 모
> 든 것들은, 우리의 지배집단이 어떻게 행동했는가와 상관없이, 아니 그것에도 불
> 구하고 이룩된 것들이다. …… 지난 20년 동안 우리 사회에서는 인간적인 문제
> 는 단 하나도 해결되지 못했다![71]

작가들에게 문제가 되었던 것은, 그들이나 그들의 독자들이 매우 냉
혹하다고 느끼는 사회를 훈훈한 사회라고 설명해야 한다는 것이었다. 철
학자들도 비슷한 모순에 직면했다. 그들은 인류의 위대한 사상가들의 사
상들을 동원하여 비인간화된 사회의 현실을 정당화시키도록 요청받았다.
그러한 문제들을 토론하면서 작가와 철학자들은 불가피하게, 체코슬
로바키아 주민의 대다수가 당면하고 있던 주요 문제들 모두를 다루어야
만 했다. 처음에 그들은 직접적이고 공개적인 방식이 아니라 예술적이고
철학적인 토론이라는 방식으로 한걸음 떨어진 위치에서 그 문제들을 대
했다. 1968년 초반에 그들의 논쟁은 매우 관념적인 수준에 머물렀다. 특

---

71) Oxley 외, 앞의 책, pp. 30~40에 번역되어 있는 연설.

히 노보트니 시대의 명백한 잘못들이 제거되고 난 다음에 사회가 어떻게 움직여야 하는가라는 대단히 실제적인 문제에 부딪혔을 때에는 더욱 그러했다.

『리터라르니 리스티』 지(誌)는 처음에 관료제적 통치를 전반적으로 비판하는 기사를 싣기를 거부했었다.[72] "작가동맹은 어떤 적절한 정치 프로그램도 공식화시킬 능력이 없었고, 결정적인 정치의 주도권을 모조리 공산당에게 넘겨주었다."[73]

하지만 몇 개월이 지나면서 비판적 태도가 훨씬 더 지배적인 것으로 되었고, 마침내 『리터라르니 리스티』 지(誌)와 세 곳의 일간지에서 2천 어(語) 선언이 발표되었다. 그 선언은, 인민들이 직접 나서서 노보트니 추종자들의 정책과 밀접한 관계를 맺은 자들을 사회에서 몰아내는 일에 참여하자고 주장했다.

> 우리는 권력을 남용한 자들의 사임을 주장해야 한다. …… 우리는 결의문, 시위, 시위작업조, 그들에게 줄 은퇴 선물 모집, 파업과 집 앞의 피켓시위 등 그들을 설득할 여러 가지 방법과 수단을 찾아내어 그들을 사임하도록 만들어야 한다.[74]

선언은 대중의 많은 계층들로부터 지지를 받았다. 프라하 라디오 방송은 2천 어 선언에 대한 '편지, 전화 그리고 결의문들'[75]의 절대 다수가 적극 찬성을 표시하는 내용이었다고 발표했으며, 『프라체』 지(誌)는 답지한 7만여 통의 편지와 결의문 거의 대부분이 그 선언을 지지했다고 말했다. 그와는 대조적으로 당 지도부에서는 가장 극단적인 '진보파'에서부터 강경 보수파에 이르기까지 모든 자들이 만장일치로 2천 어 선언에 반대한다며 이것에 비판을 가했다.

---

72) Ivan Svitak, 'The Gordian Knot : Intellectuals and Workers in the Czechoslovak Democratisation', *New Politics*(New York), 1969년 1월호에 의거함.
73) 같은 책.
74) 2천 어(語) 선언의 번역된 원문으로는 Oxley 외, 앞의 책, pp. 261~268를 보라.
75) 1965년 7월 2일의 프라하 라디오 방송.

지식인들은 '민주화'란 슬로건을 진지하게 받아들이고 있었다. 이 때문에 사태의 전개 과정에서 그들은 자신들의 위치가 당 지도부와는 반대편에 있다는 사실을 점차 깨닫게 되었다. 하지만 그때까지도 그들이 제시한 실제의 정치적 요구는 매우 추상적이었다. 『리터라르니 리스티』지(誌)에 실린 어떤 기사들은, 행동강령(Action Programme)이, 모든 정당들은 당 주도의 국민전선 안에서만 활동해야 한다고 주장한 점을 비판했다. "당내 민주화가 민주주의를 충분히 보장하게 만들 것이라는 생각은 환상이다. ……"76)

하지만 『리터라르니 리스티』 지(誌)는 그때까지도, 설령 여러 정당들이 발전한다 하더라도 "그 정당들은 계급에 의해 요청되는 일국의 경제적·사회적 조직화에 대해 다양한 생각을 내놓지는 못할 것이다"77)라고 말했다. 다른 말로 표현하면 이것은, 어떠한 새로운 정당들의 목표도 관료적 지배집단의 목표와 같을 수밖에 없으며, 단지 그 수단만이 다를 것이라는 의미였다.

지식인의 주요 조직은 당 지도부에 압력을 가할 당 주변 세력들을 결집시켰다. 그들은 다당제를 논의할 준비가 되어 있었다. 하지만 그들은, 다수의 체코슬로바키아 대중이 특권 관료계급에게 착취당하고 있으며 공산당은 그 지배계급의 도구라는 사실을 인정하지는 않았다. 그들 중 많은 사람들이 어이없게도, 지도부의 희망보다 조금만 더 당을 개혁시킨다면 사회가 개혁될 것이라 믿었던 것이다.

일부 지식인들의 비판은 그보다는 강력했다. 『리터라르니 리스티』 지(誌)가 입장의 변화를 보인 것은 부분적으로, 당원이 아닌 지식인들의 조직과 선동활동이 만든 결과였다. 소수 지식인과 학생들은 공장의 노동자들과 직접 연계를 맺고자 시도했으며, 그러한 노력은 어느 정도의 성공을 거두기도 했다.

두브체크가 두각을 나타내기 훨씬 전에 학생 자치기구의 통제권을 놓

---

76) Vaclav Harvel의 말. *Literarny Listy*, 1968년 4월 4일.
77) 같은 책.

고 투쟁을 벌였던 바 있는 학생 지도자들은 당연히 새 지도부의 많은 주장을 믿지 않았다.

> (그들이) 신뢰할 만한 사람들을 찾지 못했던 이유는, 개혁파 중에서도 스딸린주의 혹은 기회주의적 과거를 지닌 자들이 많았기 때문이었다. …… 학생 지도부의 루보스 홀라체크는 개혁파 정권마저도 신임할 수 없음을 깨달았기 때문에, 1968년 3월 20일 프라하에서 진보파에 대한 지금의 지지가 절대적이어서는 안된다고 발언했던 것이다. 그는, 만약 '공산당의 정치독점'이 대중의 활동을 보장할 수 없다면, 학생들은 개혁주의자들의 견해와는 다른 사회주의 모델을 찾아야만 할 것이라고 경고했다.[78]

『스튜든트』 지(誌)는 자유주의 정당 지도자들이 주도하는 '민주화'의 위험을 경고하는 논문을 게재했다.

> 지금 우리가 처한 모순에 찬 현실은 우리에게 다음과 같은 것을 말해 주고 있다. 즉 오늘날 기존의 전체주의적 독재와의 연결고리를 끊는 것에서 이익을 얻고 있는 각료, 대사, 서기관들 같은 정치적 개혁의 대표들이 내년이 다 가기 전에 오늘날과는 달리, 현상(現狀)을 유지하는 데서 직접적인 이득을 챙기게 되리라는 것이다. 우리는 옛 관료들보다는 젊은 근위대들이 당내에서 중요 직책들을 차지하길 원한다. 하지만 우리가 분명히 깨달아야 할 것은, 우리가 지지하는 것은 그들의 강령이지 그 인물들이 아니는 것이다. 또 그들의 강령이 우리에게는 최소 강령에 불과하다는 사실도 깨달아야 한다. …… 비판적 지식인들과 고위 당대표들 사이의 협정은 그들간의 이해관계에 있어 일시적인 통일을 표현하는 것에 지나지 않는다. 이 협정은 젊은 근위대들이 국가에서 충분한 권력을 장악하자마자, 그리고 그들이 민주화가 끝난 것으로 간주하자마자, 그리고 그들이 권력을 공고히 해야만 하는 단계가 도달하자마자 순식간에 사라져 버릴 것이다.[79]

---

78) G. Golan, *Reform Rule in Czechoslovakia*(London, 1973), p. 71. J. Karan, 'Czechoslovakia 1968 : Workers and Students', *Critique*(Glasgow, 1973), No. 2 에서 재인용.

79) Ivan Svitak, 'Heads Against the Wall'. I.Svitak, *The Czechoslovak Experiment 1968~69*(New York, 1971)에 수록.

이데올로기적 혼란

하지만 가장 급진적 지식인들조차도 여러 가지로 혼란에 빠져 있었다. 1948년의 쿠데타가 노동자계급에 의해 행해진 일종의 사회주의 혁명이었다는 신화가 일반적으로 통용되었다.[80]

그러나 그 신화가 사실이더라도, 거기에는 현존하는 체코슬로바키아가 일종의 노동자계급의 국가이며 내부로부터 쉽게 개혁될 수 있다는 생각이 함께 덧붙여졌다. 그러한 견해는 당 지도부의 개혁파와 그들과 밀착한 지식인들이 공통적으로 받아 들였다. 하지만 그러한 견해는 단지 권력을 다시금 공고히 하려는 당 지도부의 노력을 도울 뿐이었다.

더 급진적인 지식인들은 현재적 개혁 가능성이라는 저 특정의 견해를 거부했다. 하지만 그들도 1948년의 사건에 대한 혼동을 공유하고 있었으며, 다른 방식으로 그 혼동의 대가를 치렀다. 그들은, 1948년의 사건이 노동자계급에 의해 수행되고 중앙집권적 당이 지도한 혁명이었기 때문에 향후 어떠한 노동자혁명도——그리고 또 당이 지도하는 어떤 혁명도——이와 마찬가지로 재앙적인 결과를 낳고 말 것이라고 믿게 되었다.

페트르 디트하르트는 『리터라르니 리스티』에서 그러한 논리를 전개했다.

> 예를 들어 …… 자율적인 정당들에 의해 변화되지 않고서도 인민들의 의지가 어떤 직접적 방식으로, 혹은 사회주의적 생디칼리즘의 방식으로 표현될 수 있다고 주장하는 것은 …… 지금까지의 사회주의 사상의 비극적 역사로부터 교훈을 얻을 수 있는 능력이 치유 불가능할 정도로 손상되었음을 보여주는 징후들이다.[81]

이러한 염려들을 보면 우리는, 당 활동에 대한 '광신주의'나 심지어는

---

80) 같은 책, p. 187.

81) Petr Pithart, 'Political Parties and Freedom of Speech', *Literarny Listy*, 1968년 6월 20일. Oxley 외, 앞의 책, pp. 141~145에 번역되어 있다.

개인적 '광신주의'가 스딸린주의의 뿌리에 놓여 있다는 생각이 체코슬로바키아의 탁월한 지식인들 사이에 널리 퍼져 있었음을 알 수 있다. 사람들이 그러한 생각을 품게 된 것은 주로 개인적 경험 때문이었다. 1945년 이후로 많은 청년, 중간계급 지식인들이 공산당에 가담했으며, 그들에게는—— 무조건적 충성의 대가로—— 사회를 재조직할 기회가 주어진 것으로 보였다. 밀란 쿤데라는 자신의 소설 『농담』을 통해 그들이 느꼈던 사실을 설명했다.

> 나의 마음을 끌었던 것, 아니 나를 열광하게 했던 것은 공산주의 운동이, 아무리 환상적이라 할지라도, 역사라는 배를 움직이는 방향타(方向舵)에 가까이 있다는 느낌이었다. 당시 우리는 실제로 인간과 사물의 운명에 관한 중대 결정을 내렸었다. …… 초기의 몇년 동안 공산주의자 학생들은 거의 누구의 도움도 없이 대학을 운영했었다. …… 우리는 역사에 매혹되어 있었고, 역사에 달려들어 역사를 정복했음을 느낄 수 있다는 사실에 도취되었다. …… 당시에 우리들, 특히 젊은 이들은, 우리가 하나의 인간적 시대, 즉 모든 사람이 역사의 외곽으로 밀려나지도 역사의 발굽에 신음하지도 않고 역사의 방향을 정하고 창조할 수 있는 새로운 시대의 막을 열어 젖히고 있다는 관념적 환상을 공유했다.[82]

그러나 그 꿈은 악몽으로 변해 버렸다. 지식인들은 스스로의 유치한 열정을 책망했으며, 다시는 그와 똑같은 실수를 저지르지 않겠다고 굳게 결심했다.

> 젊음은 소름끼치는 것이다. 청소년기는 순진한 아이로서 살아가는 단계이다. 그 아이들은 죽마를 타고 놀며 가장 다채로운 옷을 입고 있다. 그 아이들은 외워서 배운 말을 단지 반밖에는 이해하지 못하면서도 광적으로 숭배하며 지껄인다. 역사 역시도 소름끼치는 것이다. 왜냐하면 역사는 젊은이들의 장난감이기 때문이다. 젊은 네로, 젊은 나폴레옹, 한 무리의 열광한 아이들의 과장된 열정과 유치한 겉모습은 갑자기 재난스런 현실로 변한다.[83]

---

82) Milan Kundera, *The Joke*(London, 1970), p. 69.
83) 같은 책, p. 86.

그러나 1968년의 상황에서, 스딸린주의적 체제와 단호하게 단절하기 위한 기회를 포착하기 위해서는 조직화와 '열광'이 필수적이었다. 행동대원의 역할에 대한 금지는, 그러한 금지가 없는 자들, 즉 제한 없는 관료제적 통치로의 복귀를 지지하는 자들에게 텅빈 무대를 제공할 뿐이었다.

그러한 두려움을 감수할 수 있으려면, 1945년 이후에 일어난 변화에 대하여 오차 없이 정확히 분석해야 한다는 전제조건이 충족되어야 했다. 즉 1948년의 쿠데타가 결코 노동자들의 혁명이 아니었다는 명확한 이해가 있어야만, 미래에 있을 노동자계급의 행동에 잠재된 가능성에 어떤 믿음이라도 보낼 수 있었다. 스딸린주의화된 사회의 배후에는 사회의 진보에 전념하는 헌신이 아니라, 축적과 착취를 바탕으로 사회를 진보시키려는 의도가 숨어 있다는 사실이 반드시 이해되어야만 했던 것이다.

1948년과 마찬가지로 1963년의 체코슬로바키아에서 그러한 이해가 더더욱 절실했던 이유는, '보수파' 관료들뿐 아니라 '진보주의자들' 사이에서도, '발전'이란 더욱 효율적으로 착취와 축적을 행하는 것이라고 생각하는 자들이 있었기 때문이다. 그들과 그들을 지지했던 일부 지식인들은 제한적 개혁의 가능성이라는 환상을 확산시킴으로써 관료제적 권력이 다시금 강화되도록 기반을 닦고 있었다.

진정한 사회 민주화는 지식인들 사이에서 그리고 공장들에서 그러한 견해를 몰아내기 위한 사상적 투쟁을 필요로 했다. 그러나 그 투쟁이 성공하려면 일관된 입장의 활동적 정치 조직이 그 투쟁을 통합하고 효과적으로 이끌어야만 했으며, 그러한 혁명적 사회주의 정당은 모든 작업장과 노동자계급 구역에서 당원을 보유해야만 했다.

그러한 조직이 존재하지 않는 상태에서 진행되는 지식인들의 논쟁은 관료제적 통치가 재확립되도록 도와주는 부수물에 지나지 않았다. 이러한 현상은 1957년에 폴란드의 좌파에게서도 나타났던 것이다. 그런데도 가장 급진적 지식인들은 어떤 형태로든 그러한 조직이 발전한다는 사실을 두려워했다. 역사에서 잘못된 교훈을 이끌어 내는 사람들은 역사가 이미 거쳐 지나온 길을 다시 밟을 가능성을 증대시킨다.

노동자들

1968년 초반의 개혁운동은 국민 중 최대 단일 집단인 노동자계급에게 거의 아무런 영향도 미치지 못하였다. 그러한 면에서 체코슬로바키아의 상황은 1953년의 동독이나 1956년의 헝가리, 또 같은 해의 폴란드 상황과 비견된다고 할 수 있다. 노동자들이 비록 노보트니의 선동에 놀아나지는 않았지만, 그렇더라도 그들이 노보트니에 반대하는 운동에 모든 힘을 쏟아 넣으려 하지는 않았다. 지식인과 학생들이 구질서에 도전장을 던졌지만, 공장들은 고요한 상태로 있었던 것이다.

노동자들은 관료 체제의 인물과 정책의 피상적인 변화에 지식인들만큼 민감하게 반응하지 않았다. 공장들에서는 이전의 관료들이 그대로 자리를 지키고 앉아서 다시 권위를 찾게 될 기회를 엿보고 있었다. 노동자들은 아직 그들에게 도전하는 데 수반될 위험을 감수할 준비가 되어 있지 못했다. 그리고 경제적 개혁주의자들이 말하는 '직장 재배치'와 임금 차별의 증대 그리고 그들의 프로그램은 노동자들이 도전을 감행하는 데에 힘을 불어넣어 주는 역할을 하지 못했다.

이반 스비타크가 말하는 당시의 상황을 들어보자.

진보적 인텔리겐치아는 민주적 자유, 특히 언론과 결사의 자유 그리고 독자적 입후보가 가능한 비밀선거의 쟁취를 목표로 삼았다. 다시 말해서 정치생활의 민주화를 목표로 내걸었다. 하지만 그 목표는 공장들의 상태에는 아무런 영향도 미치지 못했다. 왜냐하면 사회적 자유의 회복이 노동 조직들, 특히 노동조합의 활동에는 아무런 실제적 기회도 제공할 수 없었고, 노동자에게 있어 비경제적 기업의 폐쇄를 주장하는 경제개혁은 실제적이며 명백한 위협으로 다가왔기 때문이었다. 중간계급과 그들의 지식인 대변자들은 그때까지 금지되었던 영역에서 새로운 창조적 활동이 벌어질 수 있다는 점에 열광했다. 그러나 노동자들이 그러한 열광을 보낼 이유가 있었겠는가? 전혀 없었다. 당 기구, 노동조합, 공장의 민병대에 있던 보수파는 약삭빠르게 그 사실을 이용하여 공장들에서는 그 민주화 프로그램에 아무런 지지도 보내지 않는 것처럼 보이게 만들었다. 그것은 사실과는 달랐다. 그리고 지역 민병대의 폭한(暴漢)들이 실제로는 민병대 내부의 당원들에게서조차 도 지지를 얻지 못했으며 보통의 노동자들은 다른 대중들과 마찬가지로 노보트 니를 불신했다는 사실이 곧 명확하게 밝혀졌다. ……

(그러나) 공산당의 주도적 지식인들은 새 지도부와의 일체감에 휩싸여서 오직 언론의 자유를 확대하고 정치 부흥의 프로그램을 널리 알리는 일에만 몰두했다. 비록 그 프로그램 자체는 주목할 만하고 미래의 많은 정치적 가능성을 여는 것이었지만, 그것이 보통의 노동자들에게 아무 것도 의미하지 못했던 이유는 『리터라르니 리스티』의 슬로건이 공장들의 기본적인 이익과 요구마저도 표현하지 못했기 때문이었다. 노동자들이 아무런 열정도 없이 그리고 불신을 갖고 당시에 준비 중이던 개혁의 결과를 기다렸던 것은, 공산당을 불신하던 지식인들이 개혁의 배경을 꿰뚫어 보고 권력층의 변화밖에는 공산당으로부터 기대할 것이 거의 없다는 점을 깨달은 것과 마찬가지로 충분한 이유를 가지고 앞을 내다본 결과였다. 국가의 계급적 특성은, 국가 엘리트 집단이 독점적 권력구조에 뭔가 손을 대는 것을 허락하지 않았다. 따라서 지식인들의 프로그램은 대중과 유리될 수밖에 없었다. 그 이유는, 지도급 공산당원들이 당의 지도적 역할을 고집하고 어떤 목표들을 공식화하려는 노력이나 진보파를 지지하려는 노력을 전혀 기울이지 않았기 때문이었다. 때문에 정치는 대중을 끌어들이거나 대중의 지지를 얻지 못한 채, 단지 밀실에서의 말다툼의 형태로 진행되었다.[84]

그러나 공장에서는 표면적으로는 조용했으나 내부적인 변화가 일기 시작했다. 소련과 관료제적 '정상화'에 반대하는 대대적 운동을 발생시키게 되는 요인들이 융합되기 시작했던 것이다. 작업장에서는 회합의 숫자가 늘어났으며, 파업과 결의문 채택이 잦아졌다. 처음에 그러한 일은, 노동자들이 직접 당면한 경제문제들과 연관이 있었다.

노동조합 기관지 『프라체』의 편집자는 그 초기의 상황을 이렇게 설명했다.

---

84) *New Politics*, 앞의 책에 실린 I. Svitak의 기사.

1968년 1월이 지나자마자 임금과 사회문제들에 대한 수많은 요구가 들끓었다. …… 공장의 노동자들은 정치적 문제들에는 그다지 신경을 쓰지 않는 듯이 보였다. 기업과 당 그리고 노동조합 조직들은 일주일이 지나서야, 더욱 강한 어조로 자신들의 주장을 발표하기 시작했다.[85]

4월이 되자 임금인상 요구의 총계는 20억 크라운에 달하게 되었으며, 그러한 임금인상 요구에는 종종 파업의 위협이 뒤따랐다.

『프라체』는 '경제·사회적 압력들과 임금인상 압력들이 엄청나게 많이 존재한다'고 보도하면서 그것은 '(중앙위원회) 1월 총회가 잠재된 문제를 표출할 수 있도록 만들었기 때문'이라고 썼다.[86]

그러한 '압력'의 한 예는, 생산량 변화와 임금삭감에 반대한 피세크에 있는 일렉트로프리스토예 공장의 70분 파업이었다. 노동자들은 공장 안에 남아 있으면서 파업위원회를 구성하였고, 파업위원회는 붉은 완장의 파업규찰대를 임명하여 질서를 유지했다.[87] 오르드리에 있는 옵티미스트 고무 플라스틱 공장에서는 육체 노동자들에 비해 주로 기술·사무직 노동자에게 더 유리한 생산 상여금 제도를 도입한 관리인과 기사장(技師長)이 파업으로 강제 사임해야 했다.[88] 프라하의 루지네 공항에서는 전기 기술자들이 6시간 동안의 파업을 강행하여 관리인으로부터 작업장의 환경을 개선하겠다는 양보를 얻어내었다.[89]

레드니츠께 로브네 유리공장에서 파업이 발생했을 때에는 관리인들과 노동조합 위원회 양쪽 모두 완전 기습을 당한 셈이었다. 노동자들의 요구사항에는 작업환경의 개선과 함께 '제안권을 가진 사람들(노동자들)로 구성되고 또 RTUM(관제 노동조합)의 영향도 받지 않는 독자적 작업장 위원회의 창립'이라는 요구도 포함되어 있었다.[90]

---

85) *Prace*, 1969년 1월 4일.
86) R. Selucky의 말. *Prace*, 1968년 4월 23일.
87) *Prace*, 1968년 3월 27일에 실린 보도.
88) 1968년 4월 14일자에 실린 Ceteka의 보도.
89) *Prace*, 1968년 4월 24일에 실린 보도.
90) *Pravda*, Bratislava, 1968년 5월 14일.

서부 슬로바키아에 있는 질리나 시(市)에서는 수천의 철도 노동자들이 3시간 동안 파업을 벌이면서 평판이 나쁜 관리자들의 사임을 요구했다.[91]

노동조합 내부의 민주화

첫번째 파업이 발생한 시기는 관료제적 통제기구 전체가 혼란에 빠져 있을 때였다. 그 혼란은 파업에 대한 지역 관료들의 반응에 반영되었다. 자동적인 반응 중의 하나는 즉각 파업을 비난하는 것이었다. 노동조합의 공식 지도자 폴라체크는 6월에, '불법적 파업을 지지해서는 절대 안된다'고 지역 노동조합 담당자들에게 경고했다.[92] 하지만 일부 관료들은 그 파업들로 인해 득을 볼 수도 있다고 생각했다. 때때로 하급 관리자들은 파업을, 노보트니의 추종자인 상급 관리들을 제거하거나 혹은 그들이 통제했던 공장에 어느 정도의 자치권을 획득할 수 있는 지렛대라고 생각했다.

특정 노동조합 관료들은 그 이상을 얻으려 하기도 했다. 그들의 전통적인 역할은 주로 관리자와 노동자 사이에서 분쟁을 방지하는 아주 부수적인 것이었다. 그렇지만 노동자들의 투쟁이 고조되기라도 한다면 그들의 역할은 신속하게 바뀔 수 있었다. 파업운동은 그들의 중재 역할을 불가능하게 함으로써 그들의 위치를 완전히 상실하게 만드는 위협이 되었다. 하지만 그것은 그들에게 막대한 권력과 권위를 부여하게 만드는 것이기도 했다. 왜냐하면 어떤 관료집단이라도 성공을 거두기 위해서는 이들 노동조합 관료들의 지지를 반드시 필요로 했기 때문이다.

지난 20년간의 관행에 비교적 적게 관여했던 젊고 야심있는 노동조합 관료들은 호전적인 언어를 구사하고 구 질서와 결별하기만 한다면 당시

---

91) Ceteka, 1968년 6월 7~8일에 실린 보도.
92) 지역노조지도자 대회에서의 연설. 1968년 6월 18일.

의 상황에서 막대한 기회를 포착할 수 있을 것으로 기대했다. 노동조합 기구는 여러 적대 분파로 산산이 갈라지기 시작했다.

노동조합 내부의 격동은 곧 당 내부의 격동으로 이어졌다. 당 내부에서 노보트니의 추종자들이 패배하자 노보트니를 추종하던 조합 지도자 파스티리크의 해임이 불가피해졌다. 그렇다고 그의 후임자 폴라체크의 지위가 안정적인 것은 아니었다. 많은 노동자들은 폴라체크를 무척 못마땅하게 생각했던 것이다. 일부 노동조합에서는 만약 새로운 상황에 적합한 지도자가 임명되지 않는다면 조합의 회비 납부를 보류하겠다고 위협했다. 7만여 프라하 노동자들은 파업을 경고하기도 했다.

폴라체크는 그럭저럭 자리를 지킬 수 있었다. 하지만 조합 하부의 반대파는 훨씬 더 큰 성공을 거두었다. 가끔 그들은 파업을 위협함으로써 옛 관료들을 사임하도록 만들 수 있었다. 추산치를 보면 12개월 동안에 약 절반의 관료들이 직위에서 물러났다는 것을 알 수 있다. 이따금 RTUM 산하의 노동조합들은 노동조합 본부로부터 독자성을 지킬 수 있는 새로운 수단을 획득했다. 그리고 가끔은 노동자들이 중앙집권화된 낡은 노동조합연맹에서 공식적으로 탈퇴할 수 있는 권리를 얻어내기도 했다. 6월 4일 열린 노동조합 중앙위원회 회의에서는 조직의 독립을 주장하는 각계각층 조합원들의 각기 다른 요구가 무려 37개 조항이나 쏟아졌다.[93] 금속 노동자들의 대규모 노동조합은 완전한 자치권을 요구했으며 조합원들의 정치적 요구를 내세웠는데, 거기에는 공장위원회가 공장 관리자와 기업 지도자 그리고 경제장관을 임명할 권리에 대한 요구도 포함되어 있었다. 이것은 미래에 나타날 어떤 움직임을 예고하는 하나의 전조(前兆)였다.[94]

폴라체크와 다른 보수파 조합 지도자들은 아래로부터의 그러한 움직임을 완전히 무시할 수 없었다. 그들은 어쩔 수 없이 여러 RTUM 하부

---

93) RTUM의 중앙위원회 대회에 관한, 1968년 6월 4일의 프라하 라디오 방송의 보도.
94) Bratislava Radio, 1968년 3월 27일의 보도.

조직의 자치권 증대를 용인해야만 했는데, 그런 조치를 취하지 않는다면 '독립 철도승무원 연맹'의 결성 시도와 같은 일반 조합원 노동자들로부터의 독립권 쟁취 기도가 있지 않을까 염려되었기 때문이었다.[95] RTUM의 공식 기관지『프라체』는 보다 극단적인 개혁파의 대변자 역할을 맡게 되었다. 그리고 노동조합들은 적어도 말로만은 조합원들의 임금인상 요구를 지지하기 시작했다.

그러나 일단 노동자계급이 정치 위기를 이용하여 스스로를 조직하기 시작한 이상, 그들의 입장은 당의 옛 지도자들뿐만이 아니라 새 지도자들에 대해서도 적대적으로 될 수밖에 없었다. 두브체크 정부는 처음에 임금문제에 대해서 매우 강경한 입장을 취했다. 체르니크는 '임금인상과 투자의 요구에 맞추기 위해서는 재원이 절대적으로 부족하다'고 경고했다.[96] 공장들로부터의 압력이 증대되자 그는, '정부는 2년내에 가장 긴급한 임금문제를 해결할 각오를 하고 있다'고 약속할 수밖에 없었다. 하지만 그는 여기에, 즉시 처리될 수 있는 문제는 불과 두세 개밖에 없다는 말꼬리를 다는 것을 잊지 않았다.[97] 시크는 기업의 가처분소득을 통제함으로써 '임금과 물가의 과도한 상승'을 억제해야 한다고 공공연히 주장하면서,[98] '지금은 생활수준을 향상시키기 위해 국가예산으로부터의 충당금을 늘려야 할 단계가 아니다. 그것은 단지 인플레 압력만을 가중시킬 것이기 때문이다'라고 말했다.[99]

시크의 선언에도 불구하고 정부는 결국 연금과 출산수당, 그리고 육아수당 등을 증대시킴으로써 '국가예산으로부터의 분배액을 늘릴 것'에 동의하고 말았다. 그리고 3개월 전에만 해도 체르니크가 회의적으로 생각했던 노동일수의 감소 제도는 6월이 되면서 5일제 근무로 합의되었다.

그러나 정부의 프로그램과 노동자들 사이에서 가장 크게 맞부딪히는

---

95) K. Pasek이 언급한 말. *Literarny Listy*, 1968년 4월 18일.
96) 1968년 4월 24일의 프라하 라디오 방송.
97) Ceteka, 1968년 6월 20일.
98) *Prace*, 1968년 5월 31일.
99) Ceteka, 1968년 5월 21일.

문제는, 점차 크게 노동자들의 관심을 모은 '노동자의 이동 배치'에 관한 것이었다. 체르니크는 이미 3월에 노동조합원들이 제기하는 '노동력 이동에 관련된 문제들'이 엄청난 문제점을 안고 있다고 말하면서 자신의 입장을 분명히 했었다.100) 많은 경우에 지역 노동조합은 새로 부여된 조직의 자유를, 잉여노동자의 해고를 의미하는 계획인 경영 계획에 반대하기 위해 사용하였다. 그 예로 오스트라바의 광산 노동자들은 전출지역에서의 직업이 보장되지 않는다면 노동자들의 어떠한 이동도 거부한다고 밝혔다.101)

카브르나는 노조가 한창 부흥하던 4월에 당 중앙위원회 회의에서 이렇게 경고했다.

> 노동조합 내부에서는 당의 영향력이 미치지 않는 자발적 움직임이 진행되고 있다. …… '공산당 없는 노동조합'이라는 슬로건이 일부 지역에서 나타나기 시작하고 있다. 이미 항공기 공장의 4곳의 직장위원회는 완전하게 공산당으로부터 독립했다. …… 과거의 민주주의가 회복되어야 한다는 요구도 사라지지 않고 있다. 우리는 이미 두 개의 공장으로부터 과거의 민주주의의 회복을 요구받았다.102)

특정 부분의 노동자들은, 자신들을 더욱 '강경한' 입장의 지식인들과 동맹을 맺지 않을 수 없게 만들었던, 지난날의 경험에서 결론들을 끌어내고 있었다. 5월에 『리터라르니 리스티』는 일부 공장들에서 '언론의 자유 수호를 위한 노동자위원회'가 결성되었다고 보도했다.103) 어떤 보고에 의하면 '노동자들의 그러한 자발적 운동은 급속한 속도로 확산되어, 6월말이 되면서 수천 명의 보통 노동자들을 포함하는 위원회가 수백에 달했다.'104)

---

100) 1968년 3월 3일의 프라하 라디오 방송.
101) Ceteka, 1968년 6월 13일.
102) *Rude Pravo*, 1968년 4월 7일.
103) J. Skvoracky (편), *Nachrichten aus der CSSR*(Frankfurt/Main, 1968), p. 346.
104) J. Kavan, 앞의 책, p. 65.

체코슬로바키아의 당지도자들은 그러한 추세가 낡은 형태의 스딸린주의에만 위협이 되는 것이 아니라 자신들이 새로 획득한 국가 통치권에 대해서도 위협이 된다고 생각했다. 최고회의는 바르샤바로 보내는 회신 —— 이것은 소련의 침공 **이전**에 씌어진 것이다—— 에서 다음과 같이 허풍을 떨고 있었다.

> 우리는 정치적 선동을 극복할 수 있었다. …… 그 선동은 노동자들의 정당한 요구를 이용하여 우리의 체제를 파괴하려는 것이었으며, '노동자들의 요구'를 빙자하여 즉흥적 운동을 부채질함으로써 경제적·정치적 상황을 더욱 악화시키려는 것이었다.105)

'정상화'에 대한 저항

소련의 침공이 있기 전의 노동운동은 두브체크를 자극했다. 8월말이 지나면서 그 운동은 그의 통제에서 완전히 벗어나 독자적 기세로 자라났다. 1956년의 헝가리에서와 마찬가지로, 먼저 일부 관료들과 지식인들에 의해 제기되었던 민족적·민주적 요구들을 조직적 노동자들이 흡수하면서 그것은 새로운 깊이와 중요성을 더해 갔다. 뒤에 『프라체』의 편집자는 이렇게 술회했다.

> 갑자기 새로운 사회운동이 전면에 등장했다. …… 그것은 저널리스트나 과학자들이 시작한 것은 아니었다. 그들이 그렇게 하지 못했던 것은 검열 때문이었다. 새로운 파고는 …… 공장들과 절대 다수 노동자계급의 명확하고 솔직한 목소리였다.106)

수십만 노동자들이 11월과 1월, 그리고 3월의 시위에 참여함으로써

---

105) James, 앞의 책, pp. 177~178에 번역되어 있다.
106) *Prace*, 1969년 1월 4일.

'정상화'에 대한 적대감을 표시하였다. 하나의 계급으로서 그들은 정권의 '민주화' 포기에 대해 느끼는 점증하는 저항감을 노동조합 위원회 그리고 각종 회의를 통해 표현하였다.

11월에 보수파가 강화되는 방향으로 정부가 재구성되자, 프라하의 테슬라 공장 노동자들은 '1월 이후의 정책에서 후퇴하지 말 것'을 요구했고 당 지도부 내부의 친소련파의 활동에 항의했다.107) 체쉬카 리파의 철도수리공장, 비소차니의 CKD 강철 제련공장, 그리고 프라하의 CKD 타트라 자동차 공장의 노동조합과 공산당 위원회도 비슷한 결의문을 채택했다.108)

체코 지역의 학생들은 개혁의 후퇴에 항의하는 의미에서 3일 동안의 연좌시위를 계획했다. 학생들은 전국의 공장들로부터 지지 메시지가 도착하는 것을 보고 놀라움을 감출 수 없었다. 프라하의 많은 노동자들은 단지 말만의 지지를 보낸 것이 아니었다. 곳곳에서 동조 파업이 잇따랐다. 철도 노동자들은 만약 정부가 학생들에게 적대적 행동을 한다면 '프라하 역에서는 단 한 대의 기차도 움직이지 못할 것'이라고 위협했다. 수주일 안에, 체코 학생연맹과 금속노동자연맹 사이에는 민주화를 위해 공동전선을 펼치자는 공식 협정이 체결되었다.

11월에 들어서면서 두브체크는, 크레믈린 지도자들과 '정상화' 과정을 협의할 대표단에서 스므르코프스키를 제외시키라는 소련의 요구를 받아들였다. 스므르코프스키는 공공연히 두브체크를 비난했다. '나는 지금까지 항상 공개적인 정치를 찬성해 왔다.'109) 공장들과 노동조합의 각 지부에서는 '밀실에서 구상된 정책에 의해 지도부의 구성을 바꾸려는 어떠한 시도에도 반대한다'는 그의 항의에 지지를 보냈다.110)

---

107) Sam Russell, in the *Morning Star*, 1968년 11월 15일에서 재인용.
108) 같은 책에서 인용.
109) 1968년 12월 10일의 프라하 라디오 방송.
110) *Prace*에 실린 로리 공장의 결의. *Times*, 1968년 12월 13일에서 재인용.

노동자들은 스므르코프스키 씨에게 전적인 지지를 보내며, 그가 국회의장직에 계속 남아 있기를 바라고 있다.111)

프라하 나라디 브로스비체 공장의 노동자들은 …… 체코슬로바키아 공산당 중앙위원회에 결의문을 전달하였으며 …… 그 결의문에서 그들은 1월에 시작된 사회주의적 계획이 실행될 때에만 작업에 임하겠다고 말하고 있다. 보인스케 스타프비 군사시설 건설 현장의 노동자들은, 소련의 침공 이전에 제정했던 행동 강령의 타협과 계속적인 양보를 통한 예산 삭감을 중단할 것을 요구했으며 언론의 자유, 집회 및 표현의 자유, 그리고 해외 여행의 자유 등과 같은 인권 및 시민권에 대한 체계적인 제한을 반대한다고 천명했다.112)

말리체 공구공장에서, 노동자들은 스므르코프스키의 해임에 반대하기 위해 '총파업을 포함한' 모든 수단을 강구하겠다고 위협했다.113)

결의문이 통과되자 그 결의에 대한 지지가 전국에서 답지했다. 노동조합 기관지 『프라체』는 노동자들에게 특히 각별한 찬사를 보냈다. 그 운동의 발전 속도는 더 이상 두브체크 일파의 타협정책에 의해 억제될 수 없었다. 두브체크는 문제 해결의 실마리를 필사적으로 찾아내려 했다. 표리부동한 행동이 하나의 방책으로 사용되었다. 즉 그는, 표면상으로는 스므르코프스키에게 개인적으로 해임시키지 않겠다는 약속을 해 놓고는,114) 뒤에서 그의 제거를 준비했던 것이다. 강압 정치도 또 하나의 무기로 사용되었다. 그는 '겉으로는 비민주적으로 보일지 몰라도 실제로는 민주주의를 위한'115) 조치들을 취하겠다고 위협했다. 두브체크는 '민주주의를 지킨다'는 것을 자신을 지키는 것으로 이해한 듯하다.

수백만 노동자들은 아무런 감동도 받지 못했다. 90만에 달하는 체코 금속 노동자 조합 ─ 이것은 체코 지역과 슬로바키아 지역에 걸쳐 존재했던 기존의 단일 조합에 반대하고 있었다 ─ 이 2월에 개최한 첫번째

---

111) 프라하 근처의 수송관공장에서. 같은 책.
112) *Morning Star*, 1968년 12월 14일.
113) *Times*, 1968년 12월 14일.
114) Shawcross, 앞의 책, p. 194에 의거함.
115) 같은 책, p. 195에서 인용한 1968년 12월 21일의 연설.

회의에서 스므르코프스키의 연설이 있었다. 회의에서 이들은 스므르코프스키나 다른 주요 개혁주의자들이 제거당할 경우에는 총파업에 돌입하겠다고 경고했다.116) 건설 노동자 조합과 광산 노동자 조합은 그 요구를 지지했으며, 『프라체』의 지면 일부가 스므르코프스키를 지지하는 결의문들을 위해 할애되었다. 스므르코프스키가 그 캠페인과의 관계를 끊겠다고 선언했을 때에야 비로소 파업의 위협은 철회되었다.

인쇄 노동자들은 당 보수파의 새로운 주간지 『트리부나』(*Tribuna*)의 인쇄를 거부했다. 『트리부나』가 개혁운동을 반대하는 기사들을 담고 있었던 것이다.

> 인쇄 노동자들의 회의에 모인 450여 노동조합 대표 중 많은 사람들은 잡지사 간부인 블라디미르 솔레츠키가 출판 금지를 항의하자 휘파람을 불며 야유했다. …… 노동조합은, 노동자들이 검열을 맡고 있는 한 기사를 싣고 안 싣고의 문제는 인쇄소에서 일하는 노동자들에게 달려 있다고 말했다.117)

3월초에 열린 제7차 RTUM(체코슬로바키아 TUC)회의에서 대표들은 정부와 점령군 양쪽 모두로부터의 독립을 주장했다. 우리가 앞서 살펴보았듯이 가장 급진적인 인물이 아니었던 폴라체코도, 노동조합이 '모든 문제, 즉 정치적 및 경제적 문제에 대한 독자적이고 비판적인 접근을 계속할 것이며, 개인과 국가에 똑같은 영향을 미칠 것'이라고 주장함으로써 이러한 분위기에 편승했다.118)

다른 노동조합 지도자들은 비교적 더 솔직했다. 금속 노동자 조합의 토만은, 자신은 '시민권과 언론의 자유를 대가로 치르고서 유화정책을 살' 마음은 전혀 없다고 말했다.119)

1969년 초반기에 체코슬로바키아에는 두 개의 경쟁 세력, 즉 소련군

---

116) Kusin, 앞의 책, p.39를 참조하라.
117) *Times*, 1969년 1월 13일.
118) *Times*, 1969년 3월 4일.
119) *Financial Times*, 1969년 3월 6일.

과 노동조합이 존재하는 것처럼 보였다. '개혁파' 관료들을 포함하여 다른 부분의 대중들은 두 세력 중 하나를 선택해야만 했다. 그러나 노동자들이, 일체감과 강력한 열의만으로, 정부에 요구사항을 강요하기에는 부족했다. 행동 역시도 필요했던 것이다. 하지만 그때까지 노동자들이 지도자라고 여기던 자들 — 스므르코프스키와 노동조합 지도자들 — 은 노동자들의 언어를 행동으로 옮기길 거부했다.

물론, 수십만의 외국군에 의해 점령된 나라에서는 어떠한 선도적 행동도 주의 깊게 조직되어야만 했다. 그래야만 몇시간만에 그 행동이 분쇄되는 사태를 막을 수 있다. 하지만 만약 대중 파업운동이 한 건이라도 전개되었다면 그것은 8월 이후 최초로 소련군을 수세로 몰았을 것이다. 나아가 그것은 소련의 협력자들을 고립시키고 관료제의 강화로 향하는 길을 차단하는 커다란 장애물로 되었을 것이다. 설령 그러한 운동이 패배했다 하더라도 그 결과는, 점진적 '정상화'가 가져온 결과보다 더 나쁠 수는 없었을 것이다.

스므르코프스키와 노동조합의 다른 민족적 지도자들은 8월과 마찬가지로 그러한 운동을 조직할 준비를 갖추고 있지 못했다. 그들은, 각종 책략이 난무하는 당 지도부에서 자신들의 입지를 강화하기 위한 하나의 방법으로서만 행동에 나서겠다는 위협을 했다. 그러나 위기가 다가왔을 때 그들은 그 위협마저도 거두어 들였다.

그 결과 노동자들의 힘과 분노는 소모되고 말았다. 노동자들의 분노와 힘이 한번 더 '아이스하키 폭동'의 형태로 거리에서 폭발되기는 했지만, 노동자들은 — 압도적으로 유리해 보이는 싸움이었음에도 불구하고 — 지역 그리고 공장에서 차례로 싸움을 포기하고 말았다.

조합원들의 힘을 활용하는 데 실패한 노동조합 지도자들은 이제 재조직된 관료들의 세력에 무릎을 꿇을 수밖에 없었다. RTUM의 지도자들은 — RTUM의 회원들이 아마도 아이스하키 폭동에 주로 참여했을 것이다 — 시위자들이 저지른 '반민주적이고 반사회주의적인 행동을 한결같은 목소리로 비난했다.'[120] 금속 노동자 조합의 지도자들은 계속해서

'1월 이후 정책의 명확한 원칙을 요구'했지만 그들도 그 비난에 목소리를 더하기는 마찬가지였다.[121]

일반 대중과 더욱 근접했던 노동자계급의 조직들은 그와는 전혀 다른 목소리로 말했다. 그것의 전형은 '1950년대로 회귀하고 있는 (당 최고회의) 성명서의 형식과 요지 그리고 논법에 대해 극도의 불쾌감과 염려를 표시'한 CKD 두클라 공장 노동조합 위원회의 성명이었다.[122]

문제는 여러 공장의 노동자들을 연계시킬 수 있는 수단이 공식 노동조합 조직말고는 없었다는 점이었다. 그들은 '그때까지도 노보트니 정권이 강요한 고립화 정책을 극복하지 못하고 있었다. 그리하여 서로 다른 산업 사이의 연계는 말할 것도 없고 이웃 공장 사이에서도 수평적 연계를 맺지 못하고 있었다.'[123]

학생 활동가들은 그 문제에 약간의 도움을 주었다. '많은 경우에서, 학생들은 각 공장 노동자 대표들간의 회의 주선을 도왔다. 그 경우에 학생들은 노동자들끼리 접촉하게 만든 뒤, 지하로 숨는 것이 관례였다.'[124] '지방에서는 자각 있는 노동자들간의 자발적이며 비공식적인 통신망이 연결되고 있었는데, 그 통신망은 관제 노동조합 관료들을 피하면서 그 관료들에게 압력을 가했다.'[125]

당 지도부는 그러한 공장간의 연계를 막을 수 없었다. 하지만 그들은 반대 세력의 각기 다른 중심지를 서로 격리시킬 수는 있었다. 철저한 사전 검열이 재개되면서 모든 공장과 노동조합의 출판물은 검열을 비난하는 결의문을 실을 수 없게 되었다.[126] 반대파의 주요 정기간행물은 출판

---

120) *East Europe*(New York), 1969년 5월호에서 인용한 결의문.
121) 같은 책.
122) 같은 책.
123) Kavan, 앞의 책, p. 68.
124) 같은 책.
125) Tomalek, *Czechoslovakia 1968~69, The Worker-Student Alliance.* 같은 책, p. 68에서 재인용.
126) *East Europe*(New York), 1969년 5월호에서 인용.

이 금지되었고, 전에는 자유롭게 말할 수 있었던 편집인들이 다른 인물로 교체되었다.

노동조합 지도자들은 스스로의 위치를 지키기 위해 당지도자들의 품안으로 더욱 깊이 안겨 들었다. 4월 21일, RTUM 최고회의는 두브체크의 사임을 받아들이기로 결정한 중앙위원회의 방침을 인정했다. 폴라체크는 모스크바를 방문했으며, 돌아 올 때 그는 정권에 대한 노동조합의 적대 행위를 그만두라는 지시를 갖고 왔다(그가 이러한 결심을 굳히게 된 것은 당 상임간부회의 직책이 주어졌기 때문임이 틀림없다). 2주일 후 RTUM 지도자들은 반대운동과의 관계를 끊기 위해『프라체』편집자를 해임시켰다.127) 금속 노동자 조합도 비록 후사크에 대한 적극적 지지를 거부하기는 했지만, 조합원들이 학생들의 시위를 지지하지 못하게 하는 금지 조치에 다른 조합들과 더불어 동조했다.128)

일반 대중의 항거와 활동은 여름까지도 계속되었다. 보헤미아와 모라비아 대학생 연맹이 해산되었을 때에는 여러 공장들에서 15분간의 파업이 진행되었다는 보도도 있었다.

7월에『루데 푸라보』는 '노동조합주의자들 내부의 극우파들'에 대한 불평을 늘어놓았다. 그리고 당 고위간부들의 회의는 여전히『프라체』의 내용을 반대했다. 토만을 비롯한 여러 사람들이 숙청된 가을에 들어서야 비로소 당은 노조를 통제할 수 있는 기구들을 완성할 수 있었다. 그리고 그때까지도 전국의 공장에서는 항의집회가 빈번했던 것이다.

노동자평의회

역사에 개입했던 어떠한 계급도 순수한 의미의 계급적 이익을 자각하고 있지는 못하며, 노동자계급 역시도 예외는 아니다. 낡은 사회의 테두

---

127) 같은 책, 1969년 6월호.
128) 같은 책.

리 안에서 성장한 구성원들은 낡은 사회의 사상을 상당 부분 공유한다. 그들이 새로운 미래를 개척하기 시작하는 바로 그 순간에, 그들은 과거의 유산으로 인해 압박 받는다.

낡은 구조와의 이러저러한 충돌들, 그리고 종종 노동자들이 패배하게 되는 복잡한 전투들을 포함하는 단호한 행동만이 그 짐을 덜 수 있는 유일한 방법이다. 그리고 그때에도 모든 노동자들이, 이것들이 제시하는 모든 교훈을 즉시 얻게 되는 것은 아니다. 노동자계급이 이러한 상황에 대한 완전한 인식에 도달하기 위해서는 이 계급 내부의 양극화 과정이 전제되어야 한다.

우리가 살펴본 바와 같이, 1956년의 헝가리에서는 상황의 전개 속도와 충돌의 격렬함이 그러한 모든 발전을 촉진시켰다. 그렇지만 그러한 발전은, 소련이 결국 통제권을 재확립하게 되면서 전혀 완성되지 못했다.

체코슬로바키아에서의 상황 발전은 이보다 훨씬 느린 속도로 전개되었다. 이것은, 공장의 노동자들이 더 느린 속도로 교훈들을 깨닫게 된다는 것을 의미했다. 또한 그 밖의 다른 요소도 있었다. 즉, 매우 혼란스럽고 혼돈된 상태의 지배기구는 한편으로 노동자들을 행동에 돌입하게 만든 요인이 되었지만, 다른 한편으로는 노동자들이 힘을 합쳐 스스로의 요구사항을 내걸지 못하도록 방해하는 요인이기도 했다.

그러한 경향들은 체코슬로바키아 노동자평의회들의 발전 과정에서도 찾아볼 수 있다. 노동자평의회의 필요성은 1월의 개혁이 처음으로 성공을 거두면서 제기되었다. 하지만 각 계층의 평의회에 대한 이해는 서로 달랐다.

상층부 인물들 그리고 많은 기업 관리자들은, 노동자평의회는 단순히 노동자들이 생산에 참여하고 있다는 느낌을 주기 위한 장치이며, 효율적 통제의 중심점은 다른 곳에 있어야 한다고 생각했다. 노동자들에게 제안된 것도 '참여'이지 진정한 통제는 아니었다. 1968년 4월에 처음으로 포고된 평의회 설립에 관한 정부 포고문은 그러한 취지에서 작성되었다.

포고문에는 '국가, 기업의 대외 전문가들 그리고 노동자 집단 등에 의한 동등한 대표권'129)이라는 표현이 사용되고 있다. 당 내부에서 가장 거리낌없는 개혁주의자 중의 한 사람이던 시크도 노동자평의회가 '어떤 경영적 기능도 갖지 않을 것이며, 경영은 경영진이 맡게 될 것이다'라고 주장했다.130)

그렇지만 1968년 초반에 중앙집권적 기구가 붕괴하게 되자 개혁주의자들은 많은 문제에 직면했다. 경제 상황은 점차 큰 혼란에 빠져들었다. 이제 주요 경제 부처를 운영하는 사람들은 옛 중앙집권적 체제로 돌아가길 꺼려했다. 왜냐하면 그들은 그러한 체제가 모든 문제들의 원천이라고 생각했기 때문이었다. 그러나 대부분의 기업 관리자들이나 당관료들에게는 다른 어떤 체제에서도 일할 능력이 없었다. 그들은 새로운 시장 구조에서도 계속해서 옛 방식대로 행동했다. 그 결과는 경제의 불합리를 시정하는 것이 아니라, 그 불합리를 확대시키는 것이었다.

주요한 경제적 개혁주의자들과 공장의 (젊은) 하급 관리자들 사이에서 낡은 중앙집권적 체제를 완전히 분쇄해야 한다는 생각이 점차 팽배해지기 시작했다. 기업에 대한 국가의 직접 통제의 제거 그리고 늙은 고참 관리자들의 완전한 숙청이 필요하다는 주장이 있었다. 국가의 역할은 서방에서의 주주나 채권자의 역할 정도로 축소되어야 하며, 실제적 의사결정권은 공장에 넘겨주어야 한다는 주장도 있었다. 요컨대, 그들이 바라던 체제는 국유화된 독립 기업들이 서로 경쟁하고, 외국과 직접 계약을 체결하며, 자체적으로 재정을 책임지는 유고슬라비아와 흡사한 체제였다.

---

129) *Revue de l'Est*(Paris), Vol. 2, No. 1, 1971, p. 46에 실려 있는 J. ·U. Fiser의 글을 참조하라.

130) Economist Intelligence Unit, *Quarterly Economic Review, East Europe North*(1968), No. 3에서 재인용. 시크는 그 직후에 선출된 대표들에게 더 많은 영향력을 행사할 수 있는 직책으로 옮겼다. 비록 '그 대표들이 아직 결정적인 정치력을 갖고 있지 못했고 단지 제한된 수준의 노동자 대표권만을 가지고 있을 뿐이었지만 말이다.'(Kavan, 앞의 책, p. 63.)

하지만 그러한 구조는 각 지역과 기업에서 권력을 쥐고 있던 관료들과의 투쟁 없이는 실현될 수 없었다. 노동자평의회는 이 투쟁에서 유력한 무기를 제공할 수 있을 것으로 보였다. 물론 이렇게 되기 위해서는, 평의회가 경제적 개혁파들, 즉 하급 관리자나 전문가들의 이상(理想)을 공유한 기업 인사들에 의해 지배되는 것을 필요로 했다.

(시크가 지도했던) '경영주의자' 일파가 1968년 봄에 '자주관리'라는 생각을 지지했던 것은 이와 무관하지 않다. 그들은 이러한 방법만이, 전체 경제를 단일한 하나의 기업으로 취급하는 구조들을 해체할 수 있는 유일한 수단이라고 생각했던 것이다.

그러한 입장의 지지자들은, '노동자 민주주의', '관료제에 대한 투쟁' 등과 같은 가장 극단적인 형식의 언어들을 사용할 수 있었고 또 사용했다. 하지만 여기서 중요한 것은, 그들의 모델이 새로운 관리자 집단에 대립하고 있는 노동자들에게 실제적 권력을 부여할 수 없었다는 점이다.

예컨대 그들 중 한 사람이 『루데 프라보』에 기고한 글을 보자. "새로운 경제 체제의 방향에 대한 논리적 귀결점은 기업의 자주관리이다. ……"131) 그는 계속해서 이렇게 말한다.

> 현재의 생산력 수준은 …… 많은 유형의 기업들의 활동을 필요로 한다. …… 그 각종 기업들의 능력은 기업의 활동에서 실제로 얻은 결과로 판단되어야만 하며, 그 결과는 시장의 통제를 통해 나타날 것이다. 이를 위해서는 국가의 대차대조표 뒤로 숨어 버리지 않는 그러한 종류의 경영 활동을 효율적으로 발전시키는 것이 필요하다.132)

그러한 체제의 논리적 귀결은 무엇일까? 그것은, 서로 다른 집단의 노동자들이 서로 경쟁하여 서로의 시장을 빼앗으려 하고, 그 과정에서 서로를 사업에서 쫓아내려 하는 것이다.

---

131) Pavel Ernest의 말. *Rude Pravo*, 1968년 5월호. Carlo Boffito · Lisa Foa, 앞의 책, pp. 232~237에 이탈리아어로 번역되어 있다.
132) 같은 책.

50년 전에 부하린이 지적한 바와 같이 그러한 상황은 노동자들의 실제적 이익과는 거리가 멀다고 할 수 있겠다.

> 만약 모든 공장이 그 공장의 노동자들만의 소유가 되는 상황이 된다면, 그 결과는 공장들간의 경쟁일 것이다. 한 의류공장은 다른 공장보다 더 많은 것을 얻으려 할 것이고, 그들은 서로의 고객을 빼앗으려 노력할 것이다. 한 공장의 노동자들이 파멸을 맞는 동안 다른 공장의 노동자들은 번창할 수 있다. 그 노동자들은 파멸한 노동자들을 고용할 것이다. 그리고 우리는 한마디로, 다시금 옛날의 익숙한 광경을 맞이할 것인데 …… 그것은 자본주의로의 복귀이다.[133]

이처럼 극단적인 상황은 아니라 할지라도 어쨌든, 시장적 과정이 노동자들로부터 사실상의 의사결정권을 빼앗게 될 것이다. 노동자들은 가능한 한 모든 힘을 기울여 기업이 은행에 이자를 지불할 만큼의 재원을 마련하고, 재투자를 위한 자본을 조성하며 다른 기업들을 시장에서 몰아내야만 한다. 또한 그들의 노동으로 생산한 생산물에 대한 자유로운 사용권의 실제적 영역도 극도로 제한될 것이다. 보다 많은 경쟁력을 갖추어야 하는 중압감에 쌓인 노동자들은 노동자평의회 선거에서의 투표권의 가치에 대한 신념을 잃을 것이며 공장의 관리자와 감독관의 권력은 증대할 것이다.

그러한 상황은 유고슬라비아에서 현실로 나타났다. 유고슬라비아는 유럽에서 가장 높은 실업률을 보이고 있다. 그런데도 관료기구는 ── 토도로비츠가 지적했듯이 ── "노동자들로 하여금 …… 노동자 집단의 수가 가능한 한 적은 것을 …… 자신에게 이로운 것으로 여기도록 만드는 방향으로 작용한다. …… 왜냐하면 노동자들은 그들과 생산물을 나누어 가져야만 하기 때문이다."[134] 스베토자르 스코야노비크는 "파편화되어 분해된 노동자계급은 잠재된 이기주의, 배타주의 그리고 경쟁을 보여준

---

133) N. Bukharin, *The Programme of World Revolution*(Glasgow, 1920).
134) D. D. Milenkovitch, *Plan and Market in Yugoslav Economic Thought*, p. 192 에서 재인용.

다. 오직 전 노동자계급이 통합되어 자치(自治)하는 사회에서만이 사회적 성격, 연대감, 보편성들이 명확히 드러날 수 있다. 특정 집단의 배타적인 자치는 국가주의를 배척하는 것이 아니라, 그것에 양분을 공급할 뿐이다. 수평적으로 그리고 수직적으로 결합한 자치, 즉 하나의 자치적 체제만이 노동자계급을 사회의 주된 세력으로 만들 것이다"[135]라고 결론지었다.

바클라프 크라우스는 노동자평의회에게 각 기업의 정책 결정권을 주어야 한다는 생각을 지지하면서, 공산당의 개혁파 잡지인 『폴리티카』(*Politika*)에서 다음과 같은 점을 지적했다.

> 자주관리를 찬성하는 관리자들이 있다. 그들은 전적인 자주관리를, 또는 적어도 노동자평의회가 기업의 경영에 동등하게 참여하는 것을 찬성한다. …… 그들은, 기업의 평의회가 노동자들의 훈련과, 수익성, 능률 등에 근본적 이해관계를 갖고 있음을 알고 있다. …… 기업을 성공적으로 운영하기 위해서는 평의회가 그들의 상품을 언제 누구에게 경제적 가격으로 판매할 것인가를 선택할 수 있어야만 할 것이다. …… 그들은 생산품만이 아니라 경영 기법도 현대화시켜야만 할 것이다. 현대화를 위해서는 작업장의 기계 및 설비에 대한 투자가 필요하다.[136]

요컨대 자주관리 기업이 시장에서 살아남기 위해서는 보다 많은 축적을 위해서 축적을 하는 데에 모든 관심을 쏟아야 할 것이다.

그러한 프로그램은 일부 '기술관료들' —— 비록 전부는 아니더라도 —— 의 큰 관심을 끌었다.

하지만 노동자평의회 운동에는 그보다 급진적인 경향도 존재했는데, 그 경향은 평의회를 단순히 경제 상황을 호전시키기 위한 수단이 아니라 사회를 변혁시키기 위한 정치적 무기로 생각하는 특징을 보였다.

그러한 입장에 대한 첫번째 공식 표명은 바르토세크의 '체코슬로바키아 노동자들에게 보내는 공개 서한'을 통해서 이루어졌다. 그 서한은

---

135) *Praxis*(Zagreb, 1968), p. 104.
136) *Politika*, 1969년 2월 27일.

1968년 5월 체코의 주요 신문사 세 곳에서 '대중을 선동하는 글'이라는 이유로 게재를 거부했기 때문에, 반대파 주간지 『리포터』(*Reporter*)에 실리게 되었다. 바르토세크의 주장을 들어보자.

> 지금까지 (일어났던) 모든 것은 …… 단지 시작에 불과하다. 우리 인민의 해방을 훼방놓고 있는 체제는 말이 아니라 오직 행동을 통해서만 지양할 수 있다. 그 체제의 혁명적 거부 — 인민 해방의 진정한 유일의 방식 — 는 단순히 인물을 교체하는 것만으로 이루어지는 것이 아니다. 그렇게 한다면, 기우뚱거리는 왕권은 그대로 남을 것이고 새로운 소수 집단의 관료정치가 우리 모두를 통제할 것이다. …… 여러분들의 상태를 변화시킬 수 있는 유일한 행동은 노동자 자주관리 조직의 선출과 그것의 활동이다. 이 기구를 통해 여러분들은 힘을 합쳐 당신들에 속해 있는 것을 스스로 관리해야 한다. …… 중요한 것은 여러분들이 그 기구를 즉시 선출하고, 당신들의 집단에서 가장 정직하고 능력있는 인물들을 골라내는 것이다. …… 공장의 민주주의가 없다면, 아무도 사회의 민주주의에 대해 말할 수 없다.[137]

노동자가 공공 업무에 개입해야 한다는 급진적 개념은, 개별적 공장에서의 자주관리라는 생각에 한정될 수 없었다. 그 개념은 비록 모든 문제에 항상 명확한 답을 준 것은 아니었지만, 사회에 대한 중앙집권적 통제의 본성에 대해서는 전반적인 문제 제기를 한 것이었다.

바르토세크는 바로 얼마 뒤에 있었던 대담에서 '우리 사회가 5,000의 노동자평의회를 갖게 될 때, 그들은 경제적 세력일 뿐 아니라 정치적 세력으로 자리잡게 될 것이며, 공장의 집단적 의견이 그것을 통해 표현될 수 있을 것이다'[138]라고 요점을 정리하였다.

바로 그 대담에서 또 다른 참석자는 유고슬라비아의 모델을 명확하게 비판했다.

---

137) *Reporter*, 1968년 5월 8일. Oxley 외, 앞의 책, pp. 193~196에 번역되어 있다.
138) *Reporter*, 1968년 6월 5~12일자에 실린 논쟁 'Self-management, yes or no'.

우리는 자주관리가 정치적 문제들의 해결로 나아가는 하나의 단계라고는 생각할 수 없다. 유고슬라비아인들은 자주관리의 체제 위에 완전한 정치적 체제를 세우려는 노력을 기울여 왔다. 하지만 상황은 자주관리가 정치적 세력들의 경쟁을 전제로 한다는 것이다. 때문에 자주관리의 사상에 강조점을 둔다는 것은 보수적 또는 억제적 성격을 지닐 수 있는 것이다. …… 생산의 자주관리보다 더욱 중요한 것은 사회의 자주관리이다. …… 자주관리는 시민사회의 한 표현이어야 하며, 국가권력으로부터 독립되어야만 한다.[139]

그렇지만 관료제적 체제를 대신하여 전국적 조직인 노동자평의회가 사회를 운영해야 한다고까지 생각한 사람들은 거의 없었다. 그들은 그 정도까지 자신들을 '기술관료'로부터 분리시키지는 않았던 것이다.

지금까지 우리가 그어 놓은 구분은, 체코와 슬로바키아의 노동자들이 진정으로 독립적인 계급적 관점을 발전시키기 위해서 필요한 것이 무엇이었나를 알아볼 수 있는 중대한 단서를 제공한다. 즉 이들이 그러한 발전을 이루기 위해서는 '기술관료적' 경향이 내놓은 프로그램들과의 완전한 결별이 필요했던 것이다.

하지만 '기술관료들' 역시도 한가지 문제를 안고 있었다. 그것은 그들의 생각이 실현되려면 낡은 지배계급이 본질적으로 약해져야 하고, 노동자들이 독자적인 계급적 지위를 차지하고 있지 않아야만 했다는 것이다. 그러나 기술관료들은 그들의 계획을 실행하기 위해 필요한 사회적 기반을 갖고 있지 못했다. 그들이 자신들의 계획을 실행시키기 위해서는 노동자들이 낡은 관료들을 적대시하도록 만들어야만 했다. 그리고 그러한 과정은 노동자들로 하여금 독자적인 이념을 발전시킬 가능성을 높일 수밖에 없었다.

평의회의 역할에 대한 각기 다른 견해는 평의회의 구조와 기능에 대한 토론에 반영되었다. 정부 문건에 의하면, 평의회는 기업의 노동조합 위원회에서 작성한 명부에서 선출되도록 되어 있었다. 만약 이러한 규정이 엄격하게 시행되었더라면, 평의회는 관료제적 통제로의 회귀를 용이

---

139) Samalick, *Reporter*, 1968년 6월 5~12일.

하게 하는 기구로 둔갑하였을 것이다. 그렇지만 실제로는 많은 기업들에서 평의회 후보 지명은 특정 부문 노동인구의 10퍼센트의 동의를 통해서만 이루어질 수 있었다.[140]

기업의 모든 노동자들이 참석하는 총회의 역할에 대해서도 공식 규정과 실제 사이에 이와 비슷한 불일치가 있었다. 정부의 문서에는 총회의 역할과 특권을 분명히 규정짓지 않았던 반면, 많은 공장들의 정관—— 예를 들어 피예크 공장의 정관—— 에서는 총회를 '최고 통제 기관'으로 규정했고 평의회의 역할은 총회의 지시사항을 이행하는 것으로 축소되어 있었다.[141] 공문서에서는 총회의 소집권을 노동조합 위원회에 부여하고 있었지만, 사실상 이번에도 많은 경우에 작업장에서의 압력을 통해 그 권리를 평의회가 행사하는 경우가 많았다.[142]

그러나 평의회가 갖고 있는 하나의 특징은 그 임원을, 그를 선출한 현장 노동자로부터 분리시킨다는 것이었다. 그것은 평의회 임원의 임기가 무려 4년이나 된다는 점에서 연유했다. 노동운동의 국제적 경험을 살펴보면 우리는, 정기적인 선거를 치르고 현장 노동자들의 작업장 회의에 소환권을 부여해야만 일반 노동자의 대표자가 자신을 선출해 준 사람들에 대해 진정으로 책임감을 느낀다는 사실을 알 수 있다. 그러한 사실은 오늘날 영국의 직공들의 운동이나 1917년 러시아 소비에트 운동 등의 다양한 경험에서 사실로 입증되고 있다. 사실 1968~69년의 체코슬로바키아와 같은 정치적 급변기에는 변화하는 노동자들의 요구에 보조를 맞추기 위해 1년에 한번 이상 자주 선거가 있어야 했다.

선거들 사이의 4년이란 기간은, 노동자들이 낡은 관료제적 구조에 '참여'하길 원하는 자들이나 혹은 '유고슬라비아'적 유형을 답습하길 원하는 자들의 이해관계와 맞아 떨어졌다. 그 기간은 노동자 민주주의를 실현하기 위한 프로그램의 필요와는 조화될 수 없었다. 사실, 1968년과 1969년

---

140) Fisera, 앞의 책, p. 49.
141) 같은 책, p. 48.
142) 같은 책, p. 50.

에 평의회가 발전해 나가면서 '테크로그라트들'의 커다란 영향을 받았다는 사실을 알려주는 다양한 지표가 있다. 그것은 무엇보다도 평의회의 구성이다. 평의회 선거에는 82.6퍼센트의 노동자들이 참여했었지만, 선출된 대표들은 결코 보통의 노동자들은 아니었다. 프라하 기술대학 산업사회학 연구소의 조사에 따르면, 평의회에서 62.3퍼센트는 기술자 또는 전문가였고 '일반 노동자들'[143]은 단지 20퍼센트였다고 한다.『프라체』의 한 해설가는 '사실상 자격증이 없는 노동자들은 평의회를 통해 자신을 표현할 수 없었다'[144]고 지적했다.

비록 노동자평의회가 작업장의 일반 노동자들에게 스스로의 직접적 힘을 표현할 수 있는 수단을 **잠재적**으로 부여하긴 했었지만, 엄밀한 의미에서 그것은 **간접적** 압력을 행사하는 기구 이상으로 발전하지는 못한 듯하다. 노동조합 관료들과 마찬가지로 평의회의 '기술관료들'은 전체 관료들로부터 스스로의 독립성을 주장하기 위해 작업장에서의 지지에 의존했다. 그런 면에서 보면 평의회는, 노동조합과 마찬가지로, 노동자들이 정치에 관여하기 시작하는 과정에 필요한 한 요소였다. 그러나 1917년 여름에 러시아 노동자들을 위해 수행했던 것과 같은 평의회의 전면적 개입을 위해서는 아마도 평의회 대표들의 완전한 교체가 필요했을 것이다.

안정화

'아이스하키 폭동'과 그 2주 후에 있었던 두브체크의 사임은 소련의 침공 이후 '민주화' 운동의 팽창이 종결되는 분수령으로 기록되었다. 이제 당의 개혁주의자들은 곤두박질치듯 후퇴하였고 '정상화'가 본격적으

---

143) 통계 조작으로, 승리한 후보를 낙선시키는 행위에 대해서는 같은 책, pp. 53 이하를 보라.
144) *Prace*, 1969년 2월 19일.

로 시작되었다. 완전 검열이 재개되었고, 신문사 편집자와 직원들이 해직되었고, 비판적 지식인을 대상으로 하는 주간지는 폐간되었으며, 라디오와 TV에서는 숙청이 본격화되었고, 군과 경찰에서는 반대파 장교들이 제거되었다.

노동자들은 스스로 직접 통제하는 조직이 없었던 까닭에 개혁파 지도자들이 투쟁을 포기하자 어느 곳에서도 지도부를 찾을 수가 없었다. 자발적 분노의 폭발이었던 '아이스하키 폭동'도 오래가지 못했다. 노동자들의 막대한 힘이 잠재적으로 결집되어 있던 공장들에서도 아무런 조직도, 방향도, 비탄에 찬 도전도, 투쟁을 위한 통일도 찾아볼 수 없었다. 며칠 동안에 저항의 분위기는 침울한 분위기로 바뀌고 말았다. 파벨 티그리드는 '지식인과 전체 대중들 사이에서는 체념의 분위기가 확산되었다'[145]고 지적했다.

숙청은 8월까지 계속 진행되었다. 소련 침공 1주년을 기해서 벌어진 대규모 항의시위에서는 체코슬로바키아 경찰이 소련의 직접적 도움을 빌지 않고 야만적 진압을 감행하여 약 3,900명의 사람들을 검거하기도 했다.

완전한 관료제적 통치의 회복을 위해서는 두 가지가 필요했다. 한편에서는 국가기구와 산업 그리고 언론 내부에서 엄격한 명령 계통이 재확립되어야만 했다. 그리고 다른 한편에서는 그 기구들을 움직이던 자들이 사회에 대한 지배력을 되찾아야만 했다. 이를 위해서는 다른 계급들로부터 그 지배에 대한 승낙을 얻든가, 그것이 실패할 경우라면 무력을 사용해야만 했다.

첫번째 임무는 소련군 덕분에 손쉽게 이루어질 수 있었다. 1968년에는 — 수십만은 아니더라도 — 수만의 경찰과 비밀 정보부원들이 자신들의 자리를 잃을 것이 두려워 전전긍긍했었다. 그들은 당시, 개혁주의자들에 의해 숙청당할 것을 염려해 감히 공공연하게 개혁에 반기를 들지는 못했었다. 사실, 그중 일부는 스스로를 보호하기 위해 매우 큰 소

---

145) Pavel Tigrid, *Why Dubcek Fell*(London, 1971), p. 165.

리로 개혁의 슬로건을 외치기도 했다. 그러나 이제 두브체크가 소련에 굴복함에 따라, 그 분자들은 본색을 드러내도 안전할 것으로 생각했다. 1968년 가을에 그들은 이미 소련에 의해 군과 경찰의 요직에 배치되고 있었다. 두브체크가 몰락하면서 그들은 사회의 모든 기구들에서 권력의 강화를 요구했고 또 실제로 권력을 장악했다.

하지만 그때까지도 후사크는 그들 '보수파들'과 공공연히 제휴하기를 꺼려했다. 시메츠카의 말을 들어보자.

정상화를 위해 취해진 모든 조치들에서 후사크는, 가혹한 현실(즉 소련의 존재)로 인해 선택의 폭이 제한된 현실에서, 위기를 치유하기 위한 최선의 조처를 취했다는 인상을 주는 데 성공했다.146)

두브체크는 1969년 여름까지 당 최고회의에 남아 있었다. 후사크는 1970년에 접어들어서야 비로소 자신의 가면을 벗어 던지고 두브체크를 당에서 쫓아내 버릴 만큼 자신감을 얻었다. 국가기구의 핵심에 대한 강화만으로 충분한 것은 아니었다. 경찰력은 공공연히 반정부 행위를 중단시키고, 언론의 '체제 전복적' 견해 표현을 탄압했다. 하지만 그들은 사회 모든 계층으로부터 정권에 대한 적극적 지지를 끌어내지는 못했다. 하지만 그러한 지지, 특히 관리자, 계획 입안자, 하급 관리, 저널리스트, 방송인, 교사 등 중간계급의 지지는 절실한 것이었다. 왜냐하면 그들만이 노동자계급에 대한 매일 매일의 착취와 교육, 관료제적 통치의 기반이 되는 물질적 재생산을 감독할 수 있었기 때문이었다.

후사크에게 있어서 그 계층들에 대한 지배력을 회복하는 열쇠는 당 내부를 '정상화'시키는 것이었다. 그것이야말로 모든 부류의 중간계급을 고위층 관료들이 입안한 목표들에 속박시킬 수 있는 장치였다. 그러나 이 속에서 지도부의 정책들에 의심을 품는 모든 사람들은 제거되어야만 했다.

---

146) Simecka, 앞의 책, p. 56.

필요한 숙청 작업은 '조회(照會) 캠페인'을 통해 시행되었다. 당원증이 교체되어야 했다. 1968년의 개혁운동을 공개적으로 거부하지 않았던 사람들에게 새로운 당원증은 발급되지 않았다. 그런 방식으로 42만에서[147] 60만의[148] 당원 —— 전체 당원의 25퍼센트에서 30퍼센트 사이 —— 들이 당에서 쫓겨났다. 당원 자격 박탈은 종종 국가기구와 기업, 교단 또는 언론에서의 직업 상실을 의미했다. 그 정권이 제시한 통계가 숙청 과정에서 수만의 사람들이 직업을 잃었음을 말해 주고 있다.[149]

당은, 고위층 관료들이 사회의 나머지 부분에 대한 통제권을 주장하기 위한 중심 기제인 것처럼 보였다. 하지만 그들은 이데올로기적 동질성을 바탕으로 그러한 통제권을 행사할 것을 기대하지는 않았다. 1968년의 경험이 있은 뒤에 그들은, 이데올로기적 헤게모니 없이 이루어지는 지배에 대해 이야기하고 있다는 사실을 인정했다. 그 대신 그들은 당을 중간계층에 대한 '당근과 채찍'으로 사용함으로써 통제력을 획득하려 했다. 즉 그들은 중간계층의 은밀한 신념에 대해서는 너무 큰 비중을 두지 않았던 것이다. 당 기구의 지시에 충실한 관리자, 학자, 저널리스트와 작가들에게는 그 대가로 화려한 경력과 좋은 직장 그리고 대중을 괴롭히던 물자부족으로부터의 해방과 높은 수준의 소비생활이 약속되었다. 하지만 그 반대로, 그들이 고위층으로부터의 명령에 순응하지 않을 경우에는 직위를 위협받고 살기 위해 힘든 노동을 해야만 하는 처지가 되어야 했다.

하지만 1968년에 이데올로기적 상처를 받게 되기 전에도, 위와 같은 조치들은 정권에 대한 지지를 유지하는 중대한 요소로 작용하고 있었다. 밀란 시메츠카는 당시 당의 상황을 이렇게 설명하고 있다.

---

147) 중앙위원회 서기 빌락이 제시한 수치. Hruby, 앞의 책, p. 147에서 재인용.
148) 프라하에 주재하는 이탈리아 저널리스트가 제시한 수치. Hruby, 같은 책에서 재인용.
149) Hruby, 같은 책, p. 147 ; Simecka, 앞의 책, p. 67.

나 자신은 20년 동안 집권당의 일원이었다. …… 당 내부에서 나는 무척 다양한 정치적 견해를 가진 사람들을 만났다. …… 전통의 철저한 신봉자들, 당의 신화를 믿는 사람들, 편협한 분파주의자들, 권력의 변호인들, 냉소적 조종자들, 냉혈의 이데올로기 보급자들, 이데올로기의 실행에는 관심없는 출세주의자들, 어떠한 이상도 주장하지 않는 보통의 사람들, 죄를 지은 기독교인들, 정치에는 관심 없이 당을 위해 자신들의 힘을 과도하게 쏟던 활동가들, 당을 경영에 적합한 훌륭한 기업이라고 생각하던 경제적 관리자들, 그리고 마지막으로 당이란 진저리나는 회의와 사상교화만 시키는 존재라고 생각하던 거대한 대중들 …… 나는 심지어 당 내부에서 서방의 소비사회를 열정적으로 동경하는 반공주의자도 만나 보았다.[150]

만약 이것이, 프라하의 봄이 무력으로 중단되기 이전의 당의 실상이라면, 지금의 당원들이 얼마나 이데올로기와 무관할 것인지는 알고도 남음이 있다. 시메츠카는 계속 말한다.

처음부터 조회(照會) 작업이 일종의 새로운 이데올로기적 헌신을 창출하려는 것이 아니었음은 분명하다. 그랬더라면 당은 무기력한 분파로 전락하고야 말았을 것이다. 여기에서 유일하게 필요했던 것은, 명령과 지시에 대한 순종에 의해 그리고 그것을 따를 수 있는 능력에 의해 통합된 기반, 즉 매우 다양한 비밀스런 견해들의 낡은 응집체를 창출해 내는 것이었다.[151]

확고한 신념을 가진 소수의 당원들은, 자신들의 견해를 철회하고 자신들의 통제권 밖에 있는 장치에서 톱니바퀴 노릇을 하라는 압력에 저항했다. 하지만 대다수의 중간계층은 대의보다는 경력을 더 중요하게 생각했다.

조회(照會) 작업이 있기 전의 짧은 시기 동안 나는, 자신을 구하고자 남들을 쉽사리 희생시키고, 불의로 가득 찬 과거에 대한 분노를 부인하며, 자신들의 내밀한 감정을 저버리는 일은 없을 것이라고 생각했다. 그러나 나보다는 당 지도부가

---

150) Simecka, 같은 책, pp. 39~40.
151) 같은 책, p. 41.

일반 당원들을 더 잘 이해하고 있었다는 사실이 입증되었다.152)

변화된 통제기구도 몇몇 주요 측면에서는 1950년대의 전신(前身)보다도 더 취약했다. 그것은 사회의 어떤 주요 부분으로부터도 자발적인 지지를 받지 못했던 것이다. 심지어는 그 기구의 관리자들이나 감시인들조차도 은밀하게 신랄한 불평을 터뜨렸다. 비밀경찰도 더 이상 획일적인 사고를 강요하지는 못했다. '국가보안기구도 이제 더 이상은 신화를 만들지 못한다. 그것은 더 이상 혁명이나 사회주의, 평화 또는 시민의 안녕을 지키는 것이 아니다. 그것은 단지 현존하는 질서를 지키고 있을 뿐이다.'153) 사람들은 당원증을 받아 들고 겉으로 고위층에 복종을 표시하며 입당식을 치렀다. 그러나 거기에는 생동하는 일체감이라고는 더 이상 존재하지 않았다. 1973년에 당원의 3분의 1은 당의 어떠한 활동에도 참여하지 않았다.154)

그러한 무관심의 징후들은 1970년대의 정권에게는 특별한 관심사가 되지 않았다. 1968년의 지식인 반란은——비록 분쇄되지는 않았다 하더라도——해체된 상태였고 사회를 운영하기 위한 기구도 다시 만들어져 있었다. 정권에 대한 지지가 적었다고 한다면, 반대파에 대한 지지는 더욱 미약했다. 1970년대 후반에 반대파의 77헌장에 서명한 사람들은 1,000~1,500명에 불과했다. 이는 1968년에 수십만의 사람들이 청원서에 서명한 것과는 큰 대조를 이룬다.

반대파가 상대적으로 더 고립되었던 것은 사람들이 정권과 큰 일체감을 가졌기 때문은 아니었다. 예를 들어, 1970년말에 프라하 노동자들 중 단지 6퍼센트만이 당원이었다. 1973년초에는 당원의 단지 13.4퍼센트만이 현직 육체 노동자들로부터 나왔다(이는 1968년 5월에 26.4퍼센트였던 것과 비교된다).155)

---

152) 같은 책, p. 74.
153) 같은 책, p. 99.
154) Hruby, 앞의 책, p. 147에 제시된 수치.

당이 그렇게 적은 대중적 기반을 갖고도 기능할 수 있었던 이유는 다른 곳에 있었다. 그것은, 정권이 효과적인 이데올로기라는 수단 대신에 대중의 생활수준의 실제적 향상이라는 대체물을 사용할 수 있었기 때문이었다. 체코슬로바키아 경제는 1960년대 중반의 위기를 넘기고 다시금 성장하기 시작했으며, 그와 함께 임금도 상당 정도 인상되었다.

도표 6 : 체코슬로바키아에서의 연간 실질임금 성장률
(단위:퍼센트)

1967~68	1969~70	1971~75
5.4	2.5	3.5

이러한 수치는 비록 작은 것이지만, 생활수준의 실질적인 향상을 가져왔다. 일인당 육류 소비량은 7분의 1, 우유 및 유제품 소비량은 10분의 1, 의류 소비량은 10분의 1이 증가되었으며, 1976년말까지 사실상 모든 가구가 세탁기와 라디오, TV를 보유하게 되었고, 냉장고는 5가구당 4대, 자동차는 3가구당 1대 꼴로 보급되었다.[156]

1967년말에 정치적 위기가 도래했던 주요 요인들 중의 하나는 경제상황이 '파국'으로 치닫고 있다는 믿음이었다.[157] 하지만 1971년경에는 경제위기의 직접적 원인들이, 근본적인 개혁 없이도, 말끔히 사라지게 되었다.

사실상 개혁주의자들은 두 가지 서로 다른 사실을 혼동하고 있었다. 하나는 단기적인 경제발전이다. 이것은, 체코슬로바키아 경제학자 골드

---

155) 같은 책, p. 148에 실린 수치.

156) Jiri Kosta in Nove, Hohmann·Seidenstecker (편), *The East European Economies in the 1970s*(London, 1982), pp. 36 이하에 지리 코스타가 제시한 수치.

157) 1967년 12월 19일 중앙위원회 회합에서 오타 시크가 한 연설. Pavel Tigrid, 앞의 책, p. 23에서 재인용.

만과 코르바가 1968년에 자신들의 선구적인 저술에서 밝혔듯이,158) 경기 침체나 국민총생산의 축소를 동반하면서 하나의 순환적 형태를 취한다. 다른 하나는 장기적인 경제발전이다. 이것은, 경제성장률이 매 10년마다 둔화되는 장기적이고 반복적인 경향을 갖는다.

도표 7 : 장기적 연간 경제성장률
(단위 : 퍼센트)

1950~55	1955~60	1960~65	1965~70	1971~75	1976~80(계획)
8.0	7.1	1.8	6.9	5.7	4.1

표에서 알 수 있는 바와 같이 1963년의 경기침체는 일정 기간 동안 매우 낮은 경제성장률을 초래했다. 하지만 결국 경제는 회복되어, 비록 1950년대의 평균 성장률에는 미치지 못했지만, 성장은 계속 유지되었다. 순환적 위기와 경기침체로 향하는 장기적 추세를 혼동하고 이로부터 파국적인 결론을 도출한 것이, 역사상 이것이 처음은 아니었다.

그 상황은, 전후(戰後) 대대적인 경제 호황이 갑자기 멈추었던 서방의 1973년과 흡사했다. 당시 모든 부류의 정치인들은 거리가 피로 물드는 공포의 광경을 목격했다.

1960년대 초반 체코슬로바키아의 위기는 스딸린주의 국가들에게 바로 그와 같은 불길한 징후를 보여주었다. 그들 중 경제적으로 가장 선진적인 나라들은 새로운 상황에 직면했다. 그것은 이곳에서 이루어진 성공적 산업 발전의 산물인 성숙한 국가자본주의의 위기였다. 이 위기는 1953년과 1956년 사이에 동유럽 블록을 휩쓸었던 과도한 시초축적의 위기보다 더 불길한 것이었다.

그러나 그것을 치유할 수 없는, **최종적인** 위기라고 생각한 것은 잘못이었다. 자신들만이 사회를 발전시킬 수 있다고 생각했던 경제적 개혁주

---

158) Goldman · Korba, *Economic Growth in Czechoslovakia*(Prague, 1969).

의자들은 바로 그러한 잘못을 범했다. 그들의 생각은 상황이 진전함에 따라 현실에 들어맞지 않게 되었다. 사실 1968년의 정치적 위기가, 이미 부분적으로는 끝났다고 생각되었던 경제적 위기 때문에 발생했다는 것은 역사의 역설들 중의 하나이다.

그러나 단기적 위기의 종결로 관료제적 통치의 문제들이 해결된 것은 아니었다. 1970년대말이 되자, 노동자들에게 생활수준의 약간의 향상을 허용하며 안정화를 꾀했던 체코슬로바키아 정권은 이제 더 이상 그러한 향상을 제공할 수 없게 되었다. 그들은 물가를 올리기 시작했으며 실질임금을 강제로 삭감하기 시작했다. 그러나 그것은 또 하나의 이야기이며 그 이야기는 아직도 끝나지 않았다.

제9장
1980~81년 : 연대노조의 도전

그단스크, 1980년 8월 31일. 레닌 조선소는 마치 노동자계급 역사의 절정을 장식했던 장면들 ─ 1917년의 뿌틸로프, 1920년의 튜린, 1936년의 바르셀로나, 1968년의 빌랑꾸르트 ─ 의 하나를 보는 듯하다. 웅장한 철문은 꽉 잠겨 있다. 그 위에는 많은 꽃다발과 붉고 흰 폴란드 국기가 걸려 있다. 정문 앞에는 엄청난 군중이 모여 있었는데, 그들은 철문의 창살을 통해 들어오는 파업 전단에 열렬히 손을 뻗치며 음식과 지지의 편지를 전달한다. 붉고 흰 완장을 두른 감시원들은 사람들을 선별하여 조선소 안으로 들여보낸다.

노동자들은 조선소를 2주일도 넘게 점거해 왔다. 그들은 매일 그들에 대한 지지가 증대하는 것을 목격했다. 처음에는 그단스크 지역에서 그리고 다음에는 전국에서, 파업이 진행 중인 공장의 대표들이 도착했다. 이십, 오십, 백 그리고 그리고 마지막에는 사백 개의 공장 파업위원회들을 대표하는 합동 대표단이 점거 지역 안에서 구성되었다. 5일 동안 부수상 야기엘스키가 이끄는 정부의 대표단이 합동 파업위원회와 협상을 벌이고 있다. 협의사항은 공장의 확성기를 통해 중계된다. 정부는 임금인상에서부터, 출산휴가의 연장과 같은 복지 요구들, 그리고 정치범의 석방 등 파업 노동자들의 주요 요구사항을 모두 승인했다. 그중에서도 특히 주목할 만한 것은 노동자들의 독립 노조 결성의 권리가 승인된 것이다.

노동자들은 놀라운 승리를 거두었다.

그단스크, 1981년 12월 13일. 전국적으로 잘 알려진 거의 모든 폴란드 독립 노조운동의 지도자들이 한 지방 호텔의 침실에서 끌려나온다. 무장한 병력이 그들을 투옥시켜 버린다. 탱크들은 거리를 순찰한다. 모든 전화 통신망은 끊겨 있다. 군 장교들이 라디오와 TV를 접수해 놓고 있다. 그들은 계엄을 선포하고 모든 일상적인 정치활동 또는 노조활동의 금지, 그리고 파업 조직자들에 대한 장기형 선고를 알리는 포고문을 방송한다. 전국에서 수천의 노동조합 활동가들이 수용소로 보내지고 있다.

대규모 공장의 노동자들은 계속되는 쿠데타의 나날들에 영웅적으로 저항한다. 전국의 수십 개 공장들은 점령당했다. 많은 도시에서 군중은 거리에 모이려 시도하고 있다. 하지만 모든 곳에서 그 유형은 한결같다. 싸우는 사람은 소수에 불과하다. 대부분의 사람들은 탱크와 기관단총, 그리고 최루탄에 겁을 집어먹고 있다. 장갑차들이 잠겨진 공장의 문과 급조된 바리케이드를 부수면서 전진한다. 무장한 수천 명의 폭동진압경찰(ZOMO)은 항의하는 노동자들에게 달려들어 경찰봉으로 머리를 후려치며 질질 끌어내어 감옥으로 향하는 트럭들에 싣는다.

소련의 장군들, 폴란드의 정보부원들, 그리고 서방의 은행가들은 모두 안도의 숨을 내쉰다.

노동자들은 역사적 패배를 경험한 것이다.

이 두 장면 사이에는 15개월 보름이라는 시간이 있었다. 그동안 폴란드의 통치자들은 다른 동유럽 정권들이 전후(戰後)로는 경험한 바 없는 일 — 정권에 반대하는 조직을 공식 인정하는 것 — 을 해야만 했다.

그 반대운동은 스스로를 '독립 자치 노동조합 연대'(Independent Self-Governing Trade Union Solidarity)라고 칭했다. 정부는 그것을 노동조합의 하나로 인정한 것이다. 그리고 그러한 공식 인정은 매우 중대한 사실을 의미하는 것이었다. 노동자들이 반(反)관료 운동의 선두에 서게 된 것이다.

그것은, 노동자들이 개혁파 당지도자들과 재야의 지식인들에 끌려 다넜던 1968~69년의 체코슬로바키아나 1956~57년의 폴란드 상황의 재현이 아니었다. 그것은 심지어, 노동자평의회가 다른 사회들이 시작했던 투쟁을 진행시켰던 1956년 헝가리의 상황과도 달랐다. 이제 노동자들은 스스로를 위해 말하고 있었다. 경쟁적인 축적의 산물로 만들어졌던 노동자계급은, 1980~81년 기간에 관료들에 대한 투쟁을 시작하고 또 지속시켰다.

다른 계층의 대중들 — 농민, 창조적 지식인, 학생 등 — 은, 때로는 어느 정도 이데올로기적 주도권을 행사하기도 했었지만, 노동자계급을 뒤따랐다. 그리고 결정은 바로 노동자들에게 달려 있었다.

폴란드를 다른 나라들과 구별짓는 그 밖의 특징은, 이곳에서는 체코슬로바키아나 헝가리에서와는 달리 외국군의 도움으로 반대를 진압해야 할 필요가 없었다는 것이다. 폴란드 경찰과 군 병력은 너무나 충분해서 대다수의 폴란드 인민들마저도 놀랄 지경이었다.

연대노조로의 길

그단스크 점령과 연대노조의 창립은 전후 폴란드 역사의 가장 극적인 장면이었다. 하지만 노동자들의 그러한 투쟁양식은 그때까지의 경험의 산물이었다. 그 양식들은 지난 25년 동안 정권과 벌여 온 일련의 충돌에서 가장 최신의 — 그리고 가장 큰 규모의 — 것이었다. 그것은 연대노조가 존재하는 과정에서 명백해졌다. 신문에 보도된 목격자들의 증언을 보면, 1956~57년의 파업과 노동자평의회 등과 같은 반쯤 잊혀졌던 노동자들의 투쟁을 상기시킨다. 폴란드 노동자들은 자신들이 역사를 만들었듯이 또한 자기 나라의 역사를 다시 씀으로써, 관제적인 설명으로 말살되었던 사건들에 생명을 불어넣었다.

노동자들은, 고무우카의 주도로 정부가 강화된 결과 1956년 이후로 사태가 어떻게 경과되었는지를 기억해 냈다. 고무우카의 약속들은 결국 아무것도 지켜지지 않았다. 파업은 금지되었다. 관료주의는 노동조합에 대한 제어를 더욱 강화하였다. 독립적 언론기관은 파괴되었다. 1956~57년에 향상되던 생활수준도 1960년대에는 정체되거나 하락하기까지 했다. 지식인들에게는 얼마 동안 독자적인 창작활동이나 저술이 허용되었다. 하지만 그것마저도 1964년 이후에는 억제당했다. 야첵 쿠론과 카롤 모즐레브스키와 같은, 정권에 대한 좌익 사회주의자 비판가들은 투옥되었다. 경찰은 지식인들을 대표하여 항의했던 사람들을 괴롭혔다. 다른 사람들도 저술을 했다는 이유로, 또는 재판에 대한 보고서를 작성했다는 이유로 —— 니나 카르소브의 경우 —— 또는 풍자적 오페라를 녹음했다는 명목으로 —— 야누치 츠포탄스키의 경우 —— 투옥되었다.1)

노동자들은 1968년 3월을 회상하였다. 바르샤바에서는 프라하의 봄에 고무된 4천여 시위대가 공판에서 항의를 한 학생들 중 2명 —— 아담 미흐닉, 헨리크 차이핀 —— 을 학교 당국이 제명한 사실을 성토하기 위해 모였다. 강철 헬멧을 쓰고 트럭에서 내린 보안경찰들은 학생들을 두들겨 패기 시작했다. 그런 공공연한 야만행위는 다른 학생들마저 동참하도록 만들었다. 학생들의 시위는 점차 규모가 증대되면서 일주일 동안 벌어졌으며, 그것도 바르샤바에만 국한된 것이 아니었다. 로츠, 포즈난, 브로클라브, 카토비체에서도 시위가 있었다. 당국자들은 '깡패들'(실제로는 젊은 노동자들을 가리킨다)이 시위에 참여하고 있다고 불평했다. 그러나 실제로 산업노동자들은 그러한 운동을 지켜만 보고 있었다. 노동자들은 그러한 운동이 자신들과 어떻게 연관되는지를 보지 못했다. 오히려 그들은 이러한 운동이 사회의 상대적으로 특권적인 계층과만 연관되어 있다고 보고 이러한 움직임에 연대하는 위험을 무릅쓰려고 하지 않았다.

정권은 교과서에 나오는 가장 낡은 속임수 —— 인종주의 —— 를 써서

---

1) 이 시기에 대한 개인적이고 또 우울한 설명으로는 N. Karsow · S. Schechter, *Monuments Are Not Loved*(London, 1970)을 보라.

학생들을 지속적으로 고립시키려는 작업에 착수했다. 시위가 시작된 지 3일이 지나자 당 일간지인 『트리부나 루두』(*Tribuna Ludu*)는 학생 '말썽꾸러기들'의 긴 명단을 게재했는데, 그 대부분의 이름은 유태인의 것이었다. 다른 신문도 공공연히 '시온주의'의 문제점들을 비난했다. 그것은, 언론이 공동의 캠페인을 펼치게 되는 신호였다.

당시 폴란드에 있던 유태인은 2만 5천여 명(전체 인구의 0.01퍼센트)에 불과했다. 그런데 이제 당 지도부는 그들이 국가를 뒤흔든다는 인상을 주려 했다. 1968년 여름에 약 절반의 유태인이 망명을 떠나게 된 것은, 바로 그러한 낡은 편견을 이용하여 정권이 조성한 분위기 때문이었다.

학생들은 노동자계급의 도움 없이 싸웠다 — 그리고 짓밟혔다. 그들의 지도자들은 감옥에 던져졌으며(쿠론과 모즐레브스키는 두 번째였다), 잘 알려진 많은 지식인들은 마녀사냥꾼에 의해 직업 — 그리고 조국 — 을 잃었다.

노동자들은 1970~71년의 겨울을 회상하였다. 12월 12일 정부는 식료품 가격을 평균 20퍼센트 인상하겠다고 발표했다. 12월 14일 월요일, 그단스크의 조선소 노동자들은 대규모 집회를 갖고서 요구사항 목록을 작성하고는 지구당 본부를 향해 행진했다. 그곳에서 건물을 지키던 경찰과 격투가 벌어졌다. 노동자들은 쇠사슬과 화염병으로 무장했다. 건물 지하에 있던 인쇄기에 불이 붙었다. 싸움은 하루 종일 계속되었다.

보안경찰은 그 다음날 보복을 했다. 조선소 바로 앞에 잠복했던 그들은 헤아릴 수 없을 만큼 많은 인명을 살상했다. 피로 얼룩진 시가전이 그날에도 맹렬히 벌어졌다. 경찰은 노동자 군중을 향해 쉬지 않고 발포했다. 노동자들은 지구당 본부 건물과 시 국가평의회 건물에 불을 질렀다.

그 그단스크의 전투는 군대가 입성한 수요일에야 잠잠해졌다. 같은 날, 해안에서 아래로 200마일 떨어진 쉬체친 항(港)의 노동자들은 트럭

운전사들로부터 그단스크에서 벌어진 상황을 전해들을 수 있었다. 그들은 파업에 참여했다.

그곳의 투쟁 양상도 그단스크와 비슷했다. 경찰은 행진하는 노동자들을 향해 발포했고, 노동자들은 공공건물에 불을 질렀다. 쉬체친에서는 군대가 들어와서도 노동자들의 움직임을 분쇄하지 못했다. 도시 전체는 총파업의 물결에 휩싸였다. 파업위원회는 생필품 보급을 맡았고, 노동자 감시원들이 도로를 순찰했다. 파업위원회는, 지역 신문이 상황에 대한 객관적 설명을 할 때에만 발행을 허락했다.2)

보안경찰이 그 해안 도시들의 다른 지역으로 통하는 연락망을 모두 끊었지만, 그 도시들의 소식은 새어나갔다. 카토비체, 포즈난, 브로클라브, 슬럽스크에서 파업이 발생했고, 크라코프, 로츠, 엘브라그에서는 시위대와 경찰간에 충돌이 있었다. 바르샤바의 몇몇 대규모 공장들은 파업에 돌입했다. 12월 18일 금요일, 수도의 다른 공장의 노동자들도 월요일까지 노동자들의 불만에 대처할 어떠한 대책이 세워지지 않는다면 총파업에 돌입하겠다는 뜻을 분명히 했다.

이제 폴란드의 통치자들은 14년 전 고무우카를 권좌에 앉게 했던 것과 같은 강력한 움직임에 직면하게 되었다. 그런데 이번에는 그 움직임이 고무우카를 향했다. 정권의 다른 지도자들은 소수의 인물을 희생시킴으로써 나머지를 구했던 1956년의 책동을 필사적으로 되풀이하려 했다. 일요일 저녁, 실레지아 지역의 책임자였던 에두아르드 기에레크는 폴란드 인민에게 이제 고무우카는 정권에서 제거되었으며 이후 자신이 국가를 운영하겠다고 발표했다.

그 발표는 바르샤바에서 무르익던 총파업을 중지시키기에 충분했다.

---

2) 쉬체친에서의 사건에 대한 이와는 상이한 설명으로는 Edmund Baluka · Ewa Barker, *International Socialism*(old series), No. 94, 1977년 6월호를 보라. 그리고 또 *Labour Focus on Eastern Europe*, 1981년 겨울 · 봄 합병호, Vol. 4, Nos. 4~6도 보라. 영화 『철의 인간』에는 1968년과 1970년의 그단스크를 담은 많은 분량의 장면이 포함되어 있다.

하지만 매우 불안정한 상황은 계속되었다. 물가인상은 철회되지 않은 상태였고, 노동자들의 상태는 비참했다. 쉬체친은 수 주일 동안이나 총파업으로 인해 사실상의 마비 상태가 지속되었다. 그러던 1월 22일에 언론의 거짓 보도가 새로운 공장점거를 야기시킴으로써 작업은 거의 재개되지 못했다.

조선소 지역들에서의 새로운 동요를 진정시키는 데에는 기에레크의 모든 기량이 동원되어야 했다. 그는 우선 쉬체친을 방문하고 그런 다음 그단스크를 방문해야만 했다. 그곳에서 그는 조선소를 점거하고 있던 노동자들을 만나 국가가 당면한 '객관적'인 경제적 어려움들과 '희생'의 필요성을 이해해 달라고 호소했다. 그는 많은 약속을 내걸고서 조선소가 다시 가동될 수 있도록 하였다. 그런데 2월 14일 로츠에 있는 직물공장들에서 주로 여성 노동자들이 시작한 파업은 그 도시 전체의 총파업을 방불할 정도로까지 발전되었다. 기에레크에게 탈출구는 단 하나밖에 없었다. 이리하여 그는 가격인상 조치를 철회하였다.

노동자들은 새 정부 출범 초기의 2~3년을 회상하였다. 기에레크는, 자신의 정부가 고무우카 정부와는 달리 인민의 문제와 불만에 대해 문을 열고 그것들을 수용할 것이라고 강조했다. 축적이 아닌 소비가 경제발전의 목표이며, 사회복지비의 지출을 늘릴 것이고 그 혜택은 자영농과 같이 전에는 그 혜택을 못 받던 사회집단에까지 확대될 것이라고도 했다.

1968년에 수감되었던 학생과 지식인들이 풀려났다. 정부는 고무우카의 말년을 괴롭혔던 교회와의 분쟁을 마무리지었다. 서방의 관측자들은 새 지도부가 더 이상 '교조'에 빠져 있지 않으며, 높은 수준의 교육을 받고 상당한 국제적 경험을 갖춘 '실용주의자'들로 구성되어 있다고 호의적으로 평했다.3)

---

3) 예컨대 V. C. Chrypinski, 'Political Change Under Gierek', in A. Bramke · J. W. Strang (편), *Gierek's Poland*(New York, 1973), p. 38을 보라.

새로운 지도 스타일은 처음에는 폭넓은 인기를 누렸다. 생활수준은, 연 실질임금 상승률 7.2퍼센트에는 못 미쳤다 하더라도, 실제로 상당 정도 향상되었다.[4] 개인당 육류 소비량은 20퍼센트 이상 늘어났고, 거의 모든 가정에서 냉장고, TV, 세탁기 등의 기초 생활용품을 찾아볼 수 있게 되었다.

기에레크가 고무우카와 다를 바 없다고 주장한 노동자는 단지 소수에 불과했다. 1970년 파업의 한 지도자는 이렇게 회상한다. "사람들은 상황이 실제로 진전되고 있다고 생각했다. …… 대부분의 사람들은 기에레크가 어떤 식으로 자신의 약속을 깨고 있는지를 깨닫지 못했다."[5] 하지만 그 정권의 '개방'은 오래 지속되지 못했다. 기에레크는 자신의 인기를 이용하여 노동자들의 자치조직을 탄압했다. 순식간에 투사들이 그단스크와 쉬체친에서 제거되기 시작했다. 일부 투사들에게는 승진이라는 미끼가 던져졌고, 일부에게는 관제노조에 들어와 노동자들을 대표하라는 제안이 주어졌다. 그렇게 그들은 작업장에서 제거되었던 것이다. 또 일부에게는 조선소 바깥에서 이루어지는 열악한 작업이 주어졌고, 살해당하는 사람까지 생겼다.[6]

처음에 대부분의 노동자들은 향상되는 생활수준에 기뻐한 나머지 그 사실을 깨닫지 못했다. 그런데 1971년의 개혁들이 후퇴하기 시작했다. 언론의 자유는 다시 한번 구속받게 되었다. 그리고 노동조합은 다시금

---

4) 여러 항목의 소비 성장에 대한 공식 통계에 대한 비판으로는 C. Harman, 'Poland and the Crisis of State Capitalism', *International Socialism*(old series), No. 94 를 보라. 또 Nove, Hohmann · Seidenstecher, *The East European Economies in the 1970s*(London, 1982), pp. 94~97에 실린 Wladzimiers Brus, 'Aims, Methods and Political Determinants of the Economic Policy of Poland'도 비교해 보라.

5) *Labour Focus on Eastern Europe*, 1977년 5 · 6월호에 실린 Edmund Baluka의 인터뷰.

6) 이런 사태가 어떻게 일어났는가에 대한 설명으로는 Baluka · Barker, 앞의 책을 보라.

경영진의 계획을 무조건 승인하는 기관으로 전락했다. 그리고 식료품 가격이 슬그머니 인상됨으로써 노동자들의 생활수준은 다시 위협당하기 시작했다(예를 들자면, 식료품의 명칭이 바뀌고 그 물품에 높은 가격이 부과되었다). 공식적인 '물가 동결'에도 불구하고 정부의 물가지수는 1년에 2.4퍼센트 상승했다. 자영 농민들(주로 고용인의 도움 없이 작은 토지를 경작하는 농민)은 점차 강해지는 정부의 압력에 시달렸다. 새 헌법의 조항들에 항의하는 지식인들에게는 국가독점의 출판사들이 출판의 기회를 주지 않았다. 1976년이 되자, 기에레크의 폴란드에서의 생활과 고무우카의 폴란드에서의 생활은── 약간 높아진 생활수준을 제외한다면── 별반 다를 것이 없게 되었다.

마지막으로 노동자들은 1976년 6월을 생각해 냈다. 6월 24일, 정부는 1970년 이후 처음으로 식료품 가격을 전면 인상하겠다고 발표했다. 그런데 그 인상폭은 놀라 왔다! 육류는 69퍼센트, 그리고 평균 식료품 가격 인상률은 36퍼센트에 달했다. 노동자들은 1970년 당시보다도 더욱 신속하게 반응했다. 다음날 아침 전국 각지의 많은 공장들에서는 파업이 발생했다. 그리고 두 도시에서는 보안경찰과 직접 충돌하는 사태가 발생하기도 했다.

바르샤바 근교의 거대한 우르수스(URSUS) 공장에서는 노동자들이 자신들의 정부에 대한 저항을── 정부가 은폐할 수 없도록── 행동으로 표현하기로 결정했다. 노동자들은 공장 옆을 지나던 파리-모스크바간 급행선의 철로를 뽑아 버리고서 그들의 요구가 관철되기 전까지는 열차의 통행이 불가능하다고 발표했다.

바르샤바 남쪽 약 100km 지점에 있는 라돔에서는 노동자들이 지구당 본부까지 행진하여 문을 부수고 들어갔다. 대중에게는 이미 품귀된 식료품들이 그곳에 산더미처럼 쌓여 있는 것을 발견하고서, 노동자들의 분노는 증폭되었다. 그들은 건물에 불을 지르고, 밤이 될 때까지 도심지 곳곳에서 보안경찰과 치열한 전투를 벌였다. 그 전투가 진행되는 동안, 수상 야로체비츠는 TV에 나와 가격인상안이 철회되었다고 발표했다.

수상의 성명은 새로운 지역으로 확산되던 분규를 주춤거리게 했고, 경찰은 라돔과 우르수스에서 잔악한 보복을 가했다. 다음날, 무차별적으로 체포된 수백 명의 노동자들은 몽둥이를 들고 열 지어 선 경찰들에게 흠씬 두들겨 맞은 후 감옥으로 끌려갔다. 그리고 파업에 적극 가담했다는 사실이 알려진 노동자들은 모두 공장에서 쫓겨났다.

경제와 정치

1980년 여름, 파업과 공장점거를 행한 폴란드 노동자들은 이미 자유화의 물결이 일고 생활수준이 향상되었던 두 번의 시기(1956~57년, 그리고 1971~74년), 그리고 그 뒤에 잇따랐던 강화된 억압과 궁핍의 시기를 경험한 바 있었다. 두 경우 모두에서 개혁의 시기에는 '좋은 친구'라 생각되던 자들이 곧 그의 전임자만큼이나 증오스런 대상으로 바뀌었다.

지도자들의 그러한 행동 변화를 그들의 개인적 악의(惡意) 탓으로 돌릴 수는 없다. 만약 그들의 유일한 목적이 자신들만을 위해 권력에 머물러 있는 것이었다면, 노동자들의 생활수준을 그렇게 압박함으로써 원한과 저항을 사는 일은 결코 없었을 것이다. 그들의 행동에는 단지 한 가지 설명만이 가능하다. 그들은 지배관료계층의 대표로서 권좌에 올랐던 것이며, 그 계층의 계급적 목표는 다른 나라들의 지배계급과 경쟁하면서 축적을 이루는 것이었다. 바로 그 목표 때문에 그들은 공장들에서의 착취 메커니즘을 완성시키려 했던 것이다. 그리고 그 이유 때문에 그들은 기회가 있을 때마다 노동자들의 생활수준을 낮추려 노력했던 것이다.

축적의 초기 몇년 동안(스딸린과 비에루트의 통치기)에는 철저한 소비 감소가 필요했고 또 저항의 가능성이 있는 모든 사람들에 대한 전체주의적 탄압이 필요했다(서문과 제3장을 참조하시오). 그 시기는 마르크스가 서방 자본주의에 대해 설명한 축적의 국면에 상응한다.[7] 그들의 목표 설정(자생적 산업성장에 필요한 최소한도 수준의 생산수단의 획득)도 그렇고, 이를 달성하기 위해 그들이 사용한 방법(노예노동, 농민들의 토지로부터의 추방, 노동자들에 대한 직접적 억압의 계속적 사용, 쁘띠부르주아지 상당 부분의 해체 등)도 그렇다.

그 시기는 1950년대 중반의 위기와 더불어 끝났다. 시초축적을 위한 자원이 더 이상 존재하지 않았던 것이다. 최신 기술이 가장 효율적으로 이용되기 위해서는 새로운 착취의 방법이 필요하게 되었다. 무엇보다도 시초축적을 위한 압력은, 이 축적 과정에서 창출된 노동자계급 사이에 폭동의 위험스런 분위기를 만들어 내고 있었던 것이다.

고무우카는 그러한 위기를 해결해야 하는 과제를 안고 권좌에 앉았다. 그는 과거의 축적으로 생긴 경제적 여유를 사용하여 불만을 무마하고, 서방의 성숙한 자본주의에서 주종을 이루는 축적 리듬과 보다 가까운 축적의 새 장을 열 수 있었다. 공포 분위기와 아사 상태를 수반하면서 이루어지던 광란적인 동원 체제는, 매일, 매주, 매년 반복되는 일상적인 착취 체제로 대체되었다. 고무우카는 소련에서의 흐루시쵸프의 역할을 열심히 흉내내어 산업화의 첫 시기에 나타나는 처참한 상태에서 사회를 회복시킬 수 있었다.

그런 방식은 몇년 동안에 걸쳐 결실을 맺었다. 투자계획은 조기 달성되었고, 상품 공급이 늘어났다. 폴란드 경제는 노동자계급을 폭동으로 몰아넣지 않고도 성장해 갔다. 그러나 1960년대 중반이 되자 상황은 어긋나기 시작했다. 경제성장을 유지하기 위해서는 계획보다 훨씬 많은 액수를 국민소득에서 끄집어내어 생산수단의 건설에 쏟아 부어야만 했다. 국민소득에서 차지하는 순축적의 비율이 개혁 기간 동안 23퍼센트로 하락했었는데, 이제 이것이 1967년에는 어느새 27퍼센트로 상승했다. 그것은 스딸린화가 절정에 달하던 1953년의 수준과 같은 것이었다.[8]

---

7) *Capital*, Vol. I, part VIII.

8) GUS, *Roswoj gospodarczy RWPG 1950~1966*(Warsaw, 1969)의 수치. Z. M. Fallenbuchi, 'Comecon Integration', *Problems of Communism*, 1973년 5 · 6월호

그러한 축적 수준에서는, 노동자와 농민들의 불만을 완충시켜 주는 조직이 아닌 한, 정권에서 독립된 사회 내의 어떠한 집단도 결코 용인될 수 없었다. 그렇기 때문에 1960년대 중반의 지식인들에 대한 탄압, 1968년의 학생들에 대한 가혹한 행위, 정권에 대한 비판을 고립시키기 위한 반(反)유태주의 선동, 그리고 또한 교회의 독립성을 빼앗기 위한 시도 등이 있었던 것이다.

그런데도 고무우카는 1968년과 1969년에 축적의 비율을 더욱 더 높이는 것을 포함하는 대대적인 경제계획을 밀어 붙였다. 물론 그것은 노동자들의 생활수준에 대한 맹렬한 공격을 의미했다. 그 정권의 주요 경제학자 중 한 사람이던 파예츠카 교수는 1971년 초기 중앙위원회의 한 회의에서 이렇게 설명했다.

지난 몇년 동안 (고무우카에 의해) 결정된 많은 사항들은, 기술·경제적 발전이 불충분하다는 그의 신념이 증대되었기 때문에 결정된 것이었다. 그 조치들은 모두 하나의 지도이념에 종속되는 것인데, 그것은 폴란드가 세계의 발전속도에 뒤떨어져서는 안된다는 것이었다.9)

파예츠카는, 고무우카가 '사회의 부담을 증가'시킴으로써 문제가 해결될 수 있다고 믿었다는 점을 덧붙였다. 고무우카는 결국 실패했다. 축적에 의해 생겨난 노동자계급의 힘은 너무 강대해져서 막연한 탄압만으로는 거꾸러뜨릴 수가 없게 되었던 것이다.

처음에, 기에레크는 고무우카가 남긴 문제들을 어떻게 처리해야 할지 난감했다. 그는 파업과 점거가 계속되는 데도 불구하고 2개월도 넘게 고무우카가 강제로 부과한 상승된 가격을 유지코자 했다. 그가 쉬체친의 노동자들에게 말한 바와 같이, 그는 가격인상안을 철회하면 나라가 '큰 혼란에 빠질 것'이라고 믿었다. "우리에게는 이전부터 생활수준의 보다

에서 재인용.

9) Z. A. Pelczynski, 'The Downfall of Gomulka', in Bramke and Strang, 앞의 책, p. 6.에서 인용.

신속한 향상을 성취할 만큼의 최소한의 경제적 여유도 없다. 우리는 지금 막다른 골목에 서 있는 것이다."10)

그렇지만 가격인상안은 곧 철회되었다. 그런데도 폴란드는 큰 혼란에 빠지기는커녕, 2년 만에 정권의 한 변호자가 — 지난날의 주장과 모순된다는 느낌도 없이 — 다음과 같이 말할 수 있게끔 되었다.

> 경제발전의 동력은 예상했던 것보다 큰 것이었으며, 모든 영역, 즉 생산, 생활수준의 향상, 소비, 농업생산, 실질임금 등의 영역에서 계획보다 좋은 결과를 낳았다.11)

기에레크는, 폴란드의 모든 계급에게 얼마 동안 부푼 꿈을 갖게 했던, 축적의 새로운 길을 찾을 수 있었다. 그것은 거의 우연이었다. 1971~75년의 5개년 계획은 '투자'보다는 '소비'에 경제발전의 역점을 두겠다고 말한 바 있다. 그러나 그 계획은 실행되지도 못한 채 중단되었고 이른바 '새로운 발전 전략'으로 대체되었다.

그 전략에 의해 축적의 비율은 급속도로 상승하였다. 그렇지만 소비 역시도 늘어날 수 있었다. 새로운 생산설비는 서방 은행들로부터 차관을 도입하여 마련하고, 그 외채는 서방 시장에 새로운 생산품을 판매함으로써 상환하려는 계획이 추진되었다. 서방을 '따라 잡겠다'는 고무우카의 목적은, 그의 후계자들의 생각으로는, 이제 서방의 기술과 자본을 이용하여 이루어질 전망이었다.

폴란드의 서방으로부터의 수입은 1970년에 37억 3천백만 즐로티에서 1973년에 115억 9천7백만 즐로티로 세 배가 늘었다.12) 외채 역시도 1971년에 7억 6천4백만 달러에서 1975년의 73억 8천백만 달러로 거의 열 배 가량 급증했다.13) 그러한 전략을 바탕으로 — 비록 실질임금도

---

10) *Face aux Grevistes de Szczecin*(Paris, 1972)에 실린 연설 필사본.
11) M. C. Rakowski의 말. Bramke·Strang, 앞의 책, p. 35.
12) *Concise Statistical Yearbook 1974*, Central Statistical Office, Warsaw.
13) *Financial Times*, 1981년 2월 10일.

상승했지만 —— 축적은 훨씬 빠른 속도로 진척되어 국민소득에서 차지하는 순축적의 비율은 38퍼센트에 달했다. 그것은 그때까지 기록한 최대 수준이었다.14) 그처럼 생활수준의 향상과 축적의 증대가 서로 조화를 이룰 수 있었기 때문에, 기에레크는 관료계층의 신임을 얻었고 노동자들은 그를 묵인했다.

그렇지만 그 정권이 목적 의식적인 계획에 따라 이러한 전략을 채택했던 것은 아니다. 한때 이 계획의 주요 입안자로 일한 바 있던 한 사람(1968년 망명)은 이렇게 말한다. "폴란드의 경제적 현실은 충분한 검토를 거친 중기 계획에 의해 결정된 것이라기보다는 일련의 사태들의 경과 속에서 그리고 그것들의 영향 하에서 이루어진 일군의 결정들에 의해 규정된 것으로 보인다."15) 그러한 '사건들' 중의 하나는 폴란드의 고위 관료들과 서방의 은행들을 지배하는 관료들 사이의 관계가 점차 긴밀해졌다는 점이었다.

발전된 서방 경제에서 수익성의 위기를 맞게 되자 은행들은 투자에 대해 높은 수익을 얻을 수 있는 지역을 찾아 헤매게 되었다. 폴란드는 브라질이나 남한, 홍콩, 또는 스리랑카와 똑같은 방식으로, 바로 이러한 측면에서 서방 은행들에 접근했다. 『월 스트리트 저널』(*Wall Street Journal*)의 보도 내용을 살펴보자. "외국 은행가들은 국내 기업들에게 자금을 빌려주는 것과 마찬가지로 공산주의 정부들에도 기꺼이 차관을 해 주었다. 아니 사실상 국내 대출에서보다 더 기꺼워했다고 해야 할 것이다. 그들은 서방의 산업가들이라면 코웃음을 칠 이자율로 차관을 상환하겠다는 폴란드 정부와 같은 차용자들을 발견했던 것이다."16) 차관 상담을 맡았던 은행의 지도적 인사 중의 한 사람은, 자신들이 폴란드 관료

---

14) Brus, 앞의 책, p. 98에 실린 수치. 주석 : 브루스의 수치와 팔렌부치가 제시한 수치가 차이가 나는 것은 브루스는 **총축적**을, 그리고 팔렌부치는 **순축적**을 계산했기 때문이다.
15) Brus, 같은 책, p. 104.
16) *Wall Street Journal*, 1981년 12월 7일.

들에게 투자계획을 추진하도록 적극 권장했던 과정을 이렇게 설명했다. "서방은 단순한 방관자가 아니었다. 서방은, 폴란드가 신용, 플랜트, 그리고 설비 수출품을 받아들이도록 적극 권장했다. 주요 상업 은행들은 우선 폴란드와 거래를 시작했다."[17]

그러한 압력을 받으면서, 기에레크 정부는 끝없이 성장을 계속하는 서방 경제가 폴란드 산업에게 시장을 제공할 것이라고 믿었다. 1971~73년 폴란드 정부는 세계의 다른 자본가들과 마찬가지로 산업설비의 확대를 서둘렀는데, 그것은 경제호황이 영원히 지속될 것이라는 믿음 때문이었다. 스스로의 방식을 너무도 확신했던 정부는, 경기침체와 인플레가 세계적으로 만연하던 1973~75년에도 수출지향형 산업설비를 더욱 확장하기 위해 차관을 계속 들여왔다. 투자가 1975년에는 14.2퍼센트, 1976년에는 5.8퍼센트 증가했다. 순외채는 거의 50퍼센트 가량 증가하여 1976년에는 106억 8천만 달러에 달했다.

그리고 세계적 위기에 대한 폴란드 정부의 반응이 유독 특이한 것은 아니었다. 소위 신흥공업국(NICs)의 일부 —— 예를 들면 브라질, 멕시코 등 —— 는 폴란드와 매우 흡사하게 행동했는데, 그들도 세계경제가 회복되면 갚을 심산으로 막대한 액수의 외채를 도입했었다. 세계경제가 부흥되지 못하자 폴란드도 그들과 똑같은 어려움을 겪어야 했다. 외채는 엄청난 액수로 증가하여 1979년 그 총액이 200억 달러에 달했으며, 수출로 벌어들인 수익의 92퍼센트가 외채로 흡수되었다.

그렇지만 경제의 문제들이 꼭 불리한 **외부** 요인들 때문만은 아니었다. 사실 폴란드는 막대한 석탄 매장량을 갖고 있었으므로 1970년대 중반 모든 나라들을 괴롭히던 원자재 가격 상승의 영향에서 어느 정도 벗어날 수 있었다.[18] 외부의 압력만큼이나 중대한 요인은, 맹목적인 성장 추구가 발생시킨 **내부**의 문제들이었다.

---

17) 'Secrets of the Polish Memorandum', *Euromoney*, 1981년 8월호, p. 14에 인용된 리차드 포르테 교수의 말.
18) Brus, 앞의 책, p. 105.

당시 행해졌던 투자는, 폴란드의 건설 및 기술 산업들이 뒷받침할 수 있는 수준을 훨씬 넘는 것이었다. 거대한 새 공장의 건설 작업이 시작될 수는 있었지만, 결코 계획대로 끝날 수는 없었다. 기계는 외국에서 들여올 수 있었지만, 그것을 설치할 수 있기까지는 많은 시간이 들어야만 했다. 일부 공장들이 완공되었더라도 다른 공장들 —— 부품을 공급해야만 하는 공장들 —— 은 간신히 착공된 단계였다. 국민소득의 막대한 몫이 건설부지에 묶여 있었으며, 기계는 녹슬고, 공장들은 겨우 가동될 따름이었다. 얼마 동안은 외채로 그러한 경제의 틈새를 메우며 부작용을 줄일 수도 있었다. 그러나 일단 외채가 억제할 수 없을 정도로 불어나면서, 외채는 내부의 문제들을 엄청난 규모로 확대시킬 뿐이었다.

1976년의 물가인상은 그러한 문제들을 해결해 보려는 하나의 시도였다. 즉, 근본적으로 자원을 노동자들의 소비 부문에서 투자를 완성할 수 있는 부문으로 돌려 수출을 증대시키려 했던 것이다. 노동자들이 통치자들의 위기 극복 비용을 지불하길 거부하자 그러한 난국 타개책은 허사로 되고 말았다.

그러자 정권은 수입을 줄이기 위한 '경제적 책략'에 눈을 돌렸다. 사실상 매우 강력한 수입제한 조치가 취해졌다. 그러나 5년에 걸쳐 점차 세계시장에 대한 의존도를 높여 온 상태에서 관료들이 펜을 한번 끼적끼적한다고 그 의존성이 사라질 수는 없었다. 전국에서 우후죽순격으로 생겨난 새로운 수출지향적 공장들이 돌아가기 위해서는 수입에 의존해야 했다. 그리고 그러한 수입제한은 수출의 증대를 저해했으며, 결과적으로 외채문제의 해결이 더욱 어려워졌다. 동시에 그러한 문제들은 국내의 경제 불균형을 심화시켰다. 완성되지 못한 투자계획이 증가하였으며, 이 때문에 막대한 몫의 국민소득이 건설부지에서 썩어갔던 것이다.

통치자들은 경제발전을 위한 어떠한 계획도 포기해야만 했다. 그들은 그 대신 하나의 미봉책을 마련하였다. 그러나 바로 이것이 1979년에 총투자의 8.2퍼센트 감소를 가져왔고 그보다는 약간 적은 총생산의 감소를 가져왔다. 그것은 거의 파국에 가까운 경기침체의 시발이었다. 산업의 필수품을 마련하기 위한 결사적 몸부림으로 식량, 원자재, 연료 등이 해외로 판매되었다. 이러한 물품들은 국내에서도 극심하게 부족한 때였다. 기본적 식품들 — 커피와 신선한 야채류 등 — 이 상점에서 사라졌고, 육류를 사려면 몇시간이고 줄서서 기다려야만 했다. 설탕은 배급제로 되었으며, 가끔은 석탄마저도 공급이 부족했다.

경제의 활황이 위기로 바뀌면서, 1970년대 초반에 정권이 얻었던 지지 기반이 무너졌다. 궁핍, 은밀한 방식으로 인상되는 물가, 그리고 주위에 만연된 낭비의 증가 등에 대한 노동자들의 불만은 점차 고조되었다. 심지어는 관료계층 내부에서도 기에레크의 정책들에 대한 불만이 높아졌다. 무엇보다도 원자재와 부품의 부족은, 더 많은 보너스를 받으려면 생산량을 증대시켜야만 하는 관리자들에게 큰 타격이었다. 날이 갈수록 그들은 스스로를 지키기 위해, 뇌물로 공급자들을 매수하는 방법에 더 많이 의존하려 했다. 냉소와 부패가 사회의 상층부에 만연했으며, 아래로부터의 불신과 분노가 팽배해졌다.

붕괴하는 건축물

한편으로는 탄압으로, 그리고 다른 한편으로는 양보로 노동자계급의 직접적 반란은 1976년 7월에 돌연 중단되었다. 그렇지만 그러한 조치들로도 우르수스와 라돔에서 심화된 정치·경제적 위기의 시대가 개막되는 것을 막지는 못했다.

정권은 자신들이 1956년 여름이나 1970년 12월과 마찬가지로 대중과 유리되어 있다는 사실을 발견했다. 정권의 유일하면서 확실한 지지 기반은 관료제적 권력을 직접 쥐고 있던 자들이었지만, 그들조차도 점차 공직의 이권을 놓고 다투는 적대 분파로 갈라지고 있었다. 정권은 그러한 상황에서 공공연히 물가를 인상하거나 생활수준을 하락시킬 수는 없었는데, 그것은 아래로부터의 대대적 폭발을 두려워했기 때문이었다. 하지만 그렇더라도 생활수준의 계속적 향상을 허용할 수도 없는 입장이었다.

정치 지도부는 채찍과 당근, 어느 것 하나도 일관되게 적용시킬 수 없었다. 기에레크가 위기를 만날 때마다 사용했던 전술들은 이제 일관된 전략을 구성하기에는 부적절했다. 그는 그 대신, 불만의 무마와 탄압 사이에서 갈팡질팡했다. 가격인상은 철회되었지만 노동운동가들은 고통당해야 했다. 피해를 입은 노동자들을 돕기 위한 지식인들의 조직인 노동자옹호위원회[이후 사회자위(自衛)위원회 즉 KOR로 변함 - 역자]는 처음에는 용인되었다가 나중에 탄압받았고, 또다시 용인되었다. 구속당한 노동자들에게 관용이 베풀어졌지만, KOR과 관련했던 학생운동가였던 피야스는 비밀경찰에 의해 살해되었다. 그 정권의 전술은 어느 누구를 매수하는 데도, 또 어느 누구를 굴복시키는 데도 실패했다. 그러한 전술의 결과라고는 고작 극도의 격심한 사회적 위기의 분위기를 만들었을 뿐이었다.

1978년에 정권은 국가의 상태에 대한 진단서를 마련할 목적으로 전문가, 학자, 저널리스트, 관리자들을 소집해 회의를 개최했다. 이렇게 해서 소집된 '경험과 미래 토론그룹'(폴란드어 머릿글자를 따서 DiP라 불렀다)은 정권이 부인해야만 했던 구역질 나는 사회의 부패상을 제시했다. DiP의 설명을 살펴보자. '위기는 …… 사회생활의 도처에서 발견된다.' '더욱 악화되고야 말 염려스런 상황', '도덕적이고 육체적으로 극도로 고갈된 폴란드 사회', '어떤 정직한 공공생활도 점차 위축되는 상태', '점차 비판이 증대하는 분위기', '대중의 마음에 응어리져 쌓인 패배감, 원한, 그리고 증오심', '열망과 실제의 기회 사이에 존재하는 채워질 수 없는 간격.'[19)]

위기의 한 증상은 반대 그룹이 크게 확산되었다는 점이다. KOR은 천여 명의 원조자를 확보했으며 여러 지역에서 조직을 건설했다. 이제 KOR은 자금을 모집하는 단계에서 벗어나 격주의 지하신문『로보트니

---

19) 인용 전체는 영어 번역본에서 따온 것이다. Michael Vole (편), *Poland, the State of the Republic*(DiP Report), London, 1981.

크』(*Robotnik*:노동자)를 발간함으로써 노동자들의 활동을 널리 알릴 수 있게끔 되었다. KOR와 함께 등장했던 조직은 학생연대위원회(SKS), 이동대학(이곳에서 KOR의 지식인들은, 정권이 금지시킨 주제에 관해 강의하였다), 농민 활동가들의 단체, 그리고 가장 중요하다고 볼 수 있는 자유노동조합 설립 준비 위원회 등이었다. 그리고 좌파 일색인 KOR의 주요 인물들을 싫어한 사람들은 시민권 수호 운동(ROPCIO)을 설립했다. ROPCIO는 이후에 독립 폴란드를 위한 동맹을 설립했는데 이 단체의 강령은 무엇보다도 먼저 소련과 단절할 필요성을 강조했다.

정권은 그 반대 그룹들을 비난하고, 그 활동가를 괴롭혔으며, 경찰은 '조사'를 명목으로 끊임없이 그들을 잡아들이고, 또한 일자리를 빼앗아 버렸다. 그러나 정권은 그들을 분쇄할 수는 없었다. 수상 야로체비츠는 『런던 파이낸셜 타임즈』(*London Financial Times*)에서 "우리는 그들을 아랑곳하지 않는다"[20]고 말했지만, 1978년 4월 당 중앙위원회에 제출된 서류를 보면 지하신문의 총 정기 발행 부수가 2만여 부에 달하는 것으로 나타났다.[21]

정권의 정치적 마비 상태는 1953~56년의 헝가리와 폴란드 그리고 1968~69년의 체코슬로바키아에서와 마찬가지로 비판의 목소리가 울려 퍼질 수 있는 분위기를 만들어 내고 있었다. 하지만 거기에는 한 가지 중대한 차이점이 존재했다. 그것은, 그 마비 상태가 너무도 심각해서 관료들의 어느 계층도 사회 전반에 대한 프로그램을 제시할 수 없었다는 것이다. 반대 운동은 100퍼센트가 정권의 궤도 바깥에서 일어나고 있었다.

이러한 상황 전개에도 불구하고 정권은 1980년 7월에 —— 10년 동안 세 번째로 —— 공공연히 물가를 인상시키려는 무리한 모험을 감행했다.

---

20) George Blazynski, *Flashpoint Poland*(Oxford, 1979), p. 279에서 재인용.
21) *Labour Focus on Eastern Europe*, 1978년 9 · 10월호, pp. 18~19에 번역되어 있는 자료.

파업의 여름

가격인상은 일반 상점에서 판매하던 양질의 육류를 이른바 '상업 상점'에서만 판매하는 형태로 이루어졌다. 그곳의 가격은 일반 상점의 2배 가량 되었다. 이로써 육류 전체가 노동자들의 손에서 멀어져 버렸다.

가격인상이 알려진 날 전국의 상당 지역에서 항의파업이 시작되었다. 그중 가장 중요한 지역은 1976년 폭동에도 선봉에 나섰던 우르수스였다. 하지만 이번에는 노동자들이 거리로 진출하지 않았다. 그리고 처음부터 **전국적** 규모의 항의가 시작된 것도 아니었다. 그 대신 각 공장의 노동자들은 단순한 경제적 요구를 내세웠다. 즉 물가인상에 상응하는 임금인상 요구를 받아들이라고 주장하였다. 며칠이 지나지 않아서 첫번째 파업이 발생했다. 정부 당국은, 이를 침묵시키는 것이 지금 일어나고 있는 일을 다른 곳들이 알지 못하도록 할 것이라고 생각하고, 공장 관리자들에게 개별 공장에서의 임금인상 요구를 받아들이라고 지시했다.

정권의 전술은 수포로 돌아갔다. 임금인상 조치는 오히려 노동자들의 파업이 성공할 수 있다는 사실을 보여주었던 것이다. 그리고 반대파의 비공식 정보망은 한 지역의 성공 소식을 다른 지역들에 전파하였다. 파업은 더 큰 파고를 일며 꼬리를 물었다. 기에레크의 유일한 위안은 이들이 아직은 경제적 파업 수준에 머물고 있다는 점이었다. 7월 16일에서 19일 사이에 일어난 루블린의 총파업에서도 요구를 확대하여 경찰과 동등한 수준의 가족수당을 주장하기는 했지만, 그는 임금을 인상시켜 줌으로써 노동자들을 작업장에 돌아가도록 설득할 수 있었다.

그후 8월 14일 목요일에는 그단스크의 레닌 조선소에서 파업이 벌어졌다. 그날 아침 조선소 곳곳에는 안나 바웬티노비치 ─ 그녀는 크레인 운전사로서 자유노조 결성을 위한 지역위원회에서 활약하다 해고되었다 ─ 의 직장 복귀와 임금인상 및 물가수당의 인상을 요구하는 포스터가 나붙었다. 즉석에서 시위대가 결성되어 조선소 구내를 행진하며 작업장의 노동자들을 합류시켰다.

경영자측은 1970년의 사태가 재연될 것을 두려워했다. 그들은 곧장 밖으로 나가 안나를 차에 태워 조선소에 데려오면서, 항의가 진정되기를 기대했다. 그러나 이미 때는 너무 늦었다. 조선소에서 전기 기사로 일한 바 있던 레흐 바웬사 — 그 역시 자유노조 설립위원회의 위원이었다 — 의 선동으로, 노동자들은 공장을 점거하기로 결정했던 것이다. 파업은 곧 그단스크와 그디니아의 다른 조선소들로 파급되었으며, 버스 노동자들과 같은 다른 분야의 노동자들도 파업에 가담했다.

이틀 만에 경영자측은 임금인상에 합의했다. 토요일이던 그날, 파업위원회에서는 다수가 공장점거를 해제하자는 쪽으로 기울었다. 이번에도 경제적 양보가 정권을 살린 것처럼 보였다. 하지만 노동운동이 상승세에 있을 때는 경제적 요구가 정치적 요구로 쉽게 전환되는 법이다. 경제적 성공에 자신을 갖게 된 사람들은 대담하게 다른 문제들을 끄집어 내놓는다.

처음에 그단스크에서는 소수만이 그러한 진로를 감지했다. 이들은, 작업장에 돌아가라는 말을 들었을 때 경악했다. 그들이 그러한 태도를 보이도록 자극한 것은, 아무런 성과물도 없이 파업을 지속하고 있는 다른 모든 작업장은 남겨 둔 채 조선소만 파업 종결을 선언해서는 안된다고 불평을 터뜨린 버스 노동자들이었다.

그 소수는 사람들이 점거장에 남아 있도록 하기 위해 결사적으로 투쟁했다. 그들의 노력의 대가는 월요일 아침 대규모 회의에서 파업 재개가 결정된 것이었다. 새로운 파업은 전보다는 한 차원 높은 것이었다. 이제 투쟁은 단순히 조선소만의 것은 아니었고, 연대 파업위원회를 중심으로 뭉친 지역의 모든 노동자들의 투쟁이었다. 요구사항은 임금인상, 연금의 확대, 언론의 개방, 그리고 무엇보다도 독립 노동조합 결성의 권리 등을 포함하는 것이었다. 그것은 경제적인 동시에 정치적인 것으로 되었다.

이미 위기에서 허우적거리던 정권은 이제 그러한 상황 변화로 절망에 빠졌다. 정권은 탄압을 고려했다. 하지만 믿을 만한 병력이 있었을까?

결국 정권은 시간을 벌기 위해 부수상을 파견해 파업 노동자들과 협상을 벌이도록 했다. 노동자들은 주요 요구사항들 — 무엇보다도 독립 노조 결성 — 을 인정하는 협상안이 아니고는 아무 것도 받아들이려고 하지 않았다. 그리고 정권이 진지하게 양보 조치를 받아들였는지를 확인하기 위해 바르샤바에 억류되어 있던 KOR 위원들이 풀려날 때까지 협정서에 서명하기를 거부하였다. 혹심한 공격에 사기가 떨어진 정부는 노동자들에 동의할 수밖에 없었다. 그단스크 연합 파업위원회는 2주일 후 새로운 독립 노조인 연대노조(Solidarnosc)로 발전하였다. 1956년, 그리고 1970년과 마찬가지로 정권은 새로운 지도자 — 이번에는 스타니스와프 카니아 — 를 내세움으로써 신뢰를 회복하려 했다.

연대노조 출범 전반기

연대노조가 합법적으로 존재했던 17개월의 기간은 두 시기로 나눌 수 있다. 그 첫 시기는 1981년 3월까지이다. 그 시기 동안 연대노조는 정권의 존재에 아랑곳없이 나날이 힘을 더하며 성장했다. 첫 시기의 끝 무렵에 연대노조는 노동자뿐만이 아니라 학생, 농민, 지식인을 포함하는 방대한 다수 폴란드 국민의 지지를 얻었다.

처음에 정권은 '독립 노조'의 영향력을 북부의 항구들(쉬체친에서는 그단스크에서와 매우 흡사한 점거 사태가 있었다)에 한정시키려 했다. 하지만 8월 30일에 남부에 있는 실레지아 광산 노동자들이 파업을 일으키면서 정권의 희망은 무너져 버렸다.

광산 노동자들은 항상 폴란드의 '노동귀족'으로 간주되는 경향이 강했다. 그들에게는 석탄 수출의 절대적 중요성으로 인해 높은 임금이 보장되었고, 정권도 이들에게 육류 부족으로 인한 혼란이 파급되지 않도록 방어하여 주었다. 30년 전 광부였던 기에레크는 자신이 광산 노동자들과 특별한 연관이 있다고 주장했다. 그렇지만 그들은, 그 '특권'이 매우 높은 사고율과 혹심한 연속 교대제의 대가라는 것을 알았다. 그들은 그단 스크의 소식에 접하자마자 스스로를 조직하기 시작했다.

그들의 파업은, 독립 노조를 위한 운동은 멈출 수 없다는 사실을 보여주었다. 9월 17일 3백만 노동자를 대표하는 3천5백여 공장의 대표들이 공식적으로 연대노조를 창립하기 위해 그단스크에 모였다.

당국은 그 운동의 성장을 억제하기 위해 끊임없이 노력했다. 대표자 모임의 한 성명서에 따르면,

> 독립 노조 건설의 움직임은 어려운 조건들 속에서 진행되고 있으며, 장애물들과 끊임없이 싸워야만 한다. 대다수가 여성으로 구성된 작업장에서는 노동조합의 활동이 차별정책으로 인해 둔화되고 있다. …… 비교적 세력이 약하거나 수적으로 열세인 중심지들에서는 새로운 노동조합의 출현에 희생과 보복의 두려움이 뒤따른다. 공안경찰의 노동자 대표들에 대한 억류, 심문, 또는 감시 등과 같은 당국의 일부 행동은 새로운 긴장의 원인이다. 대부분의 지역에서, 새로운 노동조합은 언론매체에 접근할 수 없다.[22]

비록 많은 노동자들이 처음에는 새 노동조합에 참여하길 두려워했지만, 활동가들이 다른 지역의 성공 사례를 전하면서 곧 분위기가 달라졌다. 새 노조의 부의장 안제이 그비아즈다는 뒤에 출판 노동자들의 회의에서의 경험을 이렇게 설명했다.

> 그곳에서 내가 직접 목격한 사실은, 처음에는 관리자와 다른 사무 직원들의 참석 때문에 잔뜩 겁을 집어먹고 성공의 가능성에 대한 믿음이라곤 전혀 없이 크고 작은 그룹으로 산산이 분열되어 있었던 노동자회의가, 네 시간에 걸친 토론 끝에 투쟁적이고 민주적인 조직으로 바뀌었다는 것이다.[23]

새 노동조합은 놀라운 속도로 성장했다. 9월말이 되자 그것은 천만

---

22) *Labour Focus on Eastern Europe*, 1981년 겨울·봄 합병호에 번역되어 있는 자료.
23) 같은 책.

조합원의 위용을 자랑했다. 그리고 그것은 허풍이 아니었다. 10월 3일에 조합은, 정권이 그단스크 협정의 이행에 역행한 사실에 항의하기 위해 전국의 작업장을 대상으로, 한 시간의 경고 파업을 선언했다. 그 파업은 완전한 성공을 거두었다. 선정된 모든 작업장은 파업에 참여하여 연대노조 깃발과 폴란드 국기를 높이 게양했다.

정권은 노조의 성장을 막기 위한 마지막 시도를 했다. 바르샤바 지방 법원은 연대노조의 정관에 당의 '지도적 역할'에 관한 명기(明記)가 없다는 점을 문제로 삼아 연대노조의 공식 등록을 거부했던 것이다. 조합이 총파업을 내세우며 대응하자, 고등법원은 곧 그 판결을 유보했다. 다시금 조합은 압도적 승리를 거둔 것이다.

곧이어 바르샤바에서도 또 다른 승리가 있었다. 두 활동가가 반체제 분자들을 어떻게 처치할 것인가에 대해 다룬 정부 비밀문서의 사본을 배포한 혐의로 구속되었다. 정권은, 새 조합이 단지 '경제적' 문제들에만 관여하고 그러한 '정치적' 탄압에는 항의하지 않을 것으로 기대했다. 하지만 그것은 곧 헛된 기대임이 드러났다. 우르수스와 바르샤바의 철강 노동자들이 파업을 벌였다. 연대노조 바르샤바 지부는 총파업을 경고했다. 수감자들은 즉시 풀려났다.

연대노조의 전국적 승리는 사실상 모든 지역에서 큰 동요를 일게 했다. 그것은 7월의 경제적 파업이 8월의 정치적 투쟁을 이끌었고, 이제 그 정치적 승리는 차례로 각 지역의 불만에 대한 수백의 투쟁을 불러일으키는 것을 의미했다.

그단스크의 보건(保健) 노동자들이 11일 동안 시 청사의 한 사무실을 점거했다. 철도 노동자들은 실력행사를 벌이며 정부에게 임금인상을 종용했다. 로츠의 직물 노동자들과 푸르제체 그단스키의 사탕무 가공 노동자들이 파업을 벌였다. 10월 중순까지 파업을 벌였던 기업 수는 전부 합해 4,800 정도였으며, 그 수는 계속 증가했다. 10월 한 달 동안에만도 파업으로 인한 생산손실액은 6억 5천만 달러로 추산되었다.

이러한 '경제적' 파업이 단지 경제적 성격만을 지닌 것은 아니었다.

노동자들의 하루하루의 불만은 임금에 관한 것 이상이었다. 그들은 경찰의 특권, 지방관료들의 부패, 엘리트 계층을 위한 사냥터, 호화 주택, 특별 병원 등에 대해 문제를 제기했다. 그들은 수십 년 동안 스스로의 권리들을 찾고자 노력하는 모든 사람들에게 가해졌던 박해와 위협에 도전하고 나섰다.

노동자들은 지방관료들을 제명할 것을 반복해서 요구했다. 10월말까지 정권은 3분의 1의 지역 서기와 지사를 교체했다. 그러한 조치에는 종종 평판이 나쁜 관료들을 그 관료들의 전력이 알려지지 않은 다른 지역으로 전보시키는 경우도 없지 않았다. 그러나 그러한 기만적 술수로는 대중의 분노를 가라앉힐 수 없었는데, 그것은 결국 체제 전체가 특권과 탄압을 바탕으로 세워진 것이었기 때문이었다.

KOR의 두 활동가는 그러한 분위기를 이렇게 요약했다. 그단스크의 보그단 보루세비츠의 말이다.

대중은 새 노동조합이 모든 일을 맡아야 한다고 생각한다. 새 조합은 노동조합의 역할을 충족시키고, 국가의 행정에 참여하며, 정당의 역할과 시민군의 역할을 해야 한다. 즉 주정뱅이와 도둑을 가두고 그들에게 도덕을 가르쳐야 한다.24)

야체크 쿠론은 이렇게 말했다.

35년 동안 자신들을 다스려 온 정부에 대한 인민들의 태도는 좌절과 모든 분야에서의 증대하는 반감이라는 말로 특징지을 수 있다. 그 결과 연대노조와 정부 사이에 충돌이 발생하게 되면 우리는 — 어떠한 문제에 관한 어떤 일이라 할지라도 — 항상 엄청난 지지를 받고 있다. 반면에, 아무리 조합에 유리한 것이라 할지라도, 정부와의 협의는 불만 또는 — 좀더 적절한 용어를 쓰자면 — 실망을 인민들 사이에 불러일으킨다.25)

---

24) 같은 책.
25) *Der Spiegel*, 1980년 12월 15일, translated in *Telos*, 1981년 봄호, p. 74에 실려 있는 인터뷰.

그런 추세는 10월과 11월을 거치면서 계속 쌓여 갔다. 그것은 폴란드 지도부는 물론이고, 소련의 염려를 불러 일으켰다. 12월이 되자 소련군이 폴란드 국경에 배치되기 시작했다. 갑자기 세계의 언론은 침공이 임박했다는 이야기를 크게 떠들어댔다. 서방의 라디오 방송국들이 그러한 루머를 폴란드로 방송하자, 극도로 긴장된 분위기가 감돌았다. 사실 이때 소련은 즉각 개입할 의사가 없었는데, 그 점은 뒤에서 설명하고자 한다. 그런데 어쨌든 그것은 침략의 위협을 강조하고자 한 폴란드 지도부의 이해와 들어맞았다. 정부는 서방의 뉴스를 들먹이며 나라의 '경제와 도덕의 소멸'을 위협하는 '소요 사태'가 중단되어야 한다고 주장했다.

일시적으로 소란이 약간 누그러지면서 '휴전'이란 말이 여기저기서 들렸다. 12월 16일에는 그단스크에서 경찰에 사살당한 사람들을 위한 합동 추모제가 열렸는데, 그곳에는 연대노조 지도자들과 크라코프의 대주교뿐만 아니라 공화국의 대통령과 지역 당서기까지도 참석했다.

정부는 그단스크 협정의 일부 사항인 '토요일 휴무제'와 주 5일 근무제를 취소하고자 했다. 조합은 조합원들에게 첫번째 '속박의 토요일'에 작업을 거부할 것을 요구했다. 그러자 전국에서 조합원들이 그 주장을 따랐다. 또 바르샤바의 고용인들이 작업하지 않은 날들에 대한 임금을 공제하려 하자 파업이 발생했다.

각 지역으로 부패를 항의하는 파업이 번져 갔다. 비엘스코 비알라 지역은 지방 정치책임자의 처단을 위하여 무기한 총파업에 돌입했다. 젤레니아 고라에서 일어난 파업은 지역 관료들의 제거와 특별 '경찰 전용' 병원을 공공 의료기관으로 전환할 것을 요구했다. 비드고제체, 그단스크, 체스토코바, 쿠트노, 포즈난, 레그니카, 키엘체에서도 파업이 발생했다. 한 연대노조 지도자의 말을 빌면 전국이 반(反)부패 파업에 가담할 준비가 된 듯이 보였다!

노동자계급의 힘이 고조되면서 대중의 다른 부분도 급진화되었다. 관료제적 통치에 고통당한 경험이 있는 모든 계층은 연대노조의 뒤를 따르기 시작했다. 이미 일부 창조적 지식인은 그단스크 파업 동안 노동자들과 행동을 함께 하기도 했는데, 그 속에는 KOR 위원들만이 아니라 독자적인 학계나 카톨릭계 지식인들이 포함되어 있었다. 이제 학생운동은 대대적인 규모로 꿈틀거렸다. 우츠의 학생들은 1월에 학생 자치조합을 요구하며 연좌농성을 시작했는데, 그 농성은 일주일 만에 전국의 교육기관으로 확산되었다. 바르샤바에서는 2천여 명의 수감자들이 '적어도 경찰견만큼의 급식을 할 것'을 요구하며 항의를 시작했고, 1981년 한 해 동안 폴란드의 146개 수감소 중 109 군데에서 폭동이 일어났다.26)

여기서 가장 중대한 일이 벌어졌는데, 그것은 농민 활동가들이 노동조합과 연계되는 농민의 자치적인 농민연대(Rural Solidarity)를 결성할 권리를 주장하고 나선 것이었다. 그 사건은 정권의 시각에서는 가장 염려스러운 것이었다. 왜냐하면 정권은 농민과 도시의 노동자들을 반목시킴으로써 농촌에서 관료제적 권력의 요새를 구축하려 의도해 왔기 때문이었다.

하지만 대다수 농민들은 쓰디쓴 불만을 품고 있었다. 그들은 가난했으며, 가족 이외에 다른 노동력을 구입할 수 없었다. 그들은 가장 기초적인 혜택마저도 박탈당하고, 만인의 눈 앞에서 명백한 부패상을 보여주는 정권의 지역 대표들에게 위협당했다. 그들은, 도시에서 온 거의 모든 사람들을 깊이 불신하게 되었다. 동시에 5명의 산업노동자 중 2명은 농촌 출신이었고, 극도로 가난한 농민의 상당수가 공장일을 겸하고 있었다. 일단 도시 노동자들의 움직임을 본 많은 부분의 농민들은, 그러한 방식으로 스스로의 문제들을 해결할 수 있는 실마리가 있다는 사실을 쉽게 깨달았다. 농민 활동가들은 바르샤바에서 그들의 조합을 요구하는 시위를 벌였으며, 그 다음 일부 지방 도시에서 그 요구를 관철시키기 위해 건물을 점거하기 시작했다.

고조되는 항의의 파고를 막기 위한 정권의 기도는 실패를 거듭했다. 3월초 수상직은 핀코프스키에서 국방상 야루젤스키로 교체되었다. 당시에 많은 노동자들은, 그가 부패하고 외세에 편승한 당 출신이 아니라 군

---

26) *Polytika*, 1981년 11월호에 의거함.

—— 군은 '국가의 구체적 표현'으로 생각되었다 —— 출신이었기 때문에 다른 지도자들과는 다를 것으로 생각했다. 그러나 3개월의 휴전을 요구한 그의 주장은 크리스마스 전에 있었던 주장과 마찬가지로 호응을 얻지 못했다.

후에 정권의 어떤 지도급 인사[27]가 불평한 것처럼, 3월이 시작되면서 파업의 새로운 물결이 굽이쳤다.

칼리츠에서 파업의 경고와 위협이 있었다. 수발키에서도 지역의 상위층에 있는 몇몇 인물들 때문에 경고 파업이 발생했다.

카토비체의 공장연합위원회는 정치적 요구를 내세웠다. 그들은 의회의 입법활동을 서두를 것, 그리고 충분한 식량을 공급할 것을 요구했다. 그들은 만약 정부가 동의하지 않는다면 파업을 벌이겠다는 최후통첩을 해 왔다.

라돔에서는 지방 및 중앙당국자들의 면직을 요구했으며, 다른 많은 요구들은 1976년 사건과 연관되는 것이었다. 우리는 라돔 연대노조와 예비협정을 체결했다. 비엘스코 비알라에서는 이미 협정을 체결했음에도 불구하고 지역 연대노조는 주요 직위에 있는 인물들을 더 면직시켜야 한다고 주장했다. ……

노비 사츠에서 여러 지역적 문제들의 원인을 놓고 충돌이 빚어지고 있으며, 일부 건물들의 용도 변경에 대한 요구에 관해서도 의견이 분분하다. 쉬체친에서는 도시 연대노조가 임금과 다른 요구사항들이 충족되지 않을 경우에 파업을 벌이겠다며 위협했다. 크라코프에서는 고등교육기관 피고용인 연대노조가 각료들의 교체를 요구했고, 대학의 노동조합원들은 몇몇 정치성을 지닌 요구들을 내세웠다.

루블린에서는 신문배달과 관련하여 우체국에서 파업 경고가 있었다.

연대노조는 33군데의 지역에서 민병대와 보안군에 대한 특히 대대적인 선전공세를 펼쳤다. …… 바로 그것이 90일의 평화를 호소한 야루젤스키 장군에 대한 연대노조의 대답이었던 것이다.

노동자들의 공세는 점차 정권을 분열로 내몰았다. 정권을 지지하던 모든 계층들도 이제는 정권이 붕괴할 시간이 임박했다고 느꼈다. 최고 지도자들 —— 카니아와 야루젤스키 —— 은, 그러한 인식이 문제를 가중시

---

27) *Polytika*의 편집자인 Rakovski.

킬 것을 두려워했다. 하지만 그들은 위협을 느끼고 있던 수천의 경찰간부, 당관료, 그리고 산업 관리자들에게 구체적 대안을 제시할 능력이 없었다. 따라서 위협을 느끼던 자들은 스스로 움직이기 시작했던 것이다. 경찰은 쿠론이나 미흐닉 같은 KOR 위원들에게 공격을 가했다. 우츠와 같은 곳에서는 노조 활동가들이 쫓겨났고, 정체 모를 사람들—평복을 한 경찰임이 거의 확실하다—이 연대노조 지지자들을 모욕하기 시작했다. 새로 결성된 친정부 민족주의 단체인 그룬발트 협회는 집회를 조직해서 '반대파'와 연대노조 내부의 '유태인'을 비난했다.

연대노조에 대한 도전은 3월 19일이 되면서 극에 달했다. 그날 일단의 노조 활동가들이 농민연대의 합법화를 요구하며 비드고시치 시청을 점거하고 있었다. 협상이 결렬된 뒤에 200여 무장경찰이 점거장에 난입하여 조직적으로 곤봉을 휘둘렀다. 많은 사람이 부상하여 입원까지 하게 되었는데, 그중에는 전국적 노조지도자의 한 사람인 얀 루레브스키도 끼어 있었다.

비드고시치에서는 즉각 50만 명이 참여한 항의파업이 벌어졌고, 동시에 수천의 연대노조 조합원들은 지역 노조 본부를 방어했다. 그리고 전국적으로 경찰의 만행과 부상 소식을 알리는 벽보가 나붙었다.

경찰의 공격은 노조에 대한 전국적 도전이었다. 만약 경찰이 잘 알려진 노조지도자들을 공격하고서 무사할 수 있었다면, 각 지역에서 노조를 지탱하던 잘 알려지지 않은 수천의 활동가들은 어떤 처지에 처해 있었겠는가? 그 사건은 정권의 압제기구가 변함없이, 연대노조를 건설한 사람들에게 보복을 가할 기회만을 기다리고 있었다는 사실을 보여주었다. 연대노조는 폭압기구에 격렬한 공격으로 답하든가, 아니면 그때까지의 성과물이 위협당하는 것을 바라보든가 결단을 내려야만 했다.

당 지도부의 논조에서 노조에 대한 위험이 강조되었다. 당 정치국은 성명서를 통해 연대노조의 '정치적 활동'이 '무정부 상태'를 만들고 있다고 공격하면서 노조 내부에는 '과격분자와 모험주의자들'이 있다고 비난했다. 비드고시치 사건에 대한 그런 식의 정당화는, 만약 노조가 스스로를 지키지 못한다면 같은 방식의 공격을 계속하겠다는 의미를 함축하고 있었다. 동시에 정부는 노조 지도자들에게, 바르샤바 조약군의 군사연습 —— 그 훈련에는 폴란드 북부 연안에서의 소련군의 모의 상륙훈련이 포함되었다 —— 이 '심각한 상황 때문'에 확대되고 있다고 말했다.

3월 23일에 열린 전국노조대표자회의에서는 대응 방안을 놓고 고심했다. 연단에 나서는 사람들은 한결같이 즉각 전면적인 총파업에 돌입하자고 주장했다. 대표자회의의 의장이던 레흐 바웬사는 그러한 압력에 저항하다 못해 투쟁 일변도의 주장을 거듭하는 대표들에 대한 항의의 표시로 자리를 박차고 회의장에서 퇴장해 버렸다. 결국 절충안이 합의되었다. 4시간의 경고 파업이 예정되었다. 그리고 정부가 비드고시치 사건에 연루된 경관들을 처벌하지 않는 경우에는 4일 뒤 전면적 총파업을 결행하기로 결정되었다.

3월 27일에 시행된 4시간의 총파업은 큰 성공을 거두었다. 전국의 모든 공장, 농장, 신문사, 조선소, 광산이 문을 닫았다. 직업 학교와 대학의 학생들은 점거농성을 벌였다. 파업의 성공은 정권에 대한 지지가 전무하다는 사실을 입증하는 증거였다. 당은 당원들에게 비록 소수일망정 작업장에서 작업을 계속하라고 명령했지만, 사실상 아무도 그 지시에 따르지 않았다.

총파업을 정권에 대한 대대적인 도전으로 전환시키려는 계획이 마련되었다. 노조는 행동지침서를 통해 조합원들에게 공장들을 점거하여 거점으로 삼는 한편 연대노조 지역위원회를 내부적으로 방어하면서 노조가 인정하지 않는 모든 사람들의 접근을 막으라고 지시했다. 사실상 이것은 노조의 구성원들이 전체 생산기구의 통제권을 장악하게 되는 계획이었다.

정부측에서도 역시 엄청난 충돌에 대비하고 있는 듯이 보였다. 막대한 경찰병력이 비드고시치 지역에 투입되었다. 정부의 대변자들은 계속해서 바르샤바 조약군의 훈련에 관심을 끌려고 노력했다. 또한 그들은 만약 필요하다면 정부는 30일 동안의 총파업을 인내할 준비가 되어 있다고 되풀이해서 말했다. 그러나 사실 정부는 그들의 주장처럼 대결의 준비를 갖추고 있지는 못했다. 정치국은 비상사태를 선포하고 병력을 동원해 연대노조를 탄압하려 했지만, 새 수상 야루젤스키가 사임하겠다고 위협하며 극구 만류했다. 당시 많은 사람들은 그가 그러한 태도를 취한 것은 군대를 동원해 동족을 탄압하는 일에 양심의 가책을 느꼈기 때문이라고 생각했지만, 시간이 경과하면서 그에게는 양심의 가책이란 것이 없었음이 드러났다. 그가 두려워했던 것은, 일반 병사들이 노동자들에게 발포할 것을 거부함으로써 군대가 분열하지나 않을까 하는 점이었다.

마지막 순간에 연대노조 협상단과 정부 사이에 협상이 타결되었다. 정부는 비드고시치에서의 도발에 연루된 일부 경관을 처벌하고 '농민연대' 문제를 신중히 검토하기로 동의했다. 연대노조는 '비드고시치의 긴장된 분위기로 말미암아 경찰의 개입이 어느 정도 정당한 처사'였다고 인정했다. 레흐 바웬사는 정부의 양보가 총파업을 철회시켜도 되는 수준이라고 판단했던 것이다. 이로써 위기는 지나갔다.

하지만 그해 여름을 지날 때까지도 줄곧 이러한 협상에 대한 반발은 끊이지 않았다. 짧은 기간이었지만 연대노조 지도부 내부에서는 격한 잡음이 일었으며, 주요 지역의 많은 지도자들은 바웬사가 파업을 중지시키기 전에 협의 과정을 생략했다고 비난을 퍼부었다. 노조의 공식 대변인인 카롤 모즐레브스키 ─ 그는 1960년대의 혁명적 사회주의자 출신이었다 ─ 는 바웬사의 '비민주적' 행동을 항의하며 사임했다. 그단스크의 안나 바웬티노비치는 타협에 명백한 반대 입장을 표시하였기 때문에 노조 대표자에서 교체되었다.

그렇지만 더욱 중요한 것은 당시의 사태에 함축된 장기적 의미였다. 비드고시치 사건은 정부가 연대노조와 항구적 타협을 할 준비가 되어 있지 않다는 사실을 보여주었다. 소련의 압력, 폴란드의 경제 상황, 수십만에 달하는 부패한 하급관료들의 반발, 국가기구의 뿌리깊은 관행 등의 모든 요소는 서방 선진국들에 존재하는 식의 제도화된 노조운동을 묵인할 장기적 가능성을 일절 배제하는 것이었다. 하지만 비드고시치 사건은 또한 정부가 연대노조를 떠받치는 증대하는 추동력을 막을 위치에 서 있지 못했다는 사실 역시도 보여주었다. 비드고시치 사건이 드러낸 사실은, 연대노조가 주된 희망을 어딘가 다른 곳에 두고 있었다는 점이다. 총파업의 취소는, 연대노조 지도부가 노조의 강력한 힘을 사용하는 방법을 알지 못했다는 사실을 보여주었다.

정권의 표류

'정신적 파탄은 오랫동안 인내되었지만, 경제적 파탄이 다가서면서 인내심은 사라진다.' 토마스 카알라일(Thomas Carlyle)이 1789년이 임박해서 프랑스의 상황을 두고 한 이 말은 1980~81년에 폴란드 정권이 처한 상태에도 적용될 수 있었다.

정권의 마비 상태는 연대노조의 융성을 부추겼다. 그것은 또 1978년부터 뚜렷해진 사회적 위기가 확산되고 있다는 하나의 증거이기도 했다. 그리고 그 배후에는 1976년부터 시작된 경제적 파탄이라는 요소가 놓여 있었다.

연대노조의 존재로 인해 정부는 — 당분간이었지만 — 경제적 위기를 해결하기 위한 하나의 방법이던 노동자들의 생활수준에 대한 대대적 공격을 감행할 수 없게 되었다. 게다가 연대노조는, 경제적 문제들에 대해 정권이 제시하는 어떠한 단기적 대답도 인정하지 않았다. 정권이 의도했던 것은 노동자들의 생활수준의 하락이었다. 그러나 실제로 정권은 인상되는 임금수준, 축소되는 노동 시간, 그리고 광부들과 같은 노동자집단이 더 이상 위험스러운 작업환경에서 일하려 들지 않았기 때문에 생기는 생산성의 하락 등을 구경만 하고 있을 수밖에 없었다. 한편 국제 금리의 인상은 외채에 대한 이자부담을 가중시켰다. 1981년 여름이 되면서 폴란드는 외채 상환 능력이 없는 것처럼 — 즉 실제적 파산 상태인 것처럼 — 보였다.

폴란드 경제의 혼란 상태는 너무도 심해서 실제로 무엇이 진행되고 있는지, 즉 실제 자원은 얼마나 있는지, 수출입의 실제 상황이 어떤지, 심지어는 실제 생산량이 얼마인지를 아는 사람은 아무도 없었다. 그런 상황에서 일부 경제학자들은 난관을 타개하려면— 1967~69년의 체코슬로바키아에서와 같은— 경제개혁이 필요하다고 주장했다. 그러한 수정된 개혁안은 1981년 1월에는 정권조차도 수용하였는데, 개혁은 여름 이후에 3단계에 걸쳐 시행될 예정이었다.[28] 개혁의 골자는— 체코슬로바키아에서와 마찬가지로— 공장들이 중앙 계획자에 의해 지시되어선 안되며, 그 대신 개별 기업들이 스스로 생산 목표를 정하고 목표 달성을 위한 자금 조달을 책임져야 한다는 것이었다. 각 기업간의 연계는 시장을 통해 이루어지게 하고, 폴란드 통화를 점차 태환화폐로 전환시킴으로써 해외의 판매자 및 구매자들과 연계시키려는 방안도 개혁안에 포함되었다.

그 개혁안은 어느 정도는 기업 관리자들의 호감을 끌었다. 그리고 만약 노동자평의회가 각 경쟁기업에서 영향력을 행사할 수 있다면 모든 것이 잘될 것이라고 믿었던 일부 연대노조 활동가들도 그 개혁안을 지지했다. 그럼에도 불구하고 그 개혁안은 그것의 시행을 방해하는 세 가지의 내적 결함을 갖고 있었다.

첫째로, 개혁안은 유능한 관리자를 가리는 기준의 완전한 변화를 의미하기 때문에 사실 개혁안에 불만을 표시하는 관리자의 수는 그것에 만족하는 관리자의 수만큼이나 되었다. 둘째로, 경제 상황이 극도로 혼란된 상태에 있었으므로 개혁을 도입하는 과정에서 각 기업간 자원의 유통을 원활히 하기 위해서는 행정적 수단이 필수적으로 수반되어야만 했다는 것이다. 자원부족은 너무도 심각해서 즉각 분권화를 시행한다면 전체 산업이 멈출 수밖에 없었을 것이다. 하지만 지속적으로 중앙의 지시에 의존한다는 것은 개혁의 전체적 목적에 배치되었다. 셋째, 경제적 난관에서 탈출하기 위해 계획된 개혁안이었지만 그것은 노동자들의 대

---

28) 자세한 것은 *Financial Times*, 1981년 1월 13일을 보라.

대적 지지를 획득할 수는 없었다. 왜냐하면 개혁안은 '이윤을 내지 못하는' 기업의 폐쇄 그리고 '시장 수준'에 이를 때까지의 임금과 가격의 상호조정, 즉 적어도 일부 노동자들의 임금삭감을 의미했기 때문이었다.

그러한 결함들은, 경제개혁의 슬로건이 위기를 치유하기 위한 공동의 프로그램을 중심으로 노동자들과 '기술관료'들을 쉽사리 결합시킬 수 없음을 말해 주었다. 하지만 중앙 관료계층의 개혁파가 원하던 것은 바로 그것이었다. 그들의 생각대로, 연대노조를 다룰 수 있는 유일한 방법은 그 지도자들을 정부와의 협상에 끌어들이는 것이었다. 경제개혁은 정치개혁의 한 측면으로서, 노동자운동을 흡수하고 관료화하는 것을 목표로 삼고 있었던 것이다.

노동자계급과 중간계급을 하나의 단일한 개혁 전략을 중심으로 한데 묶는 전략은 1956~57년에 효력을 발휘한 바 있었다. 그들은, 노동자와 농민뿐 아니라 중간계급들과 심지어는 중앙관료들에게도 피해를 준 스딸린주의적인 시초축적의 방식에 대항해 함께 행동했었다. 하지만 개혁이, 그칠 줄 모르던 요동과 위협을 일단 진정시키자 서로 다른 계급들의 친개혁적 블록은 필연적으로 와해되고 말았다.29)

1970년대 후반경에 이르러서는 경제적 위기로 인해 개혁파 관료들이 더 이상 대중의 생활수준을 **향상**시키는 개혁을 약속할 수 없었다. 이른바 '시장 사회주의'도 전에 비해 훨씬 약한 호소력을 가질 수밖에 없었다.

한편, 정권은 하급관료나 관리자 등의 중간계급과 노동자 사이의 간격을 벌리고 있었다. 기에레크 치하의 폴란드에서는 차별화가 급속히 진행되었으며, 생필품의 부족이 중간계급의 특권에 대한 더없는 원성을 낳게 했다. 앞에서 언급했던 '경험과 미래' 토론그룹은 이렇게 전했다.

---

29) 이것은 헝가리 마르크스주의자들인 Bence와 Kis의 주장이다. 이들이 Marc Rakovski라는 필명으로 쓴, *Towards an East European Marxism*(London, 1979) 참조.

불평등과 부정이 만연되어 있다. 많은 병원들에서는 극심한 의약품 공급부족으로 솜마저 구할 수 없으며, 우리의 친척들이 복도에서 죽어 간다. 그런데 일부 병원들은 개인 병실을 갖추고 충분한 진료를 제공하고 있다. 우리는 교통법규를 위반하면 벌금을 물지만, 일부 사람들은 술에 취해 고속도로에서 사람을 치어 죽여도 아무 일없이 풀려난다. 일부 장소에는 더 좋은 상점과, 보통의 사람들은 들어갈 수조차 없는 높은 울타리의 정원을 갖춘 고급 휴양 시설이 있다. 사람들은 그러한 모든 사실을 알고 있다. 그들은, 수상이 버스를 타고 다닌다는 말을 듣기도 하지만, 고위 관료들이 사치스런 승용차를 타고 다니는 사실을 두 눈으로 목격한다. 사람들은 오늘의 폴란드에서 권력과 어떤 식으로든 연계된 사람들의 부정을 용서할 수 없다. 그것은 돈의 문제라기보다는 권력을 향유함으로써 발생하는 모든 영역에서의 비공식적 이익의 문제이다.[30]

그러한 특권들은 수만 명의 중·하급관료들을 정권에 속박시켰다. 정권의 권력만이 그 관료들을, 그들 아래에서 신음하는 대중들의 증오로부터 보호할 수 있었던 것이다. 그 결과, 정권은 이들 부패한 분자들의 지지에 의존하게 된다. 극심한 정치적, 경제적, 사회적, 이데올로기적 위기의 시기에 그 분자들은 정권의 유일하고 확실한 지지 세력이었다. 그들이 자신들의 특권을 지키기 위해 연대노조 활동가들을 맹렬히 공격— 비드고시치에서와 같이— 할 때에 정권은 연대노조 지도계층을 흡수할 수 있는 장기적 전망에 해가 됨에도 불구하고 그들을 지원해 주어야만 했다.

개혁과 계급간 협력으로 나아가는 길에는 마지막— 그리고 결코 무시할 수 없는— 방해 요인아 자리잡고 있었는데, 그것은 소련의 영향력이었다.

1980~81년을 경과하면서 소련 지도자들이 보인 행동에는 두 가지 면이 두드러지는데, 그 하나는 폴란드에서 발전한 노동운동에 대한 깊은 혐오이며, 또 다른 하나는 헝가리와 체코슬로바키아의 경우와는 달리 이곳에는 소련군을 파견하지 못했다는 사실이다.

---

30) Poland, *The State of the Republic*, 앞의 책.

그 두 가지 면은 서로 관련이 있다. 연대노조에 대한 혐오는 폴란드의 사례가 다른 곳으로 전파될 것을 소련이 심히 두려워했기 때문이었다. 폴란드가 당면했던 경제적 위기는 다른 동유럽 국가들보다——아마도 루마니아를 제외하고는 가장——심한 편이었지만 그 추세는 다른 국가들과 동일한 방향으로 진행되고 있었다. 1976~1980년의 5개년 경제계획이 완성된 곳은 어디에도 없었으며, 모든 국가들이 1981~85년의 경제계획 목표를 수십 년 만에 최저 수준으로 결정하였다. 식량 부족 현상도 폴란드만의 문제는 아니었다. 그것은 소련 전체 지역에도 영향을 미쳤으며——비록 그 정도는 달랐지만——또 체코슬로바키아의 문제이기도 했다. 사실 인플레 문제는 폴란드보다는 헝가리가 더욱 심각했으며, 외채 문제는 헝가리와 루마니아를 괴롭히고 있었다. 동유럽 전체에서 노동자들의 생활수준은 하락하고 있었다.

그러한 물질적 경제지표는 서로 다른 계급간의 관계에도 반영되었다. 1977년 루마니아에서는 이우(Jiu) 계곡의 광부들이 거의 폭동에 가까운 소요를 일으켰고, 1981년 10월 같은 지역의 광부들은 파업을 벌이며 대통령인 차우세스쿠에게 돌을 집어던지기도 했다. 헝가리에서도 1979년 여름에, 비록 작은 규모이긴 했지만, 파업이 연이어 벌어졌다. 소련에서는 연대노조 탄생의 계기가 된 폴란드의 파업이 발생하기 바로 일주일 전에 토리아티그라드, 고리키, 그리고 카리마 강(江)의 거대한 자동차공장들에서 식량부족에 항의하는 사태가 벌어져 공장 가동이 중지되기도 했다. 그 뒤 몇 달 후에는 오르죠니키쉐의 코카서스 도심에서 벌어진 폭동을 저지하기 위해 탱크가 진주해야만 했다.

그러한 사태들은 따로따로 발생했다. 하지만 이 사태들은 크레믈린으로 하여금, 소련이 지배하는 전 제국에 걸쳐 노동자계급의 투쟁을 고무시키는 연대노조라는 사례에 대해 우려하도록 만들기에 충분했다. 크레믈린의 첫번째 반응은 폴란드를 고립시키는 것이었다. 폴란드의 국경은 사실상 봉쇄되어 다른 바르샤바 조약국들과의 왕래가 불가능하게 되었다. 소련과 동독의 언론은, 1968년 체코슬로바키아의 개혁운동 당시와 비슷하게, 연대노조를 비방하는 활동을 시작했다. 소련군은 폴란드 국경 부근에 배치되었고, 1980년 12월 그리고 1981년 3월의 비드고시치 사건으로 위기감이 감돌 때 폴란드 영토에서 바르샤바 조약군의 대대적 기동훈련이 있었다. 이 두 움직임에 대한 미국 국무성의 보고는 한결같이 침공의 가능성이 매우 크다고 보고하고 있다.

하지만 결국 소련의 침공은 없었다. 왜 그랬을까?

폴란드에서의 운동은 분명 12년 전 체코슬로바키아의 운동보다 더 '온건'하지는 않았다. 프라하에서의 개혁 통치는 언론 검열의 폐지를 의미했고 현실에서는 **명목상의** 파업을 **불러왔었다.** 그러나 대중의 행동이 시작된 것은 소련의 침공이 있고 난 뒤의 일이었다. 그와는 대조적으로 폴란드에서는 검열이 크게 약화되었을 뿐만 아니라, 정권에 전면적으로 도전하는 대중의 시위와 파업이 끊일 줄 몰랐다.

크레믈린이 주춤거렸던 이유는 바로 폴란드의 운동이 체코슬로바키아의 운동에 비교할 때 그 깊이와 정도가 훨씬 더 컸기 때문이었다. 그들은 소련군에 의한 무력 도발이 실로 모험적인 행동이라고 생각했다. 폴란드는 헝가리나 체코슬로바키아에 비교할 때 훨씬 큰 덩치의 국가였으며, 또한 훨씬 많은 수의 노동자계급을 보유했던 것이다. 폴란드 대중은 역사적으로 침공에 대해 무장 저항을 하는 전통을 보여주었는데, 그 점에서 그들은 체코인들의 순종적인 태도와는 그 방식이 달랐다. 심지어는 폴란드의 지배관료들조차도 자신들이 소련인들과 동등한 자격의 동맹자이지 그저 그들의 단순한 도구라고 생각하지는 않았다. 사실, 1956년에 다름 아닌 바로 그 관료들이 소련군에 군사적 저항을 할 것을 주장하기도 했다(6장을 참조하시오). 소련의 직접적 침공은 노동자들뿐만 아니라 일부 군대로부터도 저항을 당할 위험이 있었던 것이다.

소련은——1979년 12월 이후에 아프카니스탄에서——신속한 군사적 공격을 하였지만 그것이 이후에 장기적인 반(反)게릴라 전쟁으로 바뀐 경험을 이미 갖고 있었다. 그들은 모스크바에서 겨우 수백 마일 떨어진, 더욱 인구가 많고 산업적으로 발전한 나라에서 똑같은 모험을 자처해서 위험에 빠지는 것을 원치 않았다.

폴란드는 1980년대 소련의 경제계획에서 막대한 전략적 중요성을 지니고 있었기 때문에 그러한 모험은 더더욱 피해야만 했다. 소련은 서방의 신용을 얻어 소련의 북극지방과 서유럽을 연결하는 천연가스 파이프라인을 설치할 계획——그 계획은 막대한 연료 자원을 개발하기 위한 주요 사업이었다——을 갖고 있었는데, 그 파이프라인은 폴란드를 지나야만 했다. 만약 폴란드에서 전쟁이나 내란이 일어난다면 그 거래는 수포로 돌아갈 것이었다.

끝으로, 설령 그들이 그 문제에 관하여 앞서 말한 바와 같은 의문들을 갖고 있었다 하더라도 그것들이 1980년 늦가을에는 거두어졌음에 틀림이 없다. 폴란드에 접경한 소련의 트랜스카르파치아 지역에서는 예비군에 대한 총동원령이 선포되었다. 그런데 서방측에 전해진 보고는 이러했다.

예비군 동원은 큰 혼란 속에서 진행되었다. 그 지역 주민들은 강제로 거리에 끌려나왔고, 차량은 거리에서 징발당했다. 예비군은 집결지에서 집단으로 도망쳤다. …… 동원을 완료하기까지 2주일이나 걸렸는데, 그것은 계속해서 대량의 탈주자가 생겼기 때문이었고 개인을 처벌하기란 불가능했다. …… 사람들은 탈주 사태가 벌어지는 까닭은 폴란드 사태를 잘 알고 있는 그 지역주민들의 사기가 떨어져 있기 때문이라고 말했다.[31]

트랜스카르파치아가 소연방 전체의 대표적인 지역은 아니다. 그곳의 많은 주민들은 폴란드를 잘 알고 있으며, 폴란드 TV를 시청할 수 있다. 그럼에도 불구하고 그러한 상황은 소련의 지도자들이 심각하게 고려해야만 할 하나의 전조(前兆)였다. 그것은, 폴란드에 대한 직접적 침공이 폴란드라는 세균을 없애기보다는 확산시킬 것이라는 점을 보여주었기 때문이었다. 따라서 크레믈린은 탱크를 파견하려던 계획을 보류했다. 그

---

31) *Financial Times*, 1981년 2월 13일자의 보도.

리고는 위협의 목소리를 높였다. 하지만 그것은 폴란드 관료들에게 그 대중들을 잠잠하게 하도록 용기를 주기 위한 몸짓에 불과했다.

그 위협이 폴란드 관료들 — 또는 적어도 연대노조를 탄압하려 했던 분파 — 에게는 도움이 되었다. 그들은 외세의 위협에 마음 내키지 않는 저항을 하는 것처럼 보임으로써 폴란드 민족주의자 행세를 할 수 있었으며, 사람들에게 그러한 위협을 강조하고 '조국의 미래'가 위험에 처해서는 안된다고 주장할 수 있었다. 하지만 동시에, 소련의 압력은 개혁을 향한 어떠한 진정한 움직임도 방해하고 있었다. 결과적으로 소련은, 전체 관료들이 1981년 여름이 다가도록 사회의 다른 계급들의 흥미를 끌 수 있는 실행 가능한 프로그램을 제시할 수 없게 만들었다. 나아가 그것은 지배정당이 대중에 대한 통제권을 재건하는 장치로서 기능하지 못하게 했다.

당의 구조는 지배관료의 각기 다른 분파를 결합시키고, 또한 그들의 토론에 다른 계급의 분자들 — 특히 중간계급의 중급 및 하급관료, 그리고 일부 노동자들 — 이 참여할 수 있도록 되어 있었다. 그래서 당이 올바르게 기능할 때에, 관료들의 프로그램은 모든 기구들과 사회의 모든 분야에서 효과적으로 이행되었다. 하지만 위기의 시기에는 사회의 재난을 치유할 일관성 있는 프로그램을 내놓을 수 있는 관료들이 없었기 때문에, 관료의 한 분파가 다른 분파들 또는 다른 계급의 분자들에게 주도권을 행사할 가능성이 사라져 버렸다.

비드고시치 사건에 대한 4시간의 항의파업은 그 사실을 입증했다. 당은 당원들에게 파업에 가담하지 말 것을 명령했다. 그랬음에도 불구하고 그들은 다른 노동자들과 합세해 파업에 참여했다. 당의 지도자들은 계속 사회를 통치했다. 그러나 그 통치는 당의 조직적 주도권을 통해서가 아니라 경찰, 군대 그리고 생산에 대한 직접적 통제를 통해서만 가능했다.

1981년 여름, 당구조의 혁신과 사회 통제력의 재건을 목표로 개최된 임시전당대회에서 그러한 사실은 확연히 드러났다.

그 대회는 서방의 진보주의자들과 유로코뮤니스트들의 열광적 환영을 받았다. 그들은 그 대회의 새로운 '민주적' 진행은 '개혁주의자들'이 당을 주도하게 할 것이며, 옛 방식과 완전한 결별을 하게 하고, 연대노조와의 협의에 기초한 새로운 사회적 화합의 시대를 열게 할 것이라고 주장했다.

당 내부에서도 그 주장을 확신하는 일반 당원들이 있었다. 토룬 시(市) 당서기인 즈비그뉴 이바노프는 여러 공장과 대학의 당조직들을 연계하는 '수평적' 운동을 시작하였다. 그 운동의 구성원들은 "폴란드 통일 노동당(즉, 공산당)이 노동자들에 의해 대표되도록 하는 투쟁을 시작하는 것은 폴란드 사회주의의 승리와 노동자계급의 권력을 확립하기 위한 가장 빠른 방법이며 또 희생이 가장 적게 따르는 방법이다"라고 주장했다.32)

하지만 그들의 주장은 오류일 수밖에 없었다. 당은 정권의 당이었으며, 당 위원회의 고위직으로 올라갈수록 노동자는 소수에 불과했다. 때문에 가장 민주적인 당회의라 할지라도 레닌이 즐겨 말하던 '노예소유자들의 민주주의'에 지나지 않았다. 다시 말해 그 회의는 주로 지배관료의 각 분파들과 그리고 그들에 기생하는 부패한 중간계급 분자들의 대표들로 구성되었던 것이다.

따라서 강경노선의 반(反)개혁주의 그룹인 카토비체 포럼은 임시전당대회에 토룬 그룹과 비슷한 수의 대표를 보낼 수 있었다. 그리고 새로 선출된 당 지도부의 정치적 균형은 전과 다를 것이 없었다. 대회에서는 비밀선거에 의해 많은 수의 중앙위원회 위원이 교체되었다. 그리고 새로 선출된 위원들의 견해는 거의 같았다. 대회에 파견된 대표들의 단지 20퍼센트만이 노동자였는데, 그들의 25퍼센트는 감독관이었다. 그리고 그들의 60퍼센트는 사무직 노동자였다. 한 신문의 표현대로 대회의 구성원들은 주로 '중년의, 중간계급 지식인들'이었던 것이다.33)

---

32) Anrdzej Zybertertovicz의 논문. *Labour Focus on Eastern Europe*, 1981년 겨울·봄 합병호., pp. 52~57에 번역되어 있다.
33) *Guardian*, 1981년 7월 13일.

당대회의 '민주화'로 얻어진 것은 아무 것도 없었다. 대회는 35년 동안 단지 이름만 노동자의 당이었지 실제의 노동자 통제권을 부여하지 못했다. 또 그것은 거대한 사회·경제적 위기를 해결할 수 있는 프로그램을 중심으로 중앙관료들을 결집시켜 내지도 못했고 그 결과 그들의 마비 상태를 극복하지도 못했다. 그렇게 그 대회에 걸었던 모든 희망은 수포로 돌아갔다. 대회가 끝난 뒤에도 정부는 계속하여 마치 키 없는 배처럼 이리저리 표류하면서, 그들 위에 가해진 어떤 압력도 견디어 낼 수 없었다.

연대노조의 마비

연대노조가 길을 잃고 있다. 그리고 조합원들은 그 사실에 낙담하고 있다. …… 지난 3월 비드고시치 사건이 있은 뒤에 노조가 발안(發案)한 유일한 일은 자주관리 운동이다. …… 그런데 그 운동이 힘을 얻고 경제를 통제하기에는 너무도 미약했다.

우리의 조합은 당국측의 점차 증대하는 공격에 직면하고 있다. …… 그런 면에서 본다면 우리는 성공을 획득한 것이 아니며, 퇴보한 것에 불과하다.

우리의 조합은 점차 약해지고 있다. …… 우리 조합원들은 노조 간부들의 정책을 이해하지 못하고 있다.

앞의 세 문장은 주요 활동가들이 목격한 매우 중대한 사실을 담고 있다.34) 정권의 마비 상태는 조합의 마비 상태와 연관되어 있었던 것이다.

---

34) 차례대로 ; 노동자를 위한 신문인 *Robotnik*의 편집자 Jan Litynski의 말 (*Robotnik*, no. 79. *Labour Focus on Eastern Europe*, 1982년 봄호, p. 15에 번역되어 있다) ; Andrezej Gwiazda가 1981년 10월에 연대노조 의장 후보로서 한 연설 ; 연대노조 마로브제(바르샤바) 지역 의장 Zbigniew Bujak의 말, *Robotnik*,

지방에서의 투쟁이 사그러든 것은 아니었다. 4월부터 7월 중순까지 소강 상태가 있었지만, 그러한 상태가 계속될 수는 없었다. 식량부족 현상은 더욱 절망적으로 보였고, 사람들은 그나마 최소한의 배급이라도 타려면 밤새 줄을 서야만 했다. '비공식적인' 물가상승은 여느 때보다도 큰 폭으로 진행되었고, 7월에는 식량과 연료 가격의 대규모 인상 그리고 20퍼센트의 식육 배급량 삭감이 발표되었다. 정부의 한 고위 관료는, "나라 전체 노동인구의 3분의 1은 언제나 항상 줄을 서서 기다리고 있다"고 주장했다. 한 노동조합 기관지는, 심각한 영양부족으로 전에는 한 사람이 할 수 있던 일을 3~4명의 광부가 하게 되었다고 주장했다.[35]

이전에 있었던 어떠한 대규모 파업 못지않은 새로운 파업의 물결이 일기 시작했다. 7월과 8월, 적어도 12곳의 중심지역에서 파업이 발생했다. 국영 항공사(LOT)에서는 노동자들이 직접 관리인을 선출할 수 있는 권리를 요구하면서, 그디니아의 노동자들은 식량 수출에 반대하면서, 올시틴의 신문 인쇄공들은 연대노조에 대한 TV의 공격에 항의하면서, 비드고시치의 운송 노동자들은 부패에 대해 항의하면서, 라돔의 노동자들은 1976년 압제에 책임이 있는 관료들의 직위 해제를 요구하면서 파업을 벌였다.

식량부족을 항의하는 시위도 확산되었다. 우츠에서는 굶주림을 호소하는 수천여 여성들의 행진이 있었고, 바르샤바에서는 버스를 동원한 '기아' 행진이 경찰에 저지당하는 통에 이틀간이나 도심을 막아 교통을 마비시키는 일이 벌어졌다. 체스토쵸바에서도 식량 배급제에 항의하는 파업이 있었고, 지라도브에서는 1만 4천여 여성이 직물공장들을 점거하고서 아이들에게 줄 식량을 얻을 길이 없다며 목놓아 통곡했으며, 젤레니아 고라에서는 18만 명이 한 시간의 총파업에 가담했다. 9월말까지 폴란드 전 지역의 3분의 2는 파업의 물결에 휩싸였으며, 10월의 셋째 주에는 "파업과 파업경고가 폴란드 전역을 휩쓸고 있다"는 보도가 있었다.[36]

앞에 인용한 곳.
35) *Guardian*, 1981년 8월 4일에서 인용.

조합의 마비 현상은 조합을 설립하고 지도해 온 활동가들 사이에서, 즉 꼭대기에서부터 시작되었다. 그들은 날이 갈수록 무엇을 해야 할지 몰라 허둥거렸다. 한 통찰력 있는 사회주의자는 조합에 동정을 표하며 연대노조가 "정권의 마비 현상에 전염되었다"고 말했다.[37]

거의 대부분의 연대노조 활동가들이 공유했던 전략은, 상황이 변함에 따라, 노조 설립 당시와는 달리 이제 더 이상 적합하지 않게 되었다. 그들은, 노조의 목표가 노동자들의 요구를 제기하면서 스스로를 정권에 대한 대항권력으로서 정립하면서, 동시에 정권의 전복에 이를 수 있는 상황에는 도달하지 않도록 주의를 기울이는 것이라고 믿고 있었다. 그러한 주장은, KOR 활동가인 아담 미흐닉과 야첵 쿠론에 의해 가장 선명하게 제시되었다. 이미 미흐닉은 이렇게 쓴 바 있다.

> 민주적 반대파는 거리에서 국가와 충돌하는 일에는 관심이 없다. 반대파의 목적은 소련의 군사적 개입이나 내란의 위험이 없는 폴란드를 만드는 것이다. 우리는 정부와 인민간의 관계의 새로운 모델을 만들기 위해 강력한 압력을 가하고자 한다.[38]

쿠론은 1980년 가을, 조선소 노동자들에게 보낸 공개서한에서 이렇게 주장했다.

> 우리는 스스로를 민주적으로 조직하여 국가 행정 업무를 우리 수중에 넣어야 한다. 하지만 완전한 독립은 불가능하다. 우리는, 당의 지도적 역할을 지켜 주는 외부 세력이 존재한다는 사실을 염두에 두어야 한다. 우리는 의식적으로 우리의 독자성 일부를 포기하고 노동조합에 …… 산업의 자주관리에, 그리고 농민들의 조직에 …… 그리고 독자적 학생운동에 관심을 집중하여야 한다.[39]

---

36) *Guardian*, 1981년 10월 21일.
37) Jadwiga Staniszkis, 'Poland on the Road to the Coup'. *Labour Focus on Eastern Europe*, 1982년 봄호에 번역되어 있다.
38) *Labour Focus on Eastern Europe*, 1979년 7·8월호.
39) *Labour Focus on Eastern Europe*, 1980년 봄·가을호에 번역되어 있다.

그러한 전략은 계속해서 '국제적 환경'(즉 소련의 침공 위협)을 들먹임으로써 정당화되었다. 하지만 그 전략 자체는 국제 노동운동에 있어 새로운 개념은 아니었다. 사실 그 전략은 고전적인 생디칼리즘 ── 노동자들의 문제는 국가권력의 문제에 관심을 두지 않고도 강력한 노동조합 조직의 건설을 통해 해결될 수 있다는 믿음 ── 의 한 변형이었던 것이다.

그 전략은 항상 일정 시점까지는 성공할 수 있었다. 종종 미약한 노동운동은 국가의 정책에 관심을 두지 않고서도 힘을 키워갈 수 있다. 그 운동이 필요로 하는 것은 특정 지역 투쟁들에서의 전투적 전술들이다. 그러나 전투적 정책들은 생디칼리즘과도 훌륭하게 양립할 수 있다. 하지만 일단 조합의 힘이 성장하여 지배계급의 착취활동을 위협할 수준이 되면 문제가 발행한다.

1901~1919년에 영국에서 생디칼리스트들의 생각은 노동조합운동 내부의 전체 활동가들에게 생기를 불어넣었다. 그들은 노동조합의 힘을 전례가 없을 만큼 강력하게 키우는 데 중대한 기여를 한 셈이다. 하지만 1919년이 되면서 진실은 모습을 드러냈다. 광산 노동자들의 지도자이던 봅 스밀리가 애뉴린 베번에게 상세히 설명했듯이, 가장 강대하던 세 노동조합의 지도자들은 수상 로이드 조지에게 소환되었다.[40]

그는 우리에게 말했다. "신사분들, 여러분들은 당신들로 대표되는 노동조합 삼각동맹을 가장 강력한 기구로 만들어 내기 위해 정열을 기울여 왔습니다. 솔직히 말씀드려서 우리의 운명은 당신들 손에 달려 있다고 해야겠습니다. 이제는 불만이 가득찬 군대를 믿을 수는 없습니다. 이미 몇 군데 병영에서는 말썽이 일어났습니다. …… 만약 여러분들이 파업을 벌이겠다는 위협을 실행한다면 우리는 패배하고 말 것입니다."

로이드 조지는 말을 이었다. "그것은 그렇고 그런데 당신들은 그 결과를 생각해 보았습니까? 파업은 정부의 존재 따위는 아랑곳 않고 진행될 것이고, 그것의 성공은 가장 중요한 헌법의 위기를 초래할 것입니다. 그렇기 때문에 국가보다 더욱

---

40) Aneurin Bevan, *In Place of Fear*(London, 1952), pp. 10~12.

강력한 세력이 등장할 때, 그 세력은 국가의 기능을 대신할 준비를 갖추든지 아니면 한걸음 양보하여 국가의 권위를 인정하든지 해야만 됩니다. 신사 여러분, 당신들은 그런 준비가 되었다고 생각하십니까?" 그러자 스밀리는, 우리가 틀렸고, 이제 우리가 그 사실을 알게 되었다고 말했다.

1919년의 그 영국 노조지도자들은 단호한 입장을 보이지 못했다. 그런데 놀랍게도 역사는 17년 만에 다시금 재연되었다. 이번에는 생디칼리스트 지도자들이 선명한 혁명의 색조를 띠고 등장했다.

1931년 여름 스페인에서는 앞에서 언급한 것과 거의 동일한 모임이 까딸로냐의 부르주아 의장이던 꼼빠니스와 세 명의 무정부주의적 생디칼리스트 노조인 CNT의 지도자들 사이에서 있었다. 그 지도자들 중에는 수차례 폭력 공격을 조직하고, 세 번의 폭동을 시도했던 두룻띠도 포함되어 있었다. 당시 까딸로냐 지방의 CNT 노동자들은 파시스트들의 쿠데타를 완전 분쇄해 놓고 있었다. 그 과정에서 그들은 경찰을 무장 해제시킴과 동시에 스스로를 무장하고서 공장들을 접수했다. 이런 상황에서 꼼빠니스는, "오늘은 당신들이 이 도시와 까딸로냐 지방의 주인입니다. …… 당신들은 승리했고, 모든 것은 당신들의 권력 안에 있습니다. 만약 당신들이 나를 까딸로냐의 의장으로 필요로 하지 않거나 원치 않는다면 바로 지금 말해 주십시오"라고 그 지도자들을 향해 말했다. CNT의 한 대표자이던 리챠르드 사우스는 당시에도 비슷한 반응이 있었다는 사실을 설명한다. "그의 말은 마치 기습적인 공격과도 같았다. 그의 말이 끝나자, 우리 중의 한 사람은 꼼빠니스가 까딸로냐 지방과 CNT의 신임을 얻고 있으므로 의장직에 머물러 있기를 희망한다고 말했다."[41]

1981년 여름, 연대노조의 생디칼리즘 역시도 똑같은 딜레마에 빠졌다. 연대노조는 정권을 무력화시킬 힘을 갖고 있었다. 정권은 낡은 방식을 되풀이할 수도 그렇다고 새로운 행로를 찾을 능력도 없었다. 하지만 경

---

41) Ronald Fraser, *The Blood of Spain*(London, 1981), p. 111에서 재인용.

제적 상황은 정권을 지금 그 자리에 가만히 서 있도록 내버려두지 않았
다. 한 연대노조 지도자의 말이다. "국가발전을 위한 프로그램은 아무
것도 없다. 아무도 어디에서부터 시작해야 할지를 모른다. 그나마 취해
지는 조치들은, 장기적 관점에서는 결코 실효를 거둘 수 없는 임시방편
적이고 혼란스런 것들뿐이다."42)

하지만 정권도 한가지 일은 할 수 있었다. 정권은 반복해서 "지금 국
가는 깊은 위기 속에 빠져 있으며, 서방의 은행이나 소련도 우리를 구할
수는 없다. 만약 당신들이 조합원들의 주장을 계속 강요한다면 위기는
더욱 깊어질 것이고 전체 산업의 붕괴와 대규모의 기근을 초래할 것이
다. 그리고 만약 그러한 사태가 발생한다면 국가와 조합 모두가 파괴될
수 있다"라고 연대노조 지도자들에게 말하며 책임을 연대노조 쪽으로
돌렸다. 연대노조 지도자들은 권력을 승계할 준비가 되어 있지 않았기
때문에 어떤 응답을 해야 할지 난감해 했다.

연대노조 지도자들 사이에 퍼진 한 경향은 정권의 기본적 주장을 수
용하자는 것이었다. 연대노조 지도부 내부에서 전국 의장 레흐 바웬사를
중심으로, 전통적인 생디칼리즘으로 전향하여 '온건'을 표방할 준비를
갖춘 하나의 그룹이 등장했다. 이미 1980년 12월에, 그단스크 출신의 투
쟁적 활동가이기도 했던 그는 노동자들에게 "이제 사회는 질서를 요구
합니다. 우리는 파업보다는 협상을 배워야 합니다"라고 말하고 있었다.
어떤 유명한 연설에서 그는 "우리는 먼저 폴란드인이고, 그 다음에 노동
조합원입니다"라고 주장했었다.

1981년에 들어와서도 바웬사는 점차 목소리를 높여 같은 호소를 반복
했다. 바웬사 주변의 그룹은 공공연히 반(反)부패 파업에 적대감을 표시
했다. "우리는 그 반(反)부패 파업이 중지되기를 바란다. 만약 그렇게 되
지 않는다면 나라 전체에서 파업이 멈추지 않을 것이다"라는 말이 그들
의 설명이었다.43) 연대노조 전국위원회는 1월말, "연대노조 각 지부의

---

42) *Socialist Review*(London, 1981), Vol. 8, p. 10에서 재인용.
43) *Socialist Review*(London, 1981), Vol. 3에서 재인용.

임의대로 마구잡이식으로 계속되는 파업은 사회적이고 정치적인 혼란을 가중시킬 뿐이며, 동시에 노조의 힘을 분산시키는 행위이다"라고 경고했다.44) 비드고시치에서의 충돌 당시 바웬사는 모든 노력을 기울여 총파업을 막으려 했다. 여름에 지역 단위로 새로운 파업의 물결이 일 때도 그는 여러 도시를 옮겨 다니며 사람들에게 작업장에 돌아갈 것을 계속 호소했다. 그단스크 출신의 주요 인물 중의 한 사람인 안제이 그비아즈다는 학생들의 신문에 이런 글을 실었다. "바웬사는 …… 지금 파업들을 억누르기 위해 모든 노력을 기울이고 있다."45)

바웬사 측근 그룹의 주장은 차츰 정권에 대한 도전의 정도를 더욱 줄였고 타협의 필요성을 더욱 강조했다. 12월, 바웬사는 1970년 그단스크 조선소 외곽에서 살해당한 사람들을 위한 추모제에서, 바로 살인을 자행한 국가의 대표들과 연단을 함께 쓸 만큼 양보의 자세를 보였다. 바웬사가 로마에서 돌아온 뒤인 1월에 첫번째로 보인 행동은 당시에 수상을 지내던 핀코프스키와 비밀협상을 시작한 것이었다. 그리고 그 협상은 그 뒤에 있게 되는 정부 및 당 요인들과의 수많은 비밀협상의 시작에 불과했다. 정권을 '사회적 동반자'로 호칭하는 일이 점차 늘어갔다. 그런데 그러한 호칭은 바웬사가 그해 여름 연대노조 전국위원회에서, 정권이 노조의 입장을 약화시키려 한다고 비난할 때에도 쓰여졌다.

'온건'의 표방과 함께 조합의 관료화 경향이 두드러지기 시작했다. 초창기의 연대노조는 세계의 다른 어떤 노동조합보다도 민주주의를 확실하게 옹호하는 특징을 보여주었다. 그단스크에서 협상이 벌어졌을 때 협상 내용은 구내 방송을 통해 중계되었으며, 조선소 밖에서도 관심있는 사람은 누구든 협상 내용을 전화를 통해 전해들을 수 있었다. 그런 모습에서 사람들은 연대노조의 미래상을 그렸다. 모든 간부들이 정기적 선거를 치러야 했고, 게다가 조합원들이 원할 때는 소환에 응해야만 했다. 안제이 그비아즈다가 초기의 인터뷰에서 설명했듯이, "사람들이 가장 바

---

44) *Guardian*, 1981년 1월 29일에서 재인용.
45) 그단스크의 과학기술학교 신문인 *Serwis*, 1981년 7월 24일과의 인터뷰.

라던 것, 그리고 가장 많은 질문을 했던 것은 대표들의 소환 가능성 여부였다."46) 각 연대노조 지부에는 상당한 권력이 위임되어서, 각 지부는 전국 지도부의 생각과 상관없이 마음대로 행동을 취할 수 있었다. 각 지역의 모든 산업 대표들이 참여하여 강력한 지역 지도부를 구성하는 등 아래로부터 건설된 연대노조는 일반적인 의미의 노동조합 이상 가는 조직이었다. 사실상 연대노조는 노동조합과 노동자평의회식 구조의 결합형이었던 것이다.

그 사실은 미래를 계급적 타협의 관점에서 보던 사람들—조합 내부 또는 정부에서—에게는 엄청난 걱정거리를 안겨 주었다. 노조지도자들은 만약 그들이 협상 과정에서 한 말들이 조합원들에 의해 정밀하게 검사되게 된다면 정부와 타협하는 데 큰 어려움을 느꼈을 것이다. 더욱이 각 지역의 조합원들에게 전국 지도부의 승인 없이 파업할 권리가 보장된 상태에서 정부와 협상을 체결하기란 쉬운 일이 아니었다. 1981년 서방의 한 언론은, "핀코프스키 수상은 지역위원회들에게 자신들의 목표를 추구할 권한을 부여한 연대노조의 구조에 깊은 회의감을 갖고 있는 것으로 전해졌다"고 보도했다.47)

바웬사의 지지자들은 그들의 협력주의 정책을 진행시키기 위해서 연대노조의 구조를 관료화하기 위한 노력을 기울여야만 했다. 바웬사는 연대노조 전국위원회에서 '독재적 권한'을 요구하기 시작했으며, 자신의 요구가 관철되지 않는 경우에는 조합에서 탈퇴하겠다고 위협했다. 비드고시치 폭력사건의 대응 방안을 놓고 벌어진 지극히 중대한 토론에서도 그는 자신의 전술이 승인되지 않는다면 의장직을 그만두겠다고 위협하였다. "나는 공장 노동자들의 지지를 얻고 있으므로, 전국조정위원회에 반대되는 행동까지지도 할 수 있다."48)

---

46) *Czas*에서 번역된 인터뷰. *Labour Focus on Easter Europe*, 1981년 겨울·봄 합병호에 수록.
47) *Dissent*, 1981년 여름호, pp.293~299에 번역되어 있는 원고.
48) *Dissent*, 1981년 여름호, pp.293~299에 번역되어 있는 원고.

조합원의 상당수가 그의 접근법을 수용할 태세가 되어 있었다. 안제이 그비아즈다는, 7월에 있은 지방선거에서 "조합원들은 조합의 독재화를 지지하는 입장을 분명히 밝혔다. 바웬사는, 장군이 되고 싶다고 여러 차례 강조했는데, 그 주장은 실현되었다"[49]고 말하고 있다.

하지만 많은 활동가들은 의구심을 품고 있었다. 연대노조는 1980년대에 수백만 인민의 투쟁의 구심점으로 성장한 바 있다. 그리고 그 지도자들이 그 투쟁들을 포기하려면 그 아무리 영향력이 막강한 지역 지도자라도 대중의 저항에 직면할 수밖에 없었다. 처음에 그러한 반대는 지도부의 이런저런 특정 행동에 대한 반대에 불과했고, 지도부가 움직이는 기본 전제들에 대한 도전은 아니었다.

최초에 반감의 원인이 되었던 것은 조합의 민주적 구조에 의거하지 않고 독단적으로 결정을 내린 바웬사의 행동이었다. 그의 행동은 카롤 모즐레브스키 같은 사람들로부터 불평을 샀다. 그는 비드고시치 사건이 있은 뒤에 이렇게 주장했다.

조합은 조합을 지배하는 왕을 만들었다. 왕의 주변에는 왕실이 있으며, 권력은 우선 왕실에 있고, 그 다음으로 의회에 있다. 왕은 바보가 아니기 때문에 권력을 의회보다는 왕실에 둔 것이다. 이러한 체계는 조합에 대해서는 자멸적인 구성이 아닐 수 없다.[50]

안제이 그비아즈다도 이렇게 불평했다.

우리 조합은 내부의 민주주의가 필요하다. 비민주적 환경, 끊임없는 위협, 계속적인 분쟁과 긴장, 이러한 모든 요소들은 우리 조합을 위에서부터 아래에 이르기까지 민주적 원칙들에서 이탈하게 만드는 결과를 만든다.[51]

---

49) *Serwis*, 1981년 7월 24일자에 실린 인터뷰.
50) *Dissent*, 앞의 책에서 인용.
51) *Gdynia Solidarnosc Biuletyn Informacyjny*, 1981년 4월 16일.

그비아즈다가 특히 신랄한 비판적 입장을 보였던 까닭은, 관료주의화가 조합이 정권에 '흡수'될 수 있는 가능성을 높였기 때문이었다. "조합의 독재화는 연대노조가 정권에 흡수되는 필요하고 (또 충분한) 조건인 것이다."52)

비드고시치 사건은 또 조합 내부에서 또 다른 종류의 반감을 만들어 내었다. 그것은, 조합이 정권과 타협함으로써 조합의 많은 지지자들을 탄압 세력의 복수에 노출시키고 있다고 생각하던 사람들의 불만이었다. 비드고시치 사건 당시에 폭행당했던 지도자 중의 한 사람인 얀 룰레브스키는 병상에서 이렇게 썼다. "바웬사는 실수를 저질렀다. 우리는 양파의 공급을 놓고 협상할 수는 있지만 뿌려진 피를 놓고 협상할 수는 없는 것이다."

조합에서 가장 큰 영향력을 발휘하던 지역들의 많은 지도자들은 그런 생각에 공감했다. 그해 여름에 열렸던 연대노조 전국대회에서 세 명의 지도자들 — 그단스크의 그비아즈다, 비드고시치의 룰레브스키, 쉬체친의 마리안 주르치크 — 은 바웬사의 의장직 사임을 요구했다. 그리고 그들은 45퍼센트의 지지를 얻었다. 정책의 문제에서도 그 '급진주의자들'이 앞장섰다.

> 조합 내부의 급진적 조류는 대회의 두 번째 국면을 결정적으로 주도해 나갔다. 이들이 지난 일년간 사실상 조합을 운영했던 중도파에게 양보한 것은 바웬사의 의장직뿐이었다.53)

하지만 이것도, 지역적인 파업의 종료를 강력하게 주장한 바웬사의 노조에 대한 일상적인 지배를 막지는 못했다.

연대노조의 관료주의화의 시작과 일반 노동자들의 바웬사에 대한 강한 신임은 과두제를 향한 어떤 '필연적인' 또는 '자연적인' 경향에서 나

---

52) *Serwis*, 앞의 책에 실린 인터뷰.
53) *Il Manifesto*, 1981년 10월 20일.

오는 것은 아니었다. 단지 그것은 조합원들이, 노동자들은 세상을 자신의 힘으로 운영하는 것이 불가능하다고 교육시키는 사회에서 자라 왔다는 사실에 기인할 뿐이었다. 연대노조의 탄생을 가져온 투쟁에서 그들은 그러한 편견을 깨뜨리는 큰 걸음을 내딛은 바 있다. 하지만 많은 사람들에게 그것은 단지 첫걸음에 불과했다. 그래서 그들은 계속해서 기존의 지도자들과 그들 주변의 중간계급 출신의 '전문적인' 조언자들에게 의존했다. 게다가 이러한 순종적 태도는, '온건'에 대한 그 나름의 필요를 느끼고 있던 교회(이 책 342~347면 참조)에 의해, 노동자들과 정권 사이에 서서 타협을 갈망하고 있던 많은 지식인들에 의해, 그리고 노동자들 스스로가 운영하는 사회에 대해서는 생각해 볼 능력도 없이 노조의 성공을 오직 한 사람[레흐 바웬사 - 역자]의 노력의 결과로 묘사하는 데 심혈을 기울인 세계의 언론들(폴란드로 전파를 보내는 서방의 라디오 방송국들을 포함하여)에 의해 더욱 부추겨졌다.

그런 모든 요소들은 바웬사의 지도력에 도전하고자 했던 모든 사람들에게 장애로 작용했다. 만약 그런 도전이 있었다면, 그것이 지역 지도자들처럼 경험 많은 활동가들에게는 이해될 수 있었겠지만, 비교적 경험이 적은 노조원들에게는 연대노조의 상징에 대한 공격으로 비춰졌을 것이다. 그런 장애를 극복하려면 급진적 활동가들이 명확한 전망을 제시하면서, 각 공장들과 지역에서 그런 전망에 찬성하는 지지자들을 조직함으로써만 가능했다. 각 지역에서의 투쟁은 일반 노동자들에게 온건파의 지도력이 노동자들의 욕구를 충족시킬 수 없다는 사실을 일깨우고 있었던 것이다.

그러나 급진파에게는 그런 명백한 전망이 없었다. 또 조합 내부에서 그러한 전망을 주장할 조직은 더더욱 없었다. 그들이 정권과의 타협에 대한 대안으로 제시할 수 있었던 것은 과거에 누렸던 조합의 독립성과 민주주의를 주장하는 것뿐이었다. 하지만 그러한 주장만으로는 더 이상 상황에 적응할 수 없었다. 이 점은, 바르샤바에서 온 부약(Bujak)이 연대노조 전국대회에서 한 말이 잘 표현해 준다. "우리가 우리 자신을 단지 하나의 노동조합으로 간주한다면 …… 우리는 우리 자신을 침몰하고 있는 배의 선원들의 노동조합이라고 생각해야 한다." 룰레브스키나 유르치크, 그비아즈다와 같은 급진주의자들도 정권과의 협력으로 나아가는 경향에 정확한 비판을 가할 수는 있었지만, 그것을 행동 강령이라는 대안으로 표현하지는 못했다. 많은 사람들에게 이들의 온건파에 대한 반대는, 단지 도덕적 자세의 표현일 뿐이며 바웬사의 진로와 구별되는 별개의 진로를 보여주지는 못하는, 손으로 쓴 일종의 상징 행동에 지나지 않는 것으로 보였다.54)

사실상 '온건파'와 '급진파'를 명확하게 구분지을 수는 없었다. 온건파라고 해서 일률적으로 노동조합 관료는 결코 아니었다. 그들은 오직 최근에야 평노동자 가운데서 출현하였고, 그들의 압력에 종속되었으며, 분위기가 바뀜에 따라 이리저리 쉽사리 흔들렸을 뿐이다. 그리고 급진파도 대중들을 이끌 전투적 개혁주의의 전술은 말할 것도 없고 명확하고 분명한 그들 나름의 이데올로기조차 갖고 있지 못했다. 그들은 온건파에 의해 제시된 구체적 전술들을 마지못해 받아들이곤 했다.

그러한 구분의 모호성은 KOR 그룹의 존재로 인해 더더욱 혼탁해졌다. 그들은, 온건파가 말하는 정권과의 '사회적 합의'라는 개념을 인정하면서도, 연대노조가 바웬사 그룹보다는 더욱 강경한 교섭 조건을 내놓아야 한다고 주장했다. 그들은 조합 내부의 민주주의를 좀더 강조하는 입장이었다. 그들은 아무에게도 대안을 제시하지 못하면서 온건파와 급진파를 연결하는 다리의 역할을 했다. 한때는 노동운동의 발전에 커다란 공헌을 했던 KOR은 이제 아무런 긍정적 역할도 할 수 없게 되었다. 그리하여 KOR은 1981년 여름에 위기가 극한에 달하자 자신의 공식적 해체를 선언함으로써 자신의 무능함을 보여주었다.

---

54) 이것은 사실상 'Poland on the Road to the Coup'에서 스타니스키스가 한 비판이다. 앞의 책, p. 21.

자주관리 운동

연대노조가 무력감을 보이자 많은 노동운동가들——'온건파'와 '급진파' 양 진영의——은 연대노조 구조의 횡적 이동을 통해 사회를 위기에서 구하려 노력했다. 이 사실은 여름에 있었던 '자주관리' 운동의 성장을 설명해 준다.

연대노조의 창건 당시에 노동자들은 '자주관리' 그리고 '노동자평의회'에 매우 회의적인 생각을 품고 있었다. 노동자들은 정권이 아주 쉽사리 통제권을 탈환한 1956~57년의 운동 당시에 그 개념들을 대한 바 있었다(제6장을 보시오). 당시 그 문제들에 대한 해결책은 바로 연대노조인 것으로 생각되었다. 하지만 이제 많은 기업의 노동자들은 '주요 공장간 연대노조 연결망'(Network of Solidarity Organizations in Leading Factories)의 주도 하에 새로운 조직의 건설을 시작하게 되었다. 그들의 주장은, 노동자들이 공장의 통제권을 장악함으로써 위기의 탈출구를 찾아낼 수 있다는 것이었다.

7월에 열린 한 회의에서 천여 명의 공장 대표들은, 자주관리 설립위원회가 17개 공장에 존재한다는 보고를 들었다. 8월말까지 그 운동은 3천여 작업장으로 확산되었다. 그리고 그 운동이 제시한 슬로건은 국영 항공사인 LOT 같은 곳에서 파업을 통해 표출되기 시작하였다. 바르샤바 전역에는 '자주관리는 경제회생의 마지막 기회이다. LOT 노동자들을 지지하자'라는 내용의 벽보가 나붙었다.

그 운동은 노동자들이 생산수단을 장악하는 문제를 제기했다. 자주관리는 전체 노동자계급을 전진시킬 수 있는 **잠재력**을 갖고 있었다 하지만 실제로 그것이 물자를 노동자계급에게 나누어주는 것은 아니었다. 노동자대중은 여전히 혼란에 쌓여 있었다. 무력 침공이 있기 전날, 연대노조 전국 평의회에 등장한 바웬사는 전체 기업의 단지 20퍼센트에서만 자주관리 위원회 위원을 선출했다고 말했다.55)

자주관리 운동이 약세를 보인 것은 두 가지 원인 때문이었다. 첫째,

연대노조의 연결망(連結網)은 '시장 사회주의'를 신봉하는 사람들의 커다란 영향권 속에 있었다. 그런데 그 사상은 노동자대중의 관심을 끌지 못했다. 우리가 앞서 살펴본 바와 같이 시장 사회주의는 공장휴업과 많은 노동자들의 임금삭감을 의미했다. 연대노조의 이 연결망(連結網)은 '개혁의 사회적 비용이라는 고된 부담으로 인해 사회가 고통받을 수밖에 없다는, 세간에 널리퍼진 생각 때문에 생겨난 심리적 장벽들을 극복하기 위한 방법이 찾아져야 한다'는 것을 인정했다.[56] 둘째, 그런 식의 접근법은 기존의 체제를 전복하려는 것이 아니라 개혁하려는 것이었다. 자주관리 운동의 방안들이 시행되려면 연대노조와 정권간의 협상을 거쳐야 했다. 또 폴란드 의회에서 새 법안이 통과되어야만 자주관리 위원회의 선출이 가능한 상태였다. 이런 방식이 의미하는 것은, 자주관리 운동이 늦여름 동안에 각 지역에서 일어난 파업의 물결과 스스로를 연계시키면서 자신을 자주적으로 건설하려는 노력을 보이지 않았음을 의미했다. 사실, 그 운동을 철저하게 지지하던 사람들의 일부는 바웬사만큼이나 그런 파업에 반대하기도 했다. 바로 이러한 점들은, 자주관리 운동이 단순한 활동가들의 운동과 대조되는 개념인 대중의 운동으로 되지 못하도록 방해했던 것이다.

야드비가 스타니스키스에 따르면, 그 문제에 대한 토론은 "단지 연대노조 활동가들과 약 4만 정도의 전임자들의 활동을 새롭게 방향정립하는 것을 의미할 뿐이다. 이로 인해 일반 노동자들은 오히려 동원에서 해제되는 경향을 보이고 있다. …… 진정한 '자주관리'를 위한 투쟁조차도 대중보다는 활동가들에게 보다 중요한 것처럼 보일 뿐이다."[57] 바르샤바 연대노조 지도자인 부약도 그 점을 인정했다. "우르수스의 한 회의에

---

55) 'Lech Walesa's Final Speech', *Labour Focus on Eastern Europe*, 1982년 봄호, p. 30.

56) Network of Solidarity Organizations in Leading Factories, 'Position on Social and Economic Reform in the Country', *Solidarnosc*(Gdansk), 1981년 특별호.

57) 'Poland on the Road to the Coup', 앞의 책, p. 22.

서 내가, 자주관리 운동은 경제 전반에 관한 통제를 목표로 하는 것이라고 말했을 때에야 비로소, 그들이 그 뜻을 이해하고 찬성해 주었다."58)

1981년 가을, 루블린과 우츠의 연대노조 활동가들에 의해 연결망(連結網) 조직보다 좀더 급진적인 경향이 성장했다. 그들은, 자주관리 운동은 단순히 개별 기업들의 공장평의회의 자치권을 위한 협상이 아니라 경제 전반을 장악하기 위한 운동이어야 한다고 생각했다. 하지만 그들도 적기(適期)를 놓친 한참 후에야 자주관리를 위한 장외투쟁의 필요성을 인식하게 되었다.59)

연대노조의 온건파와 급진파 양 진영의 혼란과 자주관리 운동의 혼란의 징후는 그들 모두가 기존의 국회와는 별도로 노동자들의 이익을 대변하는 '제2의 국회', 즉 민주적으로 선출하여 '모든 경제문제를 심의'하는 '자주관리 의회'의 설립에 큰 기대를 걸었다는 사실에서 드러난다.60) 그 주장은 독일 노동운동의 혁명적 격변기였던 1918~1920년에 등장했던 노동자평의회와 노동자의회의 설립이라는 슬로건을 말 그대로 옮겨 놓은 것에 불과했다. 당시 독립사회민주당의 좌익 사회주의 지도자들은 국가와의 무력충돌을 주장했던 자들과 국가권력의 재확립을 옹호했던 자들 사이의 간격을 메우기 위해 그 슬로건을 사용했었다.61)

그러한 슬로건들은 특히 사회적 위기가 고조된 시기에는 혁명적 행동의 요구보다는 더욱 '현실적인' 것처럼 보여질 수 있다. 그러한 슬로건들은 내란의 위험, 유혈사태, 외세의 개입 등을 피할 수 있게 할 것처럼 보인다. 하지만 사실상 그러한 슬로건들은 완전히 공허한 것이다. 왜냐

---

58) *Robotnik*, no. 79에 실린 원탁 토론. *Labour Focus on Easter Europe*, 1982년 봄호, p. 16에 번역되어 있다.

59) 이것에 대한 설명으로는, *Labour Focus on Eastern Europe*, 1982년 봄호, p. 25 ~29에 실린 Zbigniew Kowalewski, 'Solidarnosc on the Eve of the Coup'를 보라.

60) *Il Manifesto*, 1981년 9월 26일자에 실린 보도를 보라.

61) 예를 들면, Chris Harman, *The Lost Revolution, Germany 1918~1923*(London, 1982)을 보라.

하면, 위기의 시기에 정치와 경제가 별개의 것이 될 수 없기 때문이다. 경제적 위기의 해결은 정치적 행동, 즉 중·상층계급의 특권 폐지, 군사비 지출의 삭감, 옛부터 축적된 기존 착취계급에 대한 부채상환 의무의 변제 등의 행동 여부에 달려 있다. 동시에 노동자들은 자발적으로 발전하는 경제투쟁을 경험하면서 자기 자신이 정치적 임무를 수행할 충분한 힘이 있다는 가능성을 깨닫게 된다.

'두 개의 국회'라는 정식은 정치와 경제의 이러한 상호작용을 모호하게 했다. 그리고 이것은, 연대노조내의 모든 분파들에 속한 사람들이 지지 대중의 점차 증대하는 절망감을 전혀 인식하지 못한 채 공허하게 떠들도록 만들었다.

교회의 역할

어떤 노동운동도 단순히, 지배계급과의 직접적 투쟁이라는 말로 설명될 수는 없다. 노동자들의 생각은 그러한 투쟁들에 의해 영향을 받는다. 그러나 노동자들은 또한 기존의 이데올로기나 선전 기관들의 영향을 받기도 한다. 폴란드의 경우에는, 한편에서는 카톨릭 교회가 그리고 다른 한편에서는 민족주의가 막대한 영향력을 행사했다.

서방에서 연대노조는 종종 — 우익이나 좌익의 분파들 모두에게 — 교회의 창조물인 것으로 비춰졌다. 그것은 잘못된 생각이다. 1980년의 파업은 교회에 의해 시작된 것이 아니었다. 그 선조격인 1956년, 1970년, 그리고 1976년의 파업도 마찬가지이다. 1980~81년에도 교회는 노동자들의 파업을 억제시키려고 애썼다.

1980년 8월에 정권은 수년 만에 처음으로 당시 최고위 성직자였던 비신스키 추기경의 설교 내용을 방송하였다. 그 교시에서 추기경은 노동자들에게 파업을 중지할 것을 요구했다. "계속되는 파업, 혼란, 그리고 유혈사태는 사회의 선(善)에 역행하는 것입니다." 16개월 뒤, 그의 후계자 그렘프 추기경 역시도 군부가 권력을 장악하고 연대노조를 불법화시킨 후에 그와 똑같은 메시지를 보냈다.

연대노조의 많은 지지자들은 카톨릭을 믿고 있었으며, 교회가 그들의 투쟁에 어느 정도 도움을 주리라 기대한 것은 사실이었다. 카톨릭교가 폴란드에서 유럽의 다른 어느 나라에서보다도 — 아일랜드는 예외로 치더라도 — 강한 힘을 과시했던 것은 다음과 같은 단 하나의 이유 때문이었다. 폴란드는 지난 2백여 년 동안 외부 세력들이 만들어 놓은 정치 구조에 의해 통치되었다. 폴란드는 1918년까지 러시아, 프로이센, 오스트리아에 의해 분할되어 있었고, 1939~1945년에는 나치에 의해 점령되어 있었으며, 1945년 이후에는 소련을 등에 업은 정권에 의해 통치되어 왔다. 그 각각의 시기 동안 교회는 크고 작은 박해들을 받아 왔다. 그러는 동안 인민들은 점차 교회가 겪는 고난이 바로 자신들의 것이라 생각하게 되었다. 바티칸 교황청의 한 연구보고서를 살펴보자. "카톨릭 교회는 세계의 다른 어떤 지역보다 박해를 견디어 내는 지역에서 더욱 활발한 활동을 벌이고 있다. 폴란드에는 다른 어떤 유럽의 국가보다도 더 많은 수의 사제들이 있다."[62]

전후의 스딸린주의 정권은 교회를 박해하기 시작함으로써 — 비신스키 추기경의 수도원 연금을 포함하여 — 교회에 자신이 의도하지 않은 호의를 베푼 셈이 되었다. 바로 이 박해의 시기가 폴란드에서 종교적 부흥의 시기가 되어 버렸던 것이다!

교회는 폴란드에서 정권에 의해 완전히 통제당하지 않는 유일의 기관이었다. 교회는 열악한 생활수준, 만성적인 물자부족, 스스로를 표현할 수 있는 경로의 부재 등으로 억압당한다고 생각하던 많은 사회계층의 사람들에게 일종의 구심점이 되어 주었다. 이리하여 교회는 '냉혹한 세상의 심장'으로 행세할 수 있었다. 서유럽에서와 마찬가지로 폴란드에서도, 교회에 대한 전통적 지지 기반은 농민이었다. 그러나 서유럽에서는

---

62) D. J. Dunn, *Detente and Papal-Communist Relations, Boulder*(Colorado, 1979),
    p. 31.

산업화가 농민을 토지에서 몰아내 도시로 이주시킴으로써 카톨릭의 세력을 상당히 약화시켜 버렸다. 이에 반해 폴란드에서는 그러한 '종교의 세속화' 경향이 그다지 두드러지지 않았다. 폴란드에서는 숙련 노동자의 75퍼센트가 카톨릭 신자였고, 비숙련 노동자의 경우에는 82퍼센트가 신자였다.63) 기존의 전통적 노동자계급 지역에서는 주민의 28~40퍼센트가 교회에 나갔으며, 주민들이 막 농촌에서 이주한 신흥지역에서는 55퍼센트, 그리고 농촌지역에서는 주민의 60~84퍼센트가 교회에 다녔다.64)

그러한 지지를 바탕으로 교회의 성직자들은 정권의 압력을 버티어 내고, 독자적인 조직을 유지해 나갈 수 있었다. 그런 다음 그들은 사회의 위기가 극한에 이르자 정권에 협력할 것을 제의했다. 즉, 그들은 만약 정권이 교회의 권한 증대(예를 들면 새 주교의 임명 권한, 교회 증설의 인가, 공립학교에서의 종교 교육, 출판물의 인가 등)를 보장한다면 정권의 통치력의 재확립을 돕겠다고 제의했던 것이다. 한 연구서는 그 사실을 이렇게 적고 있다.

> 이 때문에 비신스키 추기경은 1956~57년의 겨울에 고무우카를 지지했던 것이며, 동일한 이유에서 그는 1970년의 파업이 있은 뒤 기에레크를 지지했던 것이다. 고무우카의 몰락과 함께 끝난 소요 기간 동안 비신스키 추기경은, 극단의 경우 그는 언제라도 국가(그리고 정권)를 파국에서 구하기 위해 협력할 것이라는 점을 한번 더 증명했다.65)

주교들은, 자신들이 교회로 하여금 종교적 메시지를 자유롭게 선전할 수 있도록 만들었다고 주장함으로써 그러한 거래를 자신들과 신도들에게 정당화시켰다. 교황 요한 바오로 2세도 1979년 폴란드를 방문해 이렇게 말했다. "교회는 어떠한 경제 체제와도, 그 체제가 그리스도의 복음

---

63) 폴란드 라디오 방송의 여론조사. Bramke · Strang, 앞의 책, p. 159에 실린 S. Stavan, 'State Church'에서 재인용.
64) 같은 책에 인용되어 있는 수치.
65) Stehle, *The Eastern Politics of the Vatican Ohio 1981*, p. 346.

을 전할 수 있게만 한다면, 기꺼이 상호협정을 체결하겠다.”

하지만 교회로서는 그러한 책략을 성공시키는 것이 항상 쉬운 일은 아니었다. 교회는 사회적 압력간의 갈등을 자신들의 목적에 맞게 교묘히 이용할 수는 있었지만, 그러한 갈등을 없앨 수는 없었다. 더욱이 그러한 갈등은 성직자계급의 내부에서도, 그리고 주교와 신도를 사이에서도 종종 발생했던 것이다.

예를 들면, 바티칸은 폴란드를 단지 동유럽에서 교회의 영향력을 강화하기 위한 전진 기지 정도로 생각했다. 그리고 폴란드의 주교들은 바티칸의 외교적 도움 없이도 정권과의 거래를 성사시킬 수 있다고 믿었다. 이 때문에 그들 사이에는 끊임없이 마찰이 생겼다. 그래서 1950년대 초반에 바티칸은, 다른 동유럽 국가들이 그러한 협정을 거부했음에도 불구하고 폴란드 교회가 정권과 협정을 체결하는 것에 비판적이었던 것이다. 하지만 1960년대에는 그와는 대조적으로 폴란드의 주교들이 동유럽 전반을 대상으로 하는 바티칸의 정책에 불만을 나타냈는데, 그들은 단독으로 폴란드 정권과 협상함으로써 더 많은 것을 얻어낼 수 있다고 생각했던 것이다. 마찰의 또 다른 근원은 많은 교구의 성직자들과 일부 주교들이 정권과의 협상이 신도들의 비위를 거슬리지 않을까 하는 두려움을 계속 품고 있었다는 데 있었다.

성직자들은 정권과의 타협을 통해 그러한 다양한 압력을 조화시키려 노력했지만, 자신들을 정권과 완전히 동일시한 것은 아니었다. 그들은 점차 자신들이 순수 반대파, 즉 재야 세력에게 일종의 보호막이 되어 주면서 동시에 재야 세력의 과도한 행동을 막는 세력이라고 생각하게 되었다.

그러한 접근법은 1976년 이후, 체제의 위기가 심화되면서 표면으로 드러났다.

추기경은 자신을 재야 세력과 동일시하지도, 또는 반대와 저항을 주장하지도 않으면서 그들의 권리들을 옹호했다. 동시에 그는 — 그의 표현을 빌면 — ‘국가의

존립을 위하여 사소한 혁명들'은 피해야 한다는 도덕적 버팀목을 제공했다.66)

그 전략은 1976~1980년에 커다란 성공을 거두었다. 특히 크라쿠프의 대주교 보이틸라가 교황에 추대된 1978년 이후에 그 전략은 성공적이었다. 1979년에 있었던 교황의 폴란드 방문은 교회에 대한 막대한 지지 세력을 과시함과 동시에 교회가 정권에 대한 위협을 막아낼 수 있는 능력이 있음을 과시하는 행사였다.

그러나 1980년에 발생한 일련의 파업과 연대노조의 성장은 교회에게 더욱 큰 문제들을 안겨 주었다. 이제 정권에 얽매이지 않고 활동을 위한 공간을 마련해 줄 사람들은 성직자들이 아니라 노동자 자신이었다. 파업 노동자들은 조선소 정문에 교황의 사진을 걸어 두고 성직자들 앞에서 무릎을 꿇기는 했지만, 이제는 성직자들도 그들의 투쟁을 멈출 수 없었다. 성직자들은 계속 노동자들의 인기를 누리기 위해서라도 노동자들의 주도를 뒤따라야 했다. 그것은 어떤 면에서는 노동자들의 주도를 못마땅해하는 주교들의 노선을 거부한다는 뜻도 내포하고 있었다.

성직자들은 조합 내부에 바웬사를 중심으로 하는 온건그룹을 세움으로써 그러한 딜레마에서 벗어나려 했다. 그런 방법으로 그들은 조합을 교회의 그늘 밑에 두려 했던 것이다. 하지만 그들이 직접적 통제라는 방식으로 도달할 수 있는 것에는 한계가 있었다. 1980년 12월에 KOR — 이 단체는 주로 교회와 전혀 상관없는 지식인들로 구성되어 있었다 — 을 공격하는 주교회의의 성명서는 연대노조와 교회 내부에서의 항의 때문에 발표된 지 며칠 만에 철회되어야 했다. 그리고 1981년 여름 연대노조회의에서는 전국위원회를 선출하였는데, 이 위원회는 '대다수가 교회와는 무관한 인물들'로 구성되었다.67)

폴란드의 진정한 (즉, 반정부적인) 좌파에게 교회의 입지는 특별한 문제로 작용했다. 전통적으로 좌파는 교권의 개입을 반대하는 입장이었다.

---

66) 같은 책, p. 353.
67) *Il Manifesto*, 1981년 9월 20일.

무엇보다도 전전(戰前)의 폴란드에서 교회는 상층계급과 동일시되었고, 독재정권을 비판하지 않았으며, 상당 정도의 반유태적 성향과 파시스트적 성향을 보여주었다. 그리고 교회는 심지어, 비(非)신자가 교회 허가 없이 결혼이나 이혼을 하는 것까지 금지하도록 영향력을 행사했다.[68]

하지만 1950년대, 1960년대, 그리고 1970년대의 상황은 사뭇 달라졌다. 정권은 반(反)계몽주의적 이데올로기를 갖고 언제라도 반유태적 행동에 돌입할 태세를 갖추고 있었다. 교회는 —— 그것이 어떤 이유에서였든 —— 그러한 정권의 이데올로기에 저항했다. 이를 통해 교회는 다른 문제들을 놓고 정권과 싸우려 한 사람들에게 활동의 여지를 만들어 주었다. 실제로 독자적인 카톨릭계 지식인들은 교회의 보호를 받으며 등장하여 정권의 극악한 압제 —— 1968년에 보여진 정권의 반유태적 행동이나 1976년에 정권이 노동자들을 희생시킬 때에 —— 에 반대하고 나섰다. 좌파는 교회에 대한 태도를 다시금 생각해야만 했으며 —— 프랑코 통치 말년의 스페인이나, 오늘날의 라틴 아메리카에서와 같이 —— 교회는 **주요** 적이 아니고 특정 상황에서는 교회의 저항으로 인해 좌파가 도움을 받을 수도 있다는 사실을 깨달았다.

KOR의 일원이던 아담 미흐닉은 교회에 대한 가장 철저한 재평가를 시도한 사람이다.[69] 그는, 폴란드의 주된 분열은 신도와 비신도 사이의 분열이 아니라 —— 신도들(친정부 종교조직인 PAX와 같은)이건 비신도들(당 지도부)이건 막론하고 —— 현상을 유지하려고 꼼짝도 하지 않는 자들과, 비종교적인 좌파 및 —— 즈낙(Znak) 그룹으로 조직된 —— 독립적인 카톨릭계 지식인 사이의 분열이라고 주장했다. 독립적인 카톨릭계 지식인들이 성직자들로부터 약간의 보호를 받은 것은 사실이었다. 예를 들면, 1968년 즈낙 그룹이 공공연히 반유태주의를 비난할 수 있었던 것은 "오직 폴란드 주교단과 대주교의 태도 덕분이었다."[70]

---

68) Adam Michnik, *L'Eglise et la Gauche*(Paris, 1979), p. 18을 보라.
69) 같은 책.
70) 같은 책, p. 70.

　그러나 미흐닉은, 성직자계층을 비종교적 좌파의 **영원한** 동맹자라고 주장하는 데까지 나아갔다. "비신스키 추기경이 어떤 중요한 설교에서 주장한 바 있는 기본적인 정치적·사회적 선결조건은 민주적 좌파가 제시한 개혁 프로그램과 거의 일치한다"[71]는 말이 그 사실을 보여준다. 하지만 그는 성직자계급의 목적은 민주적 개혁이나 '인권' 자체가 **아니라** 교회가 번영할 수 있는 환경을 만드는 것이라는 점을 잊고 있었다. 만약 교회가 세력을 강화하기 위해서 개혁을 배신하는 길밖에 없다면, 교회는 당연히 그렇게 할 것이다. 미흐닉은 위기의 순간이 오면, 교회가 언제나 서둘러 정권을 지지해 왔다는 사실을 간단하게 무시해 버렸다. 1981년 여름 이후 정권의 위기가 한계에 달했을 때 성직자계층이 보인 행동도 바로 그런 것이었다. 비신스키의 후계자 그렘프 추기경은 군대가 연대노조를 붕괴하기 위해 움직이고 있는 순간 연대노조와 정권의 화해를 설교했다. 그리고 일단 연대노조가 붕괴되자 그는, 연대노조 지지자들의 저항을 반대한다고 거리낌없이 말했다. 미흐닉과 같이 교회가 단지 진보적 의향만을 지니고 있다고 믿던 사람들은, 이런 고난을 통해서야 자신들이 얼마나 잘못 생각했던가를 알게 되었다.

민족주의 사상의 영향

　1980~81년 동안에 하나의 이데올로기로서의 민족주의도 하나의 제도로서의 교회와 똑같이 애매한 역할을 매우 많이 수행했다. 역사적으로 폴란드의 민족주의는 피억압 민족의 민족주의였다. 폴란드는, 정도의 차이는 있었지만, 지난 200년 동안 오직 21년을 제외하고는 외세의 통치 아래에 있었다.

　노동자들이 겪은 경험은 종종 **모든** 계급들이 겪은 억압의 경험과 같

---

71) 같은 책, p. 100.

은 성격의 것이었다. 중·상류계급이 극단의 결과를 노동자계급보다는 좀 더 쉽게 피할 수 있었다 할지라도 대개의 상황은 그러했다. 이런 상황에서 종종 민족의식은 계급의식을 가리는 경향이 있어 왔다. 그 상황은, 억압과 착취에 대한 투쟁이 전통적으로 사회주의가 아니라 일종의 공화주의로 흘렀던 아일랜드와 흡사하다고 하겠다. 폴란드의 민족주의도 그와 똑같은 역할을 했던 것이다. 이로부터 폴란드 국기와 연대노조의 독수리 문장도 만들어졌다. 그 기(旗)와 문장은, 북아일랜드의 수도 벨파스트의 삼색기와 마찬가지로, 대중 동원의 상징으로 쓰여졌다.

하지만 민족주의는 연대노조 조합원들의 눈을 가려 진짜 적들을 식별하지 못하게 할 뿐이었다. 연대노조는 방대한 규모의 부유한 **폴란드** 지배계급(그들은 보통의 노동자들보다 20배나 많은 임금을 받고, 특별 학교, 특별 진료소, 특별 상점, 호화 주택 등을 갖고 있었다)과 소련인 군주들의 배를 불린 산업화의 산물이었다. 그리고 지배계급은 너무도 쉽사리 민족주의라는 고삐를 움켜쥘 수 있었다. 민족주의가 더욱 오래된 대중적 전통인 반(反)게르만주의와 반(反)유태주의와 뒤섞일 때에는 특히 그러했다.

아담 미흐닉이 지적한 대로, 정권의 공식 이데올로기(스딸린주의)의 쇠퇴는 **모든** 계급 내부에서 일반적으로 민족주의가 팽배하도록 만들었다.

> 최근 몇년 동안 (즉, 1970년대 중반) 공산당의 공식 이데올로기가 쇠퇴하면서 민족정신이 강화되고 일반화되고 있다. …… 그것은 반대파에서뿐만이 아니라 권력에 근접한 그룹들에 있어서도 두드러진 현상이다.72)

폴란드의 통치자들은 1940년대말에 소련의 후원으로 권력을 장악할 수 있었지만, 그 뒤에는 직접 통제력을 행사하여 막대한 규모로 생산수단을 발전시켰다. 그들은 이데올로기가 필요했는데, 그것은 동쪽 진영의

---

72) 같은 책, p. 9.

동맹국들과 거래를 할 때 자신들의 이익을 표현해 주고 동시에 다른 계급들의 눈을 가려 통치를 용이하게 해 주는 것이어야 했다. 민족주의는 그러한 목적들에 적합한 것이었다. 그렇기 때문에 정권의 내부에서는 모사르 장군을 중심으로 한 강력한 민족주의적 반(反)개혁의 조류가 존재할 수 있었고, 또한 당지도자들이 '민족의 수호'라는 말로써 자신들의 행동을 정당화시킬 수 있었다.

민족주의는 교회에게도 역시 귀중한 자산이었다. 교회는 민족주의를 이용하여 정권과 반대파의 화해를 정당화시키려 했다. 교회는, '민족의 미래'가 양자간의 화해에 달려 있다고 누차 강조했다. 비신스키가 발표한 많은 성명서는, 그가 바티칸보다는 '민족'에 더욱 큰 충성심을 갖고 있다는 인상을 주었다. 그는 이렇게 설교했다. "우리가 신(神) 다음으로 사랑해야 할 것은 폴란드입니다. 우리 모두는 신 다음에 무엇보다도 우리의 조국과 민족문화에 충실해야만 합니다. 우리는 전 세계의 인류를 사랑할 것이지만, 그 사랑은 우선 폴란드에서부터 시작되어야 할 것입니다."73)

말하자면 민족주의는 연대노조의 배후에서 다수 대중의 통일성을 표현하는 감정적 상징임과 동시에, 진정한 적들의 정체를 흐렸던 것이다. 그것은 연대노조의 지도자들 — 그리고 그들의 수백만 추종자들 — 로 하여금 한편에서는 '정직'하고 '애국적'인 민족 지도자들의 입장에서, 그리고 다른 한편에서는 '부정직'하고 '불충'한 지도자들의 입장에서 사물을 분열적으로 이해하도록 만들었다. 또한 그것은 그 지도자들로 하여금, 비록 관료들이 소련과 불편하고 종속적인 동맹관계에 있기는 하지만, 자신들의 중심적인 투쟁이 **폴란드** 관료들에 대항하는 **계급투쟁**에 놓여야 한다는 사실을 파악하지 못하도록 가로막았다.

그러한 명료성의 결여가 특히 치명적으로 작용했던 것은 군부 세력들에 대한 이해 방식에서였다. 민족주의의 영향력으로 인해 군부는 다른 어떤 기관보다도 '민족 정신'이 투철한 것으로 보이게 되었다. 이리하여

---

73) D. J. Dunn, 앞의 책, p. 167에서 인용.

이들 군부 세력들이 정치판에서 중요한 역할을 점차적으로 많이 수행하게 된 것이다.

군부가 공백을 채우다

정권과 연대노조 모두는, 사회생활의 기본적인 구조가 붕괴되자 무력한 상태에서 방관자로 남아야 했으며, 그 어느 쪽도 붕괴를 막을 의지조차도 없는 듯이 보였다. 『로보트니크』의 편집자 리틴스키는 이렇게 말했다.

> 지금 우리가 처한 상황에는 어떠한 출구도 없는 것처럼 보인다. 경제와 국가는 붕괴되고 있다. 이제 우리는, 이런 현상이 권력기관의 의식적 또는 반(半)의식적 사보타지 때문인지 아니면 1980년 8월 이후 권력기구의 무능 때문인지를 놓고 무의미한 토론을 늘어놓을 뿐이다. …… 연대노조는 어떤 의미에서, 이들 권력기관의 무력한 해체 과정을 가속화해 왔다. 한걸음 물러서서 정권의 움직임을 살펴보는 전략이나, 정권과 타협하는 전략도 별 효과가 없을 것으로 보인다. 지금 연대노조는 중심을 잃어버리고 착각에 빠져 있다.[74]

하지만 정권과 연대노조 양쪽 모두가 영원히 무기력한 상태로 남아있을 수는 없었다. 그런 상태는 고정된 세력들간의 세력균형에 기초한 것은 아니었다. 그보다 그것은, 하나의 세력이 다른 세력을 침식하고 있는 불안정한 균형상태였다. 여름까지는 연대노조의 힘이 성장하고 있었고, 정권은 몰락하고 있었다. 당회의에서 단 하나의 문제도 해결하지 못했던 것을 보면 정권이 앓고 있는 병의 심각성을 알 수 있었다.

그러나 중앙관료의 권력은 단지 당회의에만 의존하고 있었던 것은 아니었다. 그들에게는 당이 산산조각 났을 때라도 전적인 지지를 보내 줄

---

74) *Robotnik*, 1981년 8월호.

요새가 있었다. 자주관리 운동이 일부 공장들의 통제권을 빼앗아 가긴 했지만 그들은 계속해서 산업의 80퍼센트를 운영하고 있었고, 대부분의 중급 관료들은 자신들을 하위직 노동자들로부터 보호해 줄 유일한 세력으로 보였던 중앙관료들에게 계속 충성을 보냈다. 그들이 무엇을 할지 몰라 허둥댔을지는 몰라도, 중앙관료들이 어느 정도 세력을 규합해 주고 앞에서 선도하면 언제라도 뒤따를 준비는 갖추고 있었던 것이다. 게다가 중앙관료들은 30만이나 되는 군대와 10만여 명의 중무장한 경찰을 통제하고 있었다.

하지만 그 통제력은 절대적인 것은 아니었다. 군부의 수뇌격인 야루젤스키 장군은 1980년 8월과 1981년 3월에 노동자들을 진압하기 위해 병력을 동원하는 것을 두려워했다. 그는 군대의 일반사병과, 심지어는 경찰의 고위 특권층마저도 연대노조에 공감하고 있다는 사실을 알고 있었다. 1981년 봄에는, 바르샤바의 한 경찰서에서 경관들이 연대노조 지부를 결성할 권리를 요구하며 연좌시위를 벌이기까지도 하였다. 야루젤스키는, 사태가 그렇게 위험스럽게 발전하는 것을 막는 유일한 방법은, 군대는 '비정치적 역할'만을 수행할 것이며 오직 '국방'에만 충실하겠다는 말을 내세우며 제반 사회 세력들의 충돌에서 발을 빼는 것이라고 믿었다.

하지만 만약 연대노조가 병영과 경찰서 등지에서 벌어지는 토론에 적극 개입했더라면 — 예를 들어, 경찰 조합을 요구하며 점거가 진행 중인 경찰서의 움직임에 동조하는 대규모 시위가 있었다면 — 야루젤스키가 규율을 잡는 데 실패했을 것이다. 그렇지만 연대노조 지도부는 그런 식으로 국가의 병력을 분열시키는 공세는 생각하지도 않았다. 그들의 자세는 너무도 온건했으며, 어떤 경우에도 그들은 군대의 역할에 대한 공식적 규정을 믿었던 것이다.

야루젤스키는 강력한 군기구를 장악할 수 있었는데, 그 기구는 당과 경제가 해체될 지경에 이를 때까지도 온전한 상태로 남아 있었다. 그는 초가을까지도 그 기구를 동원하여 직접적으로 연대노조를 분쇄할 수는 없었다. 그는 내부의 마찰이 군기구를 해체시킬까 두려워했던 것이다. 연대노조는 그때까지도 일반사병과 경관들에게 너무도 강력한 흡인력을 발휘하고 있었다. 하지만 당시 연대노조 지도부의 무기력은 조합을 약화시키기 시작하고 있었다.

정직한 개혁주의자들은 항상, 노동자계급 운동을 하나의 사물, 즉 지휘부의 명령에 의해 이쪽 또는 저쪽 방향으로 움직일 수 있는 기구라고 생각한다. 그런 까닭에, 연대노조의 '온건파' 지도자들은, 자신들이 노동자들에게 파업을 벌이지 말라고 반복해서 말한다고 할지라도 노동조합의 자기 방어 능력은 전혀 침식되지 않는다고 믿었다.

그들은 노동운동의 힘의 원천을 이해하지 못했다. 대중이 일상생활에서 자신들을 짓누르는 무거운 짐을 어깨에서 내려놓게 하는 수단이 바로 노동운동임을 인식하기 시작함에 따라 노동운동의 힘은 증대하게 된다. 전 국민적 정치 쟁점을 둘러싼 투쟁에서 대규모 공장 노동자들이 승리하면 그것은 작은 공장의 노동자들, 외딴 농촌의 농민들, 학생들, 일부의 중간계급 모두를 고무하여 그들의 일상사를 억압하는 더러운 압제와 이러저러한 횡포에 대항하여 투쟁하게 만든다. 그들이 작아 보이는 문제들을 극복하는 데 성공하게 되면 그들은 큰 문제들을 해결할 수 있다는 자신감을 갖기 시작한다. 그들에게 지금의 작은, 국부적인 투쟁들을 그만두라고 말하는 것은 그들의 희망을 앗아가는 행위이다. 그 말은 노동자들에게 약한 자를 괴롭히는 감독관과 사악한 경찰이 다시 통제력을 장악하도록 보고만 있으라는 것과 마찬가지이다. 그것은 또 사회의 기저에서 작용하는 세력균형을 조합에 불리하도록 이동시킨다는 것을 의미한다.

연대노조 '온건파' 지도부는 1981년을 경과하면서 바로 그런 행동을 보여주었다. '지역'과 '전국', '경제'와 '정치'의 상관관계를 이해하지 못한 것은 그들만이 아니었다. 특정한 '온건' 정책들을 반대했던 사람들도 똑같은 혼동을 하고 있었다. 1976에서 1980년 사이에 『로보트니크』를 통해 가장 작은 파업에 대해서까지도 지지를 호소하며 KOR의 영향력을 쌓아갔던 리틴스키마저도 이제는 기아운동(hunger movement)은, "연대노조가 아직 피할 방법을 찾지 못한 위험물"이며 "비공식적 파업과 폭동으로 타락할 위험을 안고 있다"고 불평했다.[75]

그런 식의 태도가 계속되는 한 언젠가는 연대노조에 대한 지지는 쇠퇴할 수밖에 없었다. 각 지역에서 벌어진 빈번한 비공식적 분규가 당분간은 그런 사태를 지연시킬 수 있었다. 하지만 이들 지역적 분규들 중 상당수는 전국적 지원 없이는 성공할 수 없었다. 이제 그런 식의 분규는 점차, 노동자들의 문제를 해결하기 위한 방법으로는 비효율적인 것으로 생각되기 시작했다. 상점에 아무 음식도 찾아볼 수 없는데 임금인상 투쟁이 무슨 소용이 있었겠는가? 파업이 식료품 부족상태를 악화시킨다는 생각이 만연되는 판국에 식료품 부족을 항의하는 파업이 어떤 의미를 가질 수 있었겠는가? 11월에 들어서자 파업의 횟수는 현격하게 떨어졌다. 계급에 토대를 두고 이루어지던 활동이 누그러들면서 실제로 연대노조에 대한 지지가 약화되는 징후가 나타나기 시작했다. 11월에 TV와 라디오의 여론조사 기관의 발표가 있었는데 거기에서 연대노조에 대한 지지율은 70퍼센트를 나타내고 있었다. 이 수치는 여름의 수치였던 90퍼센트에 비교하면 급격하게 떨어진 것이었다. 반면에 국민의 51퍼센트가 정부를 긍정적으로 생각한다고 나타났는데, 그 수치는 그 전(前) 조사의 36퍼센트에 비하면 큰 폭으로 상승했다는 것을 보여주었다.[76]

여론조사는 국민들의 실제 생각을 알아내는 데는 언제나 부정확한 수단이다. 여론조사에서는 의식의 무척 다양한 면들을 '예/아니오'라는 단순한 질문으로 묶어버린다. 그러나 이번 경우, 그 조사의 결과는 많은 연대노조 활동가들의 경험과 일치하는 것이었다. 한 활동가의 말에 따르면 11월초 개최된 연대노조 전국위원회에서 3분의 1의 노동자가, 만약 파업이 중단된다면 물자부족을 해결할 수 있다고 주장한 정부의 말을

---

75) *Robotnik*, no. 74. *Labour Focus on Eastern Europe*, 1982년 봄호, p. 15에 번역되어 있다 .
76) *Sunday Times*, 1982년 1월 3일자에 실린 수치.

믿고 있었다. 카롤 모즐레브스키는 "연대노조는 이제 과거만큼 강하지 않으며, 그 사실을 모든 활동가들이 알고 있다"고 주장했다. 다음은 사회학자 자드비가 스타니키스가 11월에 쓴 글이다.

> 많은 사람들(평범한 노동자들)은 마치 소집되었다가 해산되는 군중과 같은 소외감을 느끼고 있다. 생활고에 지친 그들은 점차 연대노조의 활동에 소극적 자세를 보인다.[77]

물론 연대노조는 아직 강했다. 연대노조는 우르수스, 후타 바르샤바, 그단스크에 있는 대공장들에서, 그리고 쉬체친 조선소와 실레지아 광산에서 전폭적 지지를 유지하고 있었다. 하지만 이제 그것의 힘은 더 이상 폴란드 사회의 구석구석에 침투할 수 없었다. 특히 그것은 가장 후진적인 노동자들, 즉 경찰의 하급경관이나 군대의 일반사병들에게 미쳤던 흡인력을 더 이상 발휘할 수 없게 되었다.

이제 군부는 전에는 감히 엄두도 못 냈던 일을 할 수 있었다. 즉, 지배계급의 권력구조들이 소멸되면서 발생한 공백을 메우기 위해 전면에 등장할 수 있었다. 야루젤스키는 이미 3월에 수상에 지명되어 국방상을 겸임하게 되었다. 그가 비드고시치의 충돌 직후부터 군부의 권력장악을 위한 준비를 해 왔다는 것을 여러 가지 증거들이 보여준다.[78] 그는 6월과 7월에 있던 군사훈련에서 장교들의 신뢰도를 가늠했다. 정부에 대한 군의 참여는 늘어나 3명이나 되는 장군이 각료로 입각했으며, 군부의 인사들은 국영 항공사, 행정부, 경찰, 운송 그리고 정부의 광산 전담부서 등을 전담했다. 막후에서 점차, 군부는 자신의 손에 주요 기관들을 통제할 수 있는 고삐를 틀어쥐었고 허물어져 가는 당과는 독자적으로 사회를 운영할 수 있는 체계를 세워 나갔던 것이다.

---

77) 'Poland on the Road to the Coup', 앞의 책, p. 22.
78) 예를 들면, *Sunday Times*, 1981년 12월 20일자를 보라. 소련의 라디오 방송을 분석하는 나토의 분석집단인 Insight Team의 보고.

10월이 되자 그들은 정치무대의 전면으로 걸음을 옮겼다. 야루젤스키는 카니아의 뒤를 이어 당서기의 직위에 올랐다. 이제 그는 양대 정치 세력을 통제하게 된 것이다. 3일 후, 일단의 병사들이 전국 각지에 파견되었다. 그 파견의 목적은 식량부족 현상을 파악하기 위해서라고 알려졌지만, 사실은 정보 수집을 위한 조치였다. 이 사실은 한 달 뒤 그 병사들이 공장에도 출현하면서 명백해졌다.

하지만 야루젤스키는 그때까지도 너무 조급한 행동을 자제하도록 주의를 기울였다. 군부의 힘은 타협의 필요라는 미사여구 속에 감추어져 있었다. 군은 파업을 공격하지도 않았다. 12월 첫째 주까지도 야루젤스키는 바웬사, 그렘프와의 3자회담에서 '민족의 화합'을 논의했다. 그러한 논의를 함으로써 연대노조 지도자들을 안심시켜 놓고 그 틈을 이용해서 연대노조의 분쇄를 준비할 수 있었던 것이다. 서방의 한 사회주의자가 12월 첫째 주말에 폴란드에서 작성한 보고서에는 이렇게 적혀 있었다. '연대노조의 교섭자들은 예비 교섭의 결과를 놓고 온건적 낙관주의를 표시했다. …… 양편 모두 협상의 의지를 보여주었다.'79)

야루젤스키의 책략이 성공하기까지는 군 내부의 민족주의에 대한 환상이 큰 도움이 되었다. 연대노조의 '온건파' 지도부는 야루젤스키가 당서기가 된 것을 전혀 위협으로 느끼지 않았다. 바웬사는 야루젤스키를 두고 '정직한 군인'이라고 칭찬한 바 있었으며, 이제는 이런 주장도 했다. "그것은 적어도 권력이 한 사람의 손에 집중된다는 것을 의미한다. 우리가 필요한 것은 함께 협상할 수 있는 강하고 신뢰할 만한 정부이다."80) 지도자의 그러한 설명은 조합의 지지자들에게 영향을 미칠 수밖에 없었다. 한 여론조사에서는, 조합원들이 연대노조 다음으로 신뢰하는 기관은 군이며 당의 서기가 교체된 후에 정부에 대한 신임도가 크게 늘어난 것으로 나타났다.81) 다음은 연대노조의 한 관찰자의 글이다.

---

79) *Il Manifesto*, 1981년 12월 12일.
80) *Guardian*, 1981년 10월 20일.
81) *Il Manifesto*, 1981년 11월 22일자와 *Sunday Times*, 1982년 1월 3일자에 실린

야루젤스키는 비타협적인 '진보주의자'란 평을 듣고 있다. 그는 군의 수뇌로서 1970년, 1976년, 그리고 1980년에 병력을 동원하여 파업 노동자들을 공격하길 거부했다. 그 일로 그는 노동자들의 큰 존경을 받고 있다. 그 밖에도 그는 말만 앞세우는 사람이 아니라, 행동을 보여주는 인물로 보인다.[82]

그러나 '행동을 보여주는 사람들'일지라도 행동의 방법을 놓고 신중을 기할 수 있다. 야루젤스키는 바웬사와 우호적 대화를 나누면서도 다른 한편으로는 병력이 연대노조를 기꺼이 공격할 것인가 여부와 연대노조 조합원들의 저항 가능성 등을 검토했던 것이다.

처음으로, 브로클라우와 카토비체의 실레지아인 거주지역들에서 전단을 뿌리던 연대노조 활동가들을 체포하는 조심스런 조치가 있었다. 즉시 대규모 군중이 집결하여 구속자를 석방하라고 외쳤다. 카토비체의 군중은 승리를 거두었다. 그 사건은 비드고시치 사건 이후에 조합 활동가들을 직접 공격한 최초의 사건이었다. 그런데 연대노조 지도자들은 군중에게 해산할 것을 주장하며 그 사건을 애써 축소 해석하려 했다. 전국적으로 한시간의 항의파업이 소집되었지만, 경찰력을 약화시켜 다시는 그런 식의 사건이 발생하지 못하도록 하는 어떠한 움직임도 없었다. 바웬사는 다시는 그런 일이 없길 바란다고 말했을 뿐이었다.

11월에는 보다 강도 높은 시험 공격들이 있었다. 차로츠에서는 경찰이 21명의 조합원을 불법 감금하고 폭행을 휘둘러 1명이 입원하는 사건이 벌어졌다. 소스노비체에서는 신원 미상의 괴한들이 피켓시위를 벌이던 광부들에게 독가스를 투척하여 60명이 입원했다. 하지만 이들 중 어느 경우에도 연대노조 전국 지도부는 아무런 항의의 행동도 보이지 않았다. 바웬사는 야루젤스키 장군 그리고 그렘프 추기경과 대화를 나누기에 너무도 바빴던 것이다.

마지막의 주요한 시험은 12월 2일에 있었다. 당시에 파업의 물결은

수치.

82) *Il Manifesto*, 1981년 11월 12일.

잔잔해졌지만, 학생들은 거의 모든 대학을 점거하고 있었다. 그중 바르샤바 대학은 소방수 훈련생—훈련소는 내무부에서 운영했다—들을 위해 점거농성을 벌이고 있었다. 야루젤스키는 수백 명의 경찰을 파견하고 헬리콥터를 동원하는 등 마치 군사작전을 방불케 하는 행동으로 농성을 진압했다. 국가의 무장병력은 가능한 모든 무력을 동원하여 가장 기초적 형태의 노동자들의 항의마저도 분쇄시켰다. 그것은 1980년 8월 이후에 처음 있는 일이었다. 바로 그날 정권은, 어느 누구도 그 도발의 규모를 의심하지 못하도록 하기 위해, 국회에 파업금지법안이 상정되어 있다고 발표했다.

연대노조 전국 지도부는 사태가 그 지경에 이르기까지도 정권에 대한 투쟁을 준비하지 못하고 있었다. 레흐 바웬사는 소방수들의 점거농성을 파괴한 경찰의 행동을 항의하기 위해 모인 성난 대규모의 군중 앞에서 이렇게 말했다. "우리는 단결해야만 합니다. 연대노조는 당국보다 우월한 강력한 무기입니다만, 우리는 항상 행동만 앞세울 수는 없습니다."

그런 말은 야루젤스키를 즐겁게 해 주는 것이었다. 왜냐하면 그것은 야루젤스키에게 연대노조를 분쇄하기 위한 행동의 시간표에는 아무런 장애물도 없다는 사실을 확신시켜 주었기 때문이었다.

마지막 한 주일

12월 3일 라돔에서 개최된 연대노조 전국위원회에 모인 대표들은 마치 꿈에서 깬 것 같은 표정들을 하고 있었다. 한 목격자의 증언을 들어 보자.

모든 사람들은, 당국이 단지 시간을 벌기 위한 노력을 했을 뿐이며 이제 어떤 문제에도 절대 양보하지 않을 것이라는 사실을 명확히 알게 되었다. …… 사람들은 닫힌 문 뒤에서 연대노조에 대한 공격을 준비하고 있던 관료들에 대해 두려

움을 느끼기 시작했다.[83]

대부분의 사람들은 갑자기 야루젤스키가 무슨 짓을 하고 있었는지 명료하게 깨달을 수 있었다. 대표들에게 충돌을 피할 것을 주장하고 총파업의 위험을 경고하면서 정권과 회의를 시작했던 바웬사마저도 "충돌은 불가피하며, 이제 충돌이 있을 것이다. 지금까지 그들은 우리를 농락해 왔다"고 선언해야만 할 지경에 이르렀다.[84]

전에는 조합의 '온건파'와 관련했던 많은 대표들이 이제는 가장 급진적인 위치에 서게 되었다. 다음은 바르샤바 대표인 즈비그뉴 부약의 말이다. "그것은 비드고시치에서의 충돌에 버금가는 당국과의 마지막 결전을 의미한다. 그러나 이번에는 양보란 없을 것이다. …… 그것이 우리가 선택할 수 있는 유일한 길이다."[85] 카롤 모즐레브스키도 그것이 '마지막 결전'이 될 것이라고 선언했다.

몇몇 지역의 지도자들은 **혁명적** 결론을 내리기 시작했다. 우츠 지역 대표인 안제이 슬로비크는 며칠 뒤 동료들에게 이렇게 말했다.

3월에 비드고시치에서의 도발이 있은 뒤, 우리는 혁명적 상황을 맞았지만 그것을 어떻게 활용해야 할지 모르고 있었습니다. …… 우리는 다시금 혁명적 상황을 맞았습니다. 만약 우리가 적절히 행동하지 못한다면 그것은 노동자계급을 배신하는 행위입니다. 이제 더 이상 기다릴 수 없는 이유는, 당국이 오직 그들의 특권과 이익만을 위해서 위기상태로 사회를 유지하려는 준비를 해 왔다는 것을 깨달았기 때문입니다. …… 이제 우리는 두 가지의 가능성을 생각할 수 있는데, 그 하나는 사회를 짓누르는 관료제적 독재이고, 다른 하나는 노동자계급의 자주관리와 사회주의입니다.[86]

---

83) Zbigniew Kowalewski, 앞의 책, p. 28.
84) 정부의 어떤 관리가 비밀리에 작성하고 바로 며칠 뒤에 방송된 그의 연설에서의 발췌.
85) Kowalewski, 앞의 책.
86) 같은 책.

　　정권이 폭압적 수단을 강구하기 시작하면서 급진적 발언이 다시 등장했지만, 또 다른 문제는 그 말을 어떻게 행동으로 연결시킬 것인가 하는 것이었다. 여기에서 여름의 '급진파'가 품었던 생각은 바웬사의 타협에 대한 몽상만큼이나 무력한 것이었다. 예를 들어 얀 루레브스키는, 사회와 국가가 1981년 8월 이래, 강화된 대결의 시기에 접어들었다고 주장했다. "이것은 총파업, 즉 하나의 능동적 파업으로 고조될 수밖에 없는 정면대결을 의미한다."[87] 하지만 그가 총파업을 준비하는 방법은 공장의 기반과는 완전히 유리된 것이었다. 그는 서방의 '민주주의'의 경험을 상기하며 이렇게 주장했다.

> 연대노조의 전략은 수백만 민중이 스스로를 표현할 수 있도록 하는 것이어야만 한다. 그렇기 때문에 나는, 대결의 한 표현으로서, 전체 사회가 스스로를 표현할 수 있는 국민투표의 실시를 제안하는 바이다.

　　국민투표의 결과가 체제를 불신임하는 쪽으로 나오면, 연대노조는 총파업을 소집하고 '무소속 전문가들로 구성된 임시정부'를 구성하여 자유의회 선거를 치르자는 것이 그의 생각이었다. 우츠 연대노조의 코발레브스키는 다음과 같이 올바른 지적을 했다.

> 그의 전술은 많은 약점을 안고 있었다. 무엇보다도 그것이, 정치적 국면에 대한 분석에서 시작하지 않았다는 점에 문제가 있었다. …… 상황은 정부와 사회와의 충돌이 언제 있을지 모르는 상태이었는데도, 얀 루레브스키의 제안에는 즉각 대중을 동원하는 방안이 포함되지 않았다.[88]

　　우츠의 대표들은 대안 전략을 제시했다. 그 전략은 '행동적 파업', 즉 노동자들이 공장의 통제권을 장악하고서, 공급부족 상태에 있는 기초 물품의 공정한 분배를 책임지는 대표단의 통제 아래 공장을 운영하는 방

---

87) 같은 책.
88) 같은 책.

안에 기초한 것이었다. 그의 생각은 정부와 각 공장으로부터 권력을 탈취하는 데서 시작하여, 노동자들만이 사실상 경제적 위기를 치유할 수 있다는 점을 증명해 보여야 한다는 것이었다. 그리고 노동방위대를 조직하여 경찰이나 군대의 공격으로부터 점거 공장들을 지켜야 한다는 것이었다.

그 전략은 전에 논의된 어떤 전략보다도 탁월한 것이었다. 그 전략은 최초로 조합의 공세를 인정했다. 즉 그것은, 대부분의 노동자들이 이해하고 있는 방식에 따라 관료들의 정치적·경제적 통제권에 도전하기 시작했던 것이다. 하지만 그 전략도 코발레브스키 자신이 지적한 대로 심각한 결함을 갖고 있었다.

> 권력 문제를 해결하기 위한 투쟁에서, 연대노조에서 제시된 혁명적인 방안조차도 '군을 우리편으로 끌어들일 투쟁'에 대한 아무런 방안도 갖고 있지 못했다. 사회운동 진영의 분위기는, 가장 의식있는 활동가들조차도 그들의 힘이 군을 무력화시키기에 충분하다는 환상이나, 그것이 아니면 아직도 정면대결의 문제는 대두되지 않았다는 환상에 빠지게 했다.[89]

라돔의 회의에서는 대다수의 찬성으로 12월 7일에 항의행동을 조직하기로 결정했다. 그리고 바웬사가 반대했음에도 불구하고 만약 비상사태가 선포될 경우에는 총파업에 돌입하기로 결정되었다. 조합 문제에 관한 그 밖의 안건들은 다음 주 열릴 그단스크 회의로 연기했다.

그 주일이 지나면서 우츠측의 급진적 제안들이 대부분의 주요 지역 ― 예를 들면 바르샤바와 크라쿠프 등지 ― 에서 지지를 얻고 있다는 사실이 명백해졌다. 다음은 바르샤바에서 보고되었던 소식이다.

> 대다수의 활동가들은, 대결이 눈앞의 일로 닥쳐와 이제 피할 수 없게 되었다고 생각하고 있으며, 공장들에서는 대응책을 강구하고 있다. 대규모 공장들에는 노동자 전투부대가 적지 않으며, '정통' 공산당원들이 강제로 축출되는 일도 적지

---

89) 같은 책.

않다.90)

우츠의 12군데 노조회의에서는, 연대노조 전국 지도부가 승인하지 않는 경우라도, 전국의 노동자들이 참여하는 새로운 공세를 취하기로 결정했다.

그들은 혁명적 수단으로써 관료들의 경제력을 빼앗기로 결정했다. 첫번째 행동적 파업은 12월 21일로 계획되었으며, 노동자계급이 생산과 분배를 통제한다는 내용과 함께 노동자들은 민병대를 조직하여 각 기업들을 방어하기로 했다.

우츠에 거주하는 노동자들을 대상으로 실시한 여론조사에서는 '88.3퍼센트가 어떤 위험에 빠지더라도 노조 지도부를 적극 지지하겠다고 응답했다. …… 어떤 형태로 지지할 것인가라는 질문에 대해 노동자들은 행동적 파업을 하겠다고 응답한 경우가 가장 많았다.'91)

그러나 그것은 너무도 미약하고, 때늦은 행동이었다. 노동자계급의 자발적 전진 운동은 이미 중단된 상태였다. 보다 정확하게 말하면 연대노조 전국 지도부의 반복적인 평계로 인해 그러한 운동이 사그러든 상태에 있었다. 정권과의 대결을 위해 이러저러한 준비가 갖추어져야 한다고 연대노조 전국위원회가 결정을 내린다고 해서 사그러든 운동이 다시 가동될 수는 없었다. 대중운동은, 노동자들이 경제적 투쟁의 승리를 통해서 정치적 투쟁에 대한 자신을 얻고, 나아가 정치적 승리가 경제적 성과로 연결된다는 생각을 가질 때만이 그 힘을 얻는 것이다. 그러한 자신감은 스위치를 조작하는 지도자에 의해 기계적으로 생겨날 수는 없다.

노동자들 스스로에게 그러한 자신감이 결여되어 있는 상태에서 그들이 군의 일반사병들에게 장교들을 거역하는 엄청난 모험을 하라고, 그것이 정말 가치있는 일이라고 설득할 수는 없다. 군이 분열하는 경우란,

---

90) *Il Manifesto*, 1981년 12월 12일.
91) Kowalewski, 앞의 책.

민중들이 승리하는 방향으로 상황이 흘러간다고 사병들이 생각할 때뿐이다. 그렇지 않은 경우라면, 군 내부에서 혹시나 하는 생각들은 사그러들게 될 것이며, 군은 일사불란한 탄압의 기제로 둔갑할 것이다. 마르크스는 이미 1848년에 이렇게 적고 있다.

> 모든 무장봉기에서 방어는 곧 죽음이며, 적과 겨루기도 전에 패배로 빠지는 길이다. 적의 힘이 분산되어 있는 동안 적을 놀라게 해서 떨게 하라. 새로운 성공을 위한 방법을 모색하라. 그것이 아무리 작더라도, 매일같이 …… 그런 식으로, 동요하는 분자들을 당신 편으로 끌어 들이라. 그들은 항상 더욱 강한 충동을 따르며, 항상 안전한 곳을 찾는다. 말하자면 적이 힘을 모아 당신들을 공격하기 전에 적을 퇴각하도록 만드는 것이다. 당통의 말대로 대담하게 더욱 대담하게.

마르크스가 그 글을 쓴 뒤에 노동자계급은 군대와의 정면대결이 불가피한 상황을 여러 차례 경험했다. 그때마다 지도부는 그 충돌을 피할 수 있다고 믿었다. 그들의 지도노선은 노동자들의 투쟁을 만류하고, 마지막 순간까지 적들이 완전히 돌아서도록 협상을 하려 애쓰면서 기적과도 같은 승리를 바랬다. 그것은, 거의 언제나 심각한 패배로 끝나고 말았다.

연대노조 지도부의 경우에는 12월 11~12일에 열린 그단스크 회의에서 노선의 180도 전환이 결정되었다. 회의에서는,

> 연대노조의 대부분의 지도자들은 정면대결을 지지했으며, 야루젤스키 및 그렘프와 3자회담을 벌였던 바웬사를 신랄하게 공격했다. 그리고 모든 기고문들의 공통된 주제는 임시정부 수립에 관한 주장들뿐이었다.[92]

연대노조 활동가들로 하여금 급진적 입장을 취하게 한 일련의 사태들이 그들에게 얼마나 큰 심경의 변화를 일으키게 했는지는 쿠론의 행동에서 잘 나타난다. 그는 라돔의 회의에서, 연대노조는 공산당 정부를 임시정부로 대체할 것인가의 여부를 놓고 투표를 실시해야 한다고 주장하

---

92) *Il Manifesto*, 1981년 12월 13일.

며 6개항의 결의문을 제시했다. 쿠론은 혁명적 사회주의자 출신이기는 했지만 지난 15개월 동안 계속해서, 정부의 권력에는 도전할 생각도 않고, 조합이 '정부의 대체 기관' 역할을 하는 것은 어리석은 일이라고 주장해 왔었다. 그는 초여름의 한 시기에 연합적인 '단일 정부'를 주장하는 모습을 보이기도 했다. 그런데 이제 그는 국가에 대한 폭동적 공격이라고밖에는 생각될 수 없는 제안들을 내놓았던 것이다. 하지만 그의 제안에는 여전히 **방어적** 측면이 보인다.

> 연대노조에 대한 국가의 공격이 있을지 모르는 상황인데도 방어적 태도가 지배적이었다. …… 누구든 먼저 공격을 시작하는 편이 대결에서 크게 유리한 상황이었음이 명백한데도.[93]

야루젤스키는 바로 그날 밤 공격을 감행했다. 전국위원회의 대표자들 ─ 각 지역 연대노조 지도자들 ─ 은 침실에서 체포되어 수용소로 끌려갔다. 다음날 아침, 조합원들은, 군부가 권력을 장악하고서 모든 전화망을 끊고 도로 구석구석을 차단하고 탱크로 순찰하는 광경을 목격해야 했다. 그리고 이어 연대노조를 해산한다는 법령과 파업하는 자는 구속한다는 법령이 포고되었다.

패배 이후

야루젤스키의 쿠데타의 목적은 고전적 의미로 '보나파르티즘적' 이었다. 다시 말해서 군부는 양대 사회 세력의 무기력을, 자신들이 개입하여 안정적인 관료제적 통치를 회복할 수 있는 좋은 기회라고 생각했던 것이다. 또한 군부는 단 한번의 공격으로 연대노조를 파괴하고 당 지도부 내부에서 당파싸움을 일삼는 자들에게 군 장성들의 의지를 강요할 수

---

93) Kowalewski, 앞의 책.

있었다.

그들은 쿠데타 첫날 두 가지 목적을 성취했다. 대부분의 연대노조 전국·지역 지도자들은 계엄령이 선포된 지 수시간도 안되어 수용소에 수감되었다. 폭동진압경찰——ZOMOS——은 엄청난 무장병력을 동원해 파업과 공장점거를 진압했다. 노동자에 대한 공격의 전형적인 사례는 스비드닉에서 발생했다.

공장 전체가 군 부대에 의해 포위되었다. 파업 노동자들에게 10분의 여유가 주어졌다. 탱크들이 담을 허물었고, 수백 명의 폭동진압경찰이 영내로 진입했다. 무수히 많은 최루탄이 던져졌다. 최루탄 가스에 휩싸여 심하게 구타당한 노동자들은 하나둘씩 정문으로 밀려나왔다.[94]

많은 대규모 공장들에서 그와 비슷한 상황이 재연되었다. 경찰은 그단스크 조선소를 세 차례나 공격했고, 실레지아의 광산지역에서는 경찰이 갱구를 부수고 침입하는 일이 있었기 때문에 노동자들은 지하에서 바리케이드를 설치하고 대치했는데, 우옉 채굴장에서는 7명의 광부가 희생당하기도 했다. 수천 명의 억류된 연대노조 지도자들 외에도, 수천 명의 다른 사람들이 군사 법정에 끌려와 3년에서 7년까지의 실형을 선고받았다.

문자 그대로 수백 개의 공장에서 파업을 벌였음에도 불구하고, 쿠데타에 대한 직접적 저항은 1월 중순까지는 모두 진압되었다. 하지만 봄과 여름에는 다시금 저항이 고개를 들기 시작했다. 그것은 간신히 체포를 모면했던 바르샤바의 부약과 그단스크의 리스와 같은 전국지도자들이 연대노조 지하조직을 결성했기 때문이었다. 그 저항은 파업보다는 대규모의 가두시위를 벌이는 형태로 나타났다.

사람들은 새 정권을 증오했다. 하지만 그 정권에 반대하는 직접적 행

---

94) Information bulletin of NSZZ Solidarity, Warsaw, 1981년 12월 28일. *Labour Focus on Eastern Europe*, 1982년 봄호, p. 33에서 재인용.

동에 기꺼이 참여하는 사람은 소수에 불과했다. 그 소수는 폭동진압경찰과 거리에서 전투를 벌이기에는 충분한 수이었는지 몰라도, 공장 가동을 중단시키기에는 턱없이 부족했다. 10월에 그단스크의 레닌 조선소에서는 연대노조를 공식 해체하는 법령에 항의하는 파업이 일어났다. 이틀 동안은 1980년 8월을 재현한 듯한 장면이 연출되었다. 똑같은 슬로건, 노동자들의 똑같은 열기, 똑같은 수준의 분노가 표출되었다. 하지만 이제 다른 곳의 노동자들은 이미 투쟁에 참가할 만큼의 신념을 갖고 있지 못한 상태였다. 고립되어 낙담한 조선소의 노동자들은 투쟁을 포기해야 했다. 11월에 계획되었던 하루 동안의 전국적 파업도 실패로 끝나고 말았다.

야루젤스키가 쿠데타를 일으키면서 가늠해 보았던 노동자계급의 저항의 정도는 그의 계산과 일치한 것으로 입증되었다. 야루젤스키의 공격 속도는 노동자들을 당황하게 만들었다. 행동으로 돌입한 작업장은 몇 군데에 불과했는데, 그것마저도 고립된 것이었다. 경찰과 군의 강경노선 앞에서 그들은 무력한 듯이 보였다. 싸움을 시작한 작업장도 곧 패배했다. 사기가 저하되고 조직이 와해되어 원자화된 노동자계급은 30만의 군과 10만의 경찰을 마음대로 움직이는 야루젤스키의 적수가 될 수 없었던 것이다.

야루젤스키는 그의 두 번째 목표에서도 성공을 거두었다. 민간인 당 지도자들은 군부가 자신들의 권한을 강탈해 가는 것을 보고만 있어야 했다. 대부분의 관료들도 소란이 끝난 것을 보고는 안심할 따름이었다. 그리고 그들은 국가의 각 부처, 대규모 기업과 언론의 책임을 맡게 된 군부의 인물들에게 복종하기 바빴다.

처음에 군부는, 12월 13일 이전의 부패와 비효율과는 현격한 대조를 보이며, 일관된 목표를 추구하면서 일을 추진할 능력을 보유한 것처럼 보였다. 하지만 1982년 말경에 이르자 야루젤스키의 지배 체제가 영구히 안정적일 것 같아 보이지는 않았다. 뜨로츠키가 지적했던 것처럼, 총검을 휘둘러 많은 것을 얻어 낼 수는 있지만 그 위에 영원히 앉아 있을 수는 없는 것이다. 30만 병력의 군은 탱크로 거리를 순찰하고, 공장의

정문을 부수고, 경계선을 펴 야간의 인구 이동을 금지하고, 심지어는 총
부리를 들이대고 사람들을 일하게 할 수는 있다. 하지만 그것만으로는
천만 노동자들의 심중을 꿰뚫어 볼 수 없고, 노동자들의 생각을 단속할
수 없고, 그들의 중얼거림을 멈추게 할 수 없으며, 그 중얼거림이 태업
과 지역적 연좌파업으로, 그리고 새로운 지하조직의 결성으로 발전되는
것을 막을 수 없다. 그리고 무엇보다도 노동자들의 축적된 고통은, 적어
도 꼭 필요할 때에는, 새로운 대규모 파업과 거리의 투쟁으로 폭발할 것
이다.

그렇기 때문에 노동운동을 완전히 파괴하기 위해서는 병력을 동원하
는 행동 이상의 것이 요구된다. 그것은 탄압을 지지하는 대대적인 대중
적 기반이다. 1871년의 파리꼬뮌은 베르사이유에서 출동한 군대가 탄압
했다. 하지만 그 배후에는 파리 시민의 거의 절반으로부터, 서부의 부르
주아지 지역으로부터, 그리고 많은 지방으로부터의 적극적 지지가 있었
다. 뭇솔리니와 히틀러는 순수 군부 정부라면 결코 이룰 수 없는 것을
얻어냈는데, 그것은 그들이 소부르주아계급 운동의 대대적이고 적극적인
지지를 얻었기 때문이었다. 1936년에 프랑코가 스페인에서 반란을 꾸몄
을 때에는, 적어도 인구의 3분의 1이 그의 기치 아래로 모여들 준비를
갖추고 있었다. 1973년 칠레에서 피노체트의 쿠데타가 성공하여 안정적
정부를 꾸릴 수 있었던 것은 오직 그 초기에 우파 및 중도파 정당들——
그들은 전체 인구의 절반 이상의 득표를 했다—— 의 지지와 개인 트럭
운전사들의 운동과 같은 소부르주아계급 운동의 지지를 얻었기 때문이
었다.

자신을 군사적 애국자처럼 꾸미려 했던 야루젤스키의 모든 노력은 평
정을 유지하는 데에로 쏠렸다. 그는, 기에레크 정권의 말년에도 그것의
유일한 지지 기반이 되어 주었던 몇십만 정도의 관료들의 지지 이외에
는 별다른 지지 기반을 얻지 못했다. 하지만 그 정도의 기반으로 야루젤
스키 정부가 노동자계급을 언제까지나 통제한다는 것은 무리였다. 노동
자들은 쿠데타가 있은 후 초기 몇년 동안에는 대대적인 파업에 참가할

만큼의 자신감이 없었는지 모른다. 하지만 그들은 새로 조직된 관제노조에 가입하기를 거부함으로써 스스로의 이익에 대한 자각을 잃지 않고 있음을 보여주었다. 노동자계급의 활동적 소수는 지하신문을 수만 부씩이나 발행하면서 투쟁에 대한 정보와 분석을 알려주었다. 이를 통해 그들은, 조합의 기본적 구조를 손상하지 않고 유지하면서 노동자계급 대중이 새로운 자신을 얻을 때를 대비하도록 촉구했다.

이와 같은 시기에, 군부 조직들이 1976~1980년에 당구조를 약화시켰던 것과 동일한 오류를 범하기 시작했다는 조짐들이 나타났다. 그들은 일부 노동자들(예를 들면, 광부들)을 더 오랜 시간 동안 더욱 강도 높게 일하도록 강요할 수 있었다. 하지만 법령으로는 수년 동안 누적되어 온 심각한 경제문제들을 해결할 수는 없었다. 바로 이 문제들 때문에 그들은, 위기에 대해 서로 다른 처방을 제시하는 관료들 각 계파간의 분쟁이나 이익 단체간의 불화를 멈추게 할 수도 없었다. 실제로 진전된 양상을 살펴보면, 민간인 관료들을 감독하는 군 출신 인사들이 관료끼리의 살기등등한 분쟁에 말려들었고 그러한 반목이 군부의 결속을 해치는 형태로 나타났다.

야루젤스키 정권이 바라던 유일한 장기적 희망은, 1970년대 초반 체코슬로바키아에서와 같이, 경제전선에서 의외의 성공을 거둠으로써 지지기반을 확충하고 내부의 알력을 없애는 것이었다. 하지만 쿠데타가 발생한 지 일년이 지나면서도 그러한 경제적 기적의 조짐은 어디에도 보이지 않은 듯했다. 대신에 야루젤스키는 교회에 지지를 호소함으로써 — 1956년 고무우카와, 1970년과 1976년에 기에레크가 그랬던 것처럼 — 무의식중에 스스로의 약점을 드러냈다. 야루젤스키는 1982년 11월에 예정되었던 1일간의 전국적 파업이 며칠 앞으로 다가오자 그렘프 추기경과 협정을 체결하여, 그가 파업을 비난해 주는 대가로 1982년 여름에 교황이 방문할 수 있도록 — 사실상 그것은 정권을 축복하는 것이었다 — 승인하였다. 그리고 나서야 정권은 자신감을 얻고 탄압을 약간 늦추면서 바웬사를 포함하여 격리되었던 연대노조의 인물 대부분을 풀어 주었다.

하지만 정권은 법원을 이용해 다른 조합의 지도자들을 장기 복역시키는 행위를 멈추지는 않았다.

야루젤스키의 그러한 행동을 보면 그가, 노동자계급은 큰 타격을 입기는 했지만 분쇄된 것은 아니라는 사실을 인식하고 있었다는 점을 알 수 있다. 사실 노동자계급은 큰 상처를 입었고, 그 상처를 치유하기까지는 얼마간의 시일이 소요될 것이다. 그러나 노동자들의 각 계층은 점차 자신감을 되찾기 시작할 것이고 ── 아마도 처음에는 눈앞의 경제적 문제들에 대한 비교적 낮은 수준의 투쟁에서부터 ── 결국에는, 위기로 황폐해진 정권과의 새로운 정면 투쟁을 불러일으키기에 충분한 힘이 자신들에게 있다는 사실을 깨닫고야 말 것이다.

폴란드의 패배가 주는 교훈

패배는 종종 패배주의를 번식시킨다. 패배는 현상에 대한 어떠한 도전도 성공한 적이 없다는 믿음을 강화시킨다. 패배는 사람의 힘으로는 사회를 제어할 수 없다는 낡은 편견을 강화시킨다. 그러한 편견을 극복하고자 노력하는 사람들조차도, 외관상 무적(無敵)으로만 보이는 군부가 휘두르는 얄팍한 기술에 압도당한다. 흔히 쉽사리 내리는 결론은 ── 1973년 칠레 노동자들의 패배를 지켜보고 대부분의 유럽인들이 내린 결론처럼[95] ── 개혁을 한정된 수준 이상으로 밀어붙이면 파국을 초래한다는 것이다.

하지만 폴란드의 경험에서 얻어지는 실제의 교훈은 이와는 전혀 다르다. 15개월 동안 노동자들은 정권을 다그쳐 그들이 완고하게 반대했던 것, 즉 독자적인 노동조합 운동을 인정하도록 만들었다. 15개월 동안 노동자들은 전무한 정치적 경험, 무자비한 경찰의 탄압, 국제 노동자계급

---

95) 예를 들면, *New Society*, 1973년 9월 20일자에 실린 에릭 홉스봄의 말을 보라.

의 전통에 접근할 기회의 부재 등에도 불구하고 노동자계급의 역사에 남을 위대한 투쟁을 전개하였다. 30만의 군대, 10만의 경찰, 탱크, 산처럼 쌓인 최루탄, 탄압의 기술 등이 애초부터 있었던 것임에도 불구하고 제대로 쓰이지 못했던 까닭은 끝까지 노동운동이 강력했기 때문이다. 비극이 있었다면 그것은 노동운동 진영의 강력한 힘을 군부의 힘을 일거에 파괴하는 데 사용하지 못했다는 점에 있었다.

물론 때로는 노동자들이 투쟁에서 패배할 수밖에 없도록 만드는 물적 현실이 존재하는 경우도 있다. 예컨대 노동자들의 수가 적고, 작업장은 협소하며, 노동자계급이 지리적으로 분산되어 있고, 지배계급이 사회의 다른 모든 계급들로부터 확고한 지지를 받는 경우에는 그렇게 된다. 또한 사회적·문화적 요인이 승리를 거의 불가능한 것으로 만드는 경우도 있다. 그런 경우란, 민족적 전통과 기술적 전통이 서로 달라 작업장에서 노동자계급의 통일이 방해될 때, 지배계급의 생각이 직접 노동자계급에게로 침투할 때, 그리하여 지배계급이 노동자계급을 분할 지배하는 방법을 잘 알기 때문에 자신감에 차 있을 때, 그리고 비조합원들이 조합원들의 파업이나 공장점거를 깨뜨릴 때이다. 하지만 그러한 경우라 하더라도 **모든** 투쟁이 꼭 실패할 수밖에 없다는 일반적인 결론을 내릴 수는 없다.

이따금 경쟁 계급간의 투쟁은, 더 이상 노동자계급의 경제적 구성이나 문화적 전통 등이 문제가 되지 않는 정점에 도달하게 된다. 그런 상황은 지배계급과 대등한 힘을 가지고 있고 또 어느 정도는 자발적인 노동운동을 산출하며 이를 통해 지배계급의 지배 능력의 마비가 오게 된다. 그 단계에서 승패의 관건은, 하나의 계급 또는 여타의 계급 속에서, 그 계급이 사회 전체의 문제를 풀 수 있다는 확신을 줄 수 있는 프로그램을 가지고 그들을 투쟁으로 나아가게 할 수 있는 새로운 지도부가 형성되는가 형성되지 못하는가에 달려 있다.

억압당하는 계급에게 이것은, 무엇을 할 것인가에 대한 명확한 관점을 갖고 있고, 또 그것을 계급의 다른 구성원들에게 전달하려는 의지를 지닌 소수가 성장하느냐 **그렇지 않으면** 그 계급이 압제자들에게 주도권을 빼앗기고 패배하느냐의 양자 택일을 의미한다. 한마디로 말해서, 혁명적 정당이 가장 중대한 문제로 떠오르는 것이다.

1953년, 1956년 그리고 1968년에 동유럽에서 혁명적 정당에 관한 문제는 가장 중요한 문제로 등장하지 않았다. 베를린 봉기는 너무나 단명하게 끝나고 이내 고립되어 버렸기 때문에 어떤 상황 속에서도 성공할 수 없었다. 헝가리에서는 노동자들이 혁명을 위하여 무엇을 할 것인가를 논의하기 시작하기도 전에, 소련군 탱크가 두 번째로 부다페스트로 밀고 들어왔다. 체코슬로바키아에서는 소련군의 침략이 있고 나서야 노동자들이 대대적 행동에 참여하였지만, 그것도 간헐적인 것이었다. 하지만 폴란드에서는 이들과는 대조적으로, 격변의 추동력은 노동자계급의 자주적 조직에 있었다. 그리고 그 운동도 불과 며칠이 아니라 일년 3개월이나 계속되었다. 이 기간 동안에 조합의 강력한 힘은 정권이 제대로 기능 못하도록 방해했다. 국가권력을 단호하게 분쇄할 것인가 아니면 관료에게 시간을 주어 조합을 분쇄할 조직을 재정비하도록 허용할 것인가 여부는 전적으로 연대노조 내부에서의 전략 및 전술에 관한 토론의 결과에 달려 있었다. 그리고 그들이 어떤 길을 택하는지는 시작 단계부터 명확한 의견을 제시하는 핵심적 인물들이 있는가 없는가에 달려 있었다. 그것은 결국 우리가 그들을 분쇄하느냐 아니면 그들에게 분쇄당하느냐의 문제였던 것이다. 그런데 그런 핵심적 인물들이 없었던 관계로 전례 없는 힘을 지녔던 운동이 방향감각을 잃고 비틀거리다가 결국 1981년말이 되면서 그 힘마저 잃고 말았다.

억압받는 계급이, 자신들만이 유일하게 사회를 전진시킬 수 있다고 이해하기까지에는 너무나 많은 장애물이 도사리고 있다. 그 구성원들은 평생 동안을 자신들에게는 경제와 사회의 발전을 통제할 만한 능력이 없다고 가르치는 사회에서 살아왔다. 그들은 그 말을 당연한 것으로 받아들인다. 그들이, 자기 자신에게 노예상태에서 해방될 수 있는 힘과 능력이 있다고 어렴풋이나마 깨닫는 것은 자발적으로 계급투쟁에 참여하기 시작하면서부터이다. 하지만 새로운 생각이 저절로 옛 편견을 없애 버리는 것은 아니며, 노동자계급의 모든 구성원이 그 새로운 생각을 같은 속도로 받아들이는 것도 아니다.

이탈리아의 혁명적 사회주의자 안토니오 그람시가 지적했던 것처럼[96] 사람들의 생각은 항상 두 가지의 것, 즉 사회 전반에 흐르는 관념과 그 사회 구성원들과 함께 행동함으로써 얻게 되는 경험의 상호작용에 의해 형성된다. 보통의 시기에 지배적인 생각은 바로 지배계급의 생각이며, 그것은 학교에서, 교회에서, 언론에서 그리고 일상의 평범한 현실에서 사람들의 머리 속에 주입된다. 그러나 사회적 격동의 시기에는 새로운 관념이 등장해 그 '지배적인 생각'과 겨루기 시작한다. 자주적인 집단활동에서 유발되는 관념과 그러한 자주적 활동의 가능성을 부정하는 관념 간의 모순에 의해 의식은 형성된다.

> 적극적인 인민대중은 대체로 실천적인 활동에 참여하지만 그 실천적인 활동에 대한 어떤 명확한 이론적 의식을 갖지는 못한다. …… 그들의 이론적 의식은 역사적으로 그들의 자주적 활동과 대립할 수 있다. 어떤 이는, 자신이 두 개의 이론적 의식(또는 하나의 모순된 의식)을 갖고 있다고 말할지도 모른다. 그중의 하나는 그들의 행동을 통일시켜 실제의 세계를 변혁시키는 행동 속에 내재된 의식이고, 다른 하나는 과거부터 전해 내려와 무비판적으로 수용된 피상적이고 말뿐인 의식이다.
> 그러나 이러한 말뿐인 의식은 어떠한 결과도 낳지 못한다. …… 종종 그러한 모순적인 의식상태는 어떠한 행동도, 어떠한 결정도 또 어떠한 선택도 하지 못하게 만들며 도덕적·정치적 수동성이라는 상태를 만들어 낸다.[97]

연대노조의 조합원들 역시도 그러한 일반 법칙에서 예외가 되지 못했다. 한편으로 그들은 1980년 7월과 8월의 위대한 경험을 겪으면서 스스로의 힘만으로, 모든 면에서 자신보다 유리한 일괴암적 국가기구로 하여금 자신들의 요구에 양보하지 않을 수 없도록 밀어 붙였다. 다른 한편으

---

96) Antonio Gramsci, *Selections from the Prison Notebooks*(London, 1971), p. 333.
97) 같은 책.

로 그들은, 스딸린주의적 수사학과 폴란드 민족주의와 카톨릭의 신비주의로 뒤범벅되어 지배적 관념으로 작용하고 있는 사회에서 성장해 왔다. 그리고 그들이 자신들의 자주적 활동을 해석해 내는 사상적 도구도 바로 이러한 관념이었다.

그 결과는, 불가피하게도, 기이하고 혼란된 관념의 탄생이었다. 그들은 노동자계급의 행동에 깊은 신뢰를 보였지만, 성직자 앞에서는 계속 무릎을 꿇었다. 그들은 오랜 시일에 걸쳐 확립된 노동자계급의 전통에 일체감을 표하고 그들의 조합에 연대노조란 이름을 붙였지만, 많은 경우에 레이건 대통령이나 마가렛 대처를 그들의 지원자라고 생각했다. 그들은 지배정당을 미워했지만, 군대가 국가의 구체적 표현이라고 생각했다. 그들은 모든 독재를 반대했지만, 전전(戰前)의 독재적 민족주의자 필수드스키의 사진을 벽에 걸어 두었다. 그들은 부패한 관리들에 대항해 맹렬하게 싸웠지만, 그 관료들과의 '민족적 화합'이 가능하다고 믿었다. 그들은 모든 노력을 기울인 운동을 통해 국가의 기능을 멈추게 하는 데는 성공했지만, 국가를 전복하는 단계에 이르러서는 후퇴하고 말았다.

몇 달간의 격렬한 투쟁과 첨예한 이데올로기적 충돌을 거치고 나서야 그들은 자신들의 혼란된 의식 속에서 모순적인 요소들을 분리시키기 시작했으며, 사회란 무엇이며 지금의 과제가 무엇인가에 대한 진정한 이해를 이끌어 내었다. 하지만 이러한 이데올로기적 명확화의 과정은 서로 다른 관념을 지닌 계급 조직들 내부에서 동시적인 양극화가 이루어지지 않는다면 성공할 수 없다. 그람시는 그것을 일컬어 '정치적 "헤게모니들" 간의 그리고 반대되는 방향들간의 투쟁'98)이라고 했다.

처음에는 계급의 자연발생적인 봉기의 힘이 이러한 필요를 은폐시켰다. **정당들**에 대한 생각은 ── 그리고 혁명적 사회주의 정당의 건설에 대한 생각은 더더욱 ── 연대노조의 초창기 몇 달간에는 대중성을 확보할 수 없었다. 사람들은, 중요한 것은 통일적인 노동운동이며 정당은 그 통일성을 해칠 것이라고 생각했다. 스딸린주의가 노동자 정당이라는 개념

---

98) 같은 책.

을 더럽혀 왔기 때문이었다. 하지만 1981년 이후에 보인 연대노조의 무기력은 '자발적 행동'만으로는 충분치 않다는 사실을 입증했다. 급진론자들이 바웬사 그룹의 지도력을 의심하기 시작하면서 연대노조 내부에서는 사실상의 '정당들'이 형성되기 시작했다. 활동가들은 필사적으로 난국에서의 탈출구를 찾아보려 발버둥쳤지만, 그들에게 어떤 명확한 생각이 있었던 것은 아니었다. 그들 각각은 여러 가지 핵심적인 지점들을 찾아내기는 했지만, 그러한 상이한 측면들을 전체적인 틀 속에 종합시킬 방법을 아는 사람은 아무도 없었다. 연대노조회의에서 그들이 연설한 내용을 찾아보면 눈이 가리어진 사람이 잠겨진 방에서 빠져나가려고 애쓰는 모습을 연상케 한다. 12월에 들어서면서 그 눈가리개는 조금씩 벗겨지기 시작했지만, 그때는 너무 늦어 있었다.

연대노조의 어떠한 집단도 점증하는 위기에 대처할 수 있는 능력이 없음이 드러나자 노조활동의 무능력을 다소나마 극복할 수 있는 길이 공식적인 정당조직의 건설에 있지 않을까 하는 생각에 점차 관심이 집중되었다. 여름 무렵 우익 민족주의자 그룹인 독립 폴란드를 위한 연합 (Confederation for Independent Poland)은 급속한 성장을 했다. 그들의 몇몇 지도자가 구속된 일은, 그들이 박해받고 있으며, 정권과 연대노조를 대신할 급진적 대체 세력이라는 인상을 심는 데 도움이 되었다. 그러나 정당에 대한 요구는 그보다는 폭넓은 것이었다. 7월에 있던 연대노조 전국위원회에서 쿠론은 이렇게 말했다.

> 변화의 필요성에 대한 자각은 지금 그 어느 때보다도 강력합니다. 정당에 대한 요구가 일고 있는 것도 바로 그 때문입니다. 우리가 어디를 가든 들리는 것은 정당에 대한 요구뿐입니다. 나는 지금 이 회의장에서도 그 요구를 몇차례나 들은 바 있습니다. "정당을 결성합시다."

하지만 정당의 결성은 연대노조와 설사 병존한다 하더라도, 그것과는 분리된 어떤 것으로 인식되었다. 그것이, 전국적 노조 지도부의 '온건파'가 나날이 무엇을 원하고 있는가 하는 것과는 무관하게, 노조의 기층에서 자발적으로 발전하는 투쟁들을 통합하고 조정하는 조직화의 방법으로 될 수 있다는 생각은 하지 못했다. 정당의 결성은 대다수 연대노조의 평노조원에게는 국가권력을 향한 투쟁의 준비로 보여지지 않았다. 때문에, 정당에 대한 말은 마치 클러치도 없이 돌아가는 엔진과 같았다. 사실 정당에 대한 이야기는 어떤 무엇과도 연결되지 못했다.

이 모든 것들에서 결핍되었던 것은, 진정한 혁명적 사회주의의 경향인 혁명적 마르크스주의의 구심점이 없었다는 점이다. 만약 그것이 있었다면 그것은 이론과 실천을 통해 노동자들 자신이 민주적으로 구성한 조직들 — 즉 연대노조의 골간 조직들 — 이 어떻게 하여 낡은 국가를 타도하고 사회조직의 새로운 형태를 만들 수 있는지를 보여줄 수 있었을 것이다. 또 그러한 경향이 만약 존재했다면 여름 이후에 지속되었던 공백을 메우기 위하여 당시의 운동과 관계되는 정당의 문제를 제시할 수도 있었을 것이다. 그 정당은 개방성과 민주성으로 인해 노동자계급 전투조직의 외부에 있는 어떤 방해조직으로 생각되기 보다는 위기를 해결할 공동의 혁명적 구상을 가진 활동가들의 그룹으로 인식되었을 것이다. 그리고 그들은 스스로의 경험들을 종합해 계급의 다른 구성원들을 일관된 길로 이끌기 위해 전력을 다했을 것이다. 그것은 **모든** 노동자들의 투쟁을 — 설령 그것들이 조합과는 무관한 것들이라 할지라도 — 관료제적 소유관계와 국가에 대해 철저하게 도전하도록 이끌려 했을 것이다. 그럴 때에만 국가와의 불가피한 정면대결의 준비가 비로소 시작될 수 있었을 것이다.

노동조합은 봉기를 지지할 수는 있지만, 그것을 준비할 수는 없다. 그렇기 때문에 국가권력을 성공적으로 접수하기 위한 선결조건이, 수백만 대중이 참가하는 대대적이고 공개적이며 대중적인 선동활동일지라도, 그것만으로 충분하지는 못하다. 거기에는 또한 노동자들을 무장시키고 경찰과 군 내부에서 신뢰할 만한 지지를 보내 줄 세포들을 만들어 낼 수 있는 은밀한 지하활동이 꼭 필요하다. 그럴 때 비로소 관료들의 권력을 파괴하고, 대결의 결정적 순간에 적의 군대를 우리편으로 끌어오는 일이 가능한 것이다. 당으로 조직된 가장 선진적인 노동자들은 그런 은밀한 준비를 할 수 있다. 하지만 사실상 계급 전체의 조직인 연대노조와 같은 공개 조직은 그런 일을 할 수 없다.

게다가, 계급 전체의 조직이 어떤 준비를 시작하기 전에 봉기에 대한 합의를 거쳐야 한다면 그러한 봉기는 거의 언제나 너무도 늦을 수밖에는 없다. 만약 이러한 계급의 조직이 정권을 전복할 준비가 되었다고 선언한다면, 정권은 어떤 비용을 들여서라도 그것의 뒤통수를 치려고 할 것이다. 정권은, 이런 조직이 말을 어떻게 행동으로 옮길 것인가를 놓고 씨름하는 동안에 먼저 행동에 돌입할 것이다. 이것은 바로, 연대노조가 라돔에서 정권을 제거할 전략을 결정한 지 일주일 만에 폴란드에서 실제로 발생되었던 일이다.

혁명적 정당의 건설은 결코 쉽지 않다. 그 작업은, 계급의 대부분이 수동적 자세를 취할 때는 특히 힘들고, 때로는 무의미하게도 느껴진다. 동유럽에서 계속되어 온 국가적 탄압은 아주 오랜 기간 동안 그 작업을 거의 불가능한 것으로 만들었다. 게다가 스딸린주의의 유산은 무척 많은 노동자와 지식인들로 하여금 어떠한 마르크스주의적 개념도 믿지 못하게끔 만들었다.

하지만 폴란드에서는 그러한 정당의 건설이 가능한 조건들이 조성되고 있었다. 1976년 이후로 국가의 탄압은 점차 효력을 잃어 갔다. 독립 폴란드를 위한 연합과 같은 단체가 조직되었다는 것은, 혁명적 마르크스주의 단체도 결성될 수 있다는 사실을 의미했다. 그러한 단체가 1980년 8월 이후에 어떠한 탄압을 당했다 할지라도 그것은 결국 그 단체를 널리 알리고 정권에 반대하는 대다수의 사람들을 동참시키는 요소로 작용했을 것이다. 그러한 정당이 제기했을 기본적인 슬로건 —— 연대노조가 기존의 국가를 타도하고 권력을 장악해야 한다 —— 은 더욱더 많은 노동자들이 자신들의 경험을 통해 도달하게 될 바로 그 슬로건 중의 하나가 되었을 것이다. 이미 1981년 4월에 실시한 여론조사에서도 11퍼센트의 사람들은 '연대노조가 국가와 민족의 운명에 대한 전적인 책임을 져야 한다'고 주장했다.99) 늦가을까지는 그러한 견해에 대한 지지자들이 훨씬 늘어났을 것임이 분명하다.

하지만 당시에는 그들에게, 그들의 견해가 혁명적 마르크스주의의 진정한 메시지 —— 즉 노동자계급의 자주적 해방 —— 와 일치한다는 것을 설명하면서 이 소수의 사람들을 조직할 수 있었던 핵심적 활동가들이 없었다. 정당은 저절로 건설되는 것이 아니다. 정당은 스스로 자신의 생각을 명확하게 하고 진정한 마르크스주의의 전통과 연결된 뒤에, 투쟁하기를 원하는 훨씬 더 큰 규모의 소수 노동자와 연결되고자 애쓰는, 상대적으로 작은 그룹의 노동자와 지식인들로부터 시작된다. 1976년과 1977년에 그러한 소규모 집단들이 없었기 때문에, 1981년과 1982년의 일정 시점에서 연대노조가 적에게 주도권을 빼앗기고 패배할 수밖에 없었던 것이다.

---

99) Martin Myant, *Poland, a Crisis for Socialism*(London, 1982)에서 재인용.

제3부

전 망

제10장 이론과 현실

제 10 장
이론과 현실

전후 초기 몇년 동안 서로 다른 두 개의 이미지가 대중의 상상력을 지배하기 위해 경쟁하였다. 하나는 조화롭고 갈등에서 해방된 자유동맹으로 구성되어 완전한 공산주의를 향해 나아가면서 인류 지고(至高)의 희망을 표현하는 동유럽의 모습이었다. 또 다른 하나는 죠지 오웰의 『1984년』에서 그려진 것과 같은 사회, 완전 통제된 무덤과도 같은 사회, 전능한 지배엘리트의 이익에 대한 어떠한 반대도 뿌리째 뽑아버리는 사상 경찰이 전제적 통제를 가하는 악몽과도 같은 사회의 모습이었다.

하지만 1953년, 1956년, 1968년, 1970년, 그리고 1980년의 사건들은 그 모든 상상들 모두를 산산이 부수어 버렸다. 그 사건들은, 동유럽 국가들이 사회주의 낙원이나 생명 없는 무덤이 아니라, 지배계급의 착취가 그에 대한 반복되는 저항을 만드는 사회라는 사실을 보여주었다. 그 사실은 소수의 마르크스주의자들이 35년 전에 논의했던 바[1] ── 그 '공산주의' 국가들은 사실상 **국가자본주의**의 변형태들이라는 주장 ── 를 실제로 입증한 것이었다.

'국가자본주의'란 용어는 자의적으로 선택된 것이 아니다. 그 용어는 단지 그 사회가 나쁘다거나 또는 착취가 존재한다는 말을 하기 위해서

---

1) Tony Cliff, *State Capitalism in Russia*를 보라[토니 클리프, 『소련 국가자본주의』, 책갈피, 1993]. 이 작품은 여러 판을 거듭 찍었고 제목도 여러 번 바뀌었다. 최초의 판은 1948년에 등사판으로 출간되었다.

사용된 것은 아니다. 그것은 글자 그대로 하나의 정의로서 고안된 것이다. 그 용어는 단순히 이런저런 특수한 외양(이른바 계획경제의 존재, 전체주의적 정치구조, 사회주의 전통의 산물이라는 그들 지배자들의 주장 등)을 지칭하는 수준을 넘어서서 그 사회들을 위기와 자멸의 길로 몰고가는 내적 동력을 설명하는 것이었다. 헤겔과 마찬가지로 마르크스도 "정의(定義)란 단지 …… 하나의 대상의 보편적인 성질을 다른 대상과의 본질적인 차별성 속에서 포착하는 것일 뿐이다. …… 왜냐하면 정의란 하나의 대상이 그것과 관련된 다른 대상들로부터 자신을 차별화시키는 실제적인 과정을 재생산(반사)하기 때문이다"라고 말했다.2)

'국가자본주의'란 용어가 동유럽 사회들의 본질을 담고 있다고 말하는 이유는, 그 용어가 동유럽 사회들의 역사적 발전 방향을 결정한 내부의 동력 —— 경쟁적 축적의 동력 —— 을 설명할 수 있기 때문이다. 그 동력은 자본주의의 특질이지, 다른 생산양식들의 특질은 아니다. 자본주의 이전의 사회들에서도 노동력이 착취당하기는 했지만, 그 착취의 정도는 지배계급이 필요로 하는 소비수준에 좌우될 뿐이었다. 거기에는 지배계급이 체계적으로 착취의 수준을 높이도록 **강제하는** 외부적 제약은 없었다. 마르크스의 표현대로 '군주의 위(胃)의 내벽이 얼마나 튼튼한가가 농노에 대한 착취의 범위를 결정했던 것이다.'

그와는 대조적으로 자본주의에서 서로 다른 착취집단의 경쟁이라는 것은, 어떤 집단도 경쟁자들만큼 빨리 착취의 열매를 축적하지 못하고서는 살아남지 못한다는 것을 의미한다. 경쟁적 축적은 '생산수단의 끊임없는 혁명', 이전의 생산수단들에 부수했던 부 및 가치 창출의 전통적 양식의 파괴, 거대한 광역도시에 있는 거대 공장들로의 대다수 인구의 집중, 그리고 새로운 대규모 **노동자계급**의 창출 —— 그들은 노동자계급을 만들었던 바로 그 착취와 축적의 구조를 전복시킬 수 있는 잠재력을 갖는다 —— 등을 필연적으로 수반한다. 경쟁적 축적은 각 자본가집단에게

---

2) Herbert Marcuse, *Reason and Revolution*(London, 1963), p. 72[H. 마르쿠제, 『이성과 혁명』, 중원문화사, 1984].

일정 수준의 착취를 강제하는데, 그것은 그들의 욕망이나 심지어는 노동자계급의 저항의 정도와도 무관하다. 착취에는 하나의 상한(上限) 수준이 있다. 그 수준을 넘는 착취는 노동력을 팔고자 하는 노동자들의 의지를 파괴하거나, 심지어는 그들을 육체적으로 노동이 불가능한 상태로 만든다(마르크스는 그것을 '역사적'으로, 그리고 '도덕적'으로 결정된 소비의 최저 수준이라 불렀다). 하한(下限) 수준 역시도 존재한다. 이 수준에서는 착취집단이 그들의 경쟁자들만큼 빠른 속도로 축적할 수 있는 충분한 잉여를 얻을 수 없다. 그 양 수준은 자본주의 체제에서 각 경쟁 단위 — 그 단위가 19세기 초기의 가내 수공업 형태이든, 제1차 세계대전 당시의 국가자본주의적 기업 합동의 형태이든, 아니면 완전한 국가 통제로 운영되는 경제가 세계경제에 대항해 사활을 건 군비 경쟁을 벌이는 형태이든지 상관없이 — 를 운영하는 자들의 행동양식을 결정한다. 그리고 그 양 수준은 통치자들을 지배계급으로서, 즉 하나의 단일한 실체들로서 행동하도록 강제한다. 이런 식으로 그것은 축적이라는 목표를 사회의 다른 계층에 강요하며 대부분의 사람들에게 노동력을 팔도록 강제한다. 바로 이런 조건 하에서 노동자계급 역시도 지배계급에 대립하여 하나의 실체로서 행동하기 시작한다.

국가자본주의라는 개념의 수용을 거부하는 사람들은, 그러한 발전 과정이 동유럽의 지난 35년간의 (그리고 1928년 이후의 러시아의) 역사를 결정했다는 사실을 받아들이길 거부한다. 그와 같은 입장에서 그들은 이 책이 보여주고자 하는 사회적 동력들을 무시한다.

과거에 '국가자본주의'에 대한 대부분의 비판가들은, 정도의 차이는 있지만, 동유럽 국가들이 사회주의적 성격(또는 적어도 '노동자 국가'라는)을 가졌다는 환상을 품었던 사람들이었다. 역사는 그러한 믿음에 강한 공격을 가했다. 이제 '국가자본주의'에 대한 비판은 점차 지금 존재하는 사회는 '사회주의도 자본주의도 아닌' '새로운 형태의 계급사회'라고 주장하는 사람들로부터 나오고 있다. 이러한 견해는 1930년대에 막스 샤흐트만(Max Shachtman)[3)]과 브르노 리치(Bruno Rizzi)가 처음으로 주창했으며, 오늘날에는 헝가리의 죄리 벤체(Gyory Bence)와 야노스 키스 (Janos Kis) —— 그들은 라코프스키(Rakovski)란 필명으로 공동 집필하고 있다4) —— 동독의 루돌프 바로(Rudolf Bahro),5) 이탈리아의 안토니오 카를로(Antonio Carlo),6) 영국의 힐렐 틱틴(Hillel Ticktin) 그리고 잡지 『비평』(*Critique*) 등이 이런저런 방식으로 그런 주장을 펼치고 있다. 이 사람들은 보통, 동유럽의 경제가 국가자본주의 경제가 아닌 까닭은, 시장이 노동자들의 실질임금이나 경제의 투자 형태를 결정하지 않기 때문 (관료들이 명목임금률에는 상관없이 소비재의 수량을 통제하기 때문)이라고 주장한다.7)

하지만 그 주장은 서방의 자본주의 경제가 기능하는 방식에 대한 혼동에서 나온 것이다. 서방의 경제에서 임금이나 투자의 형태를 결정하는 것은 시장 자체는 아니다. 그것들은 경쟁 자본들의 축적에 대한 필요에 의해 좌우되며, 시장은 단순히 하나의 외형적인 표현물에 불과하다. 시장을 경제의 원동력으로 생각하는 것은 보일러의 계기판이 보일러 내부의 압력을 높이게 한다고 생각하는 것과 다를 바가 없다. 그러한 생각은 매우 잘못된 결론으로 귀결된다. 특히 보일러에 계기판이 없는 경우를 생각해 보라! 동유럽 국가들을 국가자본주의 국가로 규정하길 거부하는 사람들은 그 정권들 내부의 특징을 놓치고 있는 것이다. 그들은 동유럽 국가들에서 노동자계급이 성장하고 투쟁한다는 사실을 용납할 수 없다. 사실 그들이 자신들의 논리에 충실하려면, 노동자계급에 대해서는 말조차 꺼낼 수 없을 것이다. 노동자계급은 **자본주의** 사회들에서 나타나는 하나의 특징적 양상이다. 그들의 생활수준이 하락하고 더 많이 생산하라는 압력이 부단히 강요되면서, 대규모로 밀집된 대중으로 하여금 반란하

---

3) Max Shachtman, *The Bureaucratic Revolution*(New York, 1962).

4) Marc Rakovski, *Towards an East European Marxism*(London, 1978).

5) Rudolf Bahro, *The Alternative in Eastern Europe*(London 1978).

6) Antonio Carlo, 'The Socio-Economic Nature of the USSR', *Telos*, No. 21.

7) 이것은, Rakovski, 앞의 책, pp. 75~76과 Konrad · Szelenyi, *The Intellectuals on the Road to Class Power*(Brighton, 1979), pp. 49, 51과 54에서의 주장이다.

지 않을 수 없도록 몰아대는 것은 바로 경쟁적 축적이다.

앞서 말한 이론가들은 지배계급의 행동도 설명해 낼 수 없다. 만약 축적이 목표가 아니라면, 그 잡다한 집단, 즉 계획 입안자, 관리자, 당지도자, 장군 그리고 경찰의 우두머리들이 그렇게 굳건한 결사체로서 다른 사회 부문의 요구들을 하나같이 반대하는 단결된 모습을 어떻게 보여줄 수 있는지 설명할 수 없다. 때문에 그 이론가들은 일반적으로 그 사회들의 미래의 발전상을 전망하지 못하며, 특히 노동자계급의 반란 가능성을 과소 평가하게 된다. 비록 그들이 흔히 '비(非)자본주의' 사회의 노동자계급에 대해 말함으로써 자가당착에 빠지기도 하지만 말이다. 바로(Bahro)에게 있어서 사회의 주요 모순은 노동자계급에 의한 잉여가치의 창출이 아니라, 지식인들의 '잉여 의식'(surplus consciousness)이다. 그리고 벤스(Bence)와 키스(Kis)는 노동자계급에게 어떠한 희망도 걸지 않았다. 이들에 의하면, '행정기구의 단합이 유지되는 한 억압받는 계급은 스스로의 힘으로 독립적인 조직 기반을 만들 수 없다.' 그리고 '시간이 지나면서 — 지배계급 내부에서 — 양극화의 가능성이 성장하고 있음을 가리키는 발전의 경향들도 체제의 일반적 구조로부터는 결코 추론될 수 없다.'[8]

이와는 대조적으로 국가자본주의 이론은, 축적이라는 목표가 강한 잠재력을 지닌 노동자계급을 만들고 **이와 동시**에 정권을 점차 깊은 위기의 늪으로 밀어 넣는다는 점을 시사해 준다.

축적과 위기

자본주의의 역사는 호황과 불황이 교체하는 역사였다. 160여 년에 걸친 광적인 축적의 시기 군데군데에는 길고 짧은 불황의 시기와 생산감

---

8) Rakovski, 앞의 책, pp. 100~101.

소의 시기가 끼워져 있었다. 하지만 그러한 주기적인 축적의 형태는 서
방의 경제에만 한정되는 것이 아니다. 체코슬로바키아의 경제학자 골드
만(Goldman)과 코르바(Korba)는 이미 1969년에 이렇게 주장했다.

> 체코슬로바키아, 독일 인민공화국, 그리고 헝가리의 산업생산에 대한 동태 분석
> 은 흥미로운 사실을 보여준다. 이들 나라의 성장률은 비교적 규칙적인 변동을 보
> 이고 있다. 생산재만을 한정하여 분석해 볼 때 그 변동은 더욱 뚜렷해진다.9)

그러한 변동은 실제적으로, 1950년대와 60년대에는 프랑스보다는 체
코슬로바키아에서, 그리고 1970년대말과 1980년대 초기에는 다른 어떤
서방의 국가들에서보다도 폴란드에서 크게 나타났다. 1966년과 1974년
사이에 최고 성장률을 기록한 연도와 최저 성장률을 기록한 연도를 서
로 비교해 보면, 그 격차가 동독은 평균 50퍼센트, 불가리아는 100퍼센
트, 소련은 130퍼센트, 그리고 폴란드는 288퍼센트로 나타난다.

그러한 변동이 계급투쟁에서 막대한 중요성을 함축하고 있는 이유는,
폴란드의 한 주요한 경제학자의 말대로, 이러한 변동의 결과로 '몹시 불
규칙한 임금의 변동이 초래되기 때문이다. …… 이것들은 결코 어떤 우
연적인 정책의 결과가 아니다. 그것은 오히려 발전을 위한 정책들 분야
에서 작용하는 여러 전제조건들의 논리적 결과이다.'10) 그렇다면 그 '전
제조건들'은 무엇이겠는가?

수많은 동유럽의 경제학자들은 '과잉 투자', '높은 단계의 제조업에서
계획이 초과 달성되는 경향' 등을 지적해 왔다.11) 중앙의 입안자들은 비

---

9) Goldman · Korba, *Economic Growth in Czechoslovakia*(Prague, 1969), p. 41.
  Branko Horvat, 'Business Cycles in Yugoslavia', special issue of *Eastern
  European Economics*, Vol. X, No. 3~4도 대조해 보라 ; 그리고 R. Hutchins,
  'Periodic Fluctuations and Soviet Historical Growth Rates', *Soviet Studies*,
  1969년 6월호도 참조하라.

10) J. Pajetska, *Ekonomista*(Warsaw, 1965), No. 2.

11) Goldman · Korba, 앞의 책. Lidia Besked, *Ekonomista*(1968), No. 2, translated

현실적일 정도로 높은 목표를 설정하고, 기업들은 그 목표보다도 더 많은 규모의 투자를 시행한다. 벤스(Bence)와 키스(Kis)는 이렇게 언급했다.

소련식의 경제에 있어서는, 비록 중앙 계획 부처가 최대로 가능한 투자 성장률을 목표로 잡지 않는다 하더라도, 과잉 투자를 도모하는 세력들이 국가 수입의 배분을 통제한다.12)

그 결과, 투자 프로젝트들은 국민경제가 지탱하지 못할 정도의 자원을 소모하며 추진된다. 폴란드의 유명한 경제학자 칼레키(Kalecki)의 말처럼 "국민소득의 성장률이 일정 수준을 넘게 되면, 몇몇 산업의 생산고가 …… 기술적·조직적 요인들 때문에 …… 뒤처지게 된다."13) 팽창은 종종 '원자재 장벽'이라 불리는 장애에 부딪히고 삐걱대며 멈추기 시작한다.

투자와 폭발적인 경제성장의 초창기가 지나면 성장률이 침체되는 시기가 온다. 몇몇의 투자계획을 완성하기 위해서는, 투자가 '동결'된 다른 분야에서 원자재와 부품을 충당해야 한다. 이리하여 몇년 동안이나 완성되지 못하는 분야들이 생기게 된다. 상당한 부가 미완성의 투자계획에 묶이면서 발생하는 경제적 손실은 실로 막대하다. 한편 일부의 투자는, 비록 그것들이 완료**되더라도**, 동결된 투자 사업에서 생산할 제품과 결합될 때에만 유익하게 사용될 수 있는 상품들을 생산하기도 한다. 예를 들면, 타이어공장이 완성되었는데 그 타이어를 사용하여 완성품을 만들 자동차공장이 아직 완성되지 않게 되는 것이다. 당장에 사용될 수 없는 타이어는 재고로 쌓이기만 할 것이다.

그와 같은 두 가지 유형의 낭비가 초래하는 전체적 효과는 막대한 것

---

in *Eastern European Economics*, Vol. II, No. 3도 대조해 보라.

12) Rakovski, 앞의 책, p. 98.

13) Michael Kalecki, *Introduction to the Theory of Economic Growth in a Socialist Economy*, p. 7.

일 수 있다. 그것은 서방의 경기침체가 초래하는 낭비만큼 엄청나다. 1961~64년에 헝가리에서는 8퍼센트의 국민소득이 그런 식으로 없어졌다. 1960~1970년의 유고슬로비아에서는 10퍼센트, 그리고 1960~63년의 폴란드에서는 5~8퍼센트가 사용되지 못하는 재고의 축적으로 낭비되었다.14) 당국자들은 과도한 투자 경향이 발생시키는 위기를 치유하기 위해 투자를 '동결'한다. 하지만 그러한 당국의 개입으로 얻을 수 있는 단기적 효과는 경제적 혼란의 가중일 뿐이다. 호르바트(Horvat)는 '행정적 간섭은 경제의 불안정을 부채질한다'고 말한 바 있다.15)

그 결과 공장에서는 계획 자체를 부정하게 된다. 관리자들은 '입안자들'로부터 생산을 전환하라는 명령을 계속해서 받아야·하는데, 그 통지도 아닌 밤 중에 홍두깨격으로 전달된다. 관리자들은 노동력, 원자재, 부품 등을 계속 공급받기 위해서라도 지체 없이 그 명령에 따를 준비를 갖추고 있어야 한다. 노동자들 역시도 자신들이 실제로 생산할 수 있는 능력이 관리자의 눈에 드러나지 않도록 하기 위해 최선을 다한다. 이 모든 것이 종합된 결과, 아무도, 그리고 '입안자들'은 더더욱, 경제가 실제로 생산할 수 있는 능력이 어느 정도인지를 모르게 된다는 것이다. 경제의 구석구석에는 비능률이 뿌리박게 된다.

그 위기 자체는 무한정 지속되지는 않는데, 그것은 서방의 주기적 위기가 무한정 지속되지 않는 것과 마찬가지이다. 시간이 흐르고 나면, '우선' 투자 분야에 집중적으로 투입된 자원들이 생산으로 실현되는 시점이 오게 된다. 그 시점이 오면, 전체 경제의 생산이 가속적으로 증대하기 시작한다. 매우 느린 속도의 성장의 시기는 지나가고, 새롭게 분출적 팽창의 시기가 온다. 일정 기간 동안 관료들은 실제의 생활수준이 향상되도록 허용하면서 격심한 위기의 시기에 쌓였던 불만이 무마되길 기대한다. 하지만 그 팽창의 시기가 언제까지고 지속될 수는 없다. 모든 사람

---

14) Horvat, 앞의 책 ; Pisek in Grossman, G. (편), *Money and Plan*,(Berkeley, 1968), p. 126 ; Fekete in Grossman (편), 같은 책, p. 14.
15) Horvat, 앞의 책.

들은 공장들에 손도 대지 않은 상당한 자원이 쌓여 있다는 사실을 알고 있다. 중앙의 입안자들은 그 자원을 짜내기 위해 — 그리고 세계적으로 진행되는 축적의 수준에 뒤떨어지지 않으려고 — 과도하게 높은 투자계획을 세워 다음에 올 팽창의 시기를 대비한다. 다시 한번 그것은 또 한 차례의 위기를 몰고 온다.

동구의 위기와 서구의 위기

관료제적으로 통제되는 경제의 상하 기복(起伏)은 서방 자본주의의 '경기순환'과 매우 큰 유사성을 지니고 있다. 그럼에도 지금까지 그 두 현상이 뚜렷하게 구별된다고 주장하려는 많은 시도들이 있었다. 골드만과 코르바는 이렇게 주장한다. "자본주의 경제의 경기후퇴는, 대체로, 유효 수요의 부족 때문이다. 하지만 사회주의 경제에서는 그 반대이다."16) 벤스와 키스는, 동유럽의 위기는 "결코 과잉생산을 보이지 않는다. 그것은 항상 결핍된 경제의 위기이다"라고 주장한다.17)

하지만 그들의 주장은 서방의 위기의 본질을 잘못 이해한 데서 나오는 것이다. 그 위기는 과잉생산 또는 '유효 수요의 감소'가 만든 **결과가** 아니다. 물론 그것이 위기의 징후는 될 수 있다. 하지만 위기는 오히려, 새로운 투자가 임금의 일시적 상승, 원자재 가격과 이자율의 상승을 일으킬 정도로 과도하게 진행되고, 일부 기업들에서 기업이 적자로 운영되어야 할 만큼 이윤이 감소되기 때문에 발생한다.

마르크스는 순환적 위기에 대한 설명(『자본론』 제3권)을 이렇게 제시하고 있다. 벼락 경기가 닥치면 자본은 급속도로 성장하고, 그 자본은 새로운 노동력의 원천을 찾을 수 없는 상황에 이른다. 이제 더 이상의 성장은 잉여가치의 증대가 아닌 감소로 나타나는데, 그것은 노동에 대한

---

16) Goldman · Korba, 앞의 책.
17) Rakovski, 앞의 책. p. 97.

수요가 임금을 상승시키기 때문이다. 바로 그것이 위기를 발생시키는 것이다.[18] 위기를 **만드는** 것은 '과잉 축적'이지 '유효 수요의 부족'은 아니다. 그러한 면에서 양 진영간의 차이는 없다. 두 경우에 모두 주기적 위기는, 과도한 속도의 축적을 수반하는 경쟁의 압력이 만들어 내는 결과물이다.

하지만 1950년대, 1960년대, 1970년대의 동유럽에서는 위기가 분출된 이후의 양상이 마르크스의 예견과는 차이를 보였던 것이 사실이다.

고전적인 자본주의의 위기에서, 새로운 투자를 유지하기 위한 자원의 고갈은 이윤율의 감소로 나타난다. 그것은 가장 비효율적인 기업을 도태시키고 실업률을 증가시키는 동시에, 잠시 동안 모든 상품에 대한 수요를 감소시킨다. 하지만 결국 생존한 기업들은 노동자들의 임금을 줄이고 도산한 기업들의 재고와 기계류를 값싸게 사들임으로써 생산비용을 하락시킨다. 이렇게 하여 위기는 임금을 하락시키는 일시적인 실업의 증가를 통해 그리고 서로를 잡아먹는 자본가들간의 합병을 통해 해결된다. 축적과 낙관주의의 새로운 국면을 여는 기반을 준비하는 동력은, 역설적이게도, 자본주의 사회를 일시적으로 절망의 절정으로 밀어 붙였던 동력, 바로 그것이다.

그러나 관료제적으로 통제되는 경제에서는 기업의 생사 여부를 결정짓는 맹목적인 경쟁을 방관하지 않는다. 관료국가는 이에 직접 개입함으로써 경제 부문간의 자원 이동을 통제한다. 이를 통해 그것은 노동력이나 자원이 사용되지 않는 일이 없도록 개입해 왔다. 위기는 성장을 둔화시키고 여러 경제 부문에서 생산능력이 제대로 활용되지 못하도록 했지만 (마르크스는 그것을 '자본의 과잉생산'이라고 설명했다) 수요가 부족해서 소비재의 재고가 쌓이는 일은 극히 드물었다.[19] 또한 공업생산량

---

18) *Capital*(Chicago, 1909), Vol. III, p. 295.

19) 이런 현상이 1960년대말에, 즉 고무우카가 엄격한 임금통제를 강요함으로써 과잉투자에 대처하려 한 때에 발생했다는 일부 폴란드 경제학자들의 주장도 있다. M. I. Simon · R. F. Kamet (편), *Background to Crisis, Policy and Politics in*

의 감소나, 공장폐업, 실업이 발생하는 일도 드물었다.20) 하지만 그것이 관료제적으로 통제되는 경제를 서방의 자본주의와 질적으로 다른 것으로 만들지는 못한다. 왜냐하면 그러한 관료제적 통제경제에서도 1930년대 중반 이후로는 지속적으로, 기업 — 특히 거대 기업들 — 의 도산을 가져오는 위기들을 극복하기 위해 국가가 개입하는 경향이 두드러졌기 때문이다.

일본과 독일은 1930년대에 기반을 닦았다. 지배계급의 상이한 분파들은 국가에 대한 불신을 잊고 관료제적으로 통제되는 전시(戰時) 경제의 등장을 인정했다. 국가는 노동자계급의 조직들을 분쇄시켰을 뿐 아니라 완전한 해외무역의 독점을 확립하였고, 사적 기업들의 반대를 일체 무시하고 국가 전체의 잉여가치를 투자 확장을 위해 쏟아 부었다. 이러한 기세는, 심지어 다른 많은 자본주의 국가들이 다시금 경기침체에 접어든 1937년에도 꺾이지 않았다.21)

영국과 미국도, 1939년 이후에 다시 활기를 찾은 독일 자본주의의 위협에 대응해 비슷한 과정을 보여주었다. 국가와 주요 자본가 그룹들은 전시 경제를 시행하면서 개별 기업들이 중앙의 지시에 복종하도록 강요했다. 그러나 그들간의 적대감은 강하게 남아서 전쟁이 끝난 후에는 중앙 통제 부처의 부분적인 해산을 가져올 수 있었다. 그럼에도 불구하고 국가는 영구적인 군비경제를 통해 경제의 상당 부분을 계속해서 직접 통제했으며, 비국가 부문의 경기 변동에 상관없이 막대한 규모의 투자를 계속하였다. 이 때문에 1970년대 중반까지 서방의 국가들이 겪은 경기침체는, 대규모의 파산이나 연쇄적인 공장폐쇄, 또는 대량의 실업 사태 등

Gierek's Poland, Boulder(Colorado, 1981), pp. 22 이하에 실린 J. V. Farrel, 'Growth, Reform and Inflation'에서 다루어진 논쟁을 참조하라.

20) 1951~53년에 유고슬라비아는 생산고의 하락과 실업률의 상승을 겪은 반면, 체코슬로바키아는 1963년에 총생산고의 하락을 겪었다.

21) 이 과정에 대한 상세한 설명으로는 Chris Harman, 'The Crisis Last Time', *International Socialism*(new series), No. 13, pp. 13~20을 보라.

을 포함하지 않을 수 있었다.[22]

개별 자본가집단의 힘이 너무도 미약해서 산업 부문에 대한 국가 주도를 막을 수 없는, 이른바 많은 '개발도상국'에 있어서 그러한 국가개입의 정도는 더욱 심한 것이었다. 극단적인 경우(1960년대 초반의 이집트와 시리아)에는 국가가 산업생산을 사실상 독점하기도 했다. 그 밖의 경우에는, 국가가 산업의 가장 중요한 부문에서 주도력을 행사했다. 예를 들면, 브라질에서는 국가가 100대 기업의 72.3퍼센트의 지분을 통제한다. 멕시코에서는 '경제 체제의 중추 부분에서 국가가 강력한 영향력을 행사한다. 국가는 은행과 석유 및 석유화학 산업, 발전 설비, 운송 산업의 대부분을 소유하고 있다. 또한 국가는 무역, 철강, 중공업 등에 깊이 관여하고 있다.'[23] 아르헨티나의 산업자본가들은 '1930년과 1950년 사이에 농업수출 부문의 자본을 산업 부문으로 이동시키기 위해 국가를 이용했다. …… 1953년 이후에 이들은 경공업 부문에서 중공업과 기술 산업 부문으로 자본을 전환시키기 위해 국가를 이용했다.'[24]

그러한 나라들에서 국가는 수년간 계속해서 경제팽창을 위해 노력했다. 이러한 시도는, 위기적 상황이 이윤율을 감소시켜 개별 자본가들의 투자 의욕을 크게 감퇴시킨 상황에서도 일관되게 진행되었다. 그들의 대응책은 동유럽 국가들의 그것과 별반 다를 것이 없었다. 그들은 모든 경제적 자원들을 생산수단의 대대적 확충을 위해 집중시켰다. 그들은 급속한 축적으로 인한 물자부족이나 처분 가능한 잉여의 감축 따위에는 아랑곳하지 않았던 것이다.

자본주의 발전사를 개략적으로 살펴보면 동유럽 국가들이 처했던 위기의 형태도 그리 예외적인 것이 아니었음을 알 수 있다. 1930년대부터

---

22) 이 시기에 대한 보다 상세한 논의로는 Chris Harman, 'State Capitalism, Armaments and the Central Form of the Current Crisis', *International Socialism*(new series), No. 16, pp. 37~52를 보라.
23) Paesi Emergenti, *Città Futura*(Rome), 1976년 1월호, pp. 21과 26.
24) 같은 책.

1970년대 중반까지 전체 자본주의 세계는 행정력과 국가자본주의적 간섭을 이용해 위기에 대처하는 경향을 보여주었으며, 동유럽도 그러한 경향의 한 유형이었을 뿐이다. 하지만 자본주의의 역사에서 그 단계는 막을 내리고 있다. 국가의 간섭은 계속되고 있지만 그에 대한 효과는 점차 줄어들고 있다. 그것은 서방 진영에 고전적 형태의 경기침체를 다시 안겨 주고 있으며, 동구 진영의 관료들로 하여금 점차 옛 방식으로의 회귀 말고는 별다른 방법을 찾지 못하게 만들고 있다.

성장의 국면들과 쇠퇴의 국면들

서방 자본주의의 역사에는 주기적인 위기뿐만 아니라 장기에 걸친 경제적·사회적 변화도 있었다. 마르크스는 그러한 장기적 경향의 가장 중요한 요소가 자본주의적 축적의 본질 자체에 있다고 생각했다. 축적은 산 노동을 죽은 노동으로, 즉 노동자를 기계로 대체시키면서 진행된다. 하지만 이윤의 근거가 되는 잉여가치를 창조하는 것은 산 노동이다. 만약 투자의 증가 속도가 노동력이 못 미칠 정도로 빠르다면, 투자가 총잉여가치의 증가보다 빠른 속도로 늘어나고 있음에 틀림이 없다.[25] 총투자에 대한 총잉여가치의 비율 — 이윤율 — 은 하락할 것이다. 그리고 자본주의 체제를 전진시키는 기반이 약화될 것이다.

국가자본주의로도 그러한 경향을 멈출 수는 없다. 축적이 늘어나면 날수록, 일정량의 잉여를 산출하는 데 필요한 투자액도 늘어간다.[26]

---

25) 착취율의 증가는 이것을 어느 정도는 상쇄할 수 있다. 그러나 착취율 증가가 이것을 완전히 상쇄하지는 못한다. 이 문제에 대한 논의로는 Chris Harman, 'Marx's Theory of Crisis', *International Socialism*(new series), No. 11을 보라.

26) 재화의 총량이 투자와 같은 속도로 증가할 수 있다는 사실은 관료들에게 전혀 중요하지 않다. 그들은 자신들의 생산이 서방의 생산과 비교할 때 어떠한가에 관심이 있을 뿐이다. 즉 그들의 관심은 물적 총량이 아니라 생산고의 가치에 두

도표 8 : 투자 단위당 국민소득 성장률 (폴란드)[27]

1951~54	1955~58	1959~63
0.373	0.335	0.201

1970년을 전후하여 폴란드에서는 똑같은 양의 잉여를 생산하기 위해 지난 20년 전보다 75퍼센트나 많은 투자를 해야 했다.[28] 1972년에 소련에서는 주어진 생산 목표를 달성하기 위해 1960년보다 3분의 1이 많은 생산자본을 투입해야 했다.[29] 고전적 의미의 '자유시장' 자본주의 경제에서라면 그러한 변화가 개별 자본가들의 이윤율을 급격하게 감소시켜 투자를 줄이게 했을 것이다. 관료제적으로 통제되는 경제에서는 경제성장이 둔화되는 경우라도 전체 잉여가 계속 투자된다. 하지만 그것이 경제성장률의 지속적 둔화를 멈추게 하지는 못한다.

도표 9 : 투자한 루블당 산업생산고의 평균증가율 (소련)[30]

1951~55	1956~60	1961~65
6.4	5.1	4.7

성장률의 장기적 둔화는 매우 높은 축적률이 지속되어 왔음에도 불구하고 발생해 왔다. 1970년대 초반에 소련의 생산은 75퍼센트가 생산재였

어져 있다. 투자만큼 빠르게 성장하지 못하는 것은 바로 이것, 즉 생산고의 가치이다. Chris Harman, 'Poland and the Crisis of State Capitalism', *International Socialism*(old series), No. 93, p. 28를 보라.

27) J. Pajetska, *Ekonomista*(Warsaw, 1963), No. 2.

28) Bramke · Strang, *Gierek's Poland*(New York, 1973), p. 53에서 팔렌부치에 의해 제시된 수치.

29) T. Khachaturov에 의해 제시된 수치. *Problems of Economics*(1973), Vol. XVI, No. 5, p. 9에 번역되어 있다.

30) K. Fitzlyon, *Soviet Studies*, 1969년 여름호, p. 179에 제시된 수치.

는데, 이는 1950~55년의 70퍼센트와 비교해 볼 만하다. 동기간에 체코슬로바키아에서도 55퍼센트이던 생산재의 비율이 61퍼센트로, 폴란드에서는 그것이 55퍼센트에서 65퍼센트로 증가하였다.[31] 성장률의 장기적 둔화는 주기적인 경기변동이 미치는 충격을 증대시킨다.

과도한 투자의 부작용을 없앤다는 말은 항상, 노동자들의 생활수준에 대한 주기적인 공격을 의미했다. 1950년대 중반 자본의 시초축적의 제1단계가 끝났을 때, 약속한 수준은 못되었지만 일시적으로는 생활수준의 — 하락이 아닌 — 향상이 있었다. 하지만 일단 전체적인 성장률이 하락하자, 생활수준을 저하시키는 것 외에는 달리 방법이 없었다. 바로 그것이 1970년, 1976년 그리고 1980년에 폴란드에서, 그리고 1979년과 1981년 사이에 다른 나라들에서 일어났던 일이다.

관료들이 경제침체를 극복하는 어떤 다른 방법을 찾지 못하는 한, 주기적 위기에 직면하여 비슷한 형태로 터져 나오는 노동자계급의 불만을 억제할 수는 없다. 하지만 그들이 아무리 노력하더라도 매우 완만한 성장률을 향해 나아가는 장기적 경향을 막을 수는 없는 것이다.

고전적인 '시장' 자본주의는 이윤율 하락의 경향을, 그러한 경향을 더욱 악화시키는 바로 그와 같은 순환적 위기를 통하여 극복해 왔다. 위기가 닥칠 때마다 무능한 자본가나 비용을 감당할 수 없는 자본가들이 말끔히 제거되면서 체제의 합리화가 이루어졌다. 하지만 국가자본주의 시대가 도래하면서 단 한푼의 비용도 안 드는 그러한 합리화 수단은 더이상 사용되지 못하게 되었다. 서방의 주요 기업들은 너무도 규모가 방대하고 또 서로 연계되어 있기 때문에 만약 한 기업이 파산한다면 그 손해는 득보다 훨씬 크다. 국가 — 또는 국가가 조정하는 금융 체제 — 는 시장력의 작용 때문에 곤경에 처하게 된 기업들에게 물을 대주기 위해 개입한다. 하지만 국가가 그 도산 직전의 기업을 구하기 위해서는, 그렇지 않았더라면 다른 기업들에게 분배되었을 잉여가치의 일부를 위기에 처한 기업에게 지불해야만 한다. 체제의 합리화는 더 이상 일부 자

---

31) W. D. Connor, *Problems of Communism*, 1973년 3·4월호에서 인용한 수치.

본의 해체와 그것의 다른 기업으로의 합병이라는 방식으로 진행되지 않는다. 이제 그 비용은 모든 자본가들의 이윤율을 감소시킴으로써 지불된다. 주기적 위기는 이윤율이 하락하는 장기적 경향을 완화시키는 것이 아니라 더욱 악화시키게 된다.

관료제적으로 통제되는 동구 진영의 경제에서는 상황이 더욱 어렵다. 대부분의 자본가들은 제1단계의 본원적 축적이 진행되면서 모두 제거되었다. 현재 남아 있는 것이라고는, 대체로, 일부 농업 부문의 소자본뿐이다. 그리고 농업 부문을 손대는 일은 식량 위기를 초래할 수 있는 큰 부담을 안고 있다. 따라서 국영 산업은 자기들 내부의 비효율적 부문 — 그리고 성장률이 몹시 뒤쳐진 부문 — 의 제거라는 비용을 부담해야 한다.

동시에 전 세계에 걸쳐 생산력은 꾸준히 발전해 왔다. 산업 — 자동차, 전자, 항공우주, 컴퓨터, 석유화학, 철강 — 에서 경쟁력을 갖춘 서방의 기업들은 엄청난 활동력을 가지고 국경을 넘나든다. 한 국민국가의 자본주의 경제가 그러한 기업들의 능력에 대적하는 유일한 길은 국내의 자원을 모두 쏟아부어 대대적인 투자를 감행하는 것뿐이다. 과도한 투자를 요구하는 압력은 더욱 거세어지고 있으며, 그 과도한 투자는 소수의 대규모 사업 계획에 집중되는 경향을 보이면서 그 어느 때보다도 많은 몫의 국민생산을 묶어두고 있다. 대규모의 투자는 항상 다른 투자계획을 완성하기 위해 일부 계획을 '동결'시켜야 하는 결과를 빚는다. 매번 기술적으로 무엇이 가능한가에 대해 잘못된 계산이 발생한다. 또 그때마다 외부의 요인(국제 원유 가격의 등락과 같은)은 원가 예상을 뒤엎어 버린다.

이들이 결합되어 낳는 전반적 결과는, 경제에서의 낭비와 왜곡의 정도가 심해지는 반면, 그것을 극복할 성장의 속도가 줄어든다는 것이다. 이러한 상황에서는 주기적인 과도한 투자가 파멸적 결과를 초래할 수 있다. 그런데도 과도한 투자에 대한 압력은 더없이 강력해지는 것이다.

세계시장으로의 개방

거의 모든 동유럽 국가들은 1960년대말과 70년대 초반에 서방 및 제3
세계와의 무역을 확대하고 서방의 투자를 유도함으로써 난국에서 벗어
나려 했다. 그들은 세계적인 경쟁의 압력으로 왜곡된 국민경제를 세계경
제의 자원을 이용함으로써 극복할 수 있기를 희망했던 것이다.

도표 10 : 대외부채

(단위 : 10억 달러)

	1973	1974	1975	1976	1977	1978
폴　　란　　드	1.9	3.9	6.9	10.2	12.8	16.3
루　마　니　아	2.0	2.6	3.0	3.3	3.8	4.5
헝　　가　　리	0.9	2.6	3.0	3.3	3.8	5.8
체코슬로바키아	0.8	1.1	1.5	2.1	2.7	3.0

그런 면에서 그들은 서방의 자본주의 국가들이 20년 전에 걸었던 길
을 답습한 셈이었다. 서방의 주요 국가독점자본주의들이 양차 세계대전
사이에 구축했던 폐쇄적인 경제 블록들은 점차 무역, 생산, 그리고 투자
의 국제화로 나아갈 수밖에 없게 되었다. 일단 그러한 국제화가 진행되
자 그 대열에 참여토록 만드는 압력은 거세졌다. 그 대열에 참여하지 못
한다는 것은 국제적인 기술개발과 막대한 국제 금융망의 혜택에서 멀어
짐을 의미했다. 그리고 세계적 추세의 생산력의 성장에서도 뒤쳐짐을 의
미하기도 했다. 때문에 1930년대, 1940년대, 그리고 1950년대에는 국가를
앞세워 외국의 투자와 상품의 침투를 저지함으로써 기존 자본주의 국가
들을 뒤쫓으려 했던 나라들—— 아르헨티나에서 아일랜드까지, 그리고 브
라질에서 이집트까지 —— 도 하나씩 차례로 다국적 기업을 환영했으며
국제적 은행에 손을 내밀기 시작했다. 폴란드는 동유럽에서 그러한 조류
에 가장 깊게 발을 들여놓은 나라였으며 (제8장 참조) 헝가리와 루마니

아도 그 뒤를 바짝 뒤쫓았다. 물론 그러한 경향에 반발하는 세력 — 특히 소련 — 도 있었다. 소련은 동구 여러 나라들이 서방의 다국적 기업과 은행에 너무 밀착한다면, 미국과 중국과의 경쟁에 있어서 동구 블록의 자원을 활용하려는 계획에 차질을 빚을 것을 두려워하고 있었다.

1970년대 초반까지만 해도 서방에 문을 열었던 나라들은 **경제적** 견지에서 올바른 선택을 한 것처럼 보였다. 대외무역과 차관 도입은 그 나라들의 성장률을 부추긴 반면, 소련은 계속 뒤처졌다. 폴란드는 1971년에서 1975년 사이에 실질순생산에서 9.8퍼센트의 성장을 기록했다고 발표했으며, 헝가리도 6.3퍼센트를 기록했다고 발표했다. 반면 소련의 성장률은 5퍼센트에 머물렀다. 하지만 70년대말이 되면서 개방으로 인한 이득은 그다지 두드러져 보이지 않았다. 세계의 경제적 위기는 이자율을 상승시켰다. 하지만 수출 소득의 증대와 같은 현상이 그에 상응하여 일어나지는 않았다. 결국 외채에 대한 이자는 외채를 도입해 건설한 공장에서 나오는 추가 생산분을 상회하게 되었다. 관료들은 산업 전체를 처분하지 않는 한 외채를 상환할 수 없다는 사실을 알게 되었다. 그들은 실질임금을 대폭 삭감하고 대량 해고에 대해 말하기 시작했다.

사실 그들은 '자유시장' 자본주의 아래의 개별 기업가와 똑같은 신세를 맞았다. 급속한 축적은 노동과 자재의 비용 상승을 초래해 축적으로 발생하는 이윤보다 차관 도입으로 인한 이자 지급액이 오히려 많아지는 것을 의미했다. 유일한 희망은 임금을 삭감하는 것이었다. 하지만 다른 모든 자본가들(개인이건 국가건)도 똑같은 행동을 하려 했다. 이 때문에, 산업의 생산물에 대한 수요가 전 세계적으로 감소되어 과잉 축적의 위기는 (세계적 추세의) 과잉생산의 위기로 전환되는 결과를 만들어 냈다.

1981년이 되면서, 폐쇄경제로 남아 있느냐 아니면 개방경제를 선택하느냐의 문제는 프라이팬과 불 중 하나만을 선택해야 하는 것과 같은 난처한 문제였다. 첫번째의 선택은 경기침체와 낭비의 심화, 대중의 요구를 충족시킬 방안의 부재, 그리고 노동자계급 폭동의 지속적인 위협을 의미했다. 두 번째의 선택은 점차 침체하고 후퇴하는 경향을 보이는 세계경제의 흐름에 스스로를 속박함을 의미했다. 그리고 그것은 국내경제의 긴축정책 등과 같은, 경기후퇴에 대처할 행정적 수단을 포기함을 의미했다. 1980~81년에 폴란드가 위기를 맞자, 동유럽의 모든 통치자들이 엄청나게 큰 충격을 받았던 것은 바로 이 때문이었다. 폴란드의 위기는, 모든 나라들이 직면한 문제들의 해결이 쉽지 않다는 것을 입증하는 것이었다.

개혁

동유럽에서는 지난 30년 동안 개혁에 대한 요구가 되풀이하여 제기되었다. 경제적 난국이 정치적·사회적 동요를 일으킬 때면 언제나 개혁의 요구가 표면에 등장했다. 경제개혁을 지지하는 사람들은 항상 '계획'에 대한 맹렬한 비판에서부터 논의를 시작한다. 그들은 막대한 낭비와 경제 부문간의 불균형, 투자 수준의 비일관성, 각 기업에 내려지는 수없이 변경되는 지시, 한편에 쌓여지는 불필요한 상품 재고와 다른 한편의 물자 부족을 지적한다. 그들은 단지 하나의 결론만을 끄집어내는데, 그것은 동구 진영의 경제가 서방의 경제에 비해 질적으로 떨어진다는 것이다. 낭비, 비효율성, 불균형 모두에서 동구 경제가 서방의 경제에 뒤진다고 그들은 주장한다. 헝가리의 콘라드(Konrad)와 셀레니(Szelenyi)는 항간에 떠도는 지배적인 생각을 이렇게 요약했다.

> 모든 경제학자들은, 사회주의 국가들에서 투자에 할당되는 국민소득의 몫이 실제로 시장경제에 기반을 둔 사회들보다 높지만, 상대적 발전 속도나 투자자본의 효율성은 오히려 떨어진다는 사실을 알고 있다.[32]

그들의 주장은, 상부 계획 기관에 있는 소수의 사람들이 사회의 가용

---

32) Konrad·Szelenyi, 앞의 책.

자원이나 그 자원을 최대로 활용해 인간의 욕구를 충족시키는 방법을 전혀 모르기 때문에 그러한 비효율성이 증대한다는 것이다. 이들은 또, 계획하고자 하는 중앙기관의 시도가 과잉투자, 병목 현상, 공급부족, 불필요한 상품의 생산, 불필요한 낭비의 증가 등을 초래한다고 주장한다.

경제적 개혁주의자들은, 그러한 문제들을 피할 수 있는 유일한 길은 경제정책기구를 재조직하는 것이라고 주장한다. 공장 또는 기업의 관리자는 부당한 외부의 간섭 없이 생산할 품목을 스스로 결정할 수 있어야 한다. 시장의 자유로운 기능은, 그 관리자들이 다른 기업들이나 소비자들, 또는 국가가 구매할 상품의 생산을 결정하도록 도와줄 것이다. 불필요한 상품이나 질이 나쁜 상품을 생산하는 기업들도 문을 닫지 않으려면 자체적으로 생산방식을 바꾸게 될 것이다. 게다가 만약 기업들이 서로 경쟁을 통해서만 국영 은행으로부터 투자 자금을 대출받을 수 있다면, 더 많은 상품을 파는 효율적인 기업만이 새로운 투자를 위한 자금을 대출받을 수 있을 것이다. '과잉투자'는 사라질 것이며, 효율적인 경제 부문만이 확장을 계속할 것이다. 관리자들은 긍정적인 유인(誘引)을 갖고 숨겨진 노동력을 충당하고 생산성을 향상시키기 위해 모든 노력을 다할 것이며, 가격은 생산비를 반영하기 시작하고 경제적 자원에 대한 전반적 평가가 마침내 가능해질 것이다. 이와 동시에 개별 기업이 외국의 거래선과 직접적인 경제관계를 맺는 것을 금지하는 제한 조처들은 점차 폐지되어야만 한다. 이렇게 해야만 그 기업들이 세계적인 효율성의 수준을 직접 깨닫게 될 것이다. '경쟁이라는 차가운 돌풍'은 가장 적합한 기업만이 살아남게 하고, 국민경제의 구성 부분들이 국제적 수준의 효율성을 갖도록 만들 것이다.

개혁주의자들의 제안에서 묘사된 경제 형태는 서방의 그것과 매우 흡사한데, 다만 다른 것이 있다면 기업과 은행 등을 사적 자본이 아닌 국가가 소유한다는 점뿐이다. 그럼에도 불구하고 기업들이 경쟁에 돌입한다면 각 기업의 관리자들은 서방의 경영인들과 똑같이 행동할 것이며, 은행 역시도 서방의 은행들과 마찬가지로 행동할 것이다. 결국 경제에 대한 국가의 간섭은 더 이상 개별 기업들에 세부적 명령을 하달하는 형태가 아니게 될 것이다. 그것은 경제적 의사결정의 전반적 틀을 제시하면서 시장이 작동하는 속도를 조절하는 형태가 될 것이다.

개혁주의자들의 가장 기본적인 주장, 즉 동유럽 경제가 서방의 경제보다 실제의 질적인 면에서 덜 효율적이라는 주장이 문제되는 일은 거의 없다. 대부분의 동유럽 경제학자들, 거의 모든 서방의 부르주아 경제학자들, 그리고 점차 많은 수의 서방 사회주의자들이 그 주장에 동의하고 있다. 그러한 주장은 바로 그러한 비효율성과 낭비를 만드는 메커니즘을 지적하지 못하고 있으며, 또한 그와 똑같은 메커니즘이 서방에서도 작동함으로써 비슷한 결과가 빚어진다는 사실을 지적하지 못하고 있다.

그 메커니즘은 바로 과잉투자이다. 병목 현상과 투자 동결, 불균형, 비효율적 생산, 노동력과 물적 자원의 사장(死藏), 그리고 그 결과로서 과잉투자에의 압력을 야기하는 것은 바로 이 과잉투자이다. 하지만 이미 앞서 언급한 대로, 과잉투자는 내부의 판단 착오 때문만은 아니다. 그것은 무엇보다도 외부의 압력, 즉 국제적인 경제·군사적 경쟁의 필요에 대한 대응인 것이다.

세계 어느 곳에서든지 대규모의 투자는 대량의 낭비를 초래할 위험을 안고 있다. 예를 들어, 영국의 항공우주 산업은 여러 해에 걸쳐 첨단 기술 등의 프로젝트에 수십억 파운드를 소모했다. 1940년대의 브라바존 항공기부터 시작해서, 1960년대의 블루 스트릭 미사일, 항공기 엔진에 탄소 섬유를 사용하려던 1970년대 초반의 시도, 그리고 콩코드 생산에서의 막대한 손실 등이 그 구체적 예이다. 미국의 무기 개발 프로그램도 똑같은 낭비를 초래했다.

1955년 이후에 공군과 해군에 제공할 목적으로 4백억 달러를 들여 추진된, 정교한 전자 시스템을 장착한 13개의 주요 항공기 및 미사일 제작 계획 가운데 오직 4개의 계획 — 여기에만 50억 달러가 소요되었다 — 만이 75퍼센트 이상의 완성도를 보였을 뿐이었다.[33]

가장 발전된 형태의 테크놀로지에 투자하는 경우에 어디에나 발생할 여지가 있는 막대한 손실은 정반대의 낭비 형태를 초래한다. 그러한 비효율성은, 경영자들이 기술혁신의 과정에 수반되는 위험을 외면하기 때문에 발생하는 것이다. 서방의 거대 기업 내부에서 발생하는 일들은 비슷비슷한 내용을 담고 있다. 1950년대와 1960년대에 세계에서 가장 큰 제조업체였던 제너럴 모터스 사(社)도 사정은 마찬가지였다. 수년 동안 제너럴 모터스 사(社)의 경영진은, 사실상 기술상의 개선이 전혀 없이 외형만 바꾼 차종을 시판하였다. 자체적으로 생산한 부속품은 단지 기업 내부에 판매됨으로써만 이윤을 발생시켰다. 그들은 1970년대말에 들어서서, 해외의 기업들이 미국 시장에 쏟아져 들어오고 나서야 자신들의 경영 기법이 얼마나 낭비적인 것이었는가를 깨닫게 되었다.34)

기업이 노동, 원자재, 그리고 생산수단을 최대한 효율적으로 사용하는 데 실패하는 현상(그것은 종종 X-비능률이라 불리운다)35)은 가장 앞선 기업이나 뒤쳐진 기업 모두에서 찾아볼 수 있는 특징이다. 그러한 비능률이 가장 앞선 기업에서 발생하는 이유는, 그 기업의 경영진이 새로운 기술을 적용시키려는 급한 마음에서 그에 따르는 많은 비용적 측면들을 무시하기 때문이다. 그러한 현상이 오래된 기업들에서 일어나는 까닭은 오랜 습관—경영조직 내부에 내재된—에 젖은 경영진이 원자재 가격의 변동이나 새로운 기술의 등장에도 불구하고 그 습관을 자율적으로 변화시키려 하지 않기 때문이다. 그 결과, 기업들은 실제로 필요한 것보다 20~80퍼센트나 더 많은 노동, 원자재, 생산수단을 사용하게 되는 것이다.36)

그러한 비능률이 자본주의가 오래되면 될수록 더욱 악화된다는 사실

---

33) Sidney Lens, *The Military Industrial Complex*(Philadelphia, 1970), p. 6.

34) 1960년대에 일어난 사태에 대한 설명으로는 J. Patrick White, *On a Clear Day You Can See General Motors*(Chicago, 1980), p. 4를 참조하라.

35) Harvey Leibenstein, 'Allocative Inefficiency vs "X-inefficiency"', *American Economic Review*, 1960년 6월호.

36) 예를 들면, 같은 책, p. 400의 도표를 보라.

은 의심의 여지가 없다. 대기업은 경쟁에서 자유로운 독점적 지위를 누리려는 경향을 보여준다. 그러나 자신들의 독점이 무너지더라도, 국가와 은행에 도움을 청할 수 있는 그들의 능력은 비능률의 가장 심각한 결과 ── 파산 ── 로부터 그들을 방어해 준다.

막대한 내부적 낭비는 서쪽과 동쪽, 즉 '시장경제'와 '계획경제' 모두의 특징이다. 이 사실이 서구와 동구 양 진영에 있는 대부분의 경제학자들의 주의를 피할 수 있었다면 그것은, 서방 기업체들의 내부적 작동 과정이 경제학자들에게 거의 주목되지 못한 때문이다. 마이크 헤인즈 (Mike Haynes)가 지적한 대로[37] 동과 서의 경제학자들은 아주 다른 측면에 관심을 집중시키는 경향이 있다. 즉 동구의 경제학자들은 상이한 생산단위들의 내적 효율성에 대하여 관심을 집중시키는 반면, 서방의 경제학자들은 생산단위들간의 관계에 대한 추상적 모델에 관심을 집중시킨다. 내부의 비능률을 찾아내는 데 관심을 집중했던 동구의 경제학자들과, 시장을 관념적으로 정당화시키기에 노력했던 서방의 경제학자들이 동구의 경제가 서방의 경제보다 열등하다고 결론을 내린 것은 당연한 일이었다. 하지만 전체의 효율성에 관한 몇몇의 실증적 분석은 그 결론이 정당하다는 사실을 입증하지 못하고 있다.[38]

동구 경제들이 대부분의 서방 경제들에 비해 높은 비능률성으로 인하여 고통을 당한 것은 당연하다고 볼 수 있다. 그것은 동구의 경제가 그들의 주요 경쟁자들에 비해 소규모이기 때문이다(소련의 경제도 그들의 주요 군사 경쟁국인 미국과 비교할 때, 그 절반의 규모에 불과하다). 새로운 산업에서의 판단 착오와 비교적 오래된 산업에서의 기술적 부진에 대한 부담은 서방에 비교할 때 훨씬 컸을 것이다. 거대한 국가경제에 있어서는 바람직하지 못한 작은 오점 정도에 해당하는 것도 그것이 소규모 경쟁국에서 발생했을 때는 치명적인 타격을 줄 수 있다.

---

37) 아직 출간되지 않은 등사본 원고 'The Extent and Nature of Waste and Inefficiency in the Soviet Economy', Wolverhampton Polytechnic.
38) 이에 대한 증명으로는, Mike Haynes, 같은 책을 보라.

경제적 개혁이 이러한 병폐를 제거할 수 없는 이유는, 그것이 경제를 운영하는 자들로 하여금 국제시장에서의 경쟁을 중지하도록, 그리고 국민소득의 거대 부분을 특정 투자 프로젝트에 투입하려는 시도를 중단하도록 만들 수 없기 때문이다. 이 주장이 맞는가 틀리는가는 실제의 사례를 통해 확인해 볼 수 있을 것이다. 예컨대 유고슬라비아와 헝가리에서는 실질적인 경제개혁이 시행되어 왔다. 다른 동유럽의 국가들에서도 개혁을 지지하는 사람들은 그것을 좋은 본보기로 생각한다. 하지만 그 개혁 과정을 면밀히 살펴보았던 사람들은 이제까지 이렇다 할 아무런 경제적 성과도 찾아내지 못하고 있다.

헝가리의 개혁은 과잉투자의 경향을 막는 데 아무런 도움도 되지 못했다. "지난 10년 동안은 투자계획들, 특히 기업에 의한 투자계획들의 초과 실현에 의해 특징지워진다."39) "경제개혁 이후에도 완료되지 못한 프로젝트의 수는 줄어들지 않았다. …… 여러 가지 추정치를 살펴보면 헝가리에서 투자계획의 완성에 소요되는 시간은 서방에서보다 두 배 정도 오래 걸리는 것으로 나타났으며, 그것은 다른 대부분의 사회주의 국가들보다도 오래 걸리는 것이었다."40) 개혁주의자들은, 1968~1973년의 경제성장률 6.2퍼센트는 1962~67년의 5.2퍼센트보다 높은 것이라고 떠벌린다.41) 하지만 그 수치는 개혁을 실행하지 않은 상태의 동독과 체코슬로바키아가 1970년대 초반에 기록한 성장률보다 낮은 것이었다. 1970년대 후반에 헝가리의 성장률은 다른 동유럽 국가들과 마찬가지로 곤두박질쳤다. 1976~1980년의 평균 경제성장률은 단지 3.2퍼센트를 기록했을 뿐이다. 게다가 1979~1980년에 헝가리 경제는 심각한 위기를 맞아

---

39) *Hungary, An Economic Survey*, IMF Occasional Paper No. 15(Washington, 1982), p. 8.

40) A. Nove, H. H. Hohmann · Seidenstecher (편), *The East European Economies in the 1970s*(London, 1982), p. 199에 실린 Thomas Vejna의 논문 'Problems and Trends in the Development of the Hungarian New Economic Mechanism' 참조.

41) *Hungary, An Economic Survey*, 앞의 책.

투자는 8퍼센트, 그리고 국민소득은 0.8퍼센트의 하락을 기록하기도 했다.[42]

과잉투자가 수입(輸入)의 급격한 증대를 초래——1970년대 중반의 폴란드도 마찬가지였다——했으며, 그 대금은 해외차관을 도입해야만 지불할 수 있었다. 1973년에 9억 달러이던 외채는 1978년에는 58억 달러로 급증했다. 그 시점에서 정부가 직접 개입해 경제성장에 제동을 가함으로써 수입 비용을 절감해야만 했다. 하지만 정부의 개입에도 불구하고 외채는 계속 증가하여 1981년에는 75억 달러를 기록하였다. 외채는 헝가리 경제에 엄청난 짐을 안겨 주었다. 1985년을 전후하여 외채상환금은 산처럼 불어난 데 비해, '헝가리의 주요 수출품——알루미늄, 경공업 상품, PVC——시장은 크게 위축되어 있다.'[43]

현재 헝가리의 상황은 폴란드만큼 절박한 것은 아니다. 하지만 그렇다고 중앙집권적 경제를 운용하는 동독의 상황이 절박한 것도 아니다. 비록 많은 노동자들의 손에서는 멀리 떨어져 있지만 상점의 선반에는 상품들로 가득 차 있다. 하지만 헝가리 정권은 어떤 예기치 못한 문제에 대처할 만한 예비 자원이 없다. 만약 그러한 문제가 발생한다면 정권은 즉시 소비재의 공급을 줄이지 않을 수 없을 것이다. 그리고 아마도 정권은 야밤의 부업으로 국가가 제공하지 못하는 다양한 서비스를 제공하는 곳, 이른바 '제2경제'라고 불리는 암시장을 짓밟으려고 들 것이다.

유고슬라비아의 모습도 개혁의 마술적 능력을 믿는 사람들에게는 그다지 고무적인 것이 못된다. 1965년의 경제개혁은 경제 전반에 걸친 침체에 의해서만 처리될 수 있었던 주기적 과잉투자를 중단시키지 못했다. 또 그것은 거대한 규모의 수출대비 수입초과를 중단시키지도 못했다. 그것은 다른 동유럽 정부들은 갖고 있지 못한 수단들, 즉 EEC에서 일하는 유고슬라비아 노동자들의 송금이라거나 관광 수입 같은 것들에 의해 겨우 가려질 수 있었을 뿐이다. 그러나 그것은 유고슬라비아로 하여금 유

---

42) 같은 책, p. 57에 실린 수치.

43) David Sherrif, 'Hungary and the Shadow of 1985', *Euromoney*, 1982년 3월호.

럽 최고의 인플레이션과 실업률 —— 실업자는 1965년에 23만 7천 명에서 1980년에 76만 7천 명으로 증가했는데 이는 노동인구의 약 12퍼센트에 해당하는 것이다. 게다가 거의 비슷한 수의 노동인구는 해외 취업을 하지 않을 수 없었다 —— 로 몸살을 앓게 했다.44) 유고슬라비아 경제에 대한 최근의 조사 중의 하나가 지적하고 있듯이, '시장 사회주의'는 경제의 근본적인 구조적 취약성을 해결하지 못했다. …… 1965년 개혁의 결과들은 어느 모로 보나 실망적인 것들이었다.45)

외국의 투자는 유고슬라비아 경제를 충분한 규모로 성장시키지도 못했으며 문제들에 대처할 건실한 구조를 부여한 것도 아니었다. 비능률적 기업이 문을 닫지도 않았으며, 지역별 산업의 불균형이 좁혀진 것도 아니었다. 민족별 구성원들간의 반목은 더욱 깊어졌고, 정권은 계속 무자비한 탄압으로 1981년 코소보에서 일어났던 것과 같은 운동들을 분쇄했다. 1983년초에 심각한 위기의 징후가 나타나자 커피, 식용유, 세제 등의 배급제가 실시되었으며 육류의 수요를 공급 가능한 수준으로 떨어뜨리기 위해 가격인상이 단행되었다. 하지만 그러한 조치로도 극심한 물자부족 현상을 해결할 수 없었으며, 결국 2월에는 세제의 공급량이 동이 나면서 티토그라드의 폭동이 발생했다.46) '시장 사회주의'는 적어도, 폴란드 유형의 위기의 징후들 가운데 일부를 드러내고 있었다.

개혁이 기대했던 결과를 얻지 못한 채 실패한 것도 놀라운 일은 못된다. 서방 경제의 시장 메커니즘은 효율성도, 경제의 균형된 발전도 보장하지 못한다. 거의 30년 —— 1940년대부터 1970년대까지 —— 에 달하는 기간 동안 지속되어 온 전시(戰時) 경제는, 주요 선진국들이 위기를 경험하지 않고도 지속적 성장을 계속하도록 도와주었다. 하지만 그 시기는 이제 먼 기억 속에만 남아 있다. 지금 대부분의 나라들은 15년 전에 비

---

44) Nove, Hohmann·Seidenstecher, 앞의 책, p. 310에 실린 Fred Singleton, 'Objective and Methods of Economic Policy in Yugoslavia'이 제시한 수치.
45) 같은 책.
46) *Daily Telegraph*, 1982년 2월 2일자 보도.

해 4분의 1, 또는 잘해야 3분의 1의 성장률을 기록할 뿐이다. 일부 국가들에서 얼마간의 성장률을 보이는 것은 예외에 속한다. 세계 전역 —— 영국의 중부와 북부, 미국의 북동부, 벨기에의 왈룬 지방, 스페인의 바스크 지방에서 전통적 산업들은 파괴되고 있다. 자본주의 체제 중심부의 정체 현상은, 10년 전에 경제의 기적을 이루었던 많은 나라들 —— 브라질, 멕시코, 아르헨티나 —— 을 파산 직전으로 내몰고 있다.

동유럽에서는 기적적으로 다른 상황이 벌어질 것이라고 믿는 데에는 어떤 이유가 있는 것일까? 관리자들은, 국가의 보호를 받는 상태에서는, 애써 산업의 효율성을 추구하려 들지 않는다. 하지만 그 보호가 없다면, 일부 기업들은 번성하겠지만, 많은 기업들은 결국 파산하고야 말 것이다. 어떤 지배계급도 국제적 경쟁의 영향을 받는 상태에서 위험을 무릅쓰고 그러한 파괴적인 산업 재편을 감행하지는 못한다. 서방의 대처와 레이건 정부조차도 그들이 주장하는 이론의 실행을 꺼려하고 있다. 부실기업을 구제하기 위한 '구명 보트' 투하 작전이 실시되고, 달갑지 않은 수입품을 내몰기 위한 보호 정책이 도입되며, 세계시장의 논리라는 관점에서 보면 응당 사라져야 할 기업들의 파산을 막기 위해 보조금이 지급되는 것이 오늘의 현실이다. 동유럽의 통치자들이 이러한 상황에서 중앙집권제를 포기하리라 기대하기는 힘들다. 조그마한 나라안에서 세계적 규모의 생산을 조직하려 애쓰는 것은 매우 불합리할지 모른다. 하지만 국가를 배경으로 하는 지배계급도 오늘날의 세계 체제 안에서는 어떤 다른 대안을 찾을 수 없는 것이다.

매우 높은 수준의 축적 외에 선택할 수 있는 대안은 어느 것도 없다. 그러한 축적은 필연적으로 노동자들의 생활수준에 대한 억제, 그리고 노동자계급뿐만이 아닌 다른 모든 계층이 자신들의 조직을 건설할 권리에 대한 부정을 의미한다. 사회의 중간집단들 —— 학생, 지식인 등 —— 의 어떠한 독립적 조직도 노동자들의 불만의 초점이 될 수 있다. 이 때문에 저널리스트들은 심한 속박을 당하고, 시인들은 검열당하며, 작가들이 망명을 떠나야 하고, 학생들은 자치기구를 운영할 권리를 박탈당하는 것이다.

그것은 동유럽 사회에서만 나타나는 몇몇의 이상한 특징들이 아니다. 그러한 특징들은, 후진국으로 남아 있다가 지난 30년 동안 꾸준한 경제 성장을 이룩한 나라들에서 자주 재현되는 경향을 보인다. 남한, 대만, 이라크 등에서의 획일적인 억압, 주요 라틴 아메리카 나라들에서 반복되는 군부 통치, 아프리카 국가들의 일당 체제, 1981년 터어키에서의 북대서양조약기구(NATO)의 쿠데타 등이 그 실례이다.

만약 경제개혁이 무(無)의 상태에서 새로운 경제적 성장을 일으키는 마술을 부리지 못한다면, 통치자들도 대중을 쥔 고삐를 늦출 수 없다. 그때는 정치개혁 역시도 멀어지게 된다.

결론

　동유럽의 관료들은 막다른 길에 들어섰다. 그들의 낡은 정책들은 이제 더 이상 먹혀들지 않는다. 그들은 경제적 침체에서 벗어날 길을 찾지 못하고 있다. 경제개혁은 정치적으로 방해받아 왔고, 재화를 경제적으로 분배하지도 못하였다. 난국에서 빠져 나오려는 시도로서 세계경제에 문호를 개방해 보았지만, 그 결과는 단기적 경제문제들의 심화로 나타났다. 외채는 갚아야만 한다. 하지만 실질임금을 삭감함으로써 착취의 정도를 강화하지 않고서는 그 외채를 갚을 길이 없다.

　소련이 경험한 것과 같은 경기침체의 경향은 어디에서나 만연되어 있다. 1976~1980년의 계획은 1920년대 이후로 가장 온건한 것이었다. 그런데도 그 계획의 달성도는 현저하게 떨어졌었다. 1981~85년의 계획은 야심과는 더욱 거리가 멀어진 것이다. 하지만 소련은 미국과의 점증하는 군비 경쟁에 직면하고 있다. 그 경쟁에서 이기기 위해서는 군비증강과 핵심 산업들에 대한 투자가 필수적이며, 그로 인해 동구 블록의 생활수준은 지속적으로 억제되어야 한다. 그러한 상황에서는 폭동이라는 유령이 주위를 맴돌 수밖에 없다. 동독, 헝가리, 그리고 폴란드 등에서 수차례 벌어졌던 일들은 너무도 쉽게 재현될 수 있다.

　폴란드 연대노조의 패배는 다른 곳들에서 폭동이 발생할 가능성을 감소시켰을는지도 모른다. 하지만 그것이 그러한 폭동의 가능성 — 소련제국의 심장부인 모스크바와 레닌그라드에서의 폭동 가능성을 포함하여 — 을 만들었던 조건들을 제거했다는 의미는 절대 아니다. 물론 노동자계급의 봉기가 필연적이라고 하는 것이 그 봉기가 꼭 성공함을 의미하지는 않는다. 1956년 폴란드의 경험은 국가중앙기구의 대부분이 붕괴하더라도 관료는 살아남을 수 있다는 사실을 보여주었다. 다른 지배계급들의 경우와 마찬가지로 그들의 권력은 단지 정부의 중앙각료들이나 당 본부에만 귀속되어 있는 것은 아니었다. 그들의 대표자들은 기업을 통제하고, 경제 목표를 세우고, 경제질서를 조직한다. 지방 관공서, 경찰 본부, 법정을 채우고 있는 것도 그들이다. 그들은 무엇보다도 군대의 장교집단을 준비해 두고 있다. 그러한 기반을 바탕으로 관료들은, 정치적 반란이 사회적 혁명으로 전환되지 않는 한, 사회의 중앙정치기구를 다시 장악할 수 있다.

그러한 관료들의 복귀를 좌절시키려면 노동자와 지식인의 가장 급진적 계층이 나서서 정치적 반대파를 조직해야만 한다. 그 반대파는 **개혁**으로 충분하다는 생각을 거부하고, 정치적·경제적 통제구조 전반의 **혁명**이 있어야 한다고 주장해야만 한다. 인간의 필요의 충족에 기초한 공동체적 사회는 낡은 국가를 분쇄하지 않고서는 건설될 수 없다. 진실로 민주적이고 책임있는 노동자평의회 전국 조직이 기존의 국가를 대체해야 한다. 1980~81년 폴란드의 경험은 위기에 대한 이러한 해결책이 얼마나 가깝고도 또 멀리에 있는지를 보여주었다. 노동자들은 15개월 동안 정권을 **마비시켰다**. 많은 사람들이, 미래의 운명은 '자주관리' 그리고 '경제적 장악'에 달려 있다고 **생각했었다**. 그리고 노동자들이 선출한 지도자들도 마지막 순간에는 단순한 진리, 즉 '분쇄하느냐 아니면 분쇄당하느냐'가 문제라는 사실을 깨닫기 시작했다.

하지만 그들의 이해에는 한계가 있었다. 사람들은 제한적 혁명의 해악 속에 너무도 오랫동안 머물러 있었다. 그들은 '혁명을 절반만 진행시키는 것은 단지 스스로의 무덤을 파는 일일 뿐이다'라는 쌩 쥐스트(Saint-Just)의 격언을 이해하지 못했던 것이다. 그들은 민족주의 전통에 현혹되어 군대를 신뢰하게 되었다. 그들은 노동자권력을 말해야 될 때 '민족의 화합'을 이야기했다.

이러한 내용은 이미 이 책에서 강조해 온 것이다. 하지만 여기에 또 다른 사실을 덧붙여 둘 필요가 있다. 자주관리 — 노동자평의회 조직망을 통한 경제력 장악과 생산에 대한 계획 — 는 경제위기를 치유하기 위한 전제조건이다. 하지만 그것으로는 충분하지 않다. 노동자들은 계속 전진하여 일국적이고 국제적인 연계망을 형성하고 그 안에서 생산을 행해야 한다. 일국의 차원에서, 그것은 관료제 통치가 국민소득의 막대한 몫을 갈취 — 관료의 특권을 통해, 대중에 대한 방대한 통제기구를 통해, 그리고 막대한 규모의 병력을 유지함으로써 — 한다는 사실에 대한 자각을 의미한다. 폴란드 노동자들은 각료들의 개인 전용 병원을 공격하면서, 관료들의 특권에 저항해 투쟁하면서 그러한 형태의 낭비를 거부하기 시작했다. 하지만 '제한적 혁명'이라는 전략의 문제점은, 그것이 노동자들의 이러한 움직임이 논리적 결론에까지 이르도록 밀어붙이지 못하도록 막았다는 것이다. 그 전략은 관료기구의 막대한 소비에 대한 도전을 제한했다. 그것은, 개혁경제에서는 경영적 특권이 손상되어서는 안된다고 주장했다. 다른 무엇보다도 그것은, 막대한 '방위비' 지출을 성스러운 것으로 간주했다(그리고 바르샤바 조약이 유지되도록 도왔다).

국제적 차원에서 거부되어야만 할 것은 경쟁적 축적의 논리이다. 그것은 국경 밖의 일에 등을 돌린다고 해결되는 일이 아니다. 장기적으로 볼 때, 수입 대금은 오직 수출을 통해서만 지불될 수 있으며 수출이 가능하려면 국내의 생산수단이 해외의 생산수단만큼 빨리 발전해야만 한다. 단기적 측면에서는, 국경 밖에 있는 외국군이 개입의 기회를 노리며 대기하고 있다.

하지만 그러한 압력들이 일국에서 시작된 혁명을 반드시 분쇄하게 되는 것은 아니다. 대중을 위해 내부의 부를 재분배하고, 옛 지배자들이 진 해외의 부채를 상환하기를 거부하면서 혁명에 대한 대중의 열기를 살려 어떠한 침략도 주춤거리게 만들 시간은 발견될 수 있다. 쿠바, 베트남, 니카라구아의 혁명 — 그것이 **노동자들의** 혁명은 아니었지만 — 은 초강대국이라도 마음대로 작은 나라를 짓밟을 수는 없다는 사실을 보여주었다. 바로 그렇기 때문에 소련군에 대한 아프가니스탄의 저항도 계속되는 것이다.

하지만 만약 혁명을 확산시키려는 엄청난 노력이 없다면 결국 외부 세계의 압력들이 어떠한 일국적 운동도 질식시키게 될 것이다. 계획적으로, 그리고 자주적으로 관리되는 경제는, 세계 도처에서 피착취 인민들이 자본의 권력에 도전할 때에만 살아남을 수 있다. 노동자 혁명이 확산되지 못한다면 경쟁적 축적의 순환 속으로 다시 빠져들 수밖에 없다. 그리고 일단 경쟁적 축적이 경제를 주도하게 되면, 그 축적의 인간적 대리인들이 나서서 반혁명적 수단을 휘두르며 대중에게 그것의 의지를 강요하게 될 것이다. 그것이 바로 스딸린주의의 흥기(興起)로부터 얻어야 하는 진정한 교훈이다.

국제적 입장에 서서 노동자계급의 해방에 헌신할 진정한 혁명적 마르크스주의적 조직이 없다면, 앞으로 닥칠 동유럽의 혁명적 위기에 노동자들의 이익을 담아 낼 수는 없다. 지난 수십년 동안은 객관적 조건에 의해 그러한 조직을 결성하기란 불가능했다. 어떠한 형태의 반대에도 그를 탄압하는 수준은 너무나 높았다. 하지만 지금은 관료제적 통치의 위기가 새로운 조건들을 만들어 내고 있다. 탄압은 여전히 계속되고 있다. 때로는 가장 야만적인 탄압이 지금도 벌어지고 있다. 하지만 그것이 완전한 효과를 보지 못하고 있는 것은, 정권이 절대 다수의 국민들에게 신뢰를 상실했기 때문이다. 정권은 국민들의 사적인 생각을 용인할 수밖에 없게 되었다. 그리고 그 생각들 중의 일부가 지하출판물을 통해 전파되는 것까지도 용인할 수밖에 다른 방법이 없다. 이제 위기가 다시 한번——1967~69년의 체코슬로바키아와 1976~1980년의 폴란드에서와 같이——관료들을 해체시킨다면, 반대파는 반(半)공개적인 조직을 결성할 수 있을 것이다.

오늘날 혁명적 조직을 건설하는 데에 따르는 진정한 어려움은 다른 곳에 있다. 그것은, 노동자계급의 해방을 위해 투쟁하는 바로 그 세력들이 노동자계급의 자주적 해방의 이론——즉 마르크스주의——을 불신하고 있는 데 있다. 그들은 아직도 스딸린주의의 주장이 마르크스주의 전통의 진정한 산물이라고 반쯤은 믿고 있다. 그들은 스딸린주의를, 경쟁적 축적이라는 압력 때문에 노동자계급의 혁명이 질식됨으로써 인류가 치러야만 했던 값비싼 대가로 보지 못하고 있다. 이것은, 그들이 축적에 도전하는 것을 두려워하며 자신들을 패배의 길로 인도하는, 개량주의적 체계의 함정에 빠져 있다는 것을 의미한다.

엄청난 비난을 받아 마땅한 자들은 다름 아니라, 입으로는 마르크스주의를 외치면서도 노동자계급의 해방은 노동자계급 자신의 행동으로 이루어야 한다는 마르크스주의의 핵심을 기각할 준비를 해 온 자들이다. 과거에는 이것이 스딸린주의 정권들을 위한 어눌한 변명을 뜻하였다. 그러나 오늘날에 와서 그것은 개혁의 과정에서, 관료주의적 국가자본주의라는 몸체에 서구식의 시장 메커니즘을 접목시킬 수 있는 일정한 지점들이 존재한다는 것을 암시하는 것으로 되었다. 그 어느 경우이든 그것은, 동유럽에 존재하는 중심적인 갈등을 자본과 노동간의 갈등으로 파악하기를 거부하는 것을 의미한다.

노동자계급이 해방을 이루기 위해서는 두 가지가 필요하다. 우선, 노동자계급의 구성원들로 하여금 투쟁에 참여하도록 하여 그들에게 사회를 통제할 힘과 능력이 있다는 사실을 입증할 수 있도록 만드는 객관적 조건이 필요하다. 다음은, 노동자계급의 소수가 조직을 건설하여 계급 전체가 혁명적 투쟁에 참여하도록 설득하는 것이다. 첫번째 조건은, 1956년에 잠깐 동안, 그리고 1980~81년에 그것보다는 지속적으로 조성되었었다. 오늘날 그것은 동유럽 전체에서 조성되어 가고 있다. 이제 두번째 조건을 충족시키기 위해 필요한 이론적·조직적·실천적 활동을 개시하는 것은 동유럽의 진정한 사회주의자들에게 달려 있다.

찾 아 보 기

기술자 88, 176, 245, 300, 320

【 ㄴ 】

나치 42, 44, 48, 53, 60, 61, 65, 66,
  67, 75, 88, 110, 385
노동자계급 12, 13, 16, 21, 22, 23,
  24, 25, 26, 30, 31, 35, 47, 60,
  62, 63, 65, 68, 69, 72, 88, 93,
  94, 96, 115, 140, 157, 158, 159,
  163, 164, 165, 166, 167, 168,
  169, 171, 181, 197, 206, 223,
  224, 228, 229, 230, 231, 232,
  233, 234, 235
노동자 국가 151, 425
노동자평의회 21, 23, 49, 158, 159,
  164, 165, 166, 167, 168, 169,
  189, 190, 191, 192, 193, 194,
  195, 198, 208, 209, 211, 212,
  213, 217, 218, 219, 224, 225,
  226, 227, 229, 230, 231, 232,
  233, 234, 235, 236, 238, 239,
  240, 241, 242, 243, 244, 245,
  246, 247
노동조합 16, 47, 48, 51, 59, 60,
  64, 68, 69, 73, 75, 76, 97, 103,
  113, 114, 120, 135, 164, 169,
  181, 192, 193, 208, 209, 210,
  226, 233, 234, 238, 239, 247,

  256, 281, 285, 289, 298, 299,
  300, 301, 302, 303, 304, 306,
  307, 308, 309, 310, 311, 318
농민당 49, 51, 52, 53, 54, 57, 58,
  135, 151
농민연대 355, 357, 359

【 ㄷ 】

대(大)부다페스트 중앙 노동자평의
  회 227, 230, 231, 232, 233,
  235, 240, 241, 242, 244
독일 22, 23, 39, 42, 44, 45, 46, 47,
  48, 49, 50, 54, 55, 58, 59, 64,
  65, 66, 67, 68, 69, 75, 76, 77,
  78, 79, 80, 85, 96, 99, 101, 106,
  107, 109, 110, 115, 116, 118,
  119, 135, 199, 239, 383, 428,
  433
두브체크 253, 254, 255, 256, 257,
  264, 265, 266, 267, 268, 269,
  270, 271, 272, 274, 275, 276,
  277, 278, 279, 280, 281, 282,
  284, 288, 293, 303, 305, 306,
  307, 311, 320, 322
디미뜨로프 51
뜨로츠키 25, 35, 154, 408

458

331, 350, 351, 352, 353, 354, 356, 357, 358, 359, 360, 361, 362, 363, 364, 365, 367, 368, 369, 370, 371, 373, 374, 375, 376, 377, 378, 379, 380, 381, 382, 383, 384, 385, 388, 390, 391, 392, 393, 394, 395, 396, 397

울브리히트　105, 106, 108, 111, 113, 115, 119, 120

위기　11, 12, 13, 16, 17, 19, 21, 32, 65, 71, 72, 127, 134, 136, 139, 144, 147, 149, 157, 158, 177, 178, 180, 181, 193, 194, 211, 234, 257, 260, 263, 264, 282, 283, 289, 303, 308, 309, 321, 322, 326, 327, 328, 333, 339, 342, 343, 344, 345, 346

위로부터의 혁명　27, 55

유고슬라비아　19, 39, 43, 44, 67, 78, 79, 82, 86, 188, 196, 221, 222, 228, 232, 244, 251, 313, 315, 3197 318, 319, 446, 447, 448

이데올로기　10, 12, 17, 130, 131, 132, 138, 155, 163, 169, 170, 207, 208, 209, 210, 211, 270, 284, 286, 295, 323, 324, 326, 331, 363, 380, 384, 389, 390, 391, 415

이윤율　432, 434, 435, 436, 437, 438

이중 권력　213, 214, 215, 224

인플레이션　448

임금　26, 61, 85, 88, 92, 94, 102, 103, 109, 112, 113, 115, 143, 144, 157, 158, 159, 177, 181, 200, 211, 233, 237, 238, 245, 258, 273 290 291 298, 303, 326, 328, 329, 336, 341, 348, 349, 350, 352, 353, 354, 356, 360, 362, 382, 391

임레 나지　123, 124, 125, 126, 127, 128, 129, 173, 174, 178, 179, 180, 181, 182, 186, 187, 188, 193, 194, 195, 196, 198, 203, 204, 205, 206, 207, 208, 209, 210, 215, 216, 217, 219, 221, 222, 227, 228, 232, 247, 248, 249

【 ㅈ 】

자본주의　9, 10, 11, 12, 19, 20, 21, 26, 27, 28, 29, 31, 33, 42, 44, 90, 96, 121, 130, 199, 200, 201, 202, 211, 213, 224, 233, 248, 259, 315, 327, 338, 339, 423, 424, 425, 426, 427, 431, 432,

142, 143, 145, 146, 148, 149
프라하 15, 66, 70, 71, 72, 74, 102,
253, 255, 256, 257, 264, 275,
276, 278, 283, 284, 285, 292,
294, 300, 302, 306, 309, 322,
324, 325, 332, 365

【 ㅎ 】

학생 18, 103, 104, 138, 141, 148,
154, 160, 170, 175, 179, 180,
185, 187, 191, 197, 205, 206,
216, 219, 253, 256, 262, 265,
280, 2886 287, 288, 293, 294,
296, 298, 306, 310, 311, 331,
332, 333, 335, 340, 346, 347,
350, 355, 358, 371, 375, 395

합작회사 43, 75, 78, 82
해고 50, 60, 138, 141, 153, 304,
348, 440
행동적 파업 402, 404
헝가리 15, 17, 19, 20, 21, 22, 42,
44, 45, 46, 47, 49, 50, 54, 56,
58, 64, 66, 68, 70, 77, 78, 79,
83, 87, 88, 90, 91, 92, 93, 94,
99, 121, 123, 124, 125, 126,
127, 128, 132, 133, 138, 146,
150, 152, 153, 154, 156, 161,
162
헤겔 424
혁명적 정당 413, 418
흐루시쵸프 29, 101, 119, 124, 129,
131, 132, 150, 174, 203, 251,
339
히틀러 45, 52, 75, 115, 409